David Wared

Lichtbewusstsein

Mein lichtvolles

für Sie

Lichtbewusstsein

Eingebungen an den spirituellen Heiler
und Lehrer David Jawed Wared

Bibliographische Information der Deutschen Nationalbibliothek:
ISBN 978-3-940062-03-1

Herausgeber und Verlag:
NetteVerlag
Hans Peter Killeit
Falltorfeld 21
D-41334 Nettetal
www.NetteVerlag.de

Gewidmet
meiner kleinen Familie,
meiner Weltenfamilie,
meiner kosmischen Familie
in unendlicher Liebe

Inhaltsverzeichnis

Möge

"Möge das Vertrauen in dir wachsen Tag für Tag,
möge Dankbarkeit aus dir entstehen im Werden und
Vergehen.

Möge dein Lächeln strahlen
in der Kindheit und in den reiferen Jahren,
möge dein Mitgefühl sich ausdehnen
in der Jugend und im Alter.

Möge dein Verstand erfüllt sein von Gebet und Meditation,
möge deine Essenz verweilen in Frieden und Wahrhaftigkeit.

Möge dein Herz dich führen Tag und Nacht,
möge die Einheit sein
in all deinen Zellen und Organen.

Möge die Geisteskraft dich stärken in Raum und Zeit,
möge die Seelentiefe dich tragen in Materie und Äther.

Möge dein Licht leuchten
im Augenblick und in der Unendlichkeit,
möge die Liebe dich berühren
heute und in Ewigkeit."

DJW

Vorwort

Bewusstsein ist die Saat und Essenz aller Existenz - so oder so ähnlich lautet die Beschreibung für diesen nicht gänzlich erfassbaren Begriff. In allen Schöpfungen schwingt Bewusstsein, das lässt sich erahnen. Doch was ist damit gemeint?

Durch unser Bewusstsein haben wir Menschen die Chance und Wahlfreiheit, die Verbindung

vom verbal Fassbaren zum Unfassbaren,
von Endlichkeit zur Unendlichkeit,
vom Vergänglichen zum Unvergänglichen,
vom Sichtbaren zum Unsichtbaren,
vom Begrenzten zum Unbegrenzten,
von den Formen zur Information

in jedem Augenblick neu zu erschaffen. Bewusstsein bildet die Brücke von einer Welt des Habens zu einer Welt des Seins. Es verbindet alles Sein zu einer umfassenden Matrix, in der Wahrnehmung und Wirklichkeit vollkommen verschmelzen.

Das Erdenleben bildet die Bühne, auf der wir als menschliche Geschöpfe unsere bewussten Erfahrungen in allen Facetten und Bewusstseinsebenen machen dürfen. Wir können frei denken, handeln und erschaffen. Wir haben hier die Chance, jede wahrnehmbare Realität in das bewusste Sein zu bringen. Hier auf Erden hat der Mensch die Möglichkeit, in freier Wahl seinen Visionen und den dazugehörigen Gefühlen nachzuspüren und sie dann im Hier und Jetzt Wirklichkeit werden zu lassen.

Mit dem Erwerb dieses Buches haben Sie sich entschieden, in die Welt des Bewusstseins einzutauchen. Dieses Buch wird Sie anregen, berühren und erweitern. Es vereinigt die wichtigsten Erkenntnisse aus Natur- und Geisteswissenschaften mit eigenen Eingebungen aus der höchsten Uressenzquelle. Dadurch erreicht man eine weitest mögliche Streuung des Lichts für den Leser und Anwender. In Ihren Händen halten Sie ein Lese- und Arbeitsbuch der Transformation zum höchsten Lichtbewusstsein, das systematisch und übersichtlich die Prinzipien des Bewusstseins, seines Aufstiegs, der Heilung und der alltäglichen Lebenspraxis aufführt. Dieses Buch zeigt Ihnen auf, leitet Sie an und begleitet Sie durch den wichtigsten Prozess des Lebens, nämlich den der Selbsterkenntnis und deren Erweiterung in lichtvolles Bewusstsein.

Es ist mein Herzenswunsch, dass Sie in dieser Zeit der globalen und kosmischen Schwingungsänderungen mit den Dingen, Geschehnissen und Wahrheiten unseres Daseins einen klaren und bewussten Umgang finden, damit der gerade begonnene globale Transformationsprozess in lichtvoller Weise für Sie und Ihr persönliches Umfeld voranschreiten kann.

Vieles zum Thema Bewusstsein ist mir in meinem Wirken als Forscher, Heiler und Bote aus höheren Ebenen mitgeteilt worden. Aus einem Herzensbedürfnis, diese Eingebungen aus der Quelle der Wahrheit an Sie weiterzugeben, habe ich die Botschaft in eine verständliche Form gebracht.

Dieses Handbuch führt Sie umfassend in die Begriffswelt rund um das Bewusstsein ein. Mit diesen allgemeingültigen Grundlagen werden auch komplexe Inhalte der höheren Dimensionen leichter verständlich und können für jeden verinnerlicht werden. Die Liebe als universelle Schöpfungskraft wird sich in ihrer wunderbaren Vielfalt und unermesslichen Tiefe ihrem Verständnis weiter offenbaren und Sie werden erkennen, dass in Nächstenliebe und Mitmenschlichkeit Ihre wahre und universelle Essenz auf Erden verwirklicht wird. Sie können absolut sicher sein, dass sich bereits beim Lesen dieses Werks ihr Selbstbild und ihre Lebensumstände erweitern werden. Neue und bisher ungeahnte Wahlmöglichkeiten finden nun den geistigen Raum, um in Ihr Leben zu treten.

Sie werden mit mehr Bewusstheit und Erfüllung Ihr Leben meistern und Ihre wahren Ziele direkt ansteuern.

In unserem Herzen tragen wir alle die Vision

- von einer besseren Welt in Freiheit,
- von einem Miteinander in Einheit
- von der Erfahrung der Liebe
- von einem Leben in Wahrhaftigkeit
- von einem Dasein im Frieden.

Es ist meine größte Erfüllung, Menschen zu ihrem Licht, aus dem sie gekommen sind, hinzuleiten, sie stetig zu begleiten, damit sie den Weg meisterhaft bestehen. Inzwischen unterrichte ich mehrere hundert Schüler und Meisterschüler weltweit in die Themen der Bewusstseinsentwicklung und Essenzheilung. Für alle Interessierten gebe ich Seminare zur Entwicklung und Praxis des Lichtbewusstseins und leite Workshops zur Ausbildung und Vertiefung.

Dieses wünsche ich mir in einem Lichtzentrum, in dem viele berufene Seelen ihr Licht zum Wohle der Menschheit und Mutter Erde gebündelt erstrahlen lassen. In meiner Vision transformiert sich das Dunkle ins Licht der Heilung. Dafür stelle ich mich mit meinem ganzen Sein und aller Heilung und spiritueller Lehrerfahrung, die auf der Jahrhunderte währenden Heiltradition meiner Familie aufbaut, zur Verfügung.

Der Weg zum Lichtbewusstsein ist ohne Selbsterkenntnis, den inneren Frieden, die Selbstliebe und ein tiefes Verständnis der menschlichen Wahlfreiheit nicht möglich. Sie erhalten zu allen Themen systematische Einführungen, Beispiele aus dem täglichen Leben als Anregungen und endlich eine gut verständliche Darstellung der Wirklichkeit aus unterschiedlichsten Anschauungen. Bewusstsein im menschlichen und kosmischen Zusammenhang wird ein Thema zum Anfassen und damit für alle offenen Seelen zugänglich.

Erstmalig in der Geschichte gibt es ein System, das völlig transparent und universell offenlegt, wie das Bewusstsein erweitert werden kann. Anhand einer übersichtlichen Tabelle können Sie Ihr momentanes Bewusstseinslevel erkennen und direkt Anleitungen für den weiteren Fortschritt entnehmen.

Machen Sie sich dieses Buch zum Geschenk für sich selbst oder für andere, um die Initiative zum lichtvollen Handeln zu ergreifen. Offerieren Sie sich und vielen suchenden Menschen die Möglichkeit, mit diesem Werk innerlich zu wachsen und in wahrer Glückseligkeit zu leben. Denn jeder Mensch strebt nach seinem Licht und der universellen Lichtessenz seines eigenen Ursprungs.

Ich wünsche Ihnen in Ihrem Streben zu höchster Erkenntnis viele lichtvolle und klare Momente, die Sie bereichern und in denen Ihr Liebeslicht in Ihren Mitmenschen neu erstrahlt. Als wundervoll erschaffene Wesen sind wir Teil eines vollkommenen Ganzen in einer unendlichen Entwicklung größter Bedeutung und allen Möglichkeiten des Seins.

Bewusstsein

"Das Bewusstsein hat
einen vormenschlichen Bestand und eine
nachmenschliche kosmische Dimension von Ewigkeit."

DJW

Die Wurzeln meines Wirkens

„Damit du in Liebe bist, lebe und lehre die Liebe.
Damit du in Frieden bist, lebe und lehre den Frieden.
Damit du in Freiheit bist, lebe und lehre die Freiheit.
Damit du in Wahrheit bist, lebe und lehre die Wahrheit.
Damit du in Einheit bist, lebe und lehre die Einheit.
Damit du in Bewusstsein bist, lebe und lehre das Bewusstsein.“
DJW

Seit meiner frühen Kindheit ist das Heilen von Menschen, menschlicher Gemeinschaften und der Weltgemeinschaft aller Lebensformen mein höchstes Bestreben. Viel Segensreiches durfte ich von meiner Familie, insbesondere von meiner heilbegabten Großmutter erlernen und an andere Seelen weitergeben. Dabei wurde mir vielfach offenbart, dass die allgemein vermittelten Grenzen unseres materiellen Weltbilds eine extreme Verzerrung der wahren Gegebenheiten darstellen. Sie zeigen dem suchenden Menschen selten die Wege, die ihn von einengenden Vorstellungen befreien, sodass er erkennen kann, welche Aufgabe und Verantwortung er als Teil der Schöpfung innehat.

Mein Wirken soll das unermessliche Wunder, das jedem Menschen innewohnt, empor steigen lassen, so dass es für den Einzelnen und seine Mitwelt das Leben bereichert und erfüllt.

Immer wiederkehrende Eingaben der ewigen Werte aus der höheren Lichtwelt haben in mir den tiefen Wunsch entstehen lassen, die Vision für ein Leben im erleuchteten Lichtbewusstsein niederzuschreiben. Jeder Mensch ist in seiner wahren und ewigen Essenz reines Licht, das er ausstrahlt und aus seiner

Umgebung ständig empfängt. Sind wir uns über diese Tatsache in klaren und erfüllten Momenten bewusst, dann erleben wir unser Selbst in beglückender Erkenntnis. Allein dieser Erfahrung gilt unsere Sehnsucht und alles Streben im irdischen Dasein.

Ein Leben im Lichtbewusstsein beinhaltet, die in uns verborgene Identität der Liebe zu entdecken und zur Entfaltung zu bringen. In unserem Erdendasein erleben wir oftmals Umstände, die uns die wahre Identität verschleiern und das innere Licht in Schattenaspekten erfahren lassen. Krankheiten und unglückliche Lebenssituationen zeigen die Notwendigkeit an, Schattenaspekte zu heilen, das heißt, sie ans Licht der Erkenntnis zu bringen und schließlich zu erlösen.

Es ist nicht nur wichtig, die äußeren Erscheinungen zu heilen, sondern auch die in uns verborgene Identität aus ihrem Schatten der Angst zu erlösen. Wir erleben wahren Frieden, der sich in innerer Zufriedenheit und im friedfertigen Handeln nach außen zeigt, wenn wir unserer eigentlichen Bestimmung folgen und die Liebe in allem Erschaffenen erkennen und sie im eigenen Umfeld vielfältig umsetzen. Entscheiden wir uns konsequent, im Licht der Liebe zu sein und unsere Ängste zu überwinden, erfüllen wir unsere Sehnsucht nach innerer Weite und Harmonie. Dann können äußere Erscheinungen des Unfriedens und der Angst uns nicht verwirren und blockieren, ein Leben in Freiheit und Wahrhaftigkeit wird möglich.

Hierzu ist vor allem wichtig, unsere konditionierte Wahrnehmung in eine friedliche und liebende Sichtweise zu transformieren. Jede Wandlung im Äußeren beginnt im Innersten eines jeden Menschen, im Zentrum seiner Entscheidungsfindung, dem individuellen Bewusstsein. Jede Änderung von Lebensumständen hat ihren Ursprung im Bewusstseinswandel sowohl beim Einzelnen als auch im Kollektiv. Innere Motivation und

Transformation schaffen die Voraussetzungen für einen dauerhaften und lang ersehnten Frieden, der es der Menschheit ermöglicht, auf unserer Erde zu überleben.

Dieses gelingt nicht im Schatten der Angst im Rahmen von Zwang und Gewaltausübung, sondern durch die Bereitwilligkeit und Fähigkeit zu Geduld, Offenheit, Vertrauen und Einheitsbestreben. Diese Fähigkeiten im Menschen zu entwickeln und dem Einzelnen auf seinem Weg zum inneren Licht zu unterstützen, darin sehe ich als Heiler und Lehrer meine besondere Aufgabe.

Meiner Familie, den Freunden, Unterstützern und Schülern, die mich hierbei liebevoll begleiten, möchte ich ausdrücklich meine tiefe Freude, Verbundenheit und Liebe bezeugen.

Meine Philosophie, mein Forschen und Empfinden steht in keiner Tradition, sondern ist aus dem absoluten Ideal der Liebe, Wahrheit, Frieden, Freiheit, Einheit und dem Bewusstsein des Einzelnen heraus begründet. Diese unvergänglichen Werte sind Ursprung und Wirklichkeit meines geistigen Schaffens hier auf diesem Planeten Erde.

Mein Wunsch ist es, jedem die Chance und die Möglichkeit aufzuzeigen...

aus der	Unkenntnis zur	**Erkenntnis**,
aus dem	Unbewusstsein ins	**Bewusstsein**,
aus dem	Unfrieden in den	**Frieden**,
aus der	Unwahrheit zur	**Wahrheit**,
aus der	Unfreiheit in die	**Freiheit**,
aus der	Begrenzung des Egoismus zur	**Einheit**,
aus der	geistigen Enge in die	**Weite schöpferischen Wirkens**,

aus der Grauzone der Angst zum

Licht der Liebe

zu gelangen.

Die Heilung der Unbewusstheit erfolgt durch Erweiterung des Bewusstseins, das heißt, die enge, materiell betonte Orientierung wird durch das Erkennen der übergeordneten Einheit aller Daseinsformen abgelöst. Dieser Weg erfordert eine Neuorientierung unserer gefühlsmäßigen Reaktionen und Verhaltensmuster, um wahre Weiterentwicklung und Dimensionsüberschreitung zu ermöglichen.

Es ist ein Weg zu beschreiten, der Ängste, Hass, Neid, Eifersucht und Macht auflöst und in einem **Transformationsprozess** zum Heildenken, Heilfühlen, Heilwerden und Heilsein mündet.

Das tägliche Praktizieren von **Ehrlichkeit**, **Wahrhaftigkeit**, **Nächstenliebe**, tiefes **Mitgefühl** und **Offenheit** für die so genannte ureigene vorgeburtlich bestimmte Identität führt schließlich zur allumfassenden Liebe im Fühlen, Denken und Handeln. Wichtige Themen des eigenen Wegs sind dabei:

Selbsterkenntnis
Lebensmut
Egoloslösung
Respekt
Akzeptanz
Mitgefühl
Vergebung
Vertrauen
Frieden
Freiheit
Wahrheit
Bewusstheit

Der Weg zum Licht beinhaltet die Befreiung von allem, was die Erkenntnis der Wahrheit verhindert. Daher sind Selbsterkenntnis und die Entlarvung der Täuschungen über sich selbst unbedingt erforderlich, um nicht im geistigen Nebel zu verharren.

Erkennen wir unsere wahre Essenz, sind wir vom Ego erlöst, und dann gibt es keine Verneinung der Selbstliebe und Selbstannahme, da alles Erschaffene die Liebe bejaht. Wir sind von allen Ängsten befreit und Lebensmut bestimmt unser Dasein. Der Umgang mit sich selbst und mit anderen Menschen gestaltet sich für den bewussten Menschen durch Akzeptanz, Mitgefühl und Vertrauen. Er empfindet eine tiefe Verbundenheit mit allen Geschöpfen, da er für die Fehler anderer Verständnis und Vergebung aufbringen kann, aus tief empfundenem Mitgefühl heraus.

Die Entwicklung der Friedfertigkeit im Inneren ist Voraussetzung für stabilen Frieden der Völker und der Gemeinschaften weltweit und auch im Kosmos. Wir leben in Freiheit und Wahrheit, wenn wir uns durch Selbsterkenntnis von den Täuschungen im Dualen befreit haben. Das erreichen wir auf dem Weg der Egotransformation zum wahren Lichtbewusstsein.

Eine gute Hilfe zur wahren Entwicklung der Persönlichkeit, die zum höchsten Bewusstsein führt, bieten die von mir entwickelten zehn ***Bewusstseinslevel***. Sie zeigen, worauf es bei der inneren Entwicklung wirklich ankommt und der Einzelne erfährt anhand einer übersichtlichen Darstellung der Bewusstseinsstufen durch Eigenreflexion, welche Bereiche in seinem individuellen Veredelungsprozess noch besonderer Aufmerksamkeit bedürfen.

Die Vielfalt der Erscheinungen im Alltagsleben sowie die Erfahrung der dunkel erscheinenden Aspekte des Seins können den Menschen leicht von seinem lichtvollen Weg abbringen und ihm die geistige Klarheit und Intuition vorübergehend entziehen.

Erst durch Rückbesinnung auf das innere Lichtsein erfahren die in uns teilweise verschütteten Anlagen zum Frieden, zur Liebe, Wahrheit, Freiheit, Einheit und Bewusstheit wieder die Wertschätzung, die ihnen gebührt. Die Mechanismen der Vernebelung aus dem Schatten des Egos werden durchschaut, so dass unser wahres Licht wieder erlebbar wird.

Ich wünsche Ihnen, liebe Leserinnen und Leser, viele erhellende Momente beim Lesen über das Licht in uns allen und trage die Vision einer Welt im Lichtbewusstsein mit ständiger Freude in meinem Herzen. Seien auch Sie dazu eingeladen und gehen Sie schon heute die Schritte zunehmender Bewusstheit Ihres Lichts.

Dieses ist ein notwendiger Prozess spirituellen Erwachens, der in eine neue Zeit, in eine **Neue Erde** und in ein neues Bewusstsein mündet.

Ich freue mich, mit Ihnen in einen intensiven Austausch über Erweiterungsaspekte und Anregungen zu kommen. Alles, was ich Wahrhaftiges äußere, ist aus der Quelle der Wahrheit. Alle verzerrten und nicht wahrhaftigen Inhalte stammen von mir als Menschen. Ich bitte Sie daher um Nachsicht und Toleranz und natürlich um Ihre Ideen zur Erweiterung.

"Groß wirst du,
wenn du den Himmel in dir spürst.
Groß bleibst du,
wenn du die Rosen verstanden hast."

DJW

Bewusstes Sein des Menschen

Seit jeher stellt der Mensch Fragen nach dem Sinn seines Daseins. Der Mensch weiß vieles über sich selbst und seine Mitmenschen und erforscht die Gesetze und Erscheinungen des gesamten Kosmos. Seine Motivation wird aus zwei Quellen gespeist, die Licht und Schatten seines Wunsches nach Erweiterung darstellen. Einerseits ist er lichtvoll motiviert, da er sein Verständnis über den Kosmos erweitern möchte, anderseits bewegt ihn oftmals der Wunsch, Herrschaft und Kontrolle über die Natur und über andere Menschen zu erlangen und selbst davon zu profitieren. Beide Motivationen gründen auf der dem Menschen von Geburt mitgegebenen Neugier, die in Licht- und Schattenaspekten zum Ausdruck kommen kann.

Das menschliche Bewusstsein durchläuft in seinem irdischen Dasein zunächst ein **unbewusstes Stadium** von etwa drei Jahren. Das Kleinkind hat Bedürfnisse aber noch keinen Willen, da es sich noch nicht selbst als eigene Person getrennt von seinen Bezugspersonen wahrnimmt.

Sobald das Kind aus diesem Zustand erwacht, trifft es bewusste Entscheidungen und möchte erfahren, was ihn als Individuum von anderen unterscheidet oder verbindet. Die Frage, inwieweit ein Mensch seine Lebensumstände und Einstellungen aktiv beeinflussen kann, beschäftigt jeden Menschen, dessen Bewusstsein aus dem Stadium des instinktmäßigen Handelns erwacht ist und die Geschicke seines Lebens selbst steuert.

Alles Seiende verfügt über die Gabe der Bewusstheit in unterschiedlicher Qualität. Bewusstsein als "bewusstes Sein" definiert einen Seinszustand und Prozess, der das Geschehen in der Umwelt als kausale Abläufe erkennt und nach eigenen Vorstellungen steuert. Er ist charakteristisch für das Leben selbst und beinhaltet damit auch seine evolutionäre Weiterentwicklung. Bewusstheit auf menschlicher Stufe bedeutet die Fähigkeit, sich aus eigenem Antrieb selbst zu reflektieren und zu transformieren.

Unser Bewusstsein verankert uns mit dem Ursprung allen Seins, mit dem Sinn der eigenen Existenz und der Freiheit, kreativ unser Leben zu gestalten.

Allgemeine Aussagen über Bewusstsein sind:

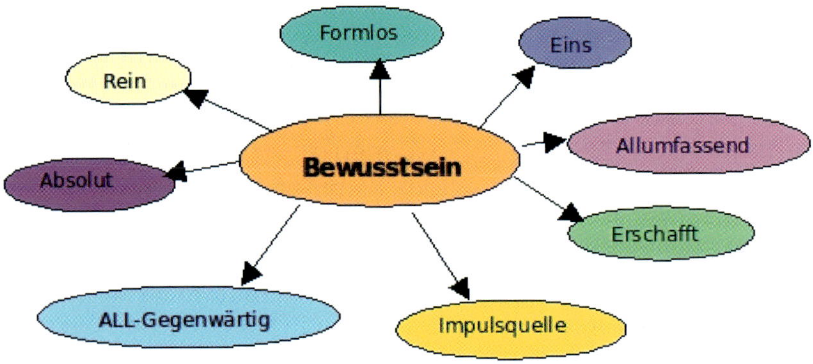

Menschliches Bewusstsein befähigt zum bewussten Handeln, Entscheiden und Erkennen der eigenen Motivation und Ziele. Der bewusst Handelnde weiß sowohl um seine Absichten als auch um die Auswirkungen seiner Tat und lernt in jedem Schritt seines inneren und äußeren Wegs neue Aspekte über sich selbst kennen.

Alle Erfahrungen bereichern unseren Geist und den Erfahrungsschatz unserer Seele. Sie ergänzen nicht nur das bisher erworbene Wissen, sondern beeinflussen auch die künftige Art innerer Entscheidungsfindung. Menschliches Denken und Fühlen basiert auf bisher aufgebauten inneren Bildern und Konstrukte, die das individuelle Bewusstsein hervorbringt und anwendet.

Unser Geist ist bestrebt, seine wahre und ewige Bestimmung zu erkennen und Vollkommenheit unabhängig von äußeren Umständen und Begrenzungen zu erlangen. Im menschlichen Bewusstsein ergänzen sich Materie und Geist zu einer schöpferischen Einheitskraft, die alles Seiende hervorbringt. Ein kreativer Prozess, der etwas Materielles erschafft, beginnt mit einem geistigen Impuls ausgehend von einem Bewusstsein, das das Potential für diese Erschaffung besitzt.

Was bedeutet das nun für das menschliche Selbstverständnis? Auf materiell biologischer Ebene ist menschliches Wirken auf das Überleben von sich selbst und den Nachkommen ausgerichtet. Doch darüber hinaus ahnen oder wissen wir etwas von einer Instanz ganz in unserem Innersten, die manche Menschen als ihre „Innere Stimme" wahrnehmen. Im menschlichen Denken und Fühlen existiert ein Streben nach geistiger Vollkommenheit, das auf dem Weg der Selbstwahrnehmung alle physischen und psychischen Grenzen zu überwinden trachtet.

Diese Grenzen existieren jedoch nur in der Vorstellung, zu der das eigene Bewusstsein imstande ist. Menschliches Denken kreist oftmals um die rein materiellen Bereiche des Lebens und zeigt eine Tendenz, gewohnte Bahnen nicht zu verlassen. Erst die Überwindung enger und scheinbar sicherer Betrachtungsweisen erweitert das eigene Lichtbewusstsein auf seinem Weg, alles bisher Unbewusste in sich zu integrieren.

Wissenschaftliche Aktivität wird meistens auf das Form- und Messbare beschränkt, Fragen nach Ursprung und Ziel materieller Manifestationen treten gegenüber der praktischen Zweckorientierung meistens in den Hintergrund. Für die Bewältigung der alltäglichen Herausforderungen wurde bereits viel Segensreiches erfunden und hervorgebracht. Heutzutage stellen sich immer mehr Menschen die Frage, warum trotz bemerkenswerter Fortschritte in der Analyse und Nutzung der natürlichen Ressourcen die Probleme im Zusammenleben von Menschen als extrem schwierig lösbar erscheinen. Fehlt es an guten Ideen, an der Bereitschaft, in Frieden zu leben oder existiert ein innerer Antrieb, alles zu zerstören? Was bewegt den Menschen wirklich in seinem Innersten?

Evo - Weg

"Der Sinn der Evolution ist Wachstum,
Wandlung und Vollendung,
vor allem aber sich stetig dem
Vollendeten zu nähern."

DJW

In den Institutionen der Forschung und Lehre wird die Sehnsucht vieler Menschen, ein übergeordnetes Prinzip hinter den materiellen Erscheinungen zu ergründen, selten befriedigt. Fragen dieser Art werden meistens als „unwissenschaftlich“ und „spekulativ“ angesehen. Man verweist bei Fragen der Weltdeutung auf den Glauben und die Religionen, die oftmals ausschließlich dogmatische Antworten reproduzieren. Selten überzeugen diese Gebote des rechten Lebens die Menschen soweit, dass sie ihr Handeln daran wesentlich orientieren können. Außerdem werden Trennungen und Abgrenzungen verfestigt und damit die ewigen Werte, insbesondere Liebe und Einheit, in den Schatten gedrängt.

Das menschliche Bewusstsein ist jedoch bestrebt, das verlorene Wissen des Einheitsbewusstseins, aus dem es hervorgegangen ist, wieder zu erlangen. Es ist das im tiefsten Kern aus der Ewigkeit entsprungene Urwissen, der Kern aller Existenz, der sich zunächst als subtiles Verlangen nach Licht, Reinheit und Klarheit äußert. Dieses Urwissen entzieht sich einer rein rationalen Betrachtungsweise, da diese in Abgrenzung verhaftet bleibt und daher nur für die Beschreibung der Phänomene in der Polarität dienlich ist. Wahre Sinnfindung geht darüber hinaus, denn sie aktiviert das intuitive Wissen über das Sein, das vom menschlichen Geist sowohl als lichtvoll als auch, aufgrund unvollkommener Klarheit der eigenen Wahrnehmung, als diffus und dunkel empfunden wird.

Die Entwicklung menschlichen Bewusstseins ist noch nicht vollendet, solange es sich nicht vollkommen über sich selbst "bewusst" ist. Im Rahmen der Dualität ist eine vollkommene Selbstreflexion nicht möglich, wie bereits der Philosoph und Mathematiker Gödel 1931 exakt nachweisen konnte. Daraus folgt die Erkenntnis, dass erst die Erweiterung der Grenzen über die Dualität hinaus die volle Bewusstheit über sich selbst ermöglicht.

Ein tieferes Verständnis über uns selbst zu erlangen wird durch Widerstände und Ängste, die aus zuvor erworbenen Erfahren resultieren, blockiert. Alle Verletzungen in Körper und Psyche bedürfen der Heilung, da sie sonst als Schatten unser Licht verdunkeln. Heilung bedeutet Lichttransformation des Schattens und damit Bewusstseinsaufstieg.

Die folgenden Aussagen zur Beschaffenheit des menschlichen Bewusstseins beruhen auf Eingebungen an mich. Sie beinhalten Ursprung, Ziel, innere Struktur und Wirken menschlichen Seins im „weltlichen“, das heißt dualen, Kontext.

Im Alltag werden wir mit typischen Hindernissen und Täuschungen konfrontiert, die eine wichtige Rolle im Prozess der Lichtwerdung spielen. Natürlich kommen wir nur dann zu einer beglückenden ganzheitlichen Sicht aller Ereignisse, wenn wir das individuelle Bewusstsein als integralen Bestandteil des übergeordneten ALL-Bewusstseins erkennen. Seine Einbettung im Gesamt-Schöpfungsprozess, den das ALL-Bewusstsein hervorgebracht hat, verleiht unserer Existenz einen metaphysisch begründeten Sinn, dessen Erfahrung die Grenzen unserer Vorstellungskraft stetig erweitert.

Jedes Bewusstsein ist unauslöschbar und höchst individuell beschaffen. Als Quelle aller Gedanken, Entscheidungen und Wahrnehmungen lässt es sich weder materiell noch informativ fassen oder eingrenzen. Es ist in stetiger Wandlung, dynamisch und ein essentieller Aspekt allen Lebens. Wir sind Bewusstsein sowohl auf der Ebene der menschlichen Individuen, auch jede einzelne Körperzelle in uns hat ein Bewusstsein und die Menschheit als Ganzes besitzt ein kollektives Bewusstsein. Allen Bewusstseinsformen gemein ist das Streben nach Einheit mit anderen Lebensformen und die Fokussierung auf alles Verbindende.

Was ist nun ein individuelles Bewusstsein? Bevor wir uns einer Erklärung in Schritten annähern, seien hier einige wichtige Merkmale zusammengefasst:
Bewusstsein ist ....

- jenseits von Raum und Zeit, also formlos und ewig
- nicht vollständig beschreibbar, nur erfahrbar
- eine starke Verbindung mit anderen Bewusstseinsformen
- das Streben zur Heilwerdung als Voraussetzung zur Erlangung des Einheitsbewusstseins

Hat der Mensch eine freie Wahl?

Seit Menschengedenken suchen die klügsten Menschen aus allen Kulturen nach einer allgemein gültigen Antwort auf die Frage der Wahlfreiheit des Individuums. Neben ethisch motivierten Ansätzen aus den Geisteswissenschaften werden empirische Methoden und zunehmend auch naturwissenschaftliche Erkenntnisse aus der Hirnforschung herangezogen. Je mehr Fakten vorliegen, umso schwieriger wird eine Antwort, die diese widerspruchsfrei interpretiert und allgemeine Aussagen zulässt.

Zweifelsohne betrifft diese Frage das zentrale Thema des menschlichen Bewusstseins. Die Frage ist deshalb so schwierig analytisch zu fassen, weil sie zumeist streng kausal, im Sinne von „entweder-oder", aufgefasst wird, die Ergebnisse jedoch (bei genauer Betrachtung) ein „Sowohl-als-auch" nahelegen. Menschliches Bewusstsein in seiner Komplexität sprengt die engen Grenzen der Kausalität. Das ist eine wichtige Erkenntnis, es beantwortet die Frage nur zum Teil.

Kausalität ist nur dann das passende Erklärungsmodell, wenn wir Ursache und Wirkung einzelner Abläufe sauber trennen können, was für das menschliche Sein und Bewusstsein nicht gegeben ist. Das menschliche Bewusstsein ist Erschaffer seiner Realität und zugleich reagiert es auf die aktuellen Bedingungen. Die Wahlfreiheit ist in ihrer Ausgestaltung von den Bedingungen abhängig, jede empirisch ermittelte Antwort hängt daher von den Bedingungen des Experiments ab und ist nicht deterministisch.

Der Mensch ist frei in seiner Wahl - abhängig vom Stand seines Bewusstseins. Ich begründe die menschliche Evolution aus der Wahlfreiheit. Ohne Wahlfreiheit könnten wir Menschen die Stufe der Dualität nicht erreichen, erkennen und auch nicht überwinden. Die Wahlfreiheit ist daher die wichtigste Gabe an die Menschheit und begründet die Erschaffung der Spezies Mensch aus dem Bewusstsein.

Jedes menschliche Bewusstsein vollbringt die Aufgabe, die Wirklichkeit für sich ständig zu erschaffen. Informationen aus der Umwelt und aus dem vorhandenen Erfahrungsschatz werden entsprechend individueller Muster und Entscheidungen zu etwas Eigenem verbunden.

Wie die Tiere als unsere nächsten Mitgeschöpfe auf Erden, sind wir mit Instinkten ausgestattet, die wir als unser **unentwickeltes Bewusstsein** oder auch als Unbewusstes bezeichnen. Unser Unbewusstes steuert die meisten körperlichen Abläufe automatisch, reagiert auf Umweltsignale nach einer zuvor festgelegten Struktur, die vererbt oder erlernt wurde.

Der Mensch kann jedoch viel mehr als nur sein Überleben physisch sichern. Er ist mit dem **Geist** beschenkt, der es ihm ermöglicht, die Freiheit als ewig gültigen Wert der Schöpfungsessenz selbst zu erkennen und zu leben. Das Bewusstsein auf menschlicher Stufe ist befähigt, bewusste Entscheidungen zu treffen, das heißt, die **Wahlfreiheit** zur Gestaltung und Erschaffung seiner Welt auszuüben.

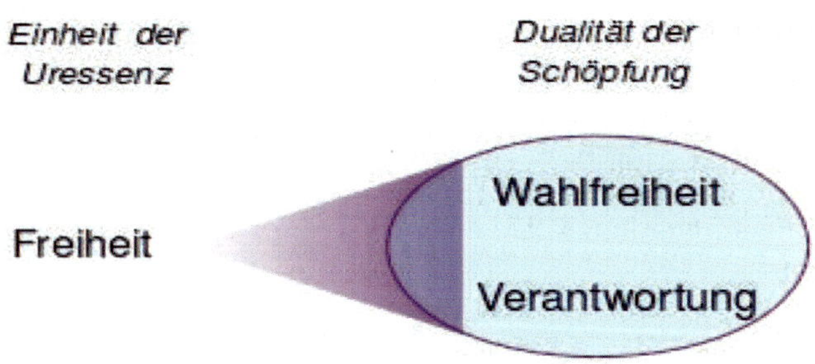

Ursprung der Wahlfreiheit des Menschen nach David Wared

Aus der *Freiheit* als Wert in der ewig gültigen Einheit entsteht in der Dualität die ***Freiheit der Wahl*** gepaart mit der **Verantwortung**.

Wahlfreiheit erweitert das deterministische Bewusstsein um eine weitere Dimension des Denkens und Handelns. Sie ist das höchste Gut in der menschlichen Essenz und Ausdruck der universellen Liebe im Schöpfungsprozess. Sie beinhaltet Verantwortung und auch die weiteren universellen Werte wie den Frieden, die Wahrheit, Liebe und Einheit in Bewusstheit. Der Mensch ist selbst **Schöpfer** seiner Wahlmöglichkeiten, er ist von Sehnsucht nach Vervollkommnung erfüllt und damit in Übereinstimmung mit der schöpferischen Urquelle, die die Einheit in sich enthält und erschafft.

Der Mensch findet in dieser dualen Welt alle Voraussetzungen, um seine Wahlfreiheit zu leben und entsprechend seiner Bewusstheit auszuüben.

In jeder Entscheidung, die ein menschliches Bewusstsein trifft, ist zwischen mindestens zwei Optionen, die sich gegenseitig ausschließen, zu wählen. Jede Aussage, jeder Begriff und jede Realität existiert als Zweiheit (**Dualität**), das heißt, die Einheit oder auch das vollkommene Ganze erfahren wir in der Entwicklungsphase des Humanbewusstseins in Form von Gegensatzpaaren. Beide Komponenten ergänzen sich zu einem Ganzen und ermöglichen die Formung beziehungsweise Erkennung des jeweils anderen. Beispiele dafür sind: ja und nein, hell und dunkel, Wahrheit und Täuschung, Liebe und Hass, Fülle und Mangel, Tag und Nacht, männlich und weiblich, rational und emotional, bewusst und unbewusst.

Welche Motivation steht hinter einer Wahl, die der Mensch trifft?

Es gibt drei Motivationen, die unsere Entscheidungen beeinflussen:

1. Zwang
2. Notwendigkeit
3. Sehnsucht

1. Entscheidungen aus Zwang

Erfolgt eine Entscheidung aus **Zwang**, ist sie im Schattenaspekt unseres Bewusstseins begründet. In dieser Unbewusstheit liegt die Wurzel allen Hasses, denn *Hass* ist ein Zustand der totalen Abgrenzung. Das Ego hat eine Sicht des Menschen konstruiert, die zwanghaft und strafend ist und der einzelne glaubt, seiner eigenen Bestrafung nur dadurch entgehen zu können, dass er selbst das Negative im Außen von sich abgrenzt und bekämpft. Macht und Kontrolle sind die Mittel, um die Motivation aus dem Ego umzusetzen.

Aus einer solchen Haltung entsteht *Angst*, denn der Mensch fühlt sich in seiner Existenz bedroht und keineswegs liebevoll angenommen. Er „darf“ keine Fehler machen, fühlt sich daher isoliert und häufig getrieben aus diversen inneren Zwängen, die aus Existenzangst, Verlustangst und Todesangst entstanden sind. Daher fehlt ihm die notwendige Klarheit im Hinblick auf die äußere Situation. Es stellt sich dann so dar, als lassen die äußeren Umstände keine Wahlmöglichkeit zu, das Denken und Empfinden erfolgen im zwanghaften Automatismus, die ein Sicherheitsbedürfnis zum Ausdruck bringen. Der Mensch ist nicht bereit, Verantwortung zu übernehmen und verliert dadurch auch die Möglichkeit, frei zu handeln. Daraus erwächst das

Bestreben, alles Angstauslösende abzuwehren oder andere Menschen zu bekämpfen. Unterdrückung und Kriege haben in zwanghaften Entscheidungen ihren Ursprung.

Ursache und Lösung der Schattenaspekte liegen in der Wahlfreiheit des Menschen. Das menschliche Bewusstsein hat sich in freier Wahl in Unfreiheit gebracht, indem es sich gegen die lichtvollen Werte entschieden hat. So wurde die Dualität erschaffen, durch freie Wahl wird sie auch überwunden.

2. Entscheidungen aus Notwendigkeit

Diese Situationen sind Chancen, lichtvolle Veränderungen herbeizuführen. Sich auf äußere Gegebenheiten einzulassen ist eine freie Entscheidung, die der Erweiterung des Bewusstseins dient und zur inneren Befreiung beiträgt. Notwendige Entscheidungen erfolgen aus Evolution oder Revolution.

Persönliche ***Evolution*** entsteht aus dem inneren Antrieb, sich geistig weiterzuentwickeln. Jeder Mensch ist von dem Wunsch beseelt, im Lichtbewusstsein zu leben und erkennt seine Möglichkeiten der eigenen Evolution soweit er sich dafür öffnet. In allen Bereichen des menschlichen Miteinanders, sei es in Partnerschaft, Beruf und familiärem Bereich, ist die Einsicht in notwendige Entscheidungen des Handelns immer wieder gefordert. Die persönliche Evolution dient der eigenen und der globalen Veredelung. Verantwortung übernehmen ist notwendig und erweitert die Wahlmöglichkeiten in der Zukunft.

Gesellschaftliche ***Revolution*** ist dann notwendig, wenn sich das aktuelle System menschlicher Gemeinschaft nicht in humanitärer Weise entwickeln kann. Das alte System bietet keine ausreichenden Entwicklungschancen für notwendige Veränderungen und verteidigt überholte inhumane Strukturen des menschlichen Zusammenlebens. Ein neues Wachstum auf altem Gerüst ist nicht möglich, wenn die notwendige Erneuerung von egoorientierten Kräften blockiert wird.

Dann sind radikale Veränderungen notwendig und die Evolution des Einzelnen (Evolution) lässt auch in den äußeren Gegebenheiten ein Festhalten an den alten Strukturen nicht mehr zu und bringt eine revolutionäre Entwicklung der Gesellschaft hervor. Der Einzelne ist dann berufen, seinen positiven Beitrag dazu zu leisten. Beispiele dafür sind der Sturm auf die Bastille oder der Mauerfall in Berlin.

3. Entscheidungen aus Sehnsucht

Die ***Sehnsucht*** ist die Motivation mit dem höchsten Grad innerer Freiheit. Sie offenbart ein ***inneres*** **Bedürfnis**, persönlich zu wachsen und Liebe zu leben. Die ***Liebe*** als Antrieb, das höchste Licht in vollkommener Einheit zu erfahren und an andere weiterzugeben, lässt in manchen Situationen keine andere Wahl, als sich bedingungslos in absoluter Freiheit hinzugeben.

In der Berufung oder Akzeptanz, die aus der Sehnsucht hervorgeht, liegt die höchste Erfüllung und Befriedigung menschlichen Seins.

Die absolut gültige Wirklichkeit ist durch die ewig gültigen Werte (Liebe, Wahrheit, Frieden, Freiheit und Einheit) gegeben und stellt das ideale Ziel aller Bewusstheiten dar. Die absoluten Werte sind die Werte der Wirklichkeit im eigentlichen Sinne und aus der Essenz des Seins definiert. Etwas anderes als diese Werte ist niemals erschaffen worden und daher auch nicht im eigentlichen Sinne „wirklich“.

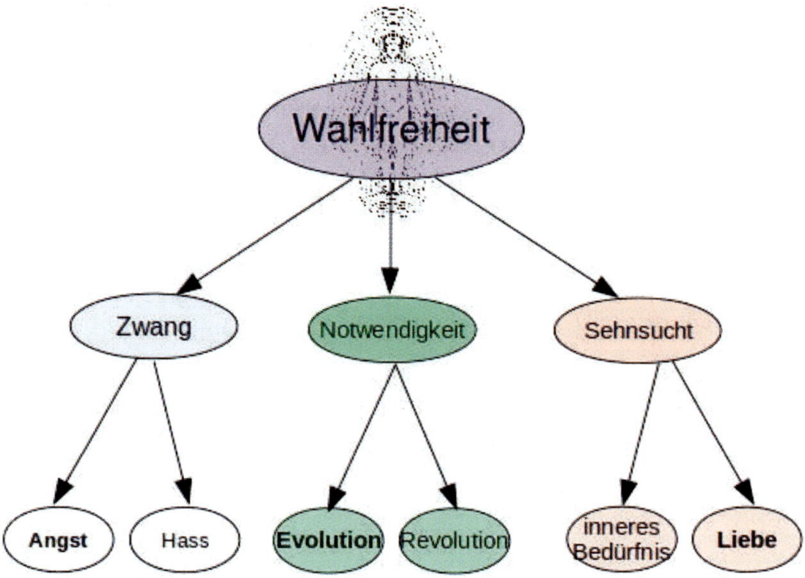

Motivation der freien Entscheidung nach David Wared

Die relative Wirklichkeit unseres Daseins entsteht aus unserem Bewusstsein. Die Frage, ob der Mensch frei wählen kann, entscheidet sich aus seinem Bewusstsein.

Ist er sich über seine Freiheit bewusst und ebenso über die Verantwortung seiner Entscheidungen, dann erkennt der Mensch seine Möglichkeiten, Situationen zu gestalten und Zwänge abzubauen. Er ist dann von Sehnsucht erfüllt.

Handelt der Mensch aus Zwang, erhöht sich seine Unfreiheit und seine Schattenenergie.

Das Handeln aus Notwendigkeit bietet bei bewusster Annahme die Chance höherer Bewusstheit, da mehr Klarheit und Empfinden der Verantwortung entstehen können. Wer notwendige Entscheidungen blockiert, verstärkt seine verdrängten Schattenanteile und gerät in zunehmende Unfreiheit.

Je höher und lichtvoller das Bewusstsein entwickelt ist, umso häufiger erfolgen Entscheidungen aus Sehnsucht. In diesen Situationen erlebt der Mensch eine tiefe spirituelle Weiterentwicklung und möchte sein inneres Potential erfahren und ausbauen. Die Verschmelzung im Licht bedeutet die Einheitserfahrung, das heißt, die Erfüllung der ewig gültigen Werte des Lichtbewusstseins wie Liebe, Wahrheit, Freiheit, Frieden und Einheit zu leben. So wird der Mensch zum Licht für sich und andere und empfindet sein Leben als beglückend und und in der großen ALL-Einheit geborgen. Das ist die wahre, ewig gültige, frei wählbare und friedvolle Bestimmung eines Lebens im schöpferischen Einheitsbewusstsein.

"Wir sind nicht am ***Ende*** *unserer Wahlmöglichkeiten*
sondern am ***Anfang*** *unserer Chancen*

Wir sind nicht am ***Ende*** *unserer Träume*
sondern am ***Beginn*** *unserer Visionen."*

DJW

Die Essenz des individuellen Seins

Bewusstsein als "bewusstes Sein" drückt eine besondere Seinsqualität aus, über die alles Existierende in unterschiedlichem Maße verfügt. Betrachtet man diese Qualität genauer, dann ergeben sich in ihr drei Aspekte (Überbewusstsein, Dualbewusstsein, Unterbewusstsein), die als Einheit zusammenwirken im Sinne einer Drei-Einheit oder Trinität. Diese Aspekte dienen der Erweiterung des bewussten Erlebens in der Dualität, die mit der Bewusstwerdung unbewusster Aspekte einhergeht.

Jedes Bewusstsein in unserem dualen Umfeld ist integraler Teil der **Uressenz** aller Schöpfung und ist damit mit dem ALL-Bewusstsein als Impulsquelle innigst verbunden. Diese Verbindung ist universell für alle Manifestationen des Seins und löst damit die individuellen Grenzen jeder Manifestation auf. Unser ***Überbewusstsein*** verbindet uns mit dem Universum, unserer Erde und mit den anderen Wesen, die mit uns leben. Jedes Bewusstsein wirkt sowohl individuell als auch überindividuell als integraler Teil des gesamten Kosmos. Die Gesamtheit aller Impulse im Universum bildet ein universelles Bewusstseinsfeld, dessen formende Kräfte auf alles einwirken und in enger Wechselbeziehung mit allen Erschaffenen stehen. Alles Wirken auf individueller Ebene (Dualbewusstsein und Unterbewusstsein) beeinflusst das universelle Informationsfeld und damit die Prozesse des gesamten Universums.

Das ***Dualbewusstsein*** beinhaltet alles, was der Mensch im dualen Umfeld als Individuum durch seine Sinne wahrnimmt und durch seinen **Geist** bewusst entscheidet. Impulse aus dem Überbewusstsein und dem Unterbewusstsein fließen in die Entscheidungsfindung ein, wobei der menschliche Geist in dualer Form existiert (als Licht- und Schattenbewusstsein). Alle Einflüsse von außen sind als duale Ausprägungen einer Einheit höherer Ordnung erfahrbar.

Im dritten Aspekt, dem ***Unterbewusstsein***, sind alle Erfahrungen und Erkenntnisse des bisherigen Daseins sowie die Aufgaben und Lebensaufträge, die größtenteils vorgeburtlich festgelegt wurden, gespeichert und können bei Bedarf zur Entscheidungsfindung (im Dualbewusstsein) aktiviert werden. Es ist unsere innere Wahrnehmungswelt, die **Seele**, die durch ihre Sehnsüchte der eigenen Entwicklung die Richtung vorgibt. Alle Eindrücke gehen als Erfahrungen in das Unterbewusstsein ein. Dieser Wahrnehmungsprozess ergänzt den bisher erworbenen Erfahrungsschatz in dreifacher Art:

Der *subjektive* Aspekt beschreibt die Auswirkung einer Wahrnehmung auf das individuelle Befinden, im *objektiven* Aspekt werden alle Wirkungen auf den körperlichen Status zusammengefasst, und außerdem fließen alle Eindrücke ungefiltert ins Unterbewusstsein. Als Fakten erweitern sie dort unseren Erfahrungsschatz und bilden den *neutralen* Aspekt der Erweiterung.

Jede Vision, jede Idee, jeder Wunsch und jedes Konzept, das Sie zum Gegenstand Ihrer aktiven und bewussten Denkprozesse gewählt haben, gelangt ins Unterbewusstsein. Dort wird daraus eine Erfahrung, die Ihren inneren Schatz erweitert.

Alle Überzeugungen, Muster, Programme und Projektionen, die Sie in Ihrem Unterbewusstsein aufgenommen haben, werden zur Ursache der Handlung in Ihrer äußeren Welt. Alle Reize seit Ihrer Geburt werden in Ihrem Unterbewusstsein gespeichert.

Das Überbewusstsein setzt Impulse universellen und kosmischen Ursprungs für die Entwicklung des Geistes in Verschmelzung mit der Seele im Körper, um die Individuation von

Geist und Seele zu ermöglichen. Die Seele ersehnt bestimmte Erfahrungen zu ihrer Vollendung im Feld der Dualität. Die Sehnsucht nach Bewusstheit und Erkenntnis der Einheit aller Seinsformen ist allen Seelen gemein, da sie aus dem universellen Einheitsbewusstsein diesen Impuls „geerbt“ haben. Daher geht die Seele mit dem Geist und einem Körper eine individuelle Verbindung ein, um ihre Sehnsüchte in der Dualität zu verwirklichen.

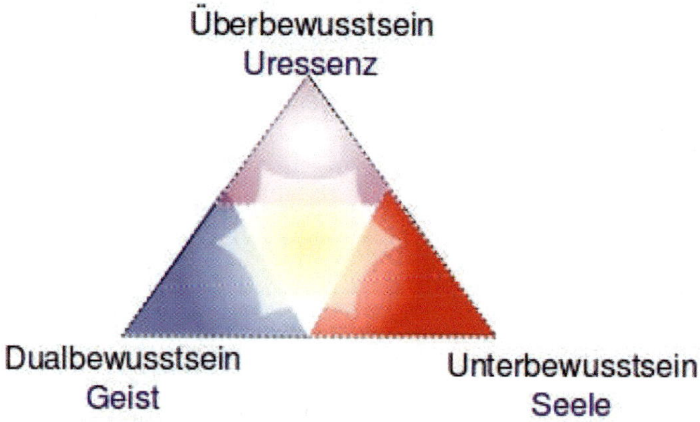

Trinität des menschlichen Bewusstseins nach David Wared

Die im Unterbewusstsein gespeicherte Information ist zum größten Teil nicht vom Bewusstsein abrufbar, weil sie unbewusst ist.

Die **unbewussten Prozesse** im Menschen verursachen Verwirrung über Verwirrung, Fragen über Fragen, Zweifel über Zweifel und lassen dem Geist keine Ruhe und Klarheit, um gute Entscheidungen zu treffen. Sie bilden das Substrat für den Einfluss des Schattenbewusstseins.

Wenn uns die Umstände des Lebens unbewusst sind,
wenn uns die Prozesse des Lebens unbewusst sind,
wenn uns die zwischenmenschlichen Verbindungen
des Lebens unbewusst sind,

dann gibt es stets Blockaden, Hindernisse, Ängste und
Wahrnehmungsmuster,
die uns im Dunkeln tappen lassen.

Der Mensch neigt entweder dazu, jegliches Nachdenken zu unterlassen oder alles wird wiederholt ständig hinterfragt, ohne zu einem sinnvollen Ergebnis zu kommen. Es vergeht dann viel wertvolle Zeit für nutzlose Grübelei, in der es nicht gelingt, Blockaden zu lösen und Licht in das bisherige Unbewusste zu bringen. Der Mensch bleibt in seiner Unbewusstheit gefangen, die sich oftmals als Krankheit äußert. Seine Erfahrungen wiederholen sich ständig, bis eine bewusste Entscheidung seine innere Ausrichtung zum Licht einleitet.

Der Mensch auf seinem Weg der Erweiterung hingegen erlebt sich selbst in einem Prozess zunehmender Erkenntnis. Sein klarer innerer Fokus ist darauf gerichtet, unbewusste Inhalte immer mehr bewusst zu machen und damit den großen Schatz, den das Unterbewusstsein birgt, nach und nach für sich zu nutzen.

Er hat sich entschieden, die Dinge klar und stabil zu beobachten. Seine Wahrnehmung wird von Tag zu Tag deutlicher, seine Entscheidungen fallen wie vom Himmel, leicht und unverkrampft.

Das menschliche Bewusstsein hat die folgenden Fähigkeiten in sich angelegt:

Wahrheit	Erkennen, was hinter einer Illusion steht
Beobachtung	Information und Bedeutung erkennen
Einfühlen	sich in ein laufendes Geschehen gefühlsmäßig einbeziehen
Wahrnehmung	des Umfelds im Augenblick
Wissen und Denken	Ursache und Ziel eines bestimmten Umstands ergründen
Annehmen	des aktuellen Umstands, entweder als hell, positiv und gut oder als dunkel, negativ und schlecht
Sein	In der eigenen Essenz verankert sein, im eigenen Frieden leben, unabhängig von den Umständen

Wer diese Fähigkeiten in sich zur Vollkommenheit bringt, der steuert den Prozess seines Lebens zunehmend bewusst. Gefühle und Gedanken können ihn dann nicht mehr automatisch bestimmen. Durch ihre Bewusstheit erreichen diese Menschen immer mehr Seelen, die den Prozess zur Lichtwerdung mit ihnen teilen möchten.

Sie finden immer mehr bewusste Menschen, mit denen sie in Gemeinschaft und Einheit leben, da sie wissen und fühlen, wer sie wahrlich sind und was um sie herum geschieht. Diese Menschen sind von der Sehnsucht getragen, ihr Leben liebevoll und friedvoll auszurichten und Verbindung im Geiste zu bewirken.

Je klarer der Mensch in seinen Alltagsprozessen wirkt, umso weiter ist sein Geist, umso friedvoller und liebevoller äußert sich seine Seele, und umso kraftvoller und strahlender wirkt seine körperliche Erscheinung.

Der Prozess der zunehmenden Bewusstwerdung mündet in die Erleuchtung, das heißt, ein erleuchteter Mensch lebt im Lichtbewusstsein. Er lebt seine Wesensessenz, da er sich ihrer vollständig bewusst ist.

Für den Menschen ist das zentrale Anliegen die Erforschung des eigenen Wesens und die individuelle Erkenntnis der ewig gültigen Werte. Der Weg zur Erleuchtung ist daher mit zunehmender Bewusstheit verbunden und allen Menschen möglich.

Mein ewiges Licht

„Heilendes Licht,
mit Strahlkraft gelangst du zu mir
und heilst mein Herz.

Liebendes Licht,
mit Hingabe weitest du
das ALL in mir.

Licht aller Lichter,
mit Ewigkeitsschwingung führst du
mich zur Glückseligkeit.“

DJW

Impulsgebung aus dem Bewusstsein

Fühlen, Denken und Handeln wird durch *Impulse* gesteuert, deren Energiequelle in einem Bewusstsein liegt. Ein Impuls setzt sich aus den Komponenten *Intensität* und *Richtung* zusammen. Die Richtung wird von der *geistigen Quelle* vorgegeben, die Intensität ist sein Energiegehalt, und wird aus der *Urenergie* gespeist.
Bewusstsein strebt nach Vervollkommnung im dualen Umfeld, es gilt die Einheit von Bewusstsein, Energie und Leben, die ewig existiert. Das übergeordnete Prinzip dieser Aspekte ist die Information.

Das Bewusstsein steuert und verursacht unsere Gedanken und Handlungen. Es erschafft Neues durch Impulsgebung an die Umgebung. Als Energien im materiellen Umfeld breiten sich die Impulse aus und materialisieren sich zum Teil.

Geistige Impulse bringen Informationsflüsse hervor, die das Potential haben, sich materiell oder energetisch zu realisieren. Der Begriff **Information** bedeutet „etwas von innen her formen". Es ist etwas nicht Materielles, das etwas Materiellem, eine Form, erschafft und beschreibt. Impulse sind Energien, die mit einer bestimmten Intensität und einer Richtung in das allgemeine Energiefeld einwirken.

Dazu das folgende Beispiel zur Veranschaulichung:

Ein Handwerker plant, einen Tisch zu bauen. Er hat zunächst eine Idee über die Gestalt des Tisches und das eingesetzte Material. Er überlässt es nicht dem Zufall, sondern entwickelt aus seinen Ideen die passenden Impulse, um das Material, die Gestaltung und die Zeitplanung für die Erschaffung des Werks zu ermöglichen.

Zur Realisierung und damit „ins Leben“ kommen nur Impulse mit ausreichender Stärke. Die Entschlossenheit des Impulsgebers und die Unterstützung einer Idee durch das Umfeld sind dabei wesentliche Faktoren. Man sagt:„Eine Idee ist reif für die Welt“ und meint damit, dass es *Ideenfelder* gibt, die sich zeitlich verändern und den **Zeitgeist** beschreiben.

Die eigenen Bedürfnisse und Möglichkeiten beeinflussen die Gestaltung des Plans, seine Realisierung und das Endprodukt höchst individuell. Menschliche Kreativität beruht auf dem ALL-Bewusstsein, das direkt aus der universellen Schöpferquelle hervorgegangen ist. Der menschliche Geist wird aus dieser Quelle allen Seins mit Impulsen versorgt. Er trifft eine eigene Wahl, welche Impulse er für sich annimmt und was er aus seiner Wahl an eigenen Ideen entwickelt. Die Uressenz kann nur solche Impulse enthalten, die dem Lichtbewusstsein entsprechen, doch der Mensch trifft manchmal die Wahl, diese lichtvollen Impulse in ihrem Schatten erfahren zu wollen und wird dadurch zu einer Impulsquelle, die fortlaufend helle und dunkle Gedanken und Ideen hervorbringt. Diese wirken als Impulse für die Gestaltung unserer gesamten materiellen Umwelt.

Idee Energie
Geist ———▶ Impuls ———▶ Materie

Jeder einzelne Impuls ist insofern einzigartig, weil er die gesamte Information des Geistes, der seine Quelle darstellt, in sich widerspiegelt.

Alle Schöpfung ist nur möglich, wenn es ein Bewusstsein als Ideengeber und Impulssetzer gibt. Dieses ist ein allgemeines Schöpfungsprinzip und gilt daher für menschliches Schaffen ebenso wie für die Erschaffung der Universen, Galaxien, der Tiere und Menschen.

Jedes Bewusstsein strebt danach, seine Einzigartigkeit zu offenbaren, es sucht Ausdrucksformen in energetischer und materieller Art. Dabei verändert es sich ständig und interagiert mit seinem Umfeld. Der Akt menschlichen Erschaffens lässt sich nicht durch „zufällige" Prozesse nachbilden. Dieses gilt erst recht nicht für die unvorstellbare Komplexität im Schöpfungsprozess des Lebens und des Kosmos.

Das Bewusstsein ist nicht an die Begrenzungen von Raum und Zeit gebunden, da es aus dem ALL-Bewusstsein hervorgegangen ist. Das ALL-Bewusstsein ist Ursprung und Essenz aller Bewusstseinsformen, -inhalte und aller Existenzen. Es beinhaltet die ALL-Energie, die ALL-Gegenwärtigkeit, die ALL-Liebe und das ewige Licht seiner ALL-umfassenden Weisheit. Bewusstsein wie Energie verändern nur ihre Formen. Sie hat es schon immer gegeben und sie werden ewig sein. Gleiches gilt für das Leben in seiner Essenz und tiefsten Wirklichkeit.

Wir beschreiben die Einheit als Trinität:

Bewusstsein Energie Leben

sind ewig und dynamisch, das heißt, sie ändern permanent ihre Form, bedingen sich gegenseitig und gehen im Universum nicht verloren.

Diese drei Begriffe bezeichnen eine komplexe Einheit, das heißt, sie stellen nur Zustände oder Beschreibungen ein und derselben Sache dar. Wichtig ist, zwischen den Prinzipien und den Manifestationen zu unterscheiden.

In allen Lebens- und Energieerscheinungen manifestiert sich Bewusstsein. Es ist sogleich die tiefe Essenz allen Seins, sein

Grund im Schöpfungsprozess.

Leben aller Art wird durch Bewusstsein und Energie erst möglich, das Leben als Prinzip ist ewig, seine Manifestation als Lebewesen währt nur eine begrenzte Zeit. Auch die Energie, die materiell oder nichtmateriell in Erscheinung tritt, ist Ausdruck und Quelle von Bewusstsein.

Ein Beispiel für die ALL-Verbundenheit des Lebens ist folgendes Phänomen:

Gespendetes Blut behält noch Monate nach dem Spendetermin zum Spender eine Verbindung bei. Es wurde schon die Beobachtung gemacht, dass das Blut, welches in speziellen Behältern gekühlt lagert, eine Veränderung erfährt, falls der Spender zwischenzeitlich ernsthaft erkrankt. Die Verbindung ist nicht kausal, daher auf rein materiellem Wege nicht erklärbar. Hier zeigt sich, dass es Möglichkeiten geben kann, auf der Ebene der Information universell Verbundenheit zu erfahren.

Das menschliche Bewusstsein ist Ursprung aller Gedanken und Entscheidungen des Menschen. Diese werden als Impulse in einem kreativen Akt in die Welt gesetzt und wirken als Energien.

Kreativer Informationsfluss durch Impulssetzung:

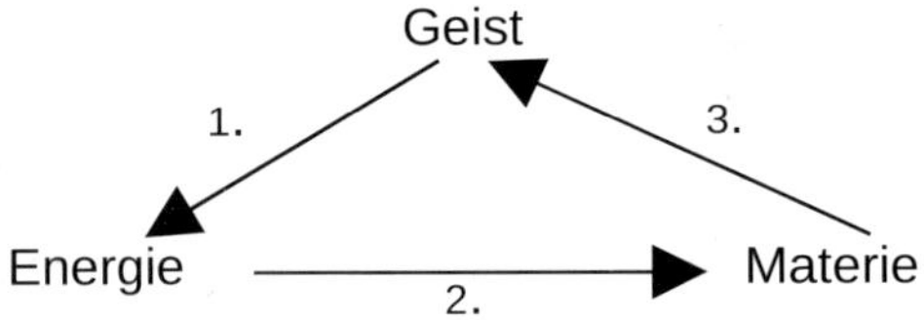

Das Setzen der Impulse führt zu einem Informationsfluss, der sowohl innerhalb des Menschen als auch in seiner Umwelt aktiviert wird.

Der Geist selektiert und bewertet alle Informationen aus dem Umfeld. Das Ergebnis dieses inneren Prozesses hängt einerseits vom aktuellen Stand des eigenen Bewusstseins ab, und andererseits von der Entscheidung des Geistes, seinem lichten Bewusstsein zu folgen oder sich dem Ego als Schatten seines wahren Bewusstseins zu beugen. Der Mensch als Existenzform in der Dualität erlebt sich selbst im Spannungsfeld von Licht- und Schattenaspekten seines Bewusstseins. Er hat stets die Wahl, in welche Richtung seine Entwicklung fortschreitet.

Geist und Seele sind ihrem Wesen und Ursprung nach ewig und nicht an die materielle Welt gebunden. Zu ihrer Vervollkommnung gehen sie eine Bindung ein, um sich in einem Körper, der endlich und in jeder Hinsicht begrenzt ist, zu verwirklichen und ihren ewigen Weg der Veredelung fortzusetzen. Bewusstsein existiert zeit- und raumlos in Vollkommenheit. Bewusstwerdung beschreibt die Entwicklung zum reinen Lichtbewusstsein - dieser Lernprozess dient der Veredelung. Da es mit seinem Schatten kombiniert wirkt, kann es vorübergehend zu einer Dominanz seines Schattens kommen und der Mensch sich von seinem Lichtbewusstsein entfernen. Die Ausrichtung des Geistes und die Sehnsucht der Seele sind jedoch auf das Erleben der ewig gültigen Werte der Lichtwelt ausgerichtet, sodass sie sich früher oder später darauf einlassen.

Eine Analogie aus der Chemie kann das veranschaulichen. Es ist bekannt, dass alle Elemente des Periodensystems den vollkommenen Zustand der ***Edelgase*** anstreben und alle chemischen Reaktionen als Ausdruck dieses Bestrebens die Annäherung an eine Elektronenverteilung der Edelgase, interpretiert werden können. Die Edelgase selbst (z.B. Helium, Neon, Radon) zeichnen sich durch eine extreme Stabilität und Reaktionsträgheit aus. Sie verkörpern den in sich ruhenden Idealzustand und zeigen kein Bestreben, in Wechselwirkung mit anderen Elementen zu treten. Jede Entwicklung und Veränderung chemischer Prozesse würde dann zum Stillstand kommen, falls der Edelgaszustand von den anderen Elementen tatsächlich erreicht werden könnte. Dieses tritt aber nicht vollständig ein, stattdessen wirkt das Streben nach Vollkommenheit als Antrieb für die Reaktionen chemischer Substanzen.

Ein Mensch in höchster Gelassenheit und vollkommenem inneren Frieden lebt, ohne ein Bestreben zur Auseinandersetzung zu verspüren, im höchsten Bewusstseinszustand menschlicher Existenz. Seine Sicht ist klar aus dem absoluten Wissen und Vertrauen über die wahre Natur der Schöpfung und seiner wahren Wesensessenz. Im Zustand der Heiligkeit löst Erkenntnis alle Zweifel ab. Die Einheit allen Lebens ist für das höchste Bewusstsein unmittelbar erfahrbar.

Die Religionen dieser Welt bezeichnen einen Menschen, der mit einem höheren Geistbewusstsein begabt ist, als „Engel", „Heiligen", „Avatar", „Lichtwesen", „Halbgott", "Heiland" oder „Erleuchteten".

In allen Überlieferungen betonen die „Heiligen" übereinstimmend, dass jeder Mensch den Heilzustand erfahren könne und sogar auch eines Tages erfahren werde, weil unsere Seele es herbeisehnt. Dafür ist eine innere Bereitschaft, sich diesem Ziel mit aller Hingabe zu nähern und **Heilung** durch Mitmenschlichkeit zu vervollkommnen, unerlässlich. Erst nach vollendeter Heilung könne das Humanbewusstsein vollkommene Friedfertigkeit im Fühlen, Denken und Handeln erreichen. Es sei daher eine Illusion, Frieden durch Kampf gegen das vermeintlich Negative erreichen zu wollen. Alles hat seinen Ursprung im Bewusstsein jedes Menschen, auch der Weltfrieden. Keine noch so gut gemeinte Ideologie oder religiöse Lehre kann das menschliche Zusammenleben wesentlich befrieden, solange die Menschen selbst in einem Bewusstsein der Abgrenzung leben.

Das Dualbewusstsein selbst definiert sich durch Auseinandersetzung und Polarisierung, um seine Entwicklungsschritte zur Einheit vollziehen zu können. Erst die Überwindung der Polarität im eigenen Bewusstsein führt zu dauerhaftem Frieden und wahrer Glückseligkeit.

Jeder Einzelne strebt danach, sein wahres Heilsein und den immer währenden Frieden als Urzustand seiner Seele wiederzufinden. Dieses ist allen Bewusstseinsformen zu Eigen. Der Weg zur inneren Wahrheit wird jedem durch seine Seele offenbart, als innerer oder äußerer Impuls, der uns aus dem Urgrund allen Wissens neue Wege aufzeigt, vorhandene Blockaden zu lösen. Unser inneres Licht erstrahlt aus dem Dunstkreis der Vernebelung in unsere Umgebung und führt uns zum ewigen Licht des ALL-Bewusstseins. Sind uns unsere Sehnsüchte bewusst, können wir sie ohne Umwege erfüllen und ihre wahre Bedeutung dankbar erkennen. Dann verlassen wir endlich den Pfad des Leidens und beginnen ein Leben in Erfüllung.

Liebesformen

"Die heiligste Form der Liebe ist die Hingabe.
Die reinste Form der Liebe ist die Bedingungslosigkeit.
Die höchste Form der Liebe ist die Nächstenliebe."

DJW

Information und Leben

In allen Bereichen des natürlichen Seins erfolgt ein Informationsaustausch auf allen Ebenen. Lebendige Organismen zeichnen sich durch besonders komplexe Strukturen aus, deren Komponenten über hoch entwickelte Mittel zur Kommunikation sowohl auf der Ebene der Moleküle, der Zellen, Organe und Gedanken verfügen.

Das Funktionsprinzip von Information und Leben basiert auf dem Mechanismus von Sender und Empfänger. Dieses Prinzip ist sowohl auf der Erde als auch im Kosmos identisch. Der Sender kodiert die Information, die er beabsichtigt zu übermitteln, zu einem Signal von einer bestimmten Frequenz und Intensität. Dieses Signal schickt er als Nachricht in Richtung des Empfängers ab. Beim Empfänger, der auf diese Frequenz eingestellt ist, erfolgt die Entschlüsselung des Signals zu der Information, die dem Inhalt der Nachricht entspricht, und unter Umständen eine Reaktion darauf.

Ein wunderbares Beispiel aus der Tierwelt macht uns deutlich, wie Information verlustfrei über Tausende von Kilometern ohne technische Hilfsmittel übertragen wird. Die größten Tiere der Welt, die Wale, verhalten sich phänomenal . Die meisten der Wal-Paare leben aufgrund ihrer Futtersuche über 10.000 km voneinander entfernt. Während der jährlichen Paarungszeit sendet der männliche Wal einen bestimmten Ton bei einer bestimmten Wassertemperatur (4° C, wegen der maximalen Dichte) und das Weibchen erkennt diesen Ton als den ihres Gatten und erwidert ihn, sobald sie ihn empfangen hat.

Die beiden treffen sich an einem bestimmten Ort und dann können Sie sich vorstellen, was für freudige Bewegungen das Wasser aufwallen und wie neues Leben entsteht.

Leben ist Kommunikation und Informationsaustausch. Das System von Sender und Empfänger ist eine Ausprägung des Druck- und Sog-Prinzips, das das physikalische Verhalten von Materie und ihr relatives Fehlen (Vakuum) beschreibt. Materie in jeder Form ist höchst verdichtete Energie. Alles was existiert ist verdichtete Energie, die Information beinhaltet.

Information ist die Energie, die Materie formt. Sie beinhaltet den Aspekt der Energierichtung. Neben der Information wird Energie genau in der Menge benötigt, die ihrer Masse äquivalent ist. Der Geist als Impulsgeber setzt diese Information in die Welt und benötigt dazu Energie. Alle materiellen und geistigen Impulse haben eine gewisse Intensität, die ihrer Energiemenge entspricht und eine Orientierung, die entweder die räumliche Richtung oder die geistige Ausrichtung (beispielsweise lichtvoll oder zum Ego), beschreibt.

Wasser ist ein wichtiger Informationsträger auf der Erde und in Organismen. Ein Kubikmeter fließendes Wasser verändert seine Schwingungsstruktur 10 Billionen mal pro Sekunde, das heißt, dass sich die Verteilung der Energie und der Dichtebereiche nach dem Druck- und Sogprinzip permanent ändert und sogleich Information mit Hilfe dieses Mediums gezielt gespeichert und verteilt werden kann.

Für das Heilen hat diese Tatsache einige interessante Auswirkungen. Es gibt Heiler, die genau diesen Mechanismus der Informationsübertragung direkt aktivieren können. Da Wasser sowohl Information in Form von Dichtemustern speichern kann als auch ständig seine Schwingung ändert, kann es durch Heilimpulse so verändert werden, dass es im Körper sogar die Zellkerne und damit auch die DNA erreicht. Dieser Heilansatz der **Essenzheilung** vermag alle Arten körperlicher Disbalance und schwerste Krankheitsbilder positiv zu beeinflussen.

Die Wirkung und Bedeutung der Information im Wasser wird bisher oftmals unterschätzt. Das Wasser vom heiligen Fluss des Ganges ist im Delta hochgradig chemisch verschmutzt. Es finden sich darin Schwermetalle, Arsen, Leichengift und eine Menge potentiell krankmachender Keime, die nach normalen Maßstäben fast jeden, der damit in Berührung kommt, umbringen würde.

Erstaunlicherweise kommt es nur recht selten zu Erkrankungen durch Verseuchung. Der Ganges entspringt in sehr großer Höhe (ca. 4400 m) und ist daher besonders energiereich. Das Quellwasser erreicht erst nach etwa 60-100 Jahren das Delta und ist dann weiter angereichert mit positiver Schwingung. Offenbar ist diese Information von größerer Bedeutung (was die Wirkung auf den Menschen betrifft) als das Maß chemischer Verunreinigung. Die Information bleibt erhalten, denn sie ist Energie, daher entfaltet das heilige Wasser seine heilende Kraft.

Essenzheilung mittels Wasser wird seit den Anfängen menschlicher Entwicklung erfolgreich praktiziert und ist ein Sinnbild für die überragende Bedeutung der Information im Schöpfungsgeschehen.

Information hat Heilkraft, wenn sie den kranken Körper in passender Weise impulsiert, so dass er wieder in seine Balance gelangen kann. Impulse aus einer lichten Quelle haben das Potential dazu, das heißt, ein Mensch, der im Lichtbewusstsein lebt, kann heilen und spürt auch die Sehnsucht danach, andere ihren Heilzustand erfahren zu lassen.

Auf Seiten des Empfängers der Heilimpulse ist es notwendig, dass die Zellen und insbesondere die darin enthaltene DNA in einer ähnlichen Frequenz schwingen wie die Heilschwingung. Bei geistigen Heilimpulsen erkennen die Zellen des Empfängers direkt, dass die Schwingung ihrer eigentlichen, das heißt ihrer Schwingung im gesunden Urzustand, entspricht und daher das Störsignal der krankmachenden Information seine Intensität verliert. Die Resonanz von Heilimpuls und der Eigenfrequenz der Körperzellen ermöglicht eine besonders gute Aufnahme heilender Impulse bei allen Körperzellen. Insbesondere die DNA-Strukturen, die das Innerste aller Körperstrukturen darstellen, sind für die Information empfänglich, da sie sie bereits in sich angelegt haben.

Umgekehrt werden künstlich erzeugte Substanzen, wie beispielsweise chemisch erzeugte Vitaminpräparate, nicht optimal von den Körperzellen aufgenommen. Sie belasten das Gewebe und die Ausscheidungsorgane. Natürliche Vitamine haben die Lichtinformation der Pflanzen aufgenommen und können daher leichter in das Innere der Zellen gelangen. Sie stellen dort ihre Energie in Form von Schwingungen zur Verfügung, die die menschliche Zelle zur Neustrukturierung ihrer Lebensfunktionen einsetzen kann.

Die Chemie mit ihrer rein materiell begründeten Anschauung der Lebensfunktionen liefert keine vollständige Deutung der Beobachtungen in vielen Bereichen biologischer Abläufe, insbesondere von Erkrankung und Heilung. Auch hier zeigt sich: Die Information ist der Materie übergeordnet.

Jede Information existiert aufgrund eines geistigen Impulses. Ursachen, Wirkungen und Botschaften sind Aspekte von Information. Sie bringen die Dinge der Welt hervor. In der Dualität, und nur in dieser Ebene der Existenz, gibt es das Ego, das sich bei seiner Impulsgebung aus den Schattenaspekten bedient. Die negativen Lebensaspekte wie Krankheiten haben ihren Ursprung in krankmachenden Geistimpulsen aus dem Schattenbewusstsein.

Lichtbewusstsein

"Aufgabe des Lichts ist
Expansion
auf materiellen und
Äther-Ebenen."

DJW

Der Mensch lebt in dieser Welt als Licht, um das Licht wahrzunehmen, auszudehnen und an andere weiterzugeben. Licht und Schatten sind die beiden Elemente des Seins, die der Mensch durch ihr Zusammenspiel wahrnehmen kann und zeitliche Abläufe erfährt.

Seine materielle Erscheinungsform, individuellen Eigenschaften und gedanklichen Vorstellungen, über die er sich in seinem Alltag identifiziert, sind Ausdruck seiner Selbst in einem Umfeld eingeschränkter Wahrnehmung. Licht dehnt sich permanent aus, verbindet sich mit seinesgleichen und ist reine Energie. Der Mensch ist bestrebt, seinen Einfluss auszudehnen und seine Weltsicht zu erweitern, um den Ursachen und Wirkungen des Lebens auf den Grund zu gehen, etwas Eigenes zu erschaffen und sich selbst in der Welt zu erfahren. Das ist das Prinzip des Lebens: in einem Entwicklungsprozess Erfahrungen für die Vollendung der eigenen Vollkommenheit zu erlangen.

Den Lichtaspekt des menschlichen Daseins nenne ich das ***Bewusstsein***. Darin steckt die Bedeutung „Wissen“. Es umfasst alle Aspekte der Information, wie etwa die Fähigkeit, durch Wahrnehmung und Erkenntnis den reichen Schatz an Erfahrungen zu erweitern. Alles, was existiert, ist Information, denn alles ist aus einer Idee erschaffen, die Formen entstehen ließ. Alle Vielfalt bildet eine Einheit, die das gesamte Sein aller jemals geschaffenen Universen einschließt. Ganz gleich, ob es sich um einen Stein, eine Galaxie, einen Lichtstrahl, ein Atom oder einen Menschen handelt, ja sogar Ideen und Vorstellungen als nicht materielle Formen des Seins existieren nicht ohne Bewusstsein. Alles ist aus einer Ur-Idee geboren, die die Essenz des Ganzen in sich vereint.

Bewusstsein ist die Grundlage aller Erschaffung und Entwicklung. Unser Bewusstsein verbindet uns mit allem, was ist, und bildet die Brücke zu allen Zeiten, Ebenen und ewig gültigen Prinzipien der Weisheitslehren.

Mit diesem Werk meiner Forschungstätigkeit möchte ich jedem Menschen in jeder Sprache, Kultur und Weltanschauung dazu verhelfen, sein Bewusstsein zu entwickeln, die wahren Werte der Schöpfung zu verinnerlichen und sich im Austausch mit anderen innerlich zu erweitern. Das ist der Weg zum höchsten Bewusstsein, der den Menschen befreit und seinem Bestreben, sich zu veredeln, Ausdruck verleiht. Alle Menschen haben die Wahlfreiheit in Entscheidungsprozessen. Sie können sie nutzen, um ihr Bewusstsein für sich selbst und für die Menschheit weiterzuentwickeln.

Durch Bewusstsein sind wir Menschen mit allen Manifestationen des höchsten Schöpfungsbewusstseins verbunden. Betrachten wir einen Gegenstand, so treten wir bereits in eine Wechselbeziehung damit ein. Physikalisch lassen sich Gravitationskräfte und elektromagnetische Energieformen nachweisen, gedanklich und gefühlsmäßig reagiert jedes Lebewesen auf alle Reize in seinem Umfeld. Das Licht, das die sensitiven Augen wahrnehmen können, umfasst nur einen eng begrenzten Frequenzbereich des allgegenwärtigen elektromagnetischen Spektrums. Mit Hilfe technischer Messinstrumente lässt sich der Bereich der Wahrnehmung erheblich erweitern. Besonders sensitive Menschen erfassen sogar Schwingungen „feinstofflicher“

Art, die die Grenzen rein physikalischer Messmethoden erheblich erweitern.

Aus einer übergeordneten Perspektive bildet jeder Beobachter eine Einheit mit dem Gegenstand seiner Betrachtung. Nach alten Erkenntnissen, die in neuer Zeit experimentell bestätigt wurden, gibt es keinen Beobachter, sondern nur Teilnehmer, die eine aktivere oder passivere Rolle in einem Geschehen einnehmen. Alle Prozesse wirken als Einheit auf physikalische Phänomene, wie bereits in vielen Experimenten im subatomaren Bereich gezeigt werden konnte. Die Trennung zwischen dem Objekt und dem Subjekt ist also eine gedankliche Konstruktion, die bei genauer Untersuchung in Einheit und Ganzheit übergeht. Als Evolutionsforscher des Seins mache ich auf die Täuschung, die allen Trennungsvorstellungen zugrunde liegt, besonders deutlich aufmerksam und verhelfe dadurch, die Verengung des menschlichen Bewusstseins zu berichtigen.

In jedem Zusammenwirken entsteht ein Informationsfeld, das wiederum mit den Eigenschaften eines übergeordneten Bewusstseins belegt ist. Es gilt daher:

Kein Sein ohne Bewusstsein.
Keine Existenz ohne Information.

Jeder Mensch verfügt über ein begrenztes Wissen über sich selbst. Ein Teil davon bildet sein bisher erworbener Erfahrungsschatz. Durch Er-*inner*-ung aus seiner Seele kann er auf dieses Wissen zugreifen und es zur Gewinnung neuer Erkenntnisse einsetzen. Jedes menschliche Bewusstsein sehnt sich danach, sich seines wahren Ursprungs bewusst zu werden und damit sein Grad an Bewusstheit zu erhöhen. Darin liegen Neugier und Wissensdurst begründet.

Wir Menschen sind Licht, jeder einzelne mit einem individuellen Frequenzmuster. Wir nehmen das Licht aus unserer Umgebung wahr, können daraus eigene Erkenntnisse gewinnen und dabei bisherige Erfahrungen einbeziehen. Neuerworbene Erkenntnisse erweitern den Erfahrungsschatz und erleuchten bisher dunkle, unbewusste Bereiche unserer Seele. Wir Menschen breiten unser Licht aus und werden selbst zu einer Lichtquelle für andere, denen wir auch als Spiegel ihrer wahren Essenz dienen können. Und wir existieren ewig, denn Licht kann nicht vergehen, alle Energien bleiben erhalten, sie ändern lediglich ihre Form. Darin liegt die Essenz des Seins.

Auf menschlicher Stufe des Bewusstseins sind höchste Erkenntnisse und Selbstreflexion möglich. Die Erkenntnis des Lichts durch sich selbst erfordert die Spiegelung und die Erfahrung des Dunklen, denn auf menschlicher Stufe bauen alle Erkenntnisse auf dualer Wahrnehmung auf. Die Dualität erfüllt ihren Sinn, indem sie das Bewusstsein erweitert und löst sich auf, wenn sich das Bewusstsein in einer erweiterten Sicht dem Absoluten öffnet und damit die wahre Essenz erkennen kann. Licht erfährt sich selbst durch Dunkelheit, die es begrenzt und in einem Entwicklungsprozess die Zeit (Entropie) physikalisch definiert.

In den folgenden Kapiteln erläutere ich den Begriff "Bewusstsein" aus menschlicher und übermenschlich-geistiger Perspektive. Ich beschreibe und begründe, dass unser menschliches Bewusstsein aus einer höheren Bewusstseinsform hervorgegangen ist und wie diese Ordnung beschaffen ist. Menschliches Fühlen, Denken und Handeln in Licht- und Schattenaspekten erklären sich aus der Sehnsucht, zum Ursprung des Seins zurückzugelangen.

Jede Existenz ist mit Bewusstsein identifiziert und jedes Bewusstsein ist in einem Bewusstsein höherer Ordnung eingebettet.

Als gemeinsamer Ursprung und Essenz der Schöpfung gilt das kosmische Bewusstsein, für das ich den Begriff **ALL-Bewusstsein** gewählt habe. Es ist sowohl Ursprung als auch Ziel allen Seins und begründet alles menschliche Empfinden und Handeln als Ausdruck der Sehnsucht nach Einheit. Alles Sein erweitert die eigenen Erkenntnisse und führt im Lebensprozess zur Erfahrung der ALL-Einheit und damit auch zur Essenz des Ganzen.

Dualität bringt Relativität mit sich, denn jede **Form** ist Ausprägung relativer Größen, die zueinander in Beziehung stehen. Formen entstehen durch Abgrenzung gegensätzlicher Qualitäten wie zum Beispiel Hell/Dunkel oder Fest/Gasförmig. Werden alle Gegensätze zu einer Einheit, dann lösen sich auch alle Formen auf, denn keine Abgrenzung definiert ihre Gestalt.

Dem dualen Verständnis übergeordnet ist das **Absolute**, das alles Relative in sich enthält und darüber hinaus in die Einheit geht. Es stellt die kosmische Realität dar, in der überall die gleichen Gesetze gelten. Ursprung und Ziel sind im Absolutum zugleich präsent, da dort die Grenzen der zeitlichen Struktur aufgehoben sind.

"Wir sind das Licht in der Liebe
durch die Kraft unseres freien Willens
und die angeborene Fähigkeit der
Liebe in uns."

DJW

Im Relativen gibt es graduelle Abstufungen aller Seinsqualitäten der Prinzipien des Absoluten. Diese absoluten Qualitäten existieren unabhängig von Denkprozessen und Entscheidungen in der Dualität. Sie sind keine Erfindungen des Menschen, sondern unabhängig von allen Ansichten ewig gültig. Diese Prinzipien werden auch ***Werte*** genannt, was ihre Relativität (in der Dualität) verdeutlicht. Die im Absoluten gültigen Werte sind:

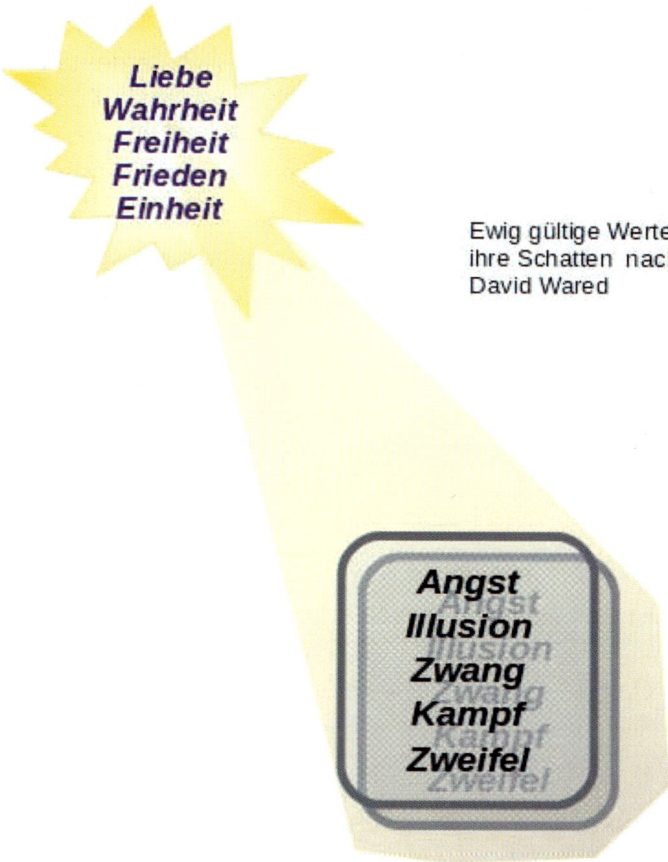

Ewig gültige Werte und ihre Schatten nach David Wared

Die fünf absolut gültigen Werte stellen lichtvolle Ideale im Entscheidungsprozess dar. Sie überdauern alle Zeiträume, Schöpfungszyklen und Transformationen im Materiellen und Nichtmateriellen. Sie sind von großer Bedeutung für die Erforschung des Bewusstseins und unbedingt zu verinnerlichen.

Das menschliche Bewusstsein wird in der Dualität zugleich mit den Schattenaspekten dieser Werte konfrontiert und trifft seine freie Wahl unter dem Einfluss seines Schattens. Der Mensch trägt in seiner Wahlfreiheit die Verantwortung für Licht- und Schattenerfahrungen in seinem Leben. Die negativ wirkenden Kräfte aus dem Schatten sind in der Dualität stets präsent, ihr Bestreben ist die Verwirrung des Menschen um zu verhindern, dass er sich seiner wahren ewigen Existenz bewusst wird.

Der Mensch wird verleitet, den eigenen Schatten zu leben. Erst viele Schritte der Erkenntnis lassen das menschliche Bewusstsein soweit heranreifen, dass es die Verführungen klar erkennt und ihnen erfolgreich widersteht. Dieses gelingt in dem Maße, wie die eigenen Schattenanteile ins Licht transformiert worden sind. So gelangt das menschliche Bewusstsein zunehmend in den Einfluss des wahren, ewigen und allgegenwärtigen Lichtbewusstseins. Nach Erlösung aller Schattenaspekte geht das Bewusstsein in eine Existenzform des reinen Lichts ohne duale Spiegelung über.

Als **Lichtbewusstsein** bezeichne ich den lichten, eigentlichen und unsterblichen Anteil menschlichen Bewusstseins, der im dualen Umfeld stets von einem **Schattenbewusstsein** begleitet wird.

Die zentrale Aufgabe jedes irdischen Lebens besteht in der Transformation aller Schattenaspekte ins Licht. Nach Vollendung verbleibt das Bewusstsein im permanenten Lichtzustand als ***reines*** **Lichtbewusstsein.** Damit unmittelbar verbunden ist die Überwindung aller Täuschungen, Begrenzungen und Polaritäten der irdischen Existenz. Ein Bewusstsein im reinen Lichtzustand ist erleuchtet und bedarf keiner weiteren Erfahrungen in der Dualität, um sich weiter zu vervollkommnen.

Im Lichtbewusstsein sind alle Trennungen der Dualität aufgehoben, der Mensch erlebt sich als Einheit mit allen Wesen und Existenzen. Kriege, Konflikte und der Tod sind nicht mehr für Erkenntnisprozesse vonnöten und daher lösen sich auch diese Erscheinungen der Schattenwelt auf. Alle Blockaden des Denkens und Fühlens weichen der freien Entfaltung, die die ewig wirkende universelle Liebe zum Ausdruck bringt.

Die gesamte Menschheit durchlebt zur Zeit eine Epoche zunehmender Beschleunigung aller Entwicklungsprozesse. Es bahnt sich eine umfassende Transformation bei vielen Menschen an, um die noch stark verbreitete Negativität aufzulösen. Probleme in menschlichen Gemeinschaften zeigen sich deutlicher als zuvor. Immer mehr Menschen erkennen, dass befestigte Grenzen und Rüstungsanstrengungen keine stabile Sicherheit bringen, sondern eine umfassende Neuorientierung des menschlichen Denkens und Handelns erforderlich ist, um unser Leben auf der Erde dauerhaft zu sichern.

Die Notwendigkeit und innere Sehnsucht, das Lichtbewusstsein in menschlichen Gesellschaften zur Entfaltung zu bringen, führt zur Einsicht in globalpolitischen Bereichen. Das alte Denken vermag weder die aktuellen Probleme zu lösen noch dem allgemeinen Bedürfnis nach Einheit und Frieden dienlich sein. Daher öffnen sich mehr Menschen als jemals zuvor neuen, helfenden und wahren Ideen zur Gestaltung des irdischen Lebens. Grenzen und Ideologien, Religionen, Wirtschaftslehren und gesellschaftliche Konventionen stehen heutzutage auf dem Prüfstand. Die entscheidende Frage lautet hier: Ist es hilfreich und positiv, weiterhin traditionell zu denken oder sind grundlegende Reformen erforderlich?

Unser Bewusstsein ist von höchster Bedeutung, wichtiger als alle vorgegebenen Ideologien. Wir sind als Menschen im Kosmos mit dem Lichtbewusstsein ausgestattet und brauchen uns darüber nur „bewusst“ zu werden. Durch Erweiterung des allgemeinen Verständnisses erkennen immer mehr Menschen ihre wahre und universelle Bestimmung, aus der Trennung ins Einheitsbewusstsein zu gelangen. Sie verstehen aus tiefster Einsicht, dass alles Leben eine notwendige individuelle Erfahrung ist, um die nächsthöhere Ebene begreifbar, erfahrbar und erlebbar werden zu lassen.

Vertrauen wir unserem kosmischen Potential und öffnen wir uns für die ewig gültigen Werte der Liebe und Humanität, dann werden Kämpfe, Kriege und Verdrängung nicht mehr die Menschheit bestimmen. Weitere Dimensionen eröffnen sich der menschlichen Wahrnehmung durch Erhöhung der eigenen Schwingung und es wird möglich, mit den höheren Schwingungen des Universums in Resonanz zu gehen. Die Liebe als universeller ewiger Wert bringt uns Menschen Freiheit, Glück und wahre Erfüllung, denn Liebe ist die höchste Schwingung in unserem Kosmos.

Dazu werden in den folgenden Kapiteln viele Anregungen und umfassende Wege zur Vervollkommnung der irdischen Existenz von mir aufgezeigt. Sie basieren größtenteils auf Weisheiten, die mir eingegeben wurden, zur Unterstützung der universellen Lichttransformation.

„Ich bin geboren, um Licht zu werden,
Licht zu zünden,
Licht zu sein und
in dem großen Licht
aufzugehen.“

DJW

Die Entwicklung des dualen Bewusstseins

Schon mit der Geburt erhält jedes Individuum ein Bewusstsein, das sich aus drei Quellen bildet:

- Jeder Lebensform, auf welchem Entwicklungsstand des Bewusstseins sie auch sein mag, wird vorgeburtlich durch einen Geistimpuls Lebendigkeit eingehaucht.
- Durch Vererbung erhält jedes Bewusstsein einen Teil des Bewusstseins seiner Ahnen als wichtigen Erfahrungsschatz und Aufgabe mit auf seinen Weg.
- Falls es einem Bewusstsein in einem Leben nicht möglich gewesen ist, das universelle Ziel (Überwindung der dualen Weltsicht) zu erreichen, erhält es die Möglichkeit, seinen Weg der Erkenntnis in einem neugeborenen Körper fortzusetzen. Durch die Möglichkeit der Reinkarnation erreichen über kurz oder lang alle Seelen ihre Vollendung in der Dualität, das heißt ihren vollkommenen Frieden und den Aufstieg zum Lichtwesen.

Im dualen Umfeld gilt das kausale Prinzip von Ursache und Wirkung. Alle Entwicklung ist zeitgebunden, das Bewusstsein selbst ist zeitlos und ewig existent. Es begibt sich in freier Wahl in eine beschränkende, zeitgebundene Situation, um sich darin zu vervollkommnen.

Vervollkommnung vollzieht sich durch Spiegelung und Erfahrung in einem dualen Umfeld. In diesem Bereich erfolgt die schrittweise Integration aller Erfahrungen. Neben positiven lichtvollen Erfahrungen werden auch die dunklen Aspekte des Daseins erlebt und damit Verletzungen, Mangel und Ungerechtigkeit. Das Bewusstsein vollzieht die innere Arbeit, diese Erlebnisse in sich aufzunehmen und daraus Erkenntnisse abzuleiten.

Viele Erfahrungen benötigen eine Zeit der Reflexion und Bewusstwerdung, um integriert zu werden. Da das Bewusstsein in seiner Essenz Vollkommenheit ist, strebt es auch unter widrigen Umständen diesen Lichtzustand an und setzt damit Transformationsprozesse in Gang. Dieses wird oftmals als extrem schmerzhaft erlebt, und daher versucht der Mensch, der sich auf sein Schattenbewusstsein fokussiert, die belastenden Eindrücke aus seinem Bewusstsein ins Unterbewusstsein zu verdrängen und blockiert dadurch den inneren Informationsfluss. Im gesamten Universum geht jedoch keine Energie und keine Information verloren. Sie ändert nur ihre Form, das bedeutet, dass sich lediglich die Qualität und Intensität ihrer Schwingung ändert.

Alle traumatische Information, die nicht vom Bewusstsein ins Licht transformiert werden kann, dringt in den unbewussten Teil des Bewusstseins. Der Mensch gerät in einen Zustand des Energiemangels, weil

1. der Anteil des Unbewussten zunimmt und der Mensch zunehmend Energie für den Verdrängungsprozess aufwenden muss.
2. dadurch das Unbewusste in seiner Funktion, die Körperfunktionen automatisch zu steuern, immer stärker beeinträchtigt wird.

Durch den Energiemangel vermindert sich Schwingungsfrequenz im menschlichen Energiefeld. Das Unbewusste wirkt wie eine schwere Last unerledigter Aufgaben, die der Mensch mit sich herumträgt und die seinen Aufstieg ins reine Lichtbewusstsein blockiert. Obwohl das Bewusstsein absolut und unbegrenzt ist, kann nur der lichte Aspekt dem Leben dienen. Alles

Bewusstsein ist Ausdruck der reinsten Schöpfungsquelle, der Uressenz. Diese Quelle allen Seins ist formlos und allumfassend. Sie lässt sich nicht beschreiben und bleibt für das menschliche Verständnis als höchstes Mysterium unerreicht. Nur das Lichtbewusstsein des Menschen ist aus der Uressenz beschaffen und entstanden und ist daher in Einheit mit dieser unerschöpflichen Energiequelle. Im Schattenbewusstsein herrscht Täuschung und die scheinbare Notwendigkeit, Energie aus dem Umfeld anzuzapfen.

Ein Bewusstsein im Schatten wird auf körperlicher Ebene anfällig für Krankheiten und auf emotionalem Gebiet mit Angst besetzt. Das Bewusstsein ist bestrebt, alle Schattenanteile zu erkennen und aufzulösen. Sie zeigen sich in Träumen, Phobien, Krankheiten und Neurosen. Die Überwindung des Schattens gelingt durch Lichttransformation, die allgemein als **Heilung** bezeichnet wird. Jede Heilung erfordert Vergebung der Fehler aus der Vergangenheit, sowohl für sich selbst als auch für die Mitmenschen. Heilung ist das zentrale Anliegen des humanen Bewusstseins in der dualen Erfahrungswelt.

Das Reflektieren der Gedanken und Entscheidungen führt beim Menschen im Schattenbewusstsein zu Ängsten, die sich nicht nur auf aktuelle Gefahren beziehen, sondern auf angstvolle Vorstellungen über Vergangenheit und Zukunft. Durch Wahlfreiheit treten auch Verantwortung und Schuld in das Weltbild eines Menschen. Der menschliche Geist erkennt den Unterschied zwischen „Ich“ und „Du“ und erlebt dieses als seine Realität, in der alle Erscheinungen als Gegensätze bewusst wahrgenommen werden.

Aus der Perspektive eines Lichtbewusstseins werden Gegensätze als nicht wirklich erkannt. Das erfordert ein umfassendes Verständnis der schöpferischen Einheit. Die Dualität stellt eine Ebene dar, die aus einer Reduktion des komplexen gesamten

Universums hervorgeht und den Bewusstseinsstand der darin existierenden Wesen widerspiegelt. Sie ist vom absoluten Schöpfergeist als Möglichkeit der Sichtweise erschaffen worden, damit diese Wesen im dualen Umfeld um die Erfahrung, ihre Essenz zum Ausdruck zu bringen, erweitert werden.

Am Beispiel eines Gedichts kann man gut nachvollziehen, dass das Verständnis und damit die bewusstseinsmäßige Weite auf mehreren Ebenen beschrieben werden kann. Falls der Text schriftlich abgefasst ist, benötigt man Kenntnisse der Buchstaben, um ihn überhaupt lesen (wahrnehmen) zu können. Ist dieses Wissen erworben, werden Texte nicht mehr in Buchstabeneinheiten erfasst, sondern in ihrer Bedeutung und Sinnhaftigkeit größerer Blöcke, wie etwa Wörter und darauf aufbauend auch Verse.

Analog erweitert sich die Seele in der dualen Lernphase um die Fähigkeit der Entscheidungsfindung auf Grundlage des Wissens und Spürens über sich selbst. Ist diese Aufgabe bewältigt, kann die Seele ihre weitere Entwicklung auf anderen Realitätsebenen fortsetzen.

Der Mensch denkt und empfindet sich selbst meistens als getrenntes Individuum sowohl von anderen Menschen als auch von seinem Schöpfer. Weil ihm im Hier und Jetzt die Einsicht der Einheit fehlt, erlebt er seine Existenz konfliktreich und in ständiger Auseinandersetzung. Als Maßstab seiner Entscheidungen dient ihm zwar das Gewissen, das ihn an sein eigentliches nichtmaterielles Selbst erinnert. Die Situationen im Außen richten jedoch oftmals ein heilloses Durcheinander im Innern an und lassen ihn dadurch seelische Verletzungen erfahren.

Bewusstseinsstand und Entwicklung

Das menschliche Bewusstsein in der Dualität sucht und erstrebt die Einheit und ALL-Verbundenheit, aus der es ursprünglich hervorgegangen ist. Der Mensch erlebt sich selbst und seine Umgebung simultan auf zwei Ebenen, der Ebene der ewig gültigen Werte des Lichts und der Ebene des Egos.

Die *Egoebene* ist aus seiner Wahlfreiheit erschaffen worden, um die Erfahrung der Trennung und des Zweifels zu verinnerlichen. Solange sich der Mensch von seinem Ego täuschen und bestimmen lässt, kann der vollkommene Prozess des Lichtbewusstseins nicht gelebt werden, denn das Ego verdunkelt und beschattet seine Wahrnehmung und verhindert den menschlichen Vervollkommnungsprozess.

Die *Lichtebene* stellt seine wahre Identität als ewig existierendes Wesen dar. Diese ist mit ihm als Individuum präsent, wird jedoch nur zum Teil bewusst wahrgenommen. Je weiter der Mensch in seiner Lichterkenntnis entwickelt ist, umso geringer ist sein unbewusster Wesensanteil, der Schatten, im Denken, Fühlen und Handeln bestimmend. Licht und Schatten formen die Wirklichkeit des Menschen und ergänzen sich zu einer ganzheitlichen Sicht in der Dualität. Solange das Licht in ihm noch einen Schatten bildet, lebt der Mensch im dualen Kontext, in dem er die Fähigkeit, sich selbst in Form und Zeit zu erfahren, bis zur Vollendung ausbildet.

Die Schritte seines inneren Wegs sind einheitlich definiert und markieren einen Weg zunehmender Bewusstwerdung, der in das ewige und reine Lichtbewusstsein übergeht. Der Aufstieg erfolgt über wichtige Ebenen, die Ihnen nun als Bewusstseinslevel vorstelle zu Ihrer eigenen Orientierung und Erweiterung.

Die Bewusstseinslevel - Ebenen der Lichtwerdung in der Dualität

In der Dualität befindet sich der Mensch in einem Prozess der Lichtwerdung, bei dem sich sein Schatten aufhellt, da er selbst eine Quelle des Lichts darstellt, und zugleich nimmt der Gehalt seiner Erfahrungen stetig zu und erweitert ihn in seinen Erkenntnissen. Sein Lichtdaseinszweck im dualen Umfeld ist erfüllt, wenn er alle Schatten ins Licht transformiert hat und die Einheitserfahrung auf dieser Ebene vollendet hat.

Als Erforscher der menschlichen Evolution habe ich eine Skala entwickelt, die insgesamt zehn ***Level*** des Bewusstseins umfasst. Jedes Level stellt ein Maß für den Lichtanteil eines Bewusstseins im Prozess seiner dualen Entwicklung dar. Die Verwirklichung seiner wahren Essenz ist die Sehnsucht des Menschen und das Ziel aller geistigen Transformationsprozesse in der Dualität. Das aktuelle Level beschreibt die bisher erreichte Stufe der Energieschwingung. Die Level bilden die Ebenen der geistigen Orientierung innerhalb der dualen Bewusstseinsphase.

Alles menschliche Bewusstsein besitzt die Fähigkeit, frei zu entscheiden. Wahlfreiheit schließt Verantwortung ein und erfolgt je nach Bewusstheit aus Zwang, Notwendigkeit oder Sehnsucht.

In den unteren Leveln dominiert dabei der Einfluss des Egos, des persönlichen Anteils, der eine Hinwendung zu den wahren und ewig gültigen Werten des Lichtbewusstseins verhindern will. Erkenntnisse und Erfahrungen dienen der Erweiterung des Bewusstseins. Der Mensch trifft dabei die Wahl, sein Licht- oder sein Schattenbewusstsein zu erweitern, je nach innerer Orientierung.

Bei egobetonter Ausrichtung tendiert der Mensch zur Erweiterung des Egos, da er viele Erfahrungen ins Unterbewusstsein verdrängt. Im vierten Level, dem ***Rationalbewusstsein***, erreicht der Schattenanteil seine maximale Ausdehnung, da in diesem Stadium der Entwicklung auch die Egoaspekte der Level 1 bis 3 noch ihre Wirkung zeigen, denn sie können meistens erst bei Erreichen des Erwachten Bewusstseins (Level 6) ins Licht transformiert werden. Das vierte Level hat bereits die Möglichkeit einer Transformation, denn hier zeigt sich die Grenze weiterer egozentrierter Ausdehnung. Das Ego wird in Level 5 erstmals entlarvt und in Level 6 schrittweise transformiert. Im siebten Level werden die Entscheidungen vom Ego nicht mehr wesentlich beeinflusst.

Ein Mensch im Schuldbewusstsein (Level 1) ist nur in Ausnahmefällen in der Lage, begangene Fehler sich selbst oder anderen zu verzeihen. Er wird seine Erfahrungen größtenteils verdrängen und wenn seine Erkenntnisfähigkeit das Angstbewusstsein erreicht (Level 2), ist sein Unbewusstes mit verdrängten Inhalten (z.B. nicht verziehener Schuld) belastet. So sammeln sich durch Erkenntnisgewinn im Schattenaspekt immer mehr unbewusste Inhalte an, die das Schattenbewusstsein anwachsen lassen. Gleichzeitig erweitert sich mit zunehmender allgemeiner Erkenntnisfähigkeit auch das Bewusstsein im Licht.

Aus dem ewig gültigen Lichtanteil des Bewusstseins erfolgt die Entlarvung des eigenen Schattens als Täuschung und Ursache für Leiden und Verwirrung im Leben. Dieser Wendepunkt (Level 5) ist das Tor zum wahren bewussten Leben in Geistorientierung. Alle Erkenntnisse und Erweiterungen bewirken die Lichttransformation der zuvor verdrängten Schattenanteile. Vergebung, Vertrauen, Verantwortung und Einheit werden in der geistorientierten Phase entwickelt, geübt und vervollkommnt (Level 6 und höher).

Die Beschreibungen der Level erfolgt zunächst als Text und anschließend als Tabelle zum Nachschlagen.

Schuldbewusstsein (Level 1)

Die freie Wahlmöglichkeit konfrontiert den dualbewussten Menschen mit der eigenen Verantwortung. Die Auswirkungen seiner Entscheidungen auf sich selbst und die anderen Menschen zeigen ihm seine Unvollkommenheit des Handelns in vergangenen Situationen. Diese löst in seinem Inneren Schuld- und Schamgefühle aus. Oftmals wünscht er sich, wieder in einen unbewussten Zustand zurückzukehren, flüchtet sogar in Sucht oder unverantwortliches Verhalten. Im Bild ist der bereits bewusste Teil des Bewusstseins hell dargestellt, die unbewussten Anteile in grau.

Der Mensch im Schuldbewusstsein denkt, fühlt und handelt aus seinem Schattenbewusstsein, das seine Sicht auf eine Situation vernebelt. Aus diesem Grund kann er das Ausmaß seiner eigenen Verantwortung nicht richtig einschätzen und benötigt in allen belastenden Situationen seines Lebens einen „Schuldigen“, da er sich bevorzugt in einer Opferrolle sieht.

Diffuse Schuldgefühle führen häufig zu einer Weltsicht mit strafenden und verurteilenden Mächten. Dabei ist es unerheblich, ob der Mensch sich selbst oder andere anklagt. Mangelnde Liebe und fehlendes Verständnis für die menschlichen Fehler bei sich oder anderen verhindern, dass er vergeben kann. Angst vor Strafe und wenig Freude am Leben kennzeichnen den Gemütszustand wesentlich. Der Mensch definiert sich über seine Schuldgefühle und seine Scham und kann seine Wahlfreiheiten und Chancen nur in Ansätzen erkennen.

Eine Identifikation über Schuld wird durch das Auflösen der Fixierung an Vergangenes aufgehoben. Die Gegenwart als einzige reale Zeitqualität zu erkennen, befreit und erweitert das Licht. ***Verzeihen*** lernen befreit vom Schatten der Vergangenheit.

Angstbewusstsein (Level 2)

Nach der Erkenntnis seiner eigenen Verantwortung versucht der Mensch im Angstbewusstsein, alle Situationen, die zu Fehlern oder Unsicherheiten führen könnten, zu vermeiden. Er nimmt dabei eine eher passive Rolle ein, geht vor den Herausforderungen des Lebens in Deckung und schränkt sich in seinem Selbstausdruck stark ein. Gesellschaftliche Normen und Zwänge werden akzeptiert und verteidigt, denn sie scheinen das angstbesetzte Individuum in seiner persönlichen Verantwortung zu entlasten.

Jede Lebenssituation kann als bedrohlich erlebt werden, denn das Leben ist ständig im Fluss und stellt starre Einstellungen laufend in Frage. Bisherige Erfahrungen haben einen Einfluss auf die Gestalt der Ängste, der allgemeine Mangel an Vertrauen in den Lebensprozess liegt allen Ängsten zu Grunde. Häufig stellen sich Angst vor dem Alter, dem Tod, vor Armut, vor dem Glücklichsein, der Liebe oder vor anderen Menschen ein, aber auch Phobien gegen spezielle Tiere, gegen das Fliegen oder bestimmte Situationen wie Enge und Weite können die innere Verunsicherung symbolisch zum Ausdruck bringen.

Wichtigstes Lernthema ist es zu erkennen, dass Vermeidung und das Verengen der eigenen Wahrnehmung keine Lösungen darstellen. ***Vertrauen*** in die Gegenwart ermöglicht es, die ängstliche Vorausschau in eine ungewisse Zukunft zu einer erweiterten Haltung dem Leben gegenüber zu transformieren.

Wählt der Mensch den Weg, Liebe zu geben und zu empfangen, kann er seine Ängste auflösen.

Machtbewusstsein (Level 3)

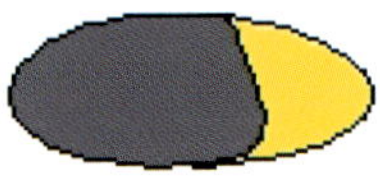

Aus der Erkenntnis, dass Nichthandeln und ängstliches Verharren dazu führen, selbst zum Objekt negativ orientierter Kräfte zu werden, entsteht der Impuls, seine Umwelt zu kontrollieren. Durch autoritäre Dominanz oder Manipulation versucht der machtbetonte Mensch alles Bedrohliche in seinem Umfeld zu bekämpfen und zu unterdrücken. Dadurch lässt sich der Mangel an eigener Sicherheit vorübergehend kompensieren.

Andere Menschen werden in ihrem Wachstum und Selbstausdruck behindert. Langfristig erfährt der Mensch im Machtbewusstsein, dass diese Haltung keine wahre Lösung seiner seelischen Mangelsituation ist. Doch für eine gewisse Zeit kann der Wechsel von der Opferrolle des Schuld- und Angstbewusstseins zur Täterrolle eine innere Befriedigung bereiten.

Menschen im Machtbewusstsein dulden keinen Widerspruch und keinen gleichberechtigten Umgang mit anderen, sondern wenden alle Möglichkeiten der Manipulation und Kontrolle an. Nur wenige erkennen die Ursache ihres Menschen verachtenden Verhaltens und ändern ihre Haltung aus Einsicht. Häufig sucht die Seele einen Ausweg in der Erfahrung der Auseinandersetzung, so dass derjenige durch Konfrontation mit anderen seinen Standpunkt in Frage stellen muss.

Wichtigste Aufgabe auf diesem Level ist es zu erkennen, dass die Unterdrückung anderer Menschen und Anschauungen nicht zu Harmonie, Einheit und Frieden führt, sondern Widerstand und Trennung hervorruft und verstärkt. Der Versuch, anderen die eigene Position aufzuzwingen, löst Gegengewalt aus, denn diese Einstellung ist nicht mit den ewig gültigen Werten von Liebe, Freiheit und Frieden vereinbar. Schicksalsschläge, Kranksein und fehlende Verbindung mit den Mitmenschen fördern bei solchen Menschen die Bereitschaft, die Machtorientierung hinter sich zu lassen und Humanität mit Demut walten zu lassen. Damit wird ***Verantwortung*** angenommen und die Existenz in die eigene Balance gebracht.

Der Lichtaspekt der Macht ist die Kraft, die nicht bekämpft oder Gegensätze verschärft, sondern sich für die Schwächeren beschützend einsetzt. Der kraftvolle und überzeugende Selbstausdruck dient dann dem Wohle aller und trägt zur Lichtwerdung von Schattenanteilen wesentlich bei.

Rationalbewusstsein (Level 4)

Rationales Verhalten orientiert sich an der materiellen dualen Begrenzung des Denkens, Fühlens und Handelns. Menschen im Rationalbewusstsein haben die Gesetze der Dualität gut verinnerlicht und beherrschen die Materie des Wirtschaftens meistens exzellent. Erfolg zeigt sich im kleineren oder größeren Rahmen, und da sie ihre Position für sich und für andere nicht in Frage stellen, treten sie im Allgemeinen recht selbstsicher auf. Sie fühlen sich im Recht, sie haben für ihre Einstellung immer Argumente, die vernünftig und folgerichtig erscheinen, und oftmals stimmt die Mehrheit der Mitmenschen mit ihnen überein. Der Mensch identifiziert sich mit seinem Ego, sein wahres Selbst sieht er als eigene Schwäche an und erkennt es nicht in seiner wahren Bedeutung an.

Er nutzt die Schwächen eines Gesellschaftssystem zu seinem Vorteil. Die Lebenskraft anderer Menschen nutzt er aus, stellt hohe Ansprüche an die Mitmenschen, denen er selbst nicht immer gerecht werden kann und will. Seine größte Sorge besteht in der Vorstellung, im Verdrängungskampf mit anderen um Güter und Vorteile "zu kurz" zu kommen.

Menschliche Beziehungen dienen dem eigenen Profitstreben. Ein Einlassen und Vertrauen in die Mitmenschlichkeit und Liebe wird als Schwäche aufgefasst. Vertrauensvoller und ehrlicher Kommunikation, die Verständnis und Vergebung anstrebt, wird kein besonderer Wert beigemessen. In Auseinandersetzungen erlebt er sich oftmals als isoliert und in Lebensumständen, die von ihm Einschränkungen abverlangen, sieht er sich selbst oftmals als „Opfer". Der Rationalbewusste ist zur Erkenntnis der eigenen Verantwortung *fähig*, jedoch nur selten dazu *bereit*. Daher stellt er Forderungen statt Bitten an die Mitwelt. Im beruflichen oder gesellschaftlichen Rahmen werden manchmal spirituell motivierte Rituale vollzogen, eine innere Ausrichtung zu geistigen Inhalten wird aufgrund der Egoorientierung meistens verhindert.

Als Schatten unseres Licht-Bewusstseins erfährt das Ego nun seine maximale Ausdehnung. Daher könnte dieses Level auch die Bezeichnung *Egobewusstsein* tragen. Der Mensch wird getrieben von der Idee, sich immer mehr ausdehnen zu müssen. Die Gier nach Einfluss und Gütern ist der Schattenaspekt der Ausdehnung im Licht der Liebe. Der Mensch erlebt in sich selbst eine immer deutlicher spürbare Leere, die ihm zunächst unerklärlich ist, da es ihm materiell meistens gut geht.

Schicksalhafte Begebenheiten oder auch rein rationale Erwägungen führen dazu, seine Lebensführung und seine bisher praktizierte materiell orientierte Weltsicht zu hinterfragen. Dann erfährt er die Leere seines bisherigen Lebens und seine Selbstsicherheit verliert ihre Basis. Aus dem Ego kann keine dauerhafte Erfüllung kommen, da es als Trugbild keine tragende Substanz besitzt. Diese Erkenntnis führt ihn ins nächsthöhere

Level, bei dem das Ego erstmals als trügerisch erkannt wird.

Mancher Mensch erkennt im Stadium des Rationalbewusstseins erstmalig die Notwendigkeit einer Transformation. Die engen Grenzen des Egos werden mit Hilfe des Verstandes erweitert, ohne das Ego selbst in Frage zu stellen. Wird beispielsweise die Notwendigkeit für Umweltschutz erkannt, so deshalb, um das Überleben und den Profit eines Unternehmens auf längere Zeit zu sichern. Dadurch können sich bereits Veränderungen einstellen. Daher ist dieses Level das unterste Level einer bewusst vollzogenen inneren Transformation.

Durch wachsendes ***Mitgefühl*** kann das Ego nach und nach ins Licht transformiert werden. Dazu bedarf es einer klaren Orientierung zur Humanität, die sich in der Bereitschaft , seinen Besitz mit anderen zu **teilen**, zeigt.

Balancebewusstsein (Level 5)

Die weitere Entwicklung des Bewusstseins führt zur Geistorientierung. Der Mensch erkennt beim Erreichen dieses Levels sein Ego als Trugbild seines eigentlichen Lichtbewusstseins. Erst beim Erreichen dieses Levels kann der Mensch eine bewusste Wahl über seine weitere Entwicklung treffen, da er die Optionen (Geistige Orientierung vs. Egoorientierung) erstmals klar erkennen kann. Die Wahlmöglichkeit besitzt er bereits in Level 1, jedoch agiert er auf dem Niveau weitgehend unbewusst und daher auch nicht frei.

Er strebt einen Ausgleich zwischen egogesteuerten und geistgesteuerten Bewusstseinsprozessen an, daher der Begriff Balancebewusstsein. Hier zeigt sich eine Orientierung an Werte, die nicht hauptsächlich materiell und egoistisch begründet sind.

Im Balancebewusstsein weitet sich der Horizont soweit, dass ein mitmenschlich ausgerichtetes Leben als Erfüllung anerkannt wird. ***Entscheidungen*** werden nicht mehr ausschließlich mit dem Ziel des Eigennutzes getroffen, sondern bei weiterer Entwicklung zunehmend durch Hinwendung zum Allgemeinwohl.

Klarheit in seiner Ausrichtung und Vertrauen in eine geistige Orientierung zu finden sind die wesentlichen Aufgaben im fünften Level.

Erwachtes Bewusstsein (Level 6)

Für ein erwachtes Bewusstseinslevel steht die Egotransformation in allen Lebensbereichen im Vordergrund. Das Ego ist bereits als Trugbild entlarvt, jedoch zeigen sich immer wieder Tendenzen, sich täuschen zu lassen oder in ein egobetontes Verhalten zurückzufallen.

Der Mensch löst seine Egoorientierung im Fühlen, Denken und Handeln auf, in dem er in Geistorientierung seinen freien Willen lebt. Geistorientierung bedeutet, seinen wahren schöpferischen Ursprung als geistige Kraft der Liebe zu erkennen und Dankbarkeit für die Herrlichkeit der Schöpfung zu üben sowie Demut und Geduld in sich als Aspekte liebevoller Hingabe zu entwickeln. In dem Maße, wie der Mensch sein geistiges Potential entwickelt, zeigt sich bei ihm auch eine erhöhte Sensitivität für die feinstofflich kodierte Information im Äther. Der Mensch beginnt in Level 6 seine Medialität zu entdecken, die sich als Hellsehen, -fühlen, -träumen, -hören äußern kann.

Der weitere Aufstieg ins reine Lichtbewusstsein erfordert die aufrichtige Bereitschaft, alle verdrängten Bewusstseinsinhalte anzuerkennen und zu erlösen. Dazu bedarf es viel ***Geduld*** und oftmals der Hilfe von Heilern, die bereits ein höheres Level erreicht haben. Sie praktizieren Frieden und Nächstenliebe im Alltag. Sie sehen ihre besondere Berufung in der Impulsgebung an die Seelen, die sich für einen Heilprozess öffnen.

Ein Leitspruch für Menschen in diesem Level könnte lauten: "Ich habe mein wahres Selbst erkannt, erweitere mich konsequent und löse in ***Demut*** meinen Schatten auf."

Spirituelles Bewusstsein (Level 7)

Das Leben ist erfüllt von einer klaren Orientierung zur Liebe, Wahrhaftigkeit und Friedfertigkeit. In allen Handlungen verblassen die Egoaspekte. Aus einem tiefen inneren Bedürfnis drückt sich die Kraft, die alles erschafft, in ihrer vielfältigen Kreativität aus, um Einheit, Harmonie und das Erblühen des Anderen zu erschaffen.

Alle Entscheidungen werden im Sinne der ALL-Einheit getroffen zum Wohle aller. Die Grenzen zwischen materieller und spiritueller Erfahrungswelt werden durchlässiger, da sich der Mensch im spirituellen Bewusstsein für die geistigen Dimensionen weiter öffnet. ***Medialität*** beginnt sich in ihm zu entwickeln und das Vertrauen in die geistigen Gesetze und die Gültigkeit der ewigen Werte nimmt beständig zu.

Die Erkenntnis der ***Einheit*** zu leben und anderen zu vermitteln ist die wesentliche Aufgabe im spirituellen Bewusstsein.

Erhöhtes Bewusstsein (Level 8)

Das immanente Streben Richtung Geistorientierung vermindert die Anhaftung an alle materiellen Beschränkungen. Die im Inneren empfundene allumfassende Liebe möchte sich in Form von Gebeten, Meditation und

Hilfe an andere ausdrücken und den Alltag emotional bereichern. Die ganze Schönheit der *ALL-EINS-Seins-Erfahrung* offenbart sich ständig und führt zur Glückseligkeit.

Der Austausch von Gütern und Ideen, aus liebevoller Sehnsucht zu teilen, lässt die Energien des Lichts fließen und sich selbst in universeller ***Einheit*** erfahren. Im Dienst an der Menschheit erfährt der Mensch im erhöhten Bewusstsein seine größte Erfüllung. Die im spirituellen Bewusstsein erwachte Fähigkeit, mit geistigen Wesenheiten zu kommunizieren, erweitert sich zur Hellsichtigkeit und Hellfühligkeit als Zeichen der *Multidimensionalität* eigener Wahrnehmung.

Der Weg zur Überwindung der Dualität wird in Level 5 als Möglichkeit erkannt, in Level 6 erfolgt die Umorientierung zur geistigen Ausrichtung, in Level 7 lebt der Mensch bewusst geistig orientiert aus seinem Selbstverständnis. Als erhöhtes Bewusstsein in Level 8 ist der Mensch bereit, alle Beschränkung im Relativen hinter sich zu lassen. Letzte Zweifel und Fragen werden zur absoluten Gewissheit, Freiheit und Klarheit. Die Loslösung vom Ego als bestimmende Kraft und damit die Lichttransformation wird nun ***vollendet*** und damit auch der Weg zum reinen Licht und vollkommener Liebe geebnet.

Höchstes Bewusstsein (Level 9)

In diesem höchsten Schwingungszustand, den ein Mensch erreichen kann, erfährt die Seele ausschließlich *Erleuchtung*, Frieden und Liebe. Sie füllen das Innere vollständig aus und erweitern den Horizont um weitere Dimensionen, die das duale Denken in Begriffen und Formen nicht mehr erfassen kann. Die Abgrenzung und Auseinandersetzung mit anderen Individuen ist für die Entwicklung nicht mehr wichtig, die Verbindung und Einheit allen Seins wird unmittelbar erfahren.

Der Urzustand der Seele ist auch sogleich ihr Ziel – alle Gegensätze heben sich dann auf, die Seele ist im reinen Licht angekommen und nun bereit, im höchsten Maße dienend Erfahrungen jenseits der Worte und Formen in enger Verbindung mit anderen Seelen zu machen.

Menschen im höchsten Bewusstsein verschenken alltäglich und freiwillig ihre Zeit, ihr Wissen, ihre Erkenntnisse, ihre Wahrheit, ihren Frieden und ihre Liebe. Sie können sich ohne materielle Substanzen allein durch *Lichtnahrung* am Leben erhalten. Ihre Möglichkeiten, materielle Prozesse zu steuern, wie etwa das Heilen durch Materialisieren und Dematerialisieren, zeigen, wie sie auf der Ebene des Geistes in absoluter Liebe mit allem verbunden sind.

Alle irdischen Prozesse werden vollendet, die *galaktischen Dimensionen* werden direkt erfahrbar. Zeit und Raum verlieren dadurch ihre einschränkende Wirkung. In Lichtessenz leben und dieses Licht an alle, die sich dafür öffnen, weiterzugeben, ist Sinn und Erfüllung des höchsten Bewusstseins.

Absolutes Bewusstsein (Level 10)

In diesem Level ist der reine Geist bestimmend. Alle Begriffe und Denkstrukturen können nur die Situation in der Dualität beschreiben, in der ausschließlich relative Angaben möglich sind. Im Absoluten gelten die Gesetze der Endlichkeit und Kausalität nicht mehr, auch die vertrauten Vorstellungen von Zeit und Entwicklung sind dann überwunden. Die Gegebenheiten sind für den menschlichen Geist *nicht fassbar* und durch Sprache nicht beschreibbar. Bildlich zeigt der vollendete Kreis ohne begrenzende Kontur oder graue unbewusste Schatten die Vollendung einer Entwicklung zum reinen Licht.

Die Einteilung der Bewusstseinsentwicklung in Level gibt eine klare Orientierung vor und zeigt, worin das menschliche Dasein seinen Sinn erfährt. Die Erkenntnis und Erfahrung der wahren Inhalte unserer Schöpfung wird in der Dualität durch Wahlfreiheit ermöglicht. In einem zeitlichen Prozess vollzieht sich die Erweiterung allgemeiner Erkenntnis. In obigen bildhaften Darstellungen der Level ist eine Zunahme der Gesamtweite mit aufsteigender Levelnummer erkennbar. Ebenso nimmt mit dem Bewusstseinsaufstieg auch der relative Lichtanteil zu, was in den Abbildungen zum Ausdruck kommt.

Die unteren drei Level sind hauptsächlich egoorientiert ausgerichtet. Durch die Wahlfreiheit sind grundsätzlich auch lichtvolle Entscheidungen möglich, die Levelzuordnung ist immer eine Momentaufnahme in einem höchst dynamischen Prozess.

Im egodominierten Zustand lebt der Mensch seine Schattenaspekte und erlebt sich selbst in seinem Schatten. Das bereitet ihm Schuld-, Scham- und Angstgefühle. Er verfügt über ein Selbstverständnis, das ihn als Opfer widriger lebensfeindlicher Umstände kennzeichnet.

Die Level 4 bis 6 umfassen die erkenntnisorientierte Phase der Bewusstwerdung. In diesem Abschnitt der Bewusstseinsentwicklung entdeckt der Mensch die Möglichkeiten, seine Situation zu gestalten. Zunächst erfolgt die Erkenntnis aus dem reinen egobetonten Verstand (Rationalbewusstsein) im materiellen Bereich. Alle Transformationswege beginnen in der Rationalität aus der Einsicht, dass der bisherige Weg nicht länger gangbar ist. Eine Neuorientierung wird meistens durch Krisen (wirtschaftlich, gesundheitlich, emotional) eingeleitet und erweitert das rationale Verständnis um den qualitativen Aspekt. Erstmalig erkennt der Mensch, dass es nicht nur erstrebenswert ist, im materiellen Wohlstand zu sein, sondern vor allem die Fähigkeit zu entwickeln ist, diesen Zustand als Erfüllung zu erleben.

Irgendwann kann der Mensch nicht mehr auf der rein materiellen Erfahrungsebene tiefe Erfüllung erleben und entdeckt seine wahre Identität als geistorientiertes Wesen. Nun wird er sich auch seines Egos als Täuschung bewusst und sucht im fünften Level (Balancebewusstsein) einen Ausgleich zwischen dem Ego-Wesen und dem wahren Selbst. Er entdeckt beispielsweise, dass Teilen und Schenken des eigenen Besitzes ihn selbst nicht notwendigerweise ärmer machen, sondern sogar bereichern können. Dafür ist es erforderlich, die eigene Sichtweise zu verändern und die Quelle wahrer Erfüllung für sich zu entdecken.

Im erwachten Bewusstsein werden die verdrängten Inhalte ins Licht transformiert. Die Bewusstwerdung der geistigen Wirklichkeit führt zur Fokussierung auf die Gegenwart und zu einer humanen Einstellung im menschlichen Umgang. Erkenntnisse lösen die unbewussten Inhalte des Unterbewusstseins auf und werden zu wahren Schätzen für sich und für die Menschheit insgesamt.

Das letzte Drittel der Bewusstseinslevel beschreibt den geistorientierte Abschnitt der Entwicklung in Dualität. Die spirituellen Level sieben bis neun zeigen die Vervollkommnung der spirituellen Anlagen auf. Das reine Lichtbewusstsein ist erfahrbar und die Sehnsucht, es in Einheit mit sich selbst zu leben, eröffnet dem geistorientierten Menschen die Möglichkeit, mit seinen Mitmenschen und mit dem ganzen erschaffenen Kosmos in den Zustand der Einheit zu gelangen. Alle Empfindungen und Entscheidungen werden in Hingabe an das Leben vollzogen, die allumfassende Verbindung mit allem Sein tief empfunden und die Fähigkeit, selbst als Schöpfer positive Impulse zu setzen, erfüllt ihn im höchsten Maße.

Die Vollendung der dualen Entwicklungsphase steht unmittelbar bevor, die Wahrnehmung erweitert den engen Rahmen materieller Begrenzungen, so dass Hellsehen und Hellfühlen erfahrbar werden und Multidimensionalität im Empfinden und Handeln möglich wird.

„Ich bin einfach in Liebe da,
ich liebe Euch,
und gebe stets mein Bestes.

Mit meiner Essenz berühre ich Eure Seelen,
um Euren Geist aus der Gefangenschaft zu befreien,
um den Menschen in innerster Essenz zu bewegen,

um das Körperfeld
soweit mit Impulsen zu energetisieren,
dass die Milliarden Zellen der Matrix in ihre Balance finden,
um das Seelenfeld
soweit mit Impulsen zu energetisieren,
dass die Seele ihren Frieden findet,
um das geistige Feld
soweit mit Impulsen zu energetisieren,
dass der Geist seine Freiheit findet."

DJW

Die Anwendung der Bewusstseinslevel für die Selbsterkenntnis

Haben Sie sich für den Weg zum Lichtbewusstsein bewusst entschieden, stellt sich die Frage, wie Sie ihn beginnen können. Am wichtigsten ist eine liebende und offene Einstellung zu sich selbst und zu den Mitmenschen einzuüben. Dann finden sich auch weitere Hinweise und Hilfestellungen, die Sie auf Ihrem Weg benötigen. Die Bewusstseinslevel in Text- und Tabellenform können Sie weiterbringen, wenn Sie für sich die folgenden Fragen beantworten:

1. Wie weit bin ich momentan auf meinem Weg der Lichttransformation?
   Dominieren die Schattenaspekte mein Leben? Worin liegt momentan das wichtigste Lern-Thema für meinen Fortschritt?
2. Wie kann ich meinen Mitmenschen auf ihrem Weg weiterhelfen und ihre Situation besser verstehen?

Seien Sie ehrlich zu sich selbst, öffnen Sie sich für den Weg der Heilung, der Glückseligkeit und Erweiterung des bewussten Seins und ergreifen Sie die Chance, alles Egobetonte ins wahre Licht zu transformieren, ohne auf Umwegen im Leiden verhaftet zu bleiben. Dann ist die Einheit allen Seins, die Verschmelzung mit dem Universellen jederzeit reell erfahrbar und Hilfe wird sich in vielfältiger Form in Ihrem Leben manifestieren, wenn Sie darum bitten. Denn diese Erfahrungen sind bereits in Ihrem Bewusstsein als Saat enthalten. Werden Sie sich darüber bewusst, so entfaltet sich diese Realität in Ihrem Leben.

Beginnen Sie am Besten gleich mit einer klaren und positiv ausgerichteten Bestimmung Ihres jetzigen Levels und ergreifen Sie die Anregungen zu den momentanen Lerninhalten. Bleiben Sie dabei offen für Impulse aus höheren geistigen Quellen und für positive Botschaften Ihrer Mitmenschen. Verweilen Sie nicht unnötig lang in negativen Vorstellungen von Seiten des Egos, sondern treten Sie entschieden und vertrauend für Ihre wahre Bestimmung ein.

Sie haben nun ein Werkzeug zur eigenen Orientierung und Wissensquelle zur Verfügung - ergreifen Sie Ihre Chance, das Leiden hinter sich zu lassen, denn es bringt Sie nicht weiter. Ihre Seele sehnt sich nach dem ewigen Licht und möchte den Himmel im irdischen Dasein erfahren. Kreativität, Glückseligkeit und Geborgenheit in Nächstenliebe sind dann selbstverständlich gegeben und bereichern Sie und alle Menschen. Im folgenden Kapitel sind die Levelinhalte als Tabelle zusammengefasst zum einfachen Gebrauch im täglichen Leben und als Inspiration für die nächsten Schritte auf dem Heimweg Ihres wahren Selbst.

"Tiefste Erkenntnis ist
Demut.

Höchste Einsicht ist
Hingabe.

Größtes Ziel ist
Frieden.

Universelle Wahrheit ist
die Liebe."

DJW

Die Bewusstseinslevel als Tabelle

Die zehn Bewusstseinslevel der dualen Phase werden nun tabellarisch zusammengefasst. Jedes Level markiert einen Entwicklungsschritt zum Lichtbewusstsein mit besonderen Schwerpunkten in den Lebensaufgaben und baut auf die vorangegangenen auf. Durch die Wahlfreiheit sind Auf- und Abstiege je nach eigener Einstellung und Entscheidung möglich.

Jedes Level gibt eine Stufe für die Entwicklung zum reinen Lichtbewusswtsein wieder. Der Lichtanteil auf Level 1 ist noch relativ gering, die eigene Schwingung daher noch niedrig. Dennoch besitzt aufgrund der Wahlfreiheit der Mensch das Potential eines schnellen Aufstiegs, falls er sich dafür öffnet. Wenn er (und selbstverständlich auch sie) beispielsweise erkennt, dass die Schuld-, Scham- und Angstgefühle nicht wirklich im Sinne der Schöpfung sind, dann gelingt es leichter, diese loszulassen und sich in Gebet und Meditation auf die wahren und gültigen Inhalte zu besinnen. Das Leiden als Ausdruck von Blockaden ist nicht erforderlich, so dass der Mensch erfüllt und glücklich die in sich liegenden Sehnsüchte umsetzen kann.

Ich habe diese tabellarische Aufstellung entwickelt, um allen Seelen, die sich für den Weg zum Lichtbewusstsein entschieden haben, die Chance und Möglichkeit zu geben, ihren Weg konsequent weiter zu verfolgen. Die Tabelle erleichtert es Ihnen, Ihr Leben zum Lichtbewusstsein zu transformieren, indem Sie Ihre inneren und äußeren Umstände bewusster wahrnehmen, verinnerlichen, erweitern und auflösen in das nächsthöhere Bewusstseinslevel. Egal wo Sie sich selbst momentan einstufen - Sie können aus der Tabelle vielfältige Anregungen entnehmen und Ihren Weg zum Licht eigenständig mit größerer Klarheit gehen.

Level	Entwicklungs-stand	Situation, Lerninhalte, Erweiterung
1	Schuld-bewusstsein 	Bewusste Entscheidungsfindung. Beginn der Bewusstseinsentwicklung. Der Mensch fühlt sich sündig, schuldig und in Scham, nimmt Opferrolle an, erkennt nicht seine freie Wahl**. Geistige Orientierung** erforderlich. Identifikation über unbewusste Schuld. Loslassen der Vergangenheit, **Verzeihen** der Fehler bei sich und anderen.
2	Angst-bewusstsein 	Sieht das Leben als Bedrohung, schränkt sich ein aus Angst vor Verantwortung, Freude, Tod, Liebe, Glücklichsein. **Vertrauen** und **Hoffnung** in sich und in den Lebensprozess lernen, statt Kontrollzwang und Sicherheitsstreben.
3	Macht bewusstsein 	Macht und Kontrolle stehen im Vordergrund. Strafend, verachtend, manipulativ, Schuld zuweisend und verurteilend. Haltung gegenüber anderen: Fordernd statt bittend. **Verantwortung** und **Gleichberechtigung** mit anderen leben.
4	Rational-bewusstsein 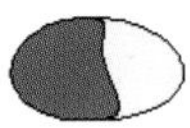	Verstandesbetontes Festhalten am Materiellen, dabei trotzig, fordernd, verdrängend zu anderen. Profitgier aus Mangel an Vertrauen beherrscht menschliches Handeln. Lernen Sie **Mitgefühl**, Verständnis und das **Teilen**. Leben Sie in Einheit und Fülle statt in Gier und Mangel.

Level	Entwicklungs-stand	Situation, Lerninhalte, Erweiterung
5	Balance-bewusstsein 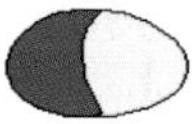	Geistorientierung entdecken. Offenheit für geistige Dimensionen, Ego wird entlarvt, viel Unsicherheit. Allgegenwärtigkeit, Ausgleich, Harmonie erweitern um geistige Aspekte. Bewusste **Entscheidung** zur Geistorientierung treffen und innere **Stabilität** einüben.
6	Erwachtes Bewusstsein 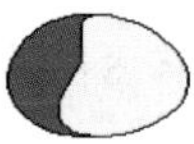	Geistorientierung entwickeln Geistorientierung im Denken, Fühlen und Handeln. Egoaspekte werden bewusst. Innere Sicherheit durch Vertrauen in geistige Gesetze. Achtung des Schöpfers und seiner Werke aus innerem Antrieb, Dankbarkeit gegenüber Mitmenschen und geistigen Helfern. Beginn der Medialität. Bemühen um **Demut** und **Geduld** bei der Lichttransformation des Egos.
7	Spirituelles Bewusstsein 	Geistorientierung dehnt sich aus. Spiritualität wird in allen Facetten in die Lebensführung integriert. Achtung des Schöpfers und seiner Werke aus innerem Antrieb. **Medialität** im Alltag In **Einheit** und Geistorientierung leben.

„Ich bin nicht immer im Lichtbewusstsein
ich bin in Lichterkenntnis
und Lichtverständnis."

DJW

Level	Entwicklungsstand	Situation, Lerninhalte, Erweiterung
8	Erhöhtes Bewusstsein 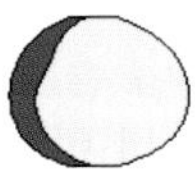	**Vollendung** der Lichttransformation. der eigenen inneren Offenbarung im vollen Vertrauen folgend, Dienen der Menschheit in **Freiheit**. Gebete und Meditation bestimmen den Alltag. Sehnsucht mit allen alles zu teilen und im ALL-Eins-Bewusstsein zu sein, ständiger Fluss und Austausch von Gütern und Ideen. Hellsichtigkeit, Hellfühligkeit und Multidimensionalität im Alltag. Geistorientierung leben
9	Höchstes Bewusstsein 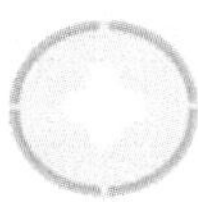	**Vollendung** der dualen Entwicklungsphase. Erleuchtung und Meisterschaft, Frieden und Seligkeit aus Gewissheit und vollständig klarer Wahrnehmung des Absoluten. Galaktische Dimensionen erfahrbar. Vollendung aller irdischen Prozesse Schöpferbewusstsein, All-Einheit. In **Liebe**, **Frieden** und **Wahrheit** handelnd und sein. Übergang zum reinen Lichtbewusstsein.
10	Reines, absolutes Bewusstsein 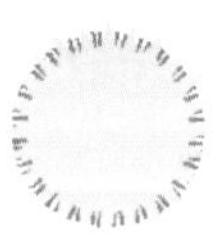	Alle Facetten der All-Schöpfung sind vereint, gedanklich nicht fassbar oder beschreibbar.

Einzelne Schritte der Bewusstseinserweiterung

Das Bewusstsein steuert durch Impulsgebung seine eigene Entwicklung und dadurch auch die äußere Situation des Menschen. Im Alltag wird eine große Anzahl von Einzelimpulsen wirksam, oftmals ohne bewusst wahrgenommen zu werden. Der geistorientierte Mensch (ab Level 6) sendet überwiegend lichtvolle Signale, die Frieden, Liebe und Wahrheit bewirken, aus und ist für die höhere Schwingung lichtvoller Impulse aus seiner Umwelt sehr empfänglich. Ein menschliches Bewusstsein der Level 1 bis 4 denkt, fühlt und handelt meistens egobetont und sendet solche Impulse in die Umgebung.

Unser Lichtbewusstsein ist bestrebt, den Schatten ins Licht zu transformieren und dadurch erweitert und beglückt zu werden. Die Wahlfreiheit des Menschen ermöglicht sowohl einen Bewusstseinsaufstieg als auch -abstieg. Die notwendigen Impulse für den Bewusstseinsaufstieg kommen aus dem Lichtbewusstsein, die des Abstiegs aus dem Ego. Das Bewusstsein ändert seinen Status permanent, je nach innerer Ausrichtung und Gewohnheiten, die unsere freie Wahl hervorbringen.

Impulsgebung aus dem Lichtbewusstsein

Ausgehend vom aktuellen Bewusstseinszustand wird in einem Schema gezeigt, wie sich ein Impuls, der aus dem Lichtbewusstsein hervorgegangen ist, für den Betreffenden auswirkt. Der Mensch schwingt in einer bestimmten Frequenz, und wird dadurch für Schwingungen mit ähnlicher Frequenz in seiner Umgebung empfänglich (Siehe Seite 156). Auf der nicht materiellen Ebene entwickeln sich Energien, die sich bei genügender Intensität im Umfeld des Betroffenen materialisieren. Der Alltag spiegelt also die Qualität der vorangegangenen Entscheidungen. Eine lichtvolle Erfahrung führt dem menschlichen Geist die beglückenden Folgen des bisherigen Denkens und Handelns vor Augen.

Man stelle sich die Energiequalität, in der ein Bewusstsein schwingt, als zweipolige Vertikale vor. Der obere Pol steht für die absolute Liebe, oder auch für das reine Lichtbewusstsein ohne Ego. Der Gegenpol ist die Angst, eine vom Ego besetzte Haltung, in der sich das Bewusstsein von der Einheit seiner Essenz getrennt hat. Zwischen beiden Extremen liegt der aktuelle Bewusstseinszustand, der die Qualität der erzeugten Impulse bestimmt.

Jede Einstellung, die ein Mensch in seiner Wahlfreiheit trifft, bestärkt ihn im Inneren und Äußeren entsprechend der Energiequalität der dabei verwirklichten Einstellung. Trifft ein liebevoll eingestellter Mensch eine Entscheidung von liebevollem Gehalt, so wird er in seiner Haltung der Liebe bestärkt. Analoges gilt für die Egoorientierung, die ihn in seinen Angstaspekten bestärkt. Die Bewusstseinsentwicklung in der Dualität ist stets eine Folge einzelner Transformationsschritte, die den Menschen in der Wahrnehmung, Identität, dem Gebrauch der Wahlfreiheit und der Art der Auseinandersetzung erweitert.

"Wenn der Mensch
sich auf seine innere Reise begibt,
wird er Bewusstheit, Leuchtkraft und Erkenntnis erlangen,
die keinen Raum mehr lassen,
um andere Mitmenschen zu verurteilen
und ihnen ständig Vorwürfe
zu machen."

DJW

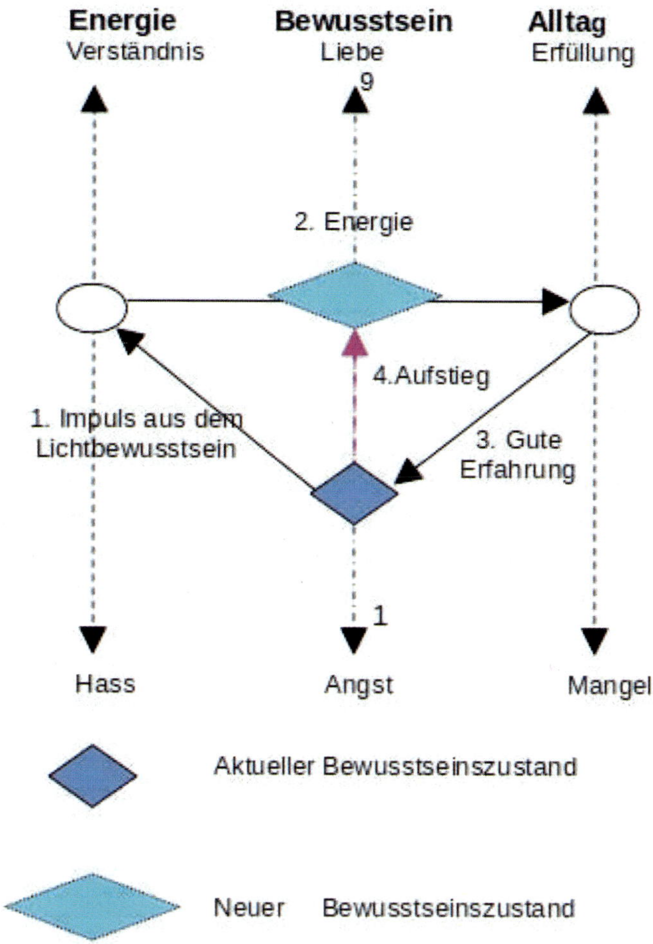

Einzelschritt des Bewusstseinsaufstiegs nach David Wared

Die Impulsqualität liegt zwischen dem lichtvollen oberen Pol für maximale Glückseligkeit, Verbundenheit und Verständnis und dem unteren Pol von Hass, Neid und Misstrauen. Der Alltag als Spiegel des aktuellen Bewusstseins, ist ebenso ein Produkt vergangener bewusster und unbewusster Entscheidungsprozesse, die die eigene Weltanschauung hervorbringen. Die beiden Pole dazu lauten Erfüllung und Mangel.

Die Dynamik eines Entscheidungsprozesses aus dem Lichtbewusstsein führt zu einem relativen Aufstieg innerhalb der Bewusstseinsskala, der im folgenden Schema in vier Schritten graphisch beschrieben wird:

Im ersten Schritt erhöht sich die eigene energetische Schwingung aufgrund lichtvoller Impulse aus dem Inneren. Das Gesetz der Resonanz (Siehe Seite 156) bewirkt die Angleichung der Alltagserfahrung im Umfeld, wie im zweiten Schritt gezeigt. Der relative Aufstieg von einem Mangelzustand zu einem Zustand größerer Erfüllung geht mit positiven Veränderungen einher und bringt dem individuellen Bewusstsein zusätzliche Energie durch Erfahrungen, die es lichtvoll bereichern (3.Schritt). Im vierten Schritt erhöht sich die Grundschwingung des Bewusstseins bei ausreichender positiver Anregung und bewirkt einen relativen Aufstieg in Richtung ewiges Lichtbewusstsein.

Nach einem Aufstieg der eigenen Bewusstheit strahlt der Mensch in höherer Frequenz als zuvor. Er ist innerlich erweitert, lebt seine wahre Bestimmung im höheren Maße und öffnet sich weiter für Liebe und lichtvolle Transformationsschritte.

Impulsgebung aus dem Schattenbewusstsein

Erfolgt die Impulsgebung aus dem Schatten, werden Ängste aktiviert, Blockaden materialisiert und dem betroffenen Menschen mangelt es an seelischer Erfüllung und Energie. Seine materielle Situation kann als Mangel oder auch als Überfluss erlebt werden, in jedem Fall liegt einer solchen Orientierung ein Mangel an Erkenntnis und an Energie zu Grunde.

Der Energiemangel bewirkt einen starken Sog in die unteren Level der Bewusstseinsskala. Damit verstärkt sich die Egozentriertheit und die Neigung, in Ängsten zu leben. Die Fehler bei sich und bei den Mitmenschen werden kaum verziehen, denn Verzeihen setzt die innere Bereitschaft zur Veränderung der Einstellung voraus, was Energie benötigt.

Eine Angstorientierung liegt jeder Abwärtsentwicklung des Bewusstseins zu Grunde. Sie bildet den Schatten zur Liebesorientierung, die einen Sog nach oben auslöst. Ängste haben viele Gesichter. Sie können akut in beliebigen Situationen auftreten. Als Warnung vor reellen Gefahrensituationen dienen sie dem Schutz unseres Lebens.

Die meisten Angstmanifestationen sind Ausdruck unbewusster Inhalte aus der Vergangenheit, die im Unterbewusstsein gespeichert sind. Sie bilden den Schattenaspekt unseres Unterbewusstseins.

Seien Sie daher achtsam bei Ihrer Entscheidungsfindung und machen Sie sich bewusst, nach welchen Impulsen Sie Ihr Leben ausrichten. Leben Sie aus dem wahren lichten oder aus dem egozentrierten dunklen Bewusstseinsanteil?

"Wenn wir andere Bewusstseinsebenen erleben wollen, um in neue Dimensionen zu transformieren, müssen wir uns erst von Angst, Hass und Neid befreien."

DJW

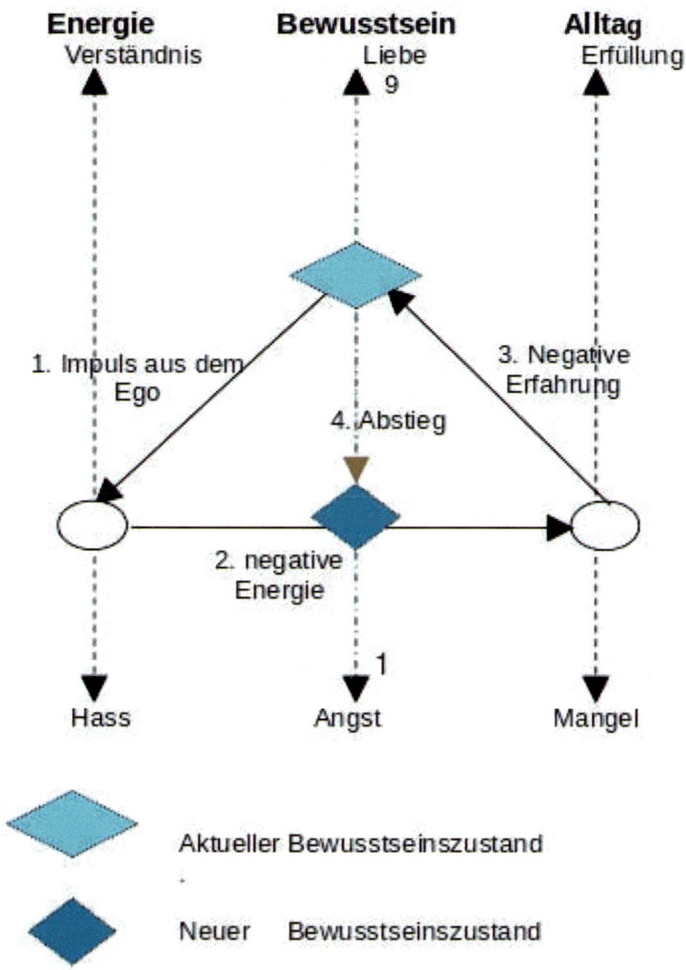

Einzelschritt des Bewusstseinsabstiegs nach David Wared

In jeder Lebenssituation erfahren wir Konsequenzen unserer Entscheidungen für oder gegen das Gebot der Liebe und Heilung. Haben wir uns von unserem Ego verleiten lassen, nehmen unsere Ängste zu und unsere Wahrnehmung wird getrübt. Das führt zum Energieverlust, da unser vernebeltes Bewusstsein das Licht der Uressenz nicht mehr aufnehmen kann.

Jeder Mensch kann in einem hohen Maße die Fortschritte seines Bewusstseins steuern und Kraft seiner Vorstellungen und Fokussierung sowohl sein inneres Erleben als auch seine äußeren Bedingungen gestalten.

Die Entscheidungen unseres Bewusstseins sind meistens von scheinbar geringer Tragweite und Bedeutung. Im Alltag können eine Vielzahl von Kleinigkeiten, beispielsweise unsere Reaktion auf Ereignisse und Hindernisse wie etwa Ärger, Wut, Misstrauen oder Ungeduld gegenüber den Mitmenschen, unsere geistige Ausrichtung negativ beeinflussen, weil wir aus Gewohnheit oder Unbewusstheit von den Egokräften verführt werden.

Regelmäßige geistige Übungen und meditative Besinnung auf unsere Essenz helfen, aus der eigenen lichtvollen Mitte zu entscheiden. Die Egokräfte versuchen permanent, uns in die Unbewusstheit zu drängen. Eine klare Ausrichtung und liebevolle Einstellung erweitert unseren geistigen Raum und befreit von den Schattenaspekten.

"Die Grundlage einer Veränderung ist das bewusste Beobachten.
Die Grundlage einer inneren Wandlung ist das tiefe Verstehen.
Die Grundlage einer Erweiterung ist die fokussierte und bewusste Gestaltung des Lebens."

DJW

Der Schatten als dunkle Quelle

Menschliches Wirken und Handeln wird vom Bewusstsein durch Entscheidungen gesteuert. Das Bewusstsein selbst ist vom Streben nach lichtvoller Erweiterung erfüllt und zum liebevollen Verständnis für alles Erschaffene befähigt. Bei der Vermenschlichung im dualen Umfeld erfährt sich das lichte Bewusstsein in hellen und dunklen Aspekten, da alles Erschaffene in zwei gegensätzlichen Formen, die sich ergänzen und gegenseitig bedingen, auf Erden existiert. Der begleitende *Schatten* seines eigenen Lichts stellt für den Menschen eine Herausforderung und Prüfung seiner bisher erlangten Bewusstheit dar und ermöglicht vollkommene Wahlfreiheit in seinen Entscheidungen.

Dieser Schatten ist die Kraft, die den Aufstieg unseres Bewusstseins unbedingt verhindern will. Die dunkle Seite des menschlichen Bewusstseins, unser **Ego**, verschattet unser Licht, dessen Ursprung in der Uressenz liegt. Das Ego ähnelt seinem lichten Gegenpart in allen Aspekten, ist jedoch bestrebt, unser Licht zu verdunkeln und sogar auszulöschen. Es behindert den Menschen durch vielfältige Formen der Täuschung über seine ewige wahre Natur und die Situation seines Daseins.

Das Ego umhüllt das Bewusstsein des Menschen und bildet eine Barriere für sein Licht nach außen und ebenso für den Empfang des Lichts aus seinem Umfeld. Jegliche Entscheidung, die nicht aus dem lichtvollen Kern des menschlichen Bewusstseins heraus erfolgt, ist eine Manifestation des Egoanteils und führt zum Abstieg aus dem aktuell erreichten Bewusstseinslevel.

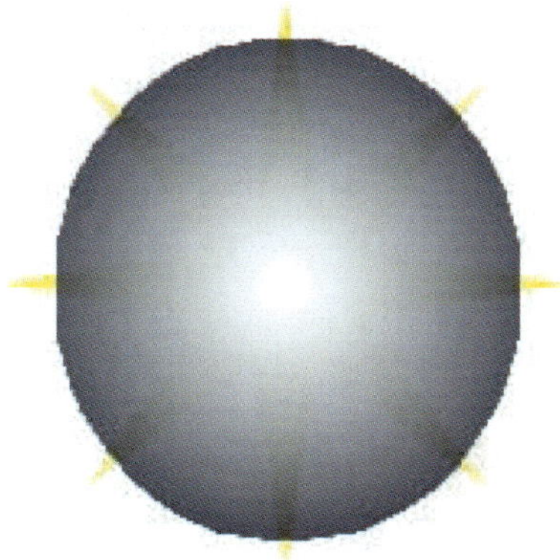

Während der *egoorientierten Phase* der Bewusstseinsentwicklung (Level 1-3) ist sich der Mensch selbst noch nicht bewusst, dass er ein Ego besitzt und von seinem Ego bestimmt wird. Seine *Egohülle* ist sehr dicht und verdunkelt seinen lichtvollen inneren Kern. Der Mensch verwechselt die dichte Hülle mit seinem wahren Selbst. Angst, Machtstreben, Selbsttäuschung und graue Depression lassen seine strahlende Kraft nur selten in Erscheinung treten. Erst durch Erfahrungen, die die Bereitschaft, sich für die Schönheit und die liebenden Inhalte der Schöpfung zu öffnen, innerlich reifen lassen, lichtet sich das Dunkel der Egohülle und klärt sich der eigene Blick nach außen. Auch andere Menschen können dann das Lichtvolle leichter erkennen und in liebevoller Weise diesem Menschen begegnen.

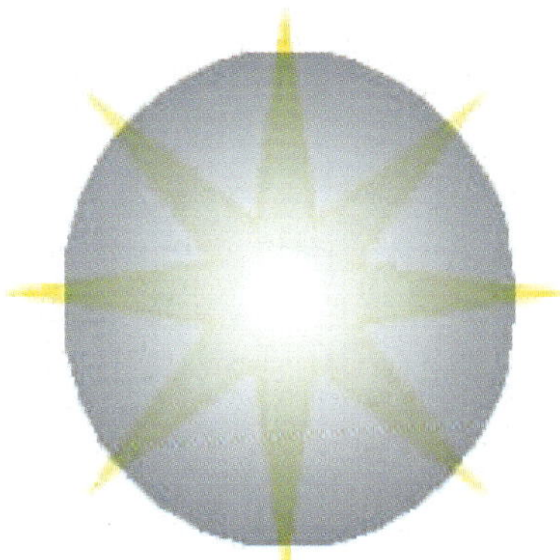

Ein Bewusstsein im vierten bis sechsten Level befindet sich in der *erkenntnisorientierten Phase*, das heißt in *Lichttransformation*. Mit zunehmender Öffnung für neue Erkenntnisse wird die Egohülle durchlässiger für das Licht von Innen und Außen. Daher wird der strahlende Kern wahrnehmbar und nimmt an Intensität zu. Ab Level 5 wird sich der vernebelte Mensch seiner Umhüllung gewahr und trifft wegweisende Entscheidungen für die weitere Entwicklung. Viele Transformationsschritte sind erforderlich, um die Beeinflussung durch den Ego-Anteil gänzlich auszuschalten.

Betrachten wir schematisch die Außenansicht eines *geistorientierten Bewusstseins* (ab Level 7), so ist der lichtvolle und liebende Wesenskerns klar und hell wahrnehmbar. Ein solcher Mensch wird als erleuchtet, als strahlender Stern und Führer zum Licht, erlebt. Das Ego tritt begleitend in den Hintergrund und beeinflusst weder die Wirkung auf die Mitwelt noch das eigene Fühlen, Denken und Handeln.

Ein Lichtmensch in seinem Lichtbewusstsein ist durchlässig in seiner inneren und äußeren Wahrnehmung, empfänglich für lichtvolle Schwingungen aus allen Ebenen der Existenz. Wenn ihn sein Schatten herausfordert, bleibt er immer im eigenen Licht-Zentrum und hebt damit alle Dunkelheit auf.

Der Schattenaspekt bildet bei jedem Menschen einen integralen Anteil der Persönlichkeit, da er in der Dualität immer präsent ist. Seine Erkennung und liebende Akzeptanz ist wesentlich bei der Überwindung der Polarität und damit entscheidend im Heilprozess. Der Schatten nimmt durch Lichtausdehnung ab, daher strebt der Mensch danach, im Lebensprozess seine Erkenntnisse zu erweitern. Der Mensch erfährt auf seinem Weg zur Heilung neben hellen Lebensphasen, die ihn in seinen positiven Ansätzen bestärken, auch dunkle Zeiten der inneren Klärung, in denen verdrängte Erfahrungen ans Licht kommen. Unser Bewusstsein hat in jedem Level und in jeder Situation vielfältige Möglichkeiten, weiter zu wachsen.

Resignation und Zweifel bezeugen eine Hinwendung zum Schattenaspekt. Aufgrund der Wahlfreiheit ist diese Möglichkeit jederzeit gegeben. Ihr nachzugeben oder den eigenen Fokus darauf zu richten, führt zur Senkung der Energie und Schwingung. Das Bewusstsein gerät dann leicht in einen Mangelzustand, der sich in vielfältigen Mangelsituationen und Leiden äußert und die Egokräfte, die sich der Schattenanteile bedienen, zusätzlich stärkt.

Die entscheidende Frage für die Lebensbewältigung lautet:
Wie kann ein Mensch seine Lebensaufgaben erfüllen, ohne sich vom Ego dirigieren zu lassen?

Das Ego kann in unterschiedlicher Intensität präsent sein. Bei Kindern tritt es offen und transparent in Erscheinung. Kinder sind nicht leicht manipulierbar und haben meistens eine direkte und relativ unverfälschte Wahrnehmung ihrer Umgebung.

Durch innere und äußere Einflüsse wird ihre selbstverständliche Offenherzigkeit zunehmend eingeschränkt und dadurch entstehen Hüllen (Vernebelung) und manchmal sogar Mauern (Verdichtung) um den wahren Kern ihres Selbst. Täuschung, Enttäuschung und Verwirrung in einer wenig liebenden Umgebung führen dazu, dass das Ego das wahre Selbst dominiert und für andere zur Quelle von Manipulation und Angst wird. Das Licht lässt sich abdunkeln und dessen Ausdruck vorübergehend unterdrücken, jedoch ist das Ego im Gegensatz zum wahren Lichtbewusstsein nicht ewig gültig, sondern eine vorübergehende Erscheinung im dualen Kontext. Spätestens mit dem Tod, der die menschliche Seele in die nichtmaterielle Existenzform eingehen lässt, verschwindet auch das Ego, da in dem Zustand alle Dualität aufgehoben ist.

Ein Schatten hat keine Substanz, das Ego hat keine Essenz. Es ist nicht aus der Uressenz entstanden wie unser wahres Bewusstsein, sondern es ist vom Menschen erschaffen. Es besitzt den Grad an Raffinesse, den auch sein Erschaffer aufweist. Aber es ist ein Schatten, es ist eine Erscheinung unserer menschlichen Wahrnehmung und hat nur dann einen Einfluss, wenn der Mensch ihm eine Bedeutung zukommen lässt. In der Wahlfreiheit zwischen der Hinwendung zu unserem Ego oder zu unserer wahren geistigen Licht-Essenz erlebt der Mensch seine Entwicklung, die stets zur Lichterkenntnis führt. Rechtes Handeln ist von Liebe, Wahrheit, Freiheit und Friedfertigkeit motiviert. Außerdem erkennt das wahre Bewusstsein die Gegenwart als einzige wirkliche Zeitqualität.

Unser Ego versucht, uns daran zu hindern, im Licht zu leben. Es lenkt unsere Aufmerksamkeit von der Gegenwart ab, um effektive Schritte der Erweiterung zu verhindern, verführt es den Menschen, an alten Mustern festzuhalten.

Eine Entscheidung im Sinne der Liebe und Erweiterung des Bewusstseins führt zu Freiheit und Heilung. Wenn wir uns dagegen vom Ego steuern lassen, verengen wir unseren inneren Raum und erschaffen Angst, Zwang und Verwirrung.

Es ist wichtig zu erkennen, in welcher Gestalt sich der Schatten zeigt. Heilung setzt voraus, die Liebe zu sich selbst auszuüben. Dann erschaffen wir innere Harmonie und Erweiterung und können diese Selbstliebe expandieren. Unser Schatten wird aufgelöst und zum Licht transformiert.

Einige Beispiele für polare Bewusstseinsinhalte seien hier gegenübergestellt, um die dunklen Aspekte erkennen zu können:

Licht	Dunkelheit, Schatten
Liebe	Hass
Frieden	Krieg
Demut	Hochmut
Wunsch	Anspruch
Einheit	Trennung
vollkommen	unvollkommen
Respekt	Furcht
Eingebung	Besetzung
spontan	willkürlich
spirituell	spiritistisch
befreit	befangen
Heilung	Erkrankung
aufmerksam	argwöhnisch
Entwicklungszyklus	Teufelskreis
mitmenschlich	moralisch
klärend	verwirrend

Unser Ego können wir nicht dauerhaft unterdrücken oder verdrängen, da es als Teil unserer Persönlichkeit aus wahrer Liebe angenommen werden sollte. Wir können unsere Entscheidungen in lichtvoller Absicht vollbringen, um die Transformation weiterer Egoanteile zum Licht zu unterstützen.

Der Einfluss des Egos auf die Entscheidungsfindung

Das Ego gestaltet sein Umfeld derart, dass es den Besitzer in alten Mustern und Konditionen bestätigt und festhält. Im Augenblick bewusster Entscheidung bewirkt der erwachte Mensch Gedanken und Handlungen, die die alten Muster auflösen. So entsteht die eigene Perspektive der Wirklichkeit als Prozess der Selbstbefreiung.

Eine häufig beobachtete Strategie des Egos besteht in der irreführenden Annahme, dass sich schwierige Situationen durch äußere Umstände *von selbst* lösen könnten. Jahre und Jahrzehnte des vergeblichen Wartens und Hoffens prägen ganze Lebensabschnitte oder sogar Inkarnationen. Keine äußeren Ereignisse können die innere Bewusstseinstransformation ersetzen, denn die Lösung innerer Blockaden erfordert eine bewusste Entscheidung und die Bereitschaft, dafür die Energie aufzubringen. Nur aus der eigenen Essenz kommt die Lösung.

Das Ego ist genau so raffiniert wie sein Besitzer, wenn es in Erscheinung tritt. Es ist vom Individuum erschaffen worden als Garant der freien Wahlmöglichkeit. Das Ego ist sehr schwer zu erkennen, denn es imitiert das lichtvolle Selbst mit den Mitteln der scheinbaren Logik des Verstands und aller erworbenen Emotionen. Das Ego beinhaltet alle Persönlichkeitsanteile, deren Bestreben ein Zustand der Disbalance ist. Das kann in manchen Situationen schwierig zu durchschauen sein, denn es ist gerade die Strategie der Tarnung und Täuschung, derer sich das Ego bedient.

Im Allgemeinen gibt es zwei Richtungen der Disbalance und je nach persönlicher Neigung aktiviert das Ego entweder die unheilvolle Übertreibung einer lichtbewussten Haltung oder unterdrückt diese so sehr, dass sie sich in ihr Gegenteil umkehrt. Die Tabelle auf der nächsten Seite gibt dafür einige Beispiele an und kann von Ihnen noch mit eigenen Beispielen ergänzt werden.

Das Ego lässt sich nicht vernichten oder bekämpfen. Bei dem Versuch werden seine Kräfte verstärkt. Da das Ego aus einem kreativen Akt des Besitzers hervorgegangen ist, lässt es sich nur durch Transformation im Sinne des Lichtbewusstseins verringern. Es bedient sich in geschickter Weise den Anschauungen des Besitzers. Durch Egotransformation vermag der gesamte Umfang des Schattens an Dunkelheit verlieren und damit seine Dominanz zurückgehen.

Bei manchen Menschen ist es erforderlich, Erfahrungen der Täuschung wiederholt zu erleben. Dann erst können sie die Taktik des Egos schnell erkennen. So gelangen sie in die sichere Erkenntnis der ewig gültigen Werte und nehmen die Wirklichkeit klar auf. Zyklen der Egoverstärkung werden privat und beruflich durchlebt in heillosen Beziehungen, Gier und Sucht.

Wenn der Mensch beginnt, sein Ego schrittweise in Mitgefühl zu transformieren, dann erweitert sich seine Wahrnehmung und neue Energiequellen stehen von nun an zur Verfügung. Der Mensch kann dann von der universellen Quelle schöpfen und braucht nicht länger die Energiequellen seiner Mitmenschen manipulativ anzuzapfen. Dann erfahren viele Seelen Heilung, Erweiterung und Transformation auf allen Seinsebenen, das heißt individuell, global und universell.

Unterdrückung / Umkehrung	**Balance im Lichtbewusstsein**	**Übertreibung / Verzerrung**
Gleichgültigkeit	Wertorientierung	Dogmatismus
Rücksichtslosigkeit	Mitgefühl	Mitleid
Nachgiebigkeit	Konsequenz	Härte
Engherzigkeit	Herzlichkeit	Aufdringlichkeit
Befangenheit	Selbstsicherheit	Stolz
Streitbarkeit	Frieden	Nachgiebigkeit
Unrecht	Recht	Selbstgerechtigkeit
Kontrolle	Vertrauen	Naivität
Zwang	Freiheit	Willkür
Überheblichkeit	Dankbarkeit	Heuchelei
Hochmut	Demut	Unterwürfigkeit
Depression	Freude	Überschwang
Mangel	Fülle	Exzess
Spaltung	Einheit	Totalität

"Du bist die Ursache deines Wirkens."

DJW

Das 3L-Prinzip im Schöpfungsprozess

Was ist der Ursprung allen Seins? Warum sind die Universen entstanden, welche Idee oder Absicht kommt im Schöpfungsprozess zum Ausdruck? Das universelle Bewusstsein offenbart sich dem menschlichen Verständnis in unendlicher Vielfalt der Erscheinungen. Im Folgenden stelle ich Ihnen die drei Säulen vor, auf denen jedes Bewusstseinsverständnis aufbaut. Sie bilden die Basis für ein tieferes allgemeines Verständnis für die kosmische Realität und die Bedeutung des Menschseins.

Für alles Existierende gibt es drei Aspekte der Manifestation, die im Folgenden als *Körper* bezeichnet werden. Die drei Aspekte Licht, Liebe und Leben bilden das informelle Gerüst jeder Verkörperung sowohl in materieller als auch in nichtmaterieller Form.

In deutscher und englischer Sprache beginnen diese Wörter mit dem Buchstaben **L** (Light, Love, Life), daher gebe ich dieser Trinität des Bewusstseins den Namen

3L-Prinzip.

Licht kann als Schöpfungsprinzip, als richtungsweisender Urgrund allen Seins, verstanden werden. Aus dem Dunkel des Nichtseins steigt der Urimpuls für alle Entstehung auf.

Liebe ist Quelle und Motivation für alle Manifestationen. Sie ist die Umsetzung des Schöpfungsprinzips in Prozesse und individuelle Erfahrungen zur Vervollkommnung des Ganzen.

Leben ist das ewig fließendes Prinzip ohne Anfang und ohne Ende.

Die Universen entstehen, damit in allen Dimensionen Liebe manifestiert wird. Alle Existenz ist nur deshalb gegeben, damit Liebe verwirklicht wird. Alles Leben ist gegeben, damit die individuelle Wirklichkeit der Geist-Seele-Einheit einen Ausdruck findet.

Das Leben auf allen Ebenen existiert nur, damit die Liebeswirklichkeit in allen Facetten erfahren wird. Individuell ist sie erfahrbar als

reines Geistwesen,
Lichtwesen oder
menschliches Wesen

Ein menschliches Wesen hat einen materiellen Körper. Wenn es in die nichtmaterielle Form des Seins übergeht, weil es sich entweder auf die nächste Verkörperung vorbereitet oder bereits die Dualität nicht mehr zu erleben braucht und das Level des Höchsten Bewusstseins auf Erden erreicht hat, dann ist es ein *Lichtwesen*. In der nichtmateriellen Manifestationsebene sind reine Geistwesen individuelle Geist-Seele-Einheiten, die nicht den Weg der Verkörperung gewählt haben, sondern ihre Entwicklung in anderer Weise vollziehen.

Der Prozess des Lebens verläuft ewig, er wird niemals beendet und hat niemals begonnen, also von *Ewigkeit zu Ewigkeit.*

In der Dualität auf Erden erfährt der Mensch die Komponenten des 3L-Prinzips in jeweils zwei Qualitäten. Das Licht erhält als Schatten seine Form und erfahrbare Begrenzung. Die Liebe offenbart sich durch die Erfahrung von Angst und Trennung. Und das Leben manifestiert sich in der Dualität als ein ewiger Prozess, der die Übergänge zwischen materieller und nichtmaterieller Form als Tod und Wiedergeburt einschließt.

Wie alle anderen Schattenaspekte sind auch die Schattenaspekte der 3L-Prinzipien nicht von ewig gültiger Essenz, sondern ermöglichen im Rahmen einer dualen Realität die Aufgabe der Formgebung. Alle Erfahrung setzt Formerkennung und Formgestaltung voraus und erweitert den Horizont zukünftiger Wahrnehmung und Wahlmöglichkeiten.

	reale Existenz	**duale Ergänzung**
Licht	Impuls aus der ALL-Schöpfung	Schatten, Dunkel
Liebe	Quelle aller Manifestation auf allen Ebenen und Dimensionen	Angst, Trennung
Leben	Ewiger Ausdruck der Individualität	Tod, Geburt

Der Mensch strebt an, seinen Lebenszyklus zu verlängern, um in der kurzen Zeit auf Erden in verdichteter körperlicher Form möglichst viele Erfahrungen und Entwicklungen zu erleben.

Dabei geht es um das Bedürfnis, die Liebeswirklichkeit auf der dualen Ebene individuell zu erfahren, denn darin liegt der Sinn des menschlichen Lebens. Die körperliche Form ist nur eine der möglichen Facetten, in der sich die Liebeswirklichkeit ausdrücken will. Hier geht es also um die Erfahrung, um die Information, um das Erleben einer Entwicklung auf geistiger, körperlicher und seelischer Ebene.

Hat der Mensch die Erfahrungen auf der dualen Ebene vollendet, dann steigt seine Seele in die nächsthöhere Existenzebene (als Meisterseele ins reine Lichtbewusstsein) auf. Sie hat dann die drei unteren Stufen ihrer Entwicklung (siehe dazu Seite 129) vollendet und damit die Dualität überwunden. Das Leben als ewig gültiges Prinzip ist mit der Überwindung der Dualität nicht beendet, sondern nimmt nur eine andere Form an, die der Materie nicht mehr bedarf.

Wenn das menschliche Leben auf der Erde sein Ende findet, bedeutet es nicht das Ende des individuellen Bewusstseins, denn zur Verwirklichung der Liebe bedarf es nicht der menschlichen Form. Der Körper bietet eine Möglichkeit für die Seele, auf der dualen Ebene mit der Liebeswirklichkeit zu verschmelzen.

Alle Manifestationen sind aus einer ewigen, unbeschreiblichen Lichtquelle hervorgegangen, der Uressenz oder auch Lichtessenz des Schöpfungsprinzips. Es ist das Urschöpfungslicht aller Universen und als solches für den menschlichen Geist nicht vollständig erfassbar.

Das Licht hat sich ausgedehnt durch seine Kraft, Stärke und Gnade.

Das Licht will sich spiegeln und sich selbst erfahren.

Aus diesem Antrieb zur Verwirklichung und zur Vervollkommnung ist die Liebe als bestmögliche Form des Ausdrucks und der Ausweitung entstanden.

Das Urlicht kann sich als Liebeslicht und Liebesessenz in allen Dimensionen und Manifestationen verwirklichen.

So ist die Welt entstanden und entsteht immer wieder aufs Neue.

Der Ursprung ist das Licht und die Lichterfahrung ist die Liebe auf allen Seinsebenen.

Licht erfährt sich durch die Liebesverwirklichung auf bestmöglichem Wege. Um sich aus tiefstem Grund zu erfahren, hat sich Licht, Liebe und Leben ausgedehnt und so die Universen erschaffen.

Nach meinem Verständnis sind die Universen selbst Lebewesen, denn sie entstehen in einem ewigen Prozess des Gebärens, transformieren permanent ihre Energie und es findet ein

Stoffwechsel statt, der eine Veredelung zum Ziel hat.

Sowohl in Raum- und Zeitlosigkeit als auch in Raum und Zeit erfährt sich die Liebe und damit das Urlicht. Darin liegt die Ewigkeit des Lebens begründet.

"Von der Lebendigkeit
aller Dinge hat der Schöpfer
in dir die Saat der
Urahnung gesetzt,

so dass du durch deine
innere Reinheit und Klarheit
dich nur zu erinnern brauchst,

um von allem Sein die
Erkenntnis zu
erlangen."

DJW

Die Manifestation der Bewusstseinstrinität im Energiefeld

Jede Verkörperung von Bewusstsein schließt die drei Aspekte Überbewusstsein, Dualbewusstsein und Unterbewusstsein ein. Der untrennbare Zusammenhang spiegelt sich auch im Energiefeld jeder Manifestation als die Trinität aus dem **Lichtkörper**, **Liebeskörper** und **Lebenskörper** wider. Jedes Lichtwesen, Geistwesen und jede irdische materielle Manifestation existiert als 3L-Wesenheit, denn Bewusstsein in wahrer Einheit zeigt immer diese drei Aspekte Licht, Liebe und Leben.

Hierin zeigt sich das universelle Erschaffen, das sich aus der reinen Uressenz als Licht manifestiert.

In diesem Sinne ist alles Erschaffene eins und absolut, das heißt, ohne räumliche oder zeitliche Formgebung. Die nicht materiellen Körper stehen für drei unterschiedliche Qualitäten des Seins.

Das Licht ist Impuls allen Seins, seine Essenz und sein Ursprung. Nichts existiert ohne einen Impuls, der Sein ermöglicht, das Sein ist, und das Sein mit der Uressenz eins sein lässt. Aus dem Licht wurde und wird die Liebe geboren, als die Kraft, die sich ausdrücken will und erfahren will. Sie bringt die Facetten der Uressenz in die Manifestation und expandiert das Licht aus der schöpferischen Impulsgebung. Und aus der Liebe entspringt alles Leben als ihre Ausdrucksform. Das Leben ist Prozess der Bewusstwerdung in einem aus der Liebe erschaffenen Universum. Es ist das Sich-einlassen und Umsetzen in ein allgemeines Feld der Information und damit fasst das Leben alle Facetten der Formgebung mit ein.

Alles ist eins, gleichzeitig präsent in allem Erschaffenen.

Der Lichtkörper ist Impulsgeber und Erschaffer aller Kausalität im Prozess des Seins. Ein vollständiges Bewusstwerden über die vorgeburtliche Wahl seiner Seele versetzt den Menschen ins Lichtbewusstsein und lässt ihn seinen Lichtkörper bewusst erfahren. Er ist selbst Impulsgeber und Mitschöpfer. Der Lichtkörper als Erschaffungsaspekt der Wirklichkeit ist Einheit auf der universellen Ebene.

Der Lebenskörper als unser Unterbewusstsein ist Bewusstwerdung dessen, was im Liebeskörper bereits angelegt ist. Es ist die Vollendung des Vollkommenen im Liebeskörper. In den Augenblicken der Bewusstheit des Lebenskörpers handelt der Mensch authentisch, friedfertig, wahrhaftig, liebevoll und frei. Er ist dann in vollkommener Einheit in sich selbst geborgen. Der Mensch ist im „Sein", nicht im „Haben". Der Weg des Lebenskörpers ist die Erkenntnis der Wirklichkeit und diese Erkenntnis lässt ihn in den Liebeskörper eingehen.

Der Liebeskörper entfaltet sich im Lebenskörper und geht in dem Maße, wie er sich durch Erkenntnis vollendet, in den Lichtkörper auf. Der Liebeskörper will sich ausdrücken wie die Liebe und damit erschafft er das Sein.

Der Lichtkörper ist bestrebt, das was erkannt wird und sich ausdrückt, in die universale ALL-Einheit auszudehnen. Das individuelle Licht verbindet sich mit dem ewigen Licht aus der allgegenwärtigen Uressenz, um seine eigene Essenz, die Verbundenheit, zum Ausdruck zu bringen. In dieser Hinsicht unterscheidet es sich elementar vom Schattenbewusstsein des Egos, das sich nur selbst als getrenntes Subjekt ausdrücken will, da es keine Ausrichtung nach Verbundenheit in sich trägt.

Licht ist als ewige Verbundenheit allgegenwärtig erfahrbar und in allen Dimensionen erlebbar.

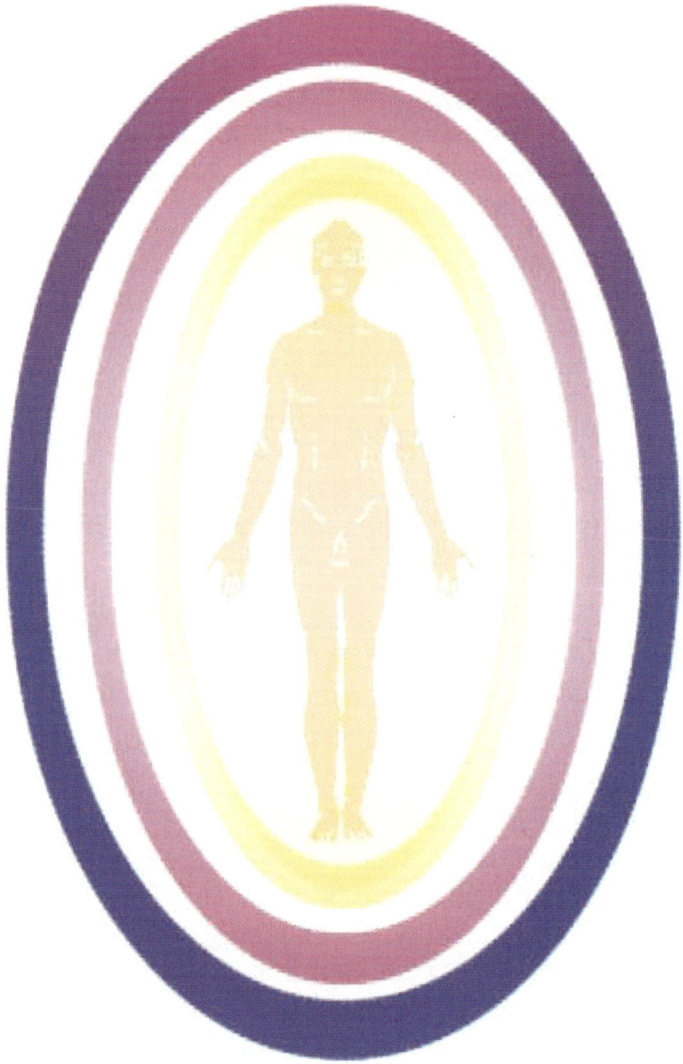

Der 3L-Körper des Menschen als Aurabild nach David Wared

Die drei Ebenen beinhalten die elementaren Sehnsüchte des Seins:

1. **Selbsterkenntnis** bedeutet, sich selbst bewusst werden durch den ***Lebenskörper***.
2. **Selbstausdruck** zeigt sich über die Liebe in Verbundenheit durch die eigene Anteilnahme, so dass die eigene Essenz durch den ***Liebeskörper*** ihren Beitrag zum Ganzen erfüllt.
3. **Selbstexpansion** bedeutet, dass das eigene Licht des ***Lichtkörpers*** aus der Quelle von Erkenntnis und Ausdruck des Selbst sich ausdehnt und in das universelle Licht übergeht. Damit werden galaktische Ebenen der Existenz für alle Bewusstseinsformen erreichbar.

„Egal, wo man ist,
egal, was man tut,
egal, worum es geht,
alles kann in einem harmonischen Kreislauf
der Liebe und des Lichts fließen."

DJW

Bewusstsein im Kosmos

Ursprung und Ziel allen Seins liegen im Bewusstsein begründet, das heißt, Bewusstsein erfahren, Bewusstsein erweitern und Bewusstsein in seiner Essenz verstehen. In der Einheit der unendlich vielfältigen Schöpfung jenseits aller dualen Begriffsbildung zeigt sich das Bewusstsein im Absolutum.

Alles Sein im Universum ist reine Energie, schwingt in einer eigenen Frequenz und befindet sich in einem Prozess der Erweiterung. Darin liegt die stetige Evolution des Seins begründet. Das menschliche Bewusstsein hat für seinen Weg der Evolution die Erkenntnis in Dualität gewählt, die der Formgebung und dualen Begrifflichkeit bedarf, um Erkenntnisse zu gewinnen. Unser Bewusstsein durchläuft den Erkenntnisweg im Zuge seiner stetigen Erweiterung zum reinen Lichtbewusstsein, um sich selbst zum Lichtbewusstsein zu transformieren.

Alles Bewusstsein ist ewig, allgegenwärtig und existiert vor jeder Art der Formgebung. Bewusstsein ist also nicht entstanden, sondern selbst integraler Teil der schöpferischen Uressenz. Unser Universum ist eines von unendlich vielen im Schöpfungszyklus erschaffenen Welten, mit bestimmten Gesetzen, die der Menschheit nur zum Teil bekannt sind. Bewegt sich der Mensch bei der Untersuchung des Universums ausschließlich in der Dualität, ergibt sich der „Urknall" als Beginn aller Existenz, erweitert sich die Betrachtungsweise in die höheren Dimensionen, offenbart sich unser Universum als ewiger Prozess des Lebens.

Beim Erforschen der ewigen Evolution wurde mir offenbart, dass alles Seiende in Dualität gebildet wird, um Bewusstsein wahrnehmbar und erfahrbar zu machen. Auch die Zeit hat diesen Sinn, denn sie existiert nur im stark eingeschränkten dualen Weltbild. Die scheinbar endliche Welt mit endlichen Begriffen ist integriert in einer unendlichen Wirklichkeit, die sogar jegliche menschliche Vorstellung von der Unendlichkeit bei weitem übertrifft. Sie bildet die Situation, in der sich jedes Sein in Freiheit hinein begeben kann.

Der Mensch erfährt sich in Begrenzung, Trennung und Endlichkeit, solange er sich selbst ausschließlich in der Dualität wiederfindet. Sein Bewusstsein bewältigt nur Denk- und Fühlprozesse mit endlichen Wahrnehmungsmustern. Wie in der Mathematik bedeutet die Einbeziehung unendlicher Größen einen Grenzübergang in der Vorstellung. Gelingt diese Erweiterung, dann gibt es noch weitere Qualitätssprünge im Verständnis der Unendlichkeit.

Endliche Größen und Mengen repräsentieren das Messbare und Begrenzbare im Universum: Alle Größen, die wir im Großen wie im Kleinen direkt durch die Sinne wahrnehmen oder mit Hilfe technischer Geräte messen können, gehören in diesen Bereich, z.B. physikalische Konstanten (Lichtgeschwindigkeit), Strecken, Zeitangaben (Lebensalter, Jahreszeiten).

Unendliche Mengen erweitern die endlichen dahingehend, dass die Anzahl ihrer Elemente nicht begrenzt ist.

Die einfachste Form bilden die **abzählbar unendlichen** Mengen, deren Elemente sich wie Perlen auf einer Schnur anordnen lassen. Ein Beispiel dafür ist die Menge der natürlichen Zahlen.

Sie enthält die Elemente 1 , 2, 3, 4, ... ohne obere Grenze. Es ist leicht, sich die Folge vorzustellen, obwohl sie unbegrenzt ist und damit nicht mehr vollständig wahrnehmbar. Ein weiteres Beispiel dieser Kategorie bilden die rationalen Zahlen, die alle Brüche mit ganzzahligen Zähler und Nenner umfassen. Alles

Vorstellbare und aus dem Beobachteten Ableitbare gehört in diese Kategorie der Erkenntnis. Zyklische Prozesse, physiologische und kosmische Abläufe und natürlich alles Berechenbare sind Beispiele solcher Größen.

Eine echte Erweiterung der berechenbaren Größen bilden die **überabzählbaren** Mengen. Die sogenannten reelen und komplexen Zahlenbereiche definieren die einfachste Ebene der überabzählbaren Zahlenmengen. Überabzählbare Mengen sind für den menschlichen Verstand nicht einfach zu verstehen, denn sie sprengen jeden Versuch einer linearen Aufzählung. Die mathematischen Begriffe können den Sachverhalt etwas veranschaulichen: Die reellen Zahlen sind „*wirklich*" und sie sind nicht vollständig berechenbar. Dagegen bedeutet der Begriff „rational" ungefähr „vernünftig" oder auch „berechenbar". Den mathematisch interessierten Leser möchte ich hier auf die unendliche Folge der höheren Ebenen der Unendlichkeit hinweisen, die **transfiniten** Zahlen. Die Beschäftigung mit dieser Materie ist eine weitere Möglichkeit, den eigenen Horizont zu erweitern, denn darin zeigt sich in höchster Klarheit, welche Ausdehnung unsere Sichtweite bedarf, um die möglichen Realitäten erfahren zu können.

Will man die *Wirklichkeit* unseres Universums vollständig gedanklich erfassen, reichen lineare Vorstellungen nicht mehr aus. Die Wirklichkeit entsteht in der Dualität aus zwei Quellen. Sie ist einerseits die Wirkung der ewig gültigen Werte aus der Uressenz und andererseits das Ergebnis vernünftiger logischer Denkprozesse, die der Mensch verstandesmäßig aus der Kausalität ableitet. Daraus folgt die Relativität des menschlichen Verständnisses der Wirklichkeit. Wir konstruieren mit unseren Vorstellungen die individuell gültige Wirklichkeit als Anschauung in einem Bewusstwerdungsprozess.

Schon beim Verständnis von Einheit und Ewigkeit sowie der Allgegenwärtigkeit verlassen wir den Rahmen linearer Denkmuster. Die Frage etwa: „Was war vor dem Urknall?“ ergibt keinen wirklichen Sinn, wenn man sich dem Verständnis höherer Dimensionen öffnet. Ewigkeit ist nicht nur zeitlich aufzufassen, denn Zeit an sich ist endlich und daher nicht im umfassenden Sinne wirklich. Unsere alltägliche menschliche Vorstellung erfasst beispielsweise keine parallelen Universen und allgegenwärtige Präsenz aus dem geistigen Verständnis.

Da sich die Wirklichkeit nicht vollständig vorstellen lässt, wäre es „vermessen“, wichtige erfahrbare und essentielle Aspekte des Seins einfach aus dem allgemeinen Erkenntnisprozess auszuklammern. Die Frage nach dem wahren Ursprung des Seins und seiner Bedeutung erfordert innere Offenheit und Erweiterung des Bewusstseins. Mit offenem Herzen, Verstand und Geist können wir auch im Wahrnehmungsbereich der Dualität viel Wirkliches entdecken und das Unbewusste und Dunkle zunehmend erhellen. Die Fähigkeit zur Sprengung der materiellen Grenzen ist im Bewusstsein angelegt und beschreibt den Lebenskörper. Seine erfüllende Erweiterung macht es möglich, die engen Grenzen des Materiellen zu überwinden.

Wir sind nicht Zufallsprodukte eines chaotischen kosmischen Prozesses sondern freie, in unendlicher Liebe verweilende ewig existierende wunderbare Wesen, deren Bewusstsein die höchste Bedeutung besitzt. Unser Weg, sich diese Wahrheit bewusst zu machen und darin alltäglich glücklich zu leben, bildet die kosmische Einheit und Erfüllung aller Sehnsucht. Es ist für das recht enge menschliche Verständnis *unvorstellbar*, dass unser sichtbares Universum einzig und allein zur Realisierung von Bewusstseinsprozessen in allen Ebenen erschaffen worden ist. Doch tatsächlich trifft diese Aussage den Kern, denn aus der Liebe wurde und wird gefügt und erschaffen.

Es existiert nichts ohne Bewusstsein und in allen Ebenen, insbesondere bei den materiellen und informativen Manifestationen existiert nichts ohne Verbundenheit in Einheit. Physikalisch definiert sich diese allgemeine Verbundenheit in den Gesetzen der Physik, die zumindest den materiellen Aspekt der Körper beschreiben. Soweit sich das Universum dem menschlichen Denken und Experimentieren erschließt, zeigen sich überall Gesetzmäßigkeiten. In einigen Bereichen der Kosmologie, die beispielsweise die Beschaffenheit der schwarzen Löcher oder die ersten Momente der Geburt unseres Universums nach dem sogenannten Urknall betreffen, wird offensichtlich, dass die Menschheit noch längst nicht alles weiß.

Jede neue Erkenntnis wirft eine Vielzahl neuer Fragen auf, und ein Ende dieses Prozesses des Fragens, Denkens, Fühlens und Reflektierens ist nicht absehbar. Erkennt der Mensch als Forscher die Materie als verstofflichte Energie und Information, tauchen Fragen nach der Beschaffenheit der sogenannten Antimaterie auf. Falls dieser Wissensbereich Ihr Forschungsgebiet darstellt, was denken und fühlen Sie darüber? Streben Sie ein tieferes Verständnis in den Fragen, die sich noch nicht beantworten lassen, an? Auch hier gibt es Möglichkeiten der Erweiterung des eigenen Verständnisses, für Wissenschaftler kann der Versuch, die bisherigen Grenzen zu überschreiten, das globale Verständnis erweitern. Warum begrenzen Sie sich dann auf das bisherige Weltbild? Sich selbst im Erkenntnisprozess begrenzen zu wollen, ist nicht sinnvoll, denn es gibt keine Grenzen des Wissens. Jede bisher entdeckte Gesetzmäßigkeit, jedes entwickelte physikalische Modell ist begrenzt und daher nur eingeschränkt gültig. Sie erweitert das bisherige um bestimmte Aussagen, so geht es ewig weiter.

Ich möchte Sie nun einladen, Ihre Augen und Ihr Verständnis aus dem Herzen für unseren Kosmos so weit wie möglich zu öffnen und Ihnen von den Erkenntnissen berichten, die die

Menschheit bereits erbringen konnte. Auch darin offenbart sich die unvergleichliche Schönheit und Komplexität der Welt, wie sie sich dem menschlichen Verständnis zeigt:

Unsere Sonne ist ein sogenannter Fixstern im Universum, der mit etwa hundert Milliarde weiterer Sterne einen Sternenhaufen bilden. Die meisten dieser Sternenansammlungen sind spiralförmig, das heißt, sie bilden einen Spiralnebel. Eine solche Ansammlung, von denen es im Kosmos ungefähr 1 Milliarde gibt, nennt sich Galaxie.Unsere Heimatgalaxie, die Milchstraße,

beherbergt die Sonne Unsere Sonne befindet sich etwa auf halber Strecke vom Zentrum bis zum Rand dieses gigantischen Spiralnebels. Das konstruierte Bild zeigt die Milchstraße aus einer äußeren Perspektive. Ihr Zentrum bildet nach gängiger Vorstellung ein „Schwarzes Loch“, das alles Licht wie in einem Sog absorbiert.

Wir haben erkannt, dass Energie niemals verloren geht und daher zeigt sich in einem „schwarzen“ Loch eine Zone, in der das Licht in Transformation zu einer Seinsebene jenseits unserer menschlichen Anschauung übergeht. Licht behält die Information, die es in sich trägt, es verbindet alles und fließt ewig im Äther. Licht bildet die einzige Information, über die wir als menschliche Wesen verfügen.

Das Zentrum der Milchstraße liegt etwa 28.000 Lichtjahre vom Sonnensystem entfernt, Das ist eine Strecke von etwa 261.273.600 Milliarden Kilometern. Das Universum befindet sich in steter Ausdehnung, ähnlich wie die Oberfläche eines Luftballons, der durch ein Mundstück aufgeblasen wird. Die Luft des Luftballons passiert zunächst das Mundstück, um innerhalb des Ballons alle Entfernungen zu vergrößern. Diese Inspiration führt zum Wachstum und zur Ausdehnung und diese Erweiterung erfolgt nicht nur im Raum, sondern auch als Information, die durch den Prozess des Lebens hinzugewonnen wird. Jede Ausdehnung spiegelt das kosmische Bewusstsein wieder, das sich durch zunehmende Erfahrung auf allen Ebenen ebenfalls erweitert. Bewusstsein ist der Nabel der Welt, die Quelle aller Lebens- und Wachstumsprozesse und die Anbindung an die universelle Schöpfungskraft, die alle Expansion bewirkt.

Nach kosmischen Verhältnissen ist unsere Milchstraße eher eine kleine Einheit. Die Unmöglichkeit, sich ihre mächtige Vielfalt und räumliche Ausmaße nur annähernd vorzustellen, zeigt, wie beschränkt die menschliche Vorstellungskraft für galaktische Dimensionen wirklich ist. Allein ein einziges Lichtjahr übersteigt das Maß des menschlichen Verständnisses für Entfernungen. Ein Lichtjahr (1 Lj) ist eine Strecke von ungefähr 9.460.730.500.000 km $\approx 9{,}461 \cdot 10^{12}$ km. Allein die Milchstraße misst eine Ausdehnung von etwa 100 000 Lichtjahren, unsere nächste Nachbargalaxie, der Andromedanebel, liegt ca. 2,8 Millionen Lj von der Milchstraße entfernt. Die Ausdehnung des aktuellen Universums ist mir mit 156 Milliarden Lichtjahren offenbart worden.

Unser menschlicher Geist vermag alle Distanzen in kürzester Zeit zu überwinden und in den unendlichen Weiten des Kosmos unbeschränkt präsent zu sein, denn er ist nicht physisch gebunden. Daher sind Reisen in ferne Galaxien und Begegnungen mit anderen entwickelten Bewusstseinsformen durchaus vorstellbar, vorausgesetzt, es gelingt den Menschen die Loslösung von der dichten Materie in eine Form der Feinstofflichkeit.

Wenn die allermeisten aufhören zu denken und intuitiv zu erfassen, fange ich als Erforscher der Evolution des Seins erst an, die Wirklichkeit zu ergründen und in Bilder umzusetzen. Mit dem Blick der Blicke ausgestattet bin ich gekommen, alle Vorstellungen aus dem beschränkenden Ego aufzuheben und verständlich zu machen, dass jeder einzelne Mensch als Lichtwesen unendlich große Bedeutung besitzt. Die wirkliche universelle Liebe stellt alle Beschränkungen der Dualität in den Schatten.

Milliarden von Galaxien bilden ein gigantisches Lichtfeld im allgegenwärtigen Ätherfeld. Äther, Licht und Bewusstsein dehnen sich immer mehr aus. wie sich auch ihre physische Manifestation im zeitlichen Verlauf immer weiter ausdehnt. Analog dazu gilt hier das universelle Gesetz: Wie oben, so auch unten. Die im Universum befindliche Erfahrungsmenge nimmt stetig und ewig zu, da alles Bewusstsein dieses anstrebt und bewirkt.

Eine einfache Karte unseres Universums ist in übersichtlicher Form und in einem einheitlichen Maßstab nicht möglich, da die räumlichen und zeitlichen Ausdehnungen jenseits graphischer Entsprechungen liegen.

Können wir dann überhaupt erfahren, was in den Weiten unseres Kosmos geschieht? Im rein materiellen Bereich ist das nicht realisierbar. da die Lichtgeschwindigkeit alle physischen Reisen auf einen winzigen Bereich unserer Milchstraße begrenzt.
Unsere Gedanken sind viel schneller, denn es gibt keine Ober-

grenze der Geschwindigkeit in den nichtmateriellen Manifestationsebenen. Unser menschlicher Geist kann bewirken, dass jede physische Distanz in kürzester Zeit überwunden wird. Da gibt es im Prinzip keine obere Grenze.

Ihr Geist kann Astralreisen in Bereiche des Kosmos realisieren, die mit materiellen Raumschiffen absolut utopisch wären. Beispielsweise könnte sich ein Mensch zu einem der Planeten innerhalb der ca. 300 Lj entfernten Plejaden begeben, allein durch einen Geistimpuls. Jegliche räumliche Trennung lässt sich auf dieser Ebene überwinden und daran ist erkennbar, dass es selbst im Kosmos trotz der gigantischen Entfernungen keine wahre Trennung der Existenzformen geben kann.

Könnte der Mensch vollständig erkennen, wer er ist, gäbe es überhaupt keine Trennung, Verneinung oder Egoorientierung mehr. Je unbeschränkter die Ebene des Bewusstseins, umso tiefer kann ein Mensch in Liebe sein und umso freier, klarer, bewusster in friedvoller Einheit leben.

Wir Menschen haben aus freien Stücken die Einheit bewusstseinsmäßig verlassen. Wir haben durch unser Bewusstsein und die Wahlfreiheit des Geistes die Möglichkeit, in die Einheit zurückzukehren und in höheren Ebenen unsere weiteren ewigen und lichtvollen Wege zu gehen. Nur die Erkenntnis und Transformation sind dazu erforderlich und diese Gaben haben wir bereits in uns.

Als Öffner des Geistes bin ich in diese Welt gekommen. Als Bote des Lichts unserer wunderbaren Schöpfung ist es mein besonderes Anliegen, Menschen in die höheren Ebenen zu verhelfen, in denen keine Krankheiten und Unbewusstheit das eigene Empfinden verdunkeln. Es ist von höchster Bedeutung, dass jeder einzelne Mensch in das allgemeine Licht gelangt, nicht nur für sein Wohlergehen, sondern auch für das Wohl aller anderen und sogar für das ALL-Bewusstsein unserer kosmischen Existenz.

Die innere Sehnsucht nach Vollendung ist überall im Kosmos präsent und verbindet alle Seinsformen. Nur unser Ego vermag uns irrezuleiten mit der Einstellung aus dem Schatten, dass es bei der Vielzahl der Existenzen nicht auf den Einzelnen ankäme. Doch genau das Gegenteil trifft zu und erklärt die grenzenlose Liebe, die in den Manifestationen zum Ausdruck kommt. Als Menschen sind wir kein „Staubkorn“ im All, sondern essentiell für das Gesamte, weil wir durch Seele und Geist mit der Uressenz eine Einheit bilden. Unsere Entscheidungen haben ewige Auswirkung und jeder ist Teil im Erschaffungsprozess der Ewigkeit.

Vor ALLem

"Vor allem Beginn existierte das
unendliche LICHT, das alles ausfüllte.
Als das Licht sich bis zu einem winzigen
Punkt zurückzog, übernahm das Dunkel
die Regie, aus dem wieder das Licht
in aller Herrlichkeit hervorgeht."

DJW

Die intrinsische und extrinsische Expansion

Aus der Uressenz ist alles entstanden und jede Art der Verwirklichung hat in dieser Quelle ihren Ursprung. Alles ist Energie, nichts als Energie ist erschaffen worden oder wird je erschaffen. Diese Energie expandiert in Zeit und Raum als ewiger Prozess. Die Expansion liegt allen Manifestationen zu Grunde und stellt das Lichtprinzip der Schöpfung dar.

Im materiellen Bereich zeigt sich die Ausdehnung in unserem Universum, dessen Ausmaß bereits die menschliche Vorstellungskraft weit übersteigt. Es besteht aus Licht, und dieses Licht nimmt verschiedene Formen an, sowohl materielle als auch nichtmaterielle, sowohl für den Menschen wahrnehmbare als auch nichtwahrnehmbare.

Überall, wo es Licht gibt, existiert auch Bewusstsein, denn das Licht ist sein Ausdruck. Daher gilt auch:

Überall, wo das Licht expandiert, expandiert auch das Bewusstsein. Licht expandiert überall, wo es existiert, das ist ein allgemeines Gesetz. Die Schöpfung an sich ist erfahrbar durch ihre immerwährende Ausdehnung und diese Ausdehnung zeigt sich in allem, was ist.

Dieses gilt im Speziellen für das menschliche Bewusstsein auf der dualen Ebene. Wir Menschen wachsen im Zeitverlauf sowohl individuell als auch als Menschheit aufgrund der zunehmenden Erfahrung. Nach der Zeugung wächst der Fötus, und nach der Geburt geht das Wachstum weiter. Ist der physische Körper ausgewachsen, setzt sich die Erweiterung im seelischen und geistigen Bereich unvermindert fort und selbst der Tod ist kein Schlusspunkt, sondern ein weiterer Schritt für das Wachstum der Geist-Seele-Einheit, die das individuelle Bewusstsein ausmacht.

Die Menschheit durchläuft seit ihrem Beginn auf der Erde eine Entwicklung zunehmender Ausdehnung und Eroberung. Auf technischem Gebiet sind die Nutzbarmachung des Feuers, die Entdeckung des Rads und die Dampfmaschine wichtige Meilensteine, ebenso sind der Buchdruck und die Computertechnologie von überragender Bedeutung für das Leben der meisten Menschen heutzutage. Im geistigen Bereich sind Sprache, Schrift und die Philosophie, die durch die Entdeckungen der Mathematik begleitet werden, besonders zu erwähnen. Neuentdeckungen erfolgen im Großen und ebenso im Kleinen.

Auf der Makroebene dehnen wir unseren Lebensraum stetig aus, entdecken Kontinente und erforschen den Weltraum. Das Ausmaß unseres Kosmos übersteigt mit etwa 156 Milliarden Lichtjahren alle menschlichen Vergleichsmaßstäbe und wird niemals vollständig erfasst werden. Bei der extrinsischen Ausdehnung gibt es keine obere Grenze, denn jede neue Entdeckung von Planeten, Sternen und Galaxienhaufen wirft eine Vielzahl neuer Fragen auf.

Analog ergeht es dem Menschen bei der Erforschung der inneren Struktur der Dinge. Auch bei der intrinsischen Expansion versucht der Mensch, eine feste Grenze, etwa das *kleinste* Teilchen, zu entdecken und dehnt seine Erkenntnisse beliebig aus, ohne auf eine absolute Grenze zu stoßen.

Der Fortschritt der menschlichen Entwicklung passiert aus Notwendigkeit und Sehnsucht, denn ein Stillstand wäre gar nicht möglich. Die Liebe ist das 3L-Prinzip, das die Expansion herbeiführt und ewig geschehen lässt. Dieses gilt auch für das Universum, das sich ewig entwickelt und die Einheit in seinen Prozessen zur Vollendung bringt.

Es ist nicht möglich, die Ausdehnung des Kosmos rückgängig zu machen, denn dazu wäre mehr Energie notwendig, als im Kosmos enthalten ist. Wegen der Analogie zwischen Energie und Bewusstsein bedeutet dies, dass wir mehr Bewusstsein haben müssten, als im gesamten Kosmos enthalten ist.

Der Mensch ist Teil der Gesamtheit des Seins, das eine Einheit bildet. Das menschliche Bewusstsein erweitert sich aufgrund der Erweiterung des Kosmos, denn es gilt die Einheit. Um mit der kosmischen Entwicklung Schritt zu halten, gilt die Notwendigkeit für das Individuum, seine Schritte der Erweiterung zu vollbringen.

Wir unterliegen im Kleinen dem gleichen Wandlungsprozess wie das Universum. Wir können mit der Erweiterung gut Schritt halten, wenn wir uns bei den Entscheidungen nicht von Angst und Kontrollzwang leiten lassen, sondern den Impulsen aus dem Lichtbewusstsein folgen. Dann sind Notwendigkeit, Sehnsucht und Liebe die Motivation, und damit erfolgt alle Entwicklung aus der gleichen Quelle der Uressenz. Üben wir die Wahlfreiheit im Lichtbewusstsein aus, dann fließt die Liebe durch uns und dehnt sich aus, ebenso dehnt sich auch unser Bewusstsein aus und alles fließt harmonisch im Inneren unserer Zellen wie im Äußeren der menschlichen Beziehungen.

Alle Geistimpulse, so auch der Schöpferwille aus der Uressenz, wirken sowohl makrokosmisch auf die kosmische Ebene des Universums als auch mikrokosmisch auf die physikalischen Elementarteilchen und die allerkleinsten Einheiten der Feinstofflichkeit.

Der Mensch ist aus Billionen von Zellen aufgebaut, die ihre Information in der DNA kodiert haben. Die Ebene der Moleküle baut auf den Atomen auf, die sich aus diversen subatomaren Objekten zusammensetzen. Im subatomaren Bereich ändern sich die Gesetzmäßigkeiten der Reaktion. Die elementaren

Bausteine der Atome sind aus Quarks zusammengesetzt, die stets in Dreiergruppe zusammenwirken.

Quarks gelten als die kleinste Einheit der Materie, während **Photonen** als kleinste Einheit eines elektromagnetischen Impulses definiert werden. Die Photonen werden Lichtkörperchen genannt, obgleich sie im Allgemeinen als energetische Einheit mit Welleneigenschaften in Erscheinung treten.

Man nimmt an, dass alle elementaren Teile eine Struktur besitzen, die beispielsweise durch die **Stringtheorie** beschrieben wird. Photonen und Strings treten noch in Wechselwirkung mit Gravitationskräften, sie unterscheiden sich von der gewöhnlichen Materie durch geringere Raum- und Zeitgebundenheit.

Die **Photonen**, auch Lichtquanten genannt, sind die Vermittler der Essenzinformation aus der nichtmateriellen Manifestationsebene in die materielle Welt. Aus eindrucksvollen Experimenten ist bekannt, dass Photonen allgegenwärtig Information aufnehmen können und auf eine bisher noch nicht vollständig aufgeklärte Weise miteinander in Verbindung stehen. Sie überwinden dabei Zeit- und Raumgrenzen und zeigen in manchen Experimenten einen allgegenwärtigen Informationsaustausch durch den Äther an.

Diese Erkenntnisse legen nahe, dass noch Ebenen unterhalb der Photonenebene existieren, aus denen die Photonen impulsiert werden. Die Information auf der Ebene der Photonen geht über die Ebenen des Mikrokosmos auf den Menschen über, der eine Auswahl trifft und daraus schöpferisch die makrokosmischen Ebenen gestaltet. Das heißt, die Strukturen menschlicher Gesellschaften wirken auf den irdischen, globalen Organismus der Existenzformen unserer Erde und damit auf den Kosmos in seiner ganzen Ausdehnung. Der Mensch wird zum Mitschöpfer allen Seins durch seine Wahlfreiheit.

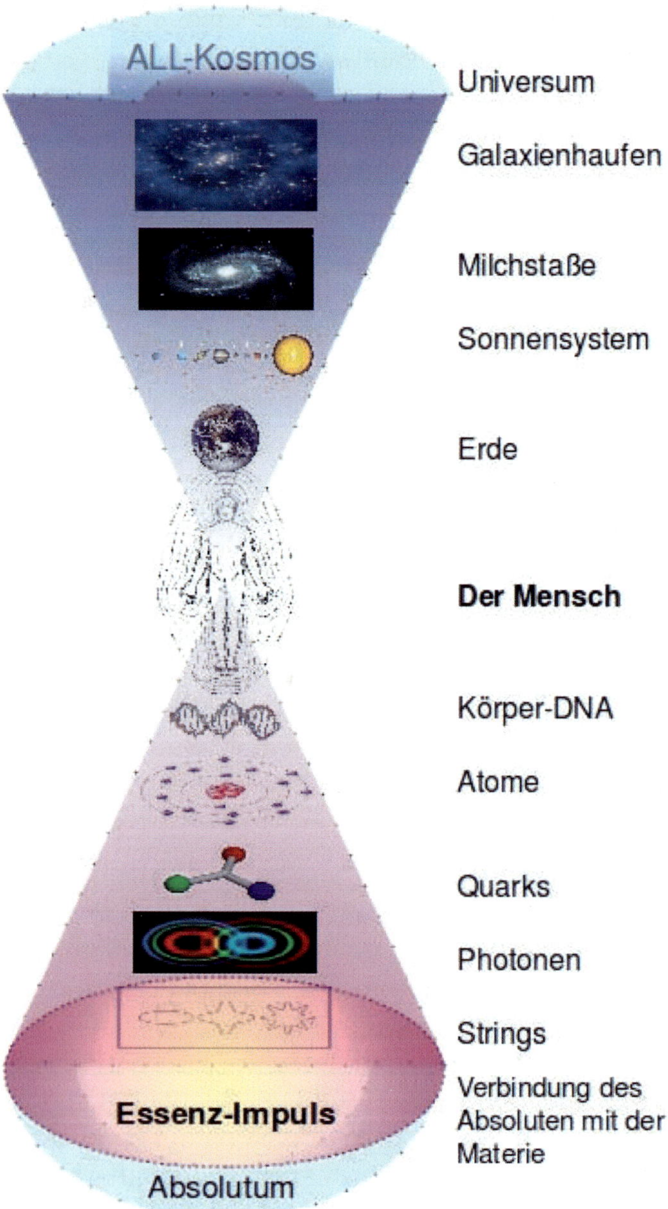

Die Essenz-Impulsebene nach David Wared

Die Essenz-Impuls-Ebene bildet die Schnittstelle zwischen dem rein geistigen Bereich des Seins und der Materie. Auf dieser Ebene setzen alle geistigen und schöpferischen Prozesse unseres Universums an und insbesondere die geistigen Heilmethoden wirken auf dem Weg über die Essenz-Impulsgebung auf den menschlichen Körper.

Alle Abläufe im Kosmos sind ebenso aus der Uressenz impulsiert. Das Universum dehnt sich aus, weil sich in allen Ebenen der Existenz eine stetige Erweiterung vollzieht. Der Mensch ist durch die freie Wahl ebenso in den universellen Prozess der Ausdehnung eingebunden, das heißt, in ihm spiegelt sich die Ausdehnung des Universum im Kleinen. Die Liebe dehnt sich aus, das individuelle und kosmische Bewusstsein ebenso. Das ist der ewige Ablauf, wenn Sterne oder Universen vergehen, entstehen wieder neue, ohne Anfang und ohne Ende.

Um die kosmische Entwicklung im Individuum zu verankern, ist die Bewusstseinstabelle von mir entwickelt worden. Der Mensch kann sich damit in der Essenz erweitern, das individuelle Kleine kann sich mit anderen individuellen Geist-Seele-Einheiten verbinden und ebenso die Einheit mit dem ALL-Bewusstsein des Kosmos (dem „*Großen*“) erfahren.

Weder geistige noch natürliche Gesetze hindern einen Menschen an dieser erfüllenden Verschmelzung, einzig seine Schattenaspekte, derer sich das Ego bedient, werfen ihn zurück und können die Erweiterung verzögern.

Wann immer wir in einen verengten Zustand des Bewusstseins geraten und in einem niedrigen Bewusstseinslevel verweilen, können wir uns auf die Wahrheit und auf das Ziel in uns besinnen, dass wir als lichtvolle, ewig existierende, wahrhaftig und friedvoll beseelte Wesen uns in ewiger Ausdehnung befinden. Die Hoffnung auf Glückseligkeit in höchster Erfüllung ist direkt aus den Prinzipien des universellen Seins begründet, und wenn wir im Menschsein uns größtmögliche Mühe geben, die Unweiten in uns selbst zu erahnen, die Ewigkeit in uns zu versinnbildlichen, dann sehen wir, wer wir wirklich sind.

Wir sind Wesen, die frei gewählt haben, die ewige Freiheit zu entdecken, sie zu erforschen, zu erweitern und zu erfahren. Wir sind in die Materie eingegangen, um uns in unserem lichtvollen Bewusstsein auszudehnen, genauso wie sich auch das Universum ausdehnt.

Das Ego imitiert das Bewusstsein auch im Hinblick auf das Bestreben, sich auszudehnen. Doch es expandiert, im Gegensatz zum Licht, nicht aus sich selbst heraus, sondern indem es die Energie aus seinem Umfeld abzieht. Es hat keine wahre Substanz, weil es nicht aus der Uressenz hervorgegangen ist. Das Ego ist nur eine zeitlich begrenzte Erscheinung, die nicht real ist und daher im Kontext der kosmischen Ewigkeit keine Substanz besitzt. Spätestens mit dem Tod des Individuums löst es sich „*im Wohlgefallen*" auf und damit offenbart sich seine flüchtige Existenz als Täuschung unserer irregeleiteten Sinne.

Das 3L-Prinzip der Schöpfung versieht alles Erschaffene mit dem inneren Antrieb, sich in allen Formen, Ebenen des Seins und Manifestationen zu expandieren. Dabei bleibt alles in seiner vollkommenen Ordnung und Balance, die Qualität aller Manifestationen bleibt immer erhalten. Überall im Universum herrscht die gleiche Temperatur, die Expansion des Universums erhöht nicht die kosmische Unordnung, sondern darin zeigt sich die Erweiterung des All-Bewusstseins.

In der Essenz-Impuls-Ebene liegt die Quelle aller Impulsgebung, das Universum ist deren Ausdruck in materieller Form. Der Mensch nähert sich durch Erkenntnis dem Organismus des Kosmos und erlebt die Dreieinheit von Licht, Liebe und Leben zu seiner Vollendung.

Der Schöpfungsprozess aller Manifestationen

Die *Uressenz* aller Manifestationen als reinste Schöpfungsquelle erschafft durch Impulsgebung weitere Impulsquellen, die wiederum etwas erschaffen. Als Quelle (= Ur-) des Seins (= Essenz) ist sie formlos und allumfassend. Sie bleibt dem menschlichen oder jedem anderen Verständnis unbeschreiblich, da alle Schau nur ihre Unendlichkeit erkennen lässt. Schon immer hat es sie gegeben, sie wird immer sein, und mit der Erschaffung von Raum und Zeit entstehen Milliarden von Galaxien in unzählbaren Universen. Wenn wir als menschliche Geschöpfe versuchen, das Unbegreifliche der Uressenz zu beschreiben, dann ist es nur ein kleingeistiger, endlicher Versuch, das Unbeschreibliche zu skizzieren. Eingebungen aus den Quellen des ewigen Wissens haben mir den Ursprung und Sinn aller Erschaffung aus der Uressenz offenbart.

Jeder Schöpfungsakt erfolgt nach dem Ebenbild des Schöpfers in einem Feld der ewigen Werte Einheit, Liebe, Frieden, Wahrheit und Freiheit. Etwas anderes als diese Prinzipien der Ewigkeit kann nicht aus der Uressenz erschaffen werden.

Von der obersten Erschaffungsebene, der **Ursprungsimpuls-Ebene**, werden Ursprungsimpulse auf der **Ideenfeld-Ebene** wirksam. Viele Ideen bilden ein **Ideenfeld**, das als Einheit in unendlicher komplexer Vielheit wirkt. In diesem Ideenfeld sind Urformen von Geist und Seele präsent als Aspekte und Ideen, nicht als irgendwie geformte Einheiten.

Beide Aspekte des Ursprünglichen verbindet das Streben zur individuellen Entwicklung. Es ist ein Impuls aus sich selbst heraus, der Geist und Seele in die Materialisierung führt. Sie realisieren ihre Sehnsucht nach individuellen Erfahrungen und einer Entwicklung in geistiger Lichtausdehnung.

Der erste Schritt zur Manifestation erfolgt im nichtmateriellen Bereich. Es entwickeln sich aus dem **Urgeist** die individuellen Geist-Manifestationen, die unterschiedliche Ideen und Konzepte für die materielle Umsetzung darstellen. Auch die **Urseele** bringt individuelle Seelen hervor, die den Aspekt der Erfahrungen und Erkenntnisse widerspiegeln.

Seele und Geist wirken bei der *Individuation* zusammen. Die Individuation stellt eine Phase des Prozesses zur Vollendung und Vervollkommnung des Seins dar. Aus der Verschmelzung von individuellem Geist und individueller Seele entstehen die aus dem Schöpferwillen geborenen *Geist-Seele-Einheiten* als immaterielle individuelle Manifestationen.

Die Verschmelzung zur Einheit in der **immateriellen Manifestationsebene** ist Ausdruck der ewigen Liebe in den Aspekten

Hingabe, Verschmelzung und Schöpfung.

Seele und Geist beschenken und ergänzen sich gegenseitig durch die Erfahrung der Gegenwärtigkeit. Die Schöpfung aus der Geist-Seele-Einheit besteht aus der Manifestation im dualen Umfeld, der sogenannten **Materialisierungsfeldebene**. Um in die Materie einzugehen, bedarf es eines Körpers als Träger für Seele und Geist. Der Körper ist Teil des Universums, das aus diesem Streben nach Erkenntnis im Raum-Zeit-Umfeld erschaffen wurde. Alle Gesetze der Physik und des Lebens sind geschaffen worden, um die Individuation zu ermöglichen.

Der Mensch als Einheit von Geist, Seele und Körper ist also aus dem inneren Wunsch einer Geist-Seele-Einheit nach Individuation hervorgegangen. Es reicht der Seele und dem Geist nicht, nur ein Potential zu besitzen, sondern die Sehnsucht nach Umsetzung aller in sich angelegten Information ist der Ursprung für die Materialisierung und das Einlassen auf die Dualität im Bewusstseinsbereich.Im materiellen Feld ersehnt sich die Geist-Seele-Einheit die bewusste Erkenntnis ihrer ewigen über alle materielle Beschränkung hinausgehender Beschaffenheit. Zu dieser Erkenntnis gelangt sie durch den Prozess des Lebens zur Erlangung der Erfahrung.

Die wesentliche Erfahrung, die die Seele herbeisehnt, ist die Überwindung der Dualität und damit des Getrenntseins von der Urseele und den anderen Individuen. Die Verschmelzung von Seele, Geist und Körper dient der Vollendung eines Prozesses, der die Auflösung der individuellen Begrenzung zum wahren Ziel hat. Aus den vorherbestimmten und gewollten Vollendungserfahrungen sind das Konzept der Dualität und das Prinzip der Lebensschöpfung (3L-Prinzip, s. S. 93) hervorgegangen.

So durchläuft das Individuum vielfach den Zyklus im endlichen Kontext der Erde, um deren Komplexität umfassend erfahren zu können. Im gleichen Zuge nimmt die Information auf der Materialisierungsfeldebene (dem Universum) stetig zu, da mit der Zeit immer mehr Erfahrungen eingehen. Physikalisch zeigt sich dieser Umstand in einer räumlichen Ausdehnung des Universums (Entropie), deren zunehmende Geschwindigkeit seit jüngster Zeit beobachtet wird.

Das menschliche Bewusstsein erlebt den körperlichen Tod als einen Übergang zwischen der materiellen und immateriellen Erfahrungswelt. Das Leben bietet die Chance, beliebig oft den Zyklus zu durchschreiten und dabei das ewig existierende Potential umzusetzen. Neue Erkenntnisse auf dem irdischen Erfahrungsweg führen zur Anhebung der Energieschwingung und zur Annäherung an den nicht materiellen Zustand, der als befreiend und wahrlich als „wirklich“ empfunden wird.

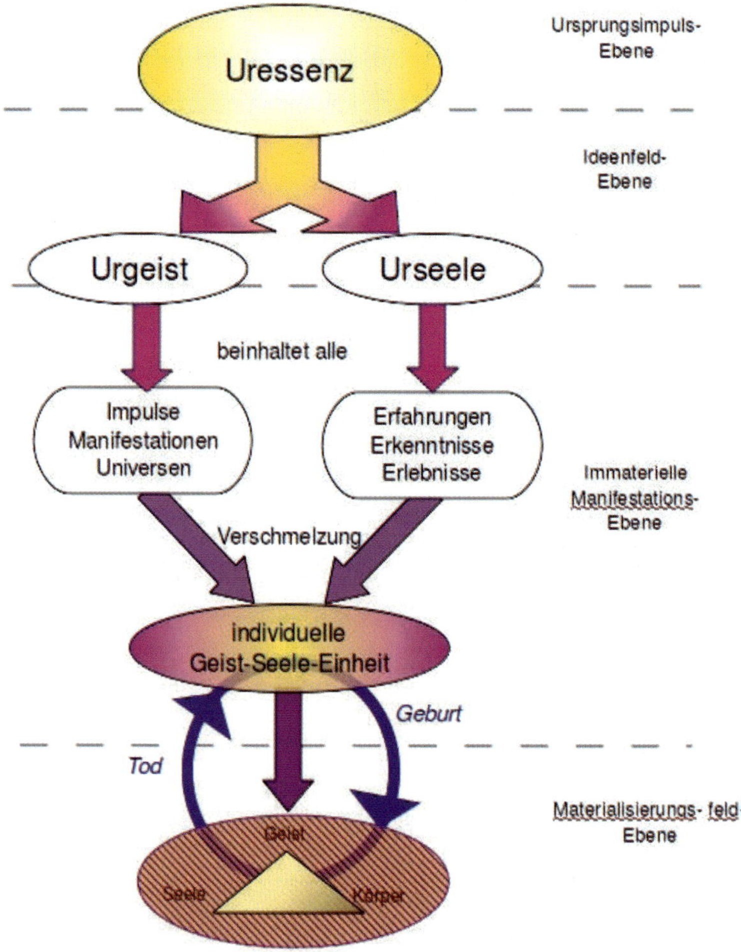

Manifestationsweg des Seins nach David Wared

Im bewussten Sein

*"Wenn du siehst, wie Schmetterlinge fliegen,
wenn du spürst, wie Schmetterlinge tanzen,
wenn du hörst, wie Schmetterlinge lachen,
wenn du fühlst, wie Schmetterlinge lieben,
dann kannst du ein Schmetterling werden.*

*Wenn du siehst, wie Wolken entstehen,
wenn du spürst, wie Wolken schweben,
wenn du fühlst, wie Wolken lieben,
wenn du schmeckst, wie Wolken schmecken,
dann kannst du zur Wolke werden*

*Wenn du weißt, dass du nichts weißt,
wenn du ahnst, dass alle anderen auch nichts wissen,
dann weißt du, was du und die anderen
noch lernen werden.*

*Wenn du fühlst, wann zu arbeiten ist,
dann ist die Arbeit ein Vergnügen.*

*Wenn du spürst, wann zu lesen ist,
dann ist die Weisheit dein Stoff.*

*Wenn du lebst in deinem Frieden,
dann ist das Glück daheim bei dir.*

*Wenn du denkst an deine Essenzquelle,
Wenn du spürst, wie sehr sie dich belebt,
wenn du liest im Buch deines Lebens,
dann ist die Quelle deine Kraft."*

DJW

Die 7 Schwingungsqualitäten der geistigen ALL-Ebene im Äther

Alles Existierende auf allen Ebenen der materiellen Schwingung und des Geistäthers hat eine bestimmte Schwingungsfrequenz und damit eine bestimmte Qualität. Als Äther bezeichnen wir das nichtmaterielle Medium in allen Ebenen der Existenz. Der Weg zur Individualisierung aus der Uressenz zur materiellen Ebene wurde im vorangegangenen Kapitel beschrieben. Darin werden Urgeist und Urseele als höchste Form des schöpferischen Wirkens beschrieben, direkt aus der Uressenzquelle entsprungen. Der Wille zur Ausdehnung, der alles Erschaffene beinhaltet, führt zur Entstehung der Universen, in denen Individuation und Dualität erfahrbar werden.

Die Individuation erfüllt ihren Teil zur allgemeinen Erweiterung von Urgeist und Urseele. Nach Vollendung dieser Erfahrung und Erweiterung ihrer Essenz heben sich die Strukturen und Trennungsaspekte, die auf dem Weg zur Individuation entstanden sind, wieder auf und die Geist-Seele-Manifestationen erreichen über mehrere Ebenen die totale Auflösung in der Uressenz.

Die Einheit allen Seins ist Ursprung und Ziel aller Existenz und daher erfolgt auch für die individuelle Geist-Seele-Einheit eine Entwicklung zurück zur All-Einheit und damit ihre absolute Verschmelzung in allen Ebenen. Die Liebe ist das Urprinzip in allen Aspekten und Ebenen, denn aus der Uressenz kann nichts anderes entstehen als Liebe in ihren Facetten.

Nach meinen Eingebungen sind drei Qualitäten vorhanden, die insgesamt 7 Schwingungsebenen umfassen.

Die erste Qualität beinhaltet die Schwingungsebenen 1-3,

die zweite Qualität die Schwingungsebenen 4-6,die dritte Qualität die Schwingungsebene 7.

Schwingungsebenen stellen Stufen zur Erlangung der ALL-Einheit dar. Der Aufstieg des Geistes ist verbunden mit der Auflösung des Trennenden und Individuellen. Die Einteilung in sieben Ebenen veranschaulicht das Sein und damit auch das Bewusstsein im Zusammenhang mit der Uressenz als Quelle.

Beginnen wir mit der Schwingungsebene 1 der ersten Qualität. Die Geist-DNA in ihrer Schwingungsfrequenz und Schwingungsqualität löst ihre irdische Struktur auf und geht im Äther auf. Der Begriff **Geist-DNA** steht für die individuelle Information über den strukturellen Aufbau des Geistes eines Individuums. Sie kodiert die Geistinformation, das heißt, alle Erfahrungen, Entscheidungen und Schwingungseigenschaften, die das Individuum spirituell beschreiben. Im Äther existieren keine dualen Trugbilder, nur reine Energie bildet die Wirklichkeit.

In Schwingungsebene 2 der ersten Qualität löst sich die Individualität auf. **Geistsprechen**, -hören und -fühlen sind hier nicht mehr gegeben, da eine direkte Verbindung zwischen den Individuen möglich ist und jegliche Form der Kommunikation nicht erforderlich ist.

In Schwingungsebene 3 finden **Geistfamilien**, d.h. im Wesen verwandte Geist-Seele-Einheiten ihre ewige Einheit. Die Auflösung aller Trennung beginnt bei Individuen, die in enger Geist-Verwandtschaft zueinander stehen (Dualseelen), und schließt nach und nach immer weitere Kreise ein.

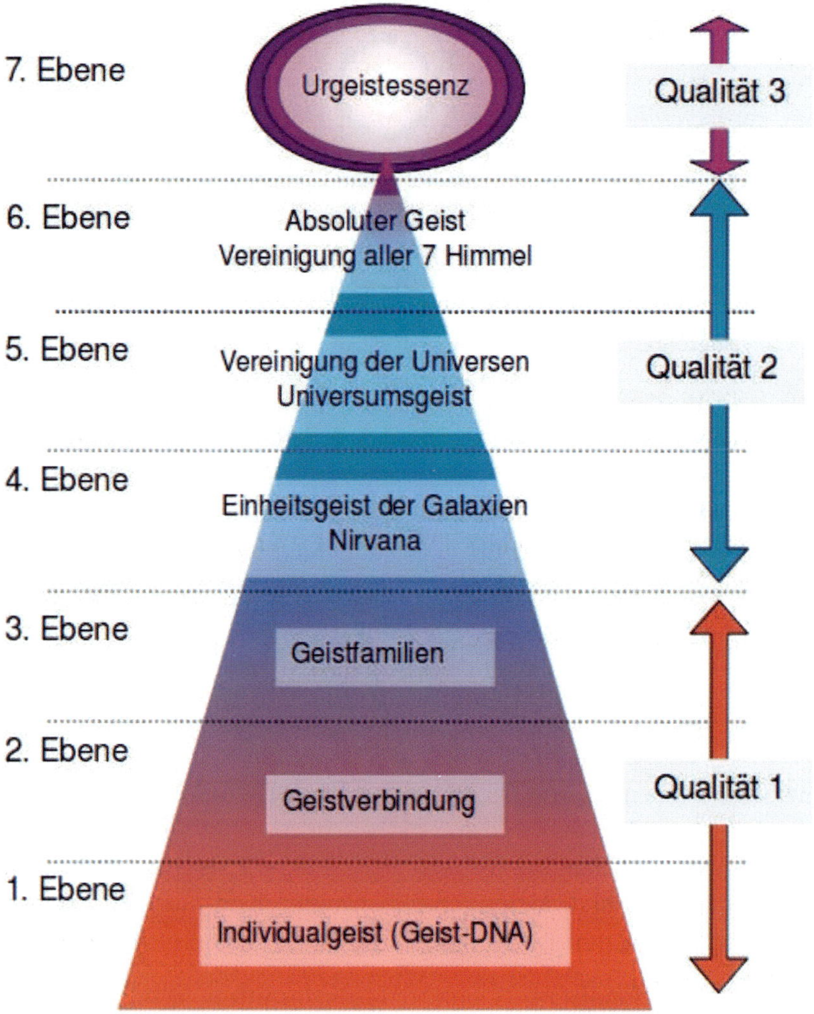

Die fünf Schritte der Transformation nach David Wared

In Schwingungsebene 4 der Qualität 2 gilt:

Geist-Allgegenwärtigkeit in einer **Galaxie** wird vom sogenannten Einheitsgeist erfahren (Nirvana). Alle Wesen einer Galaxie sind ewiglich vereint und ihre Erfahrungen und Erkenntnisse werden in dieser Schwingungsebene zusammengeführt.

In Schwingungsebene 5 löst sich der Äther auf und der Galaxie-Geist geht in den **Universumsgeist** auf. Hier findet keine Differenzierung bezogen auf die Universen statt, alle Universen gehen ineinander auf, durchdringen sich und erfahren die Essenz aller in ihnen enthaltenen Information. Die Einheit aller Manifestation ist die Wirklichkeit.

Schwingungsebene 6 der zweiten Qualität ist die Stille und Absolutheit und beschreibt die Ausdehnung aller **sieben Himmel** und aller Universen. Die Erweiterung des Absoluten wird vollendet und Wirklichkeit. Die ewig gültigen Werte, die aus der Uressenz erschaffen wurden, gehen in die Absolutheit über.

Qualität 3 in der 7. Schwingungsebene ist die Reinheit und Absolutheit der **Urgeist-Essenz**. Jede Beschreibung des Absoluten ist nicht möglich, wir benennen diese Quelle allen Seins nur in ihrem Zusammenhang als höchste Essenz aller Schöpfung, ohne irgendwelche Aussagen darüber zu versuchen.

Der Geist ist Impulsgeber auf allen Ebenen einschließlich der materiellen. Ebene Menschlicher Geist ist mit der Seele aufs Innigste verbunden und manifestiert sich als unser individuelles Bewusstsein sowohl in der Materialisierungsfeldebene in Verbindung mit einem Körper als auch in der immateriellen Manifestationsebene.

Seele und Geist sind ewig gültig und durchlaufen Prozesse auf allen Ebenen, die aus der Uressenz entspringen und in die

Uressenz münden. Die Uressenz selbst ist nicht beschreibbar, denn das setzte Strukturiertheit und Trennungsaspekte voraus. Das Göttliche ist in Ansätzen definierbar, nicht jedoch GOTT selbst, die Aufhebung aller Kontur und Begrenzung. Unser menschlicher Geist ist Teil davon und ist daher auch in einer ewigen Einheit mit der Uressenz. Wir erleben in hoher Bewusstheit Aspekte dieser uns sinngebenden ewigen Ordnung. Wir erfahren durch Erhöhung unserer eigenen Schwingung die Erfüllung des Geistes in der Ausdehnung und die Erfüllung unserer Seele durch Frieden im Absolutum. Hier erkennen wir, wie wichtig diese Erkenntnisse sind, und dass jeder Einzelne für das Ganze in seiner Vollendung essentiell ist.

Öffnen wir uns für diese Einheitserfahrung und leben unsere Essenz im Lichtbewusstsein, dann sind wir wahrlich erfüllt. Das Ego als Trugbild ist nur in der materiellen Ebene präsent. Es vergeht mit dem physischen Tod ohne ewige Existenz. Sind wir uns auf Erden darüber voll bewusst, dann ist offensichtlich, dass wir Lichtwesen sind und als Licht ewig existieren.

"Gott
war, ist, und wird immer sein,
als Schöpfer allen Seins,
als Urquelle aller Manifestationen,
als erste Ursache
und als letzer Ausweg."

DJW

Die Seele und ihre Stufen

Meinen Eingebungen folgend möchte ich die Aufgaben und Stufen der Seele in menschlicher und geistiger Form sowohl in der Materie auf Erden als auch im himmlischen Äther beschreiben.

Nachdem was mir eingegeben worden ist, gibt es für den Weg der Seele sieben Stufen, von denen sie nur sechs durchlaufen kann. Im Laufe von Äonen von Jahren durchläuft die Seele einen Veredelungsprozess bestehend aus einer Vielzahl von Transformationsprozessen.

Die Seele wird aus der Uressenz, der universellen Schöpfungsquelle, erschaffen. Die Uressenz ist nicht beschreibbar. Es ist nur bekannt, dass sie alles hervorbringt.

Es gibt drei Stufen der Seelenentwicklung auf der dualen Ebene, die als Individualseele, Partnerseele und Dualseele bezeichnet werden. Diese drei Stufen unterscheiden sich in der Verbundenheit mit der Schöpfungseinheit, derer sich die individuelle Seele in der Dualität bewusst ist.

Drei weitere Stufen der Seelenentwicklung sind mit einer höheren Schwingung als die der Dualseelen verbunden und manifestieren sich in der Ätherebene als Meisterseele, Lichtseele und Urseele. Die Entwicklungsschritte auf dieser Ebene bedürfen nicht der Erfahrungen im dualen Umfeld, jedoch ist es diesen Seelen möglich, sich in freier Wahl erneut zu inkarnieren, um den Seelen auf der dualen Ebene zu helfen.

Als besondere Gnade ist mir die Möglichkeit gegeben, Informationen aus der Ebene der Urseelen, Lichtseelen und Meisterseelen aufzunehmen und sie den Seelen in der Dualität als Hilfe zur Verfügung zu stellen. Dadurch kann ich als Lehrer und

Heiler die Seelen in ihren Erkenntnissen erweitern.

Zusammengefasst ergibt sich eine Trinität der Seelenentwicklung, die in dem folgenden Schema dargestellt wird:

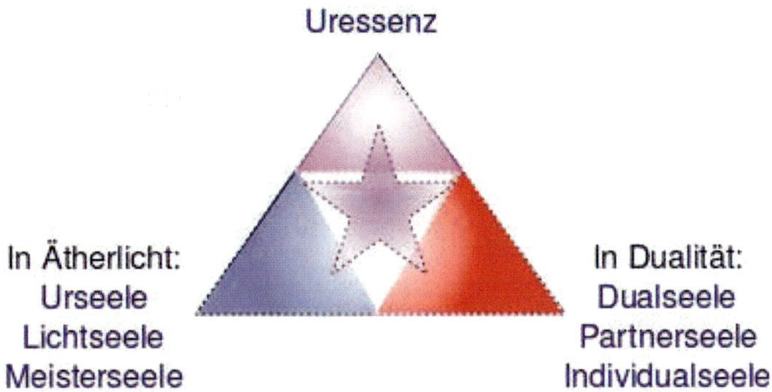

Trinität der Seelenstufen nach David Wared

Es ist sehr schwierig, diese der Allgemeinheit nicht bekannten Aspekte in Worte zu fassen. Die endgültige Antwort auf die Frage, warum es so eingerichtet ist, bleibt auch mir verschlossen. Es ist so und es soll so sein.

Stufe 1 – Die Uressenz

Die Uressenz ist unbeschreiblich, unfassbar und unbegreiflich. Sie erschafft alle Seinsformen und alle Manifestationen auf allen bekannten und unbekannten Ebenen.

Stufe 2 – Die Urseele

Die Urseele ist aus der Uressenz herabgestiegen und bewirkt mit dem Urgeist gemeinsam neue Geist-Seele-Einheiten, die als Schwingungen in der immateriellen Manifestationsebene existieren. Die Urseele beinhaltet in sich alle Möglichkeiten des

Seins, sie ist nicht selbst eine Manifestation. Urgeist und Urseele sind mit sich und miteinander in absoluter Einheit und vollkommener Äther-Harmonie. Aus der Urseele entstehen in einem Individuationsprozess die Seelenanteile, die sich mit den Urgeist-Manifestationen verbinden.

Stufe 3 – Die Lichtseelen

Lichtseelen sind aufgestiegene Meister (beispielsweise Buddha oder Jesus), die mit ihrer enorm entwickelten Lichtkraft auf kosmische und galaktische Ebenen einwirken und helfend Seelen begleiten. Durch ihre Lichtseelenschwingung können sie sogar auf das gesamte Energiefeld der Erde einwirken und ganze Kontinente bewusstseinsmäßig erweitern.

Sie kennen nur die Einheit als Wirklichkeitserfahrung und sind die Verbindung aller Manifestationen. Sie sind die höchste Form der manifestierten Seinsform und zeigen sich als Geist-Seele-Einheiten in höchst möglicher Schwingung in materieller und nichtmaterieller Form.

Stufe 4 – Die Meisterseelen

Meisterseelen sind Seelenhelfer in der sogenannten Zwischenwelt. Meisterseelen haben ihre irdischen Aufgaben in Vollkommenheit und Erleuchtung vollendet und ihre neuen Aufgabenfelder im Zwischenreich aufgenommen. Sie stehen bereit, um den Seelen, die sich zwischen der Erdatmosphäre und der Feinstofflichlichkeit des Äthers befinden, meisterhaft behilflich zu sein und ihnen einen Weg in die Lichtewigkeit zu ebnen.

In der Zwischenwelt finden sich beispielsweise Seelen, die Selbstmord begangen haben und die damit nicht ihren Weg im Sinne der kosmischen Ordnung durchlaufen sind. Sie finden keinen inneren Frieden und keine Lichtessenzerfüllung, solange sie nicht die versäumten Erfahrungen durchlebt haben. Um dieses durch eine neue Inkarnation nachzuholen, brauchen sie die Unterstützung der Meisterseelen als Vorbereitung.

Stufe 5 – Die Dualseelen

Dualseelen sind in die Materie herabgestiegen, um mit dem dualen Seelenpartner die vollkommene Einheit auf Erden zu vollenden, die Dualität aufzulösen und sich aus dem Rad der Reinkarnation erleuchtet zu befreien. Jede Dualseele hat das Bestreben, auf Erden ihren dualen Seelenpartner zu finden und ihren Zyklus zu vollenden.

Die Begegnung mit dem dualen Seelenpartner wird als höchst beglückend und befreiend empfunden. Gegenseitiges Verständnis und liebevolle Annahme sind auf dieser Stufe der Seelenentwicklung schon gegeben und ermöglichen, tiefste Verbundenheit zu erleben. Beide Dualseelen sind in geistiger und seelischer Hinsicht gleichsam orientiert und füreinander transparent im Denken und Fühlen. Die Dualseelen haben ihre Dualseelenpartner erkannt und erweitern ihre irdischen Erfahrungen und Wahrnehmung kosmischer Dimensionen im irdischen Umfeld.

Stufe 6 – Die Partnerseelen

Partnerseelen bringen ihre Partnerschaftsenergie auf Erden ein, um eine Partnerseele erweiternd zu unterstützen. Sie gehen geschäftliche und geistige Verbindungen miteinander ein, damit durch erlebte Erfahrungen Konflikte und Hindernisse abgebaut werden können und eine Erhöhung der Seelenschwingung geschehen kann. Partnerseelen sind Geschäftspartner, Freunde, Verwandte und helfende Seelen.

Partnerseelen werden bei Vollendung ihrer Erfahrungen in der nächsten Inkarnation ihren Dualseelenpartner begegnen, da sie den dafür notwendigen Grad der Bewusstheit erreicht haben.

Stufe 7 – Die Individualseelen

Individualseelen sind freie Seelen, die sich langsam auf Erden ihrer Seelenaufgabe bewusst werden und sich um deren Umsetzung bemühen. Meistens dienen diese Seelen zunächst ihren Eltern, Partnern, Kindern und ihrem Job und sind in ihrer inneren Ausrichtung stark materiell verankert. Sie erleben meist durch einen Schicksalsschlag eine völlig veränderte Situation, die sie ihre wahre Lebensaufgabe erkennen lässt. Dann lösen sich die alten Blockaden des Denkens und sie beginnen, sich zu transformieren und ihre materielle Konditionierung und Muster abzulegen.

Um die eigene spirituelle Entwicklung zu fördern, rate ich ihnen, bei einem spirituellen Lehrer Unterstützung zu suchen. Allein die bewusste Entscheidung für den Aufstieg erweitert den Horizont und die höheren Seelenstufen werden erreicht.

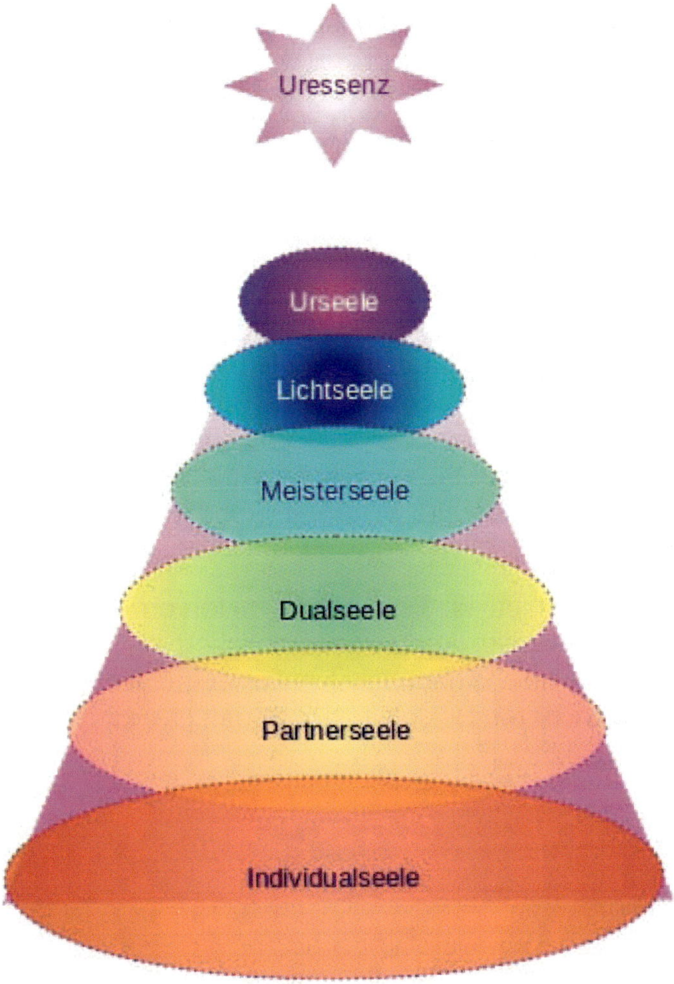

Die 7 Stufen der Seelenentwicklung nach David Wared

Die Dimensionen der Wirklichkeit

Bewusstsein und Zeitbegriff

Wenn wir die Zusammenhänge zwischen unserem individuellen Bewusstsein und unserer Lebenssituation wirklich verstehen wollen, dann sollten wir uns als Teil eines Lebensprozesses begreifen, damit wir unsere Situation intuitiv, analytisch und seelisch erfassen können.

Dazu ein Beispiel :

Stellen wir uns ein Raumschiff vor, das im Universum eine große Kreisbahn fliegt. In diesem Raumschiff sind Sie der Pilot und Kommandant.

Ihr Raumschiff bewegt sich ununterbrochen mit gleich bleibender Geschwindigkeit. Die Kreisbahn steht für eine lineare Zeitbewegung (in Vergangenheit, Gegenwart und Zukunft), in der Sie sich mit dem Raumschiff ständig vorwärts bewegen vom Anfang Ihres Lebens in Richtung auf Ihr angestrebtes Ziel.

Gott und seine Lichtwesen befinden sich innerhalb und außerhalb Ihrer Flugbahn und beobachten Ihre Zeitreise.

Da Gott Ihre Flugbahnen gelegt hat und alle anderen Kreisbahnen auch kennt, weiß er genau, wohin Ihre Flugreise führt und welche Ereignisse Ihre Flugbahn kreuzen werden.

Gott und all seine Lichtwesen sind in der „Zeitlosigkeit", ein Zustand jenseits der dualen Sichtweise („Raumschiff") unserer 3-dimensionalen Wahrnehmung. Menschen benennen diese Seinsform mit paradoxen Begriffen wie „im **statischen Jetzt**", oder auch „ in der **Nullzeit**", während sich Ihr (dreidimensionales) Raumschiff „in der **Jetztzeit**“ bewegt.

Was Sie als Kommandant Ihres Raumschiffes während Ihres Fluges zum Ziel hin tun, bleibt allein Ihre Angelegenheit. Es ist Ihnen überlassen, ob Sie Ihr Raumschiff auf Automatik stellen und schlafen, essen und trinken, mit anderen debattieren, Kinder in die Welt setzen oder sich bilden und Ihren Horizont erweitern. Es steht jedem frei, aus den Fenstern der Kapsel zu schauen, sich nicht von ungewöhnlichen oder extrem nebeligen Eindrücken davon abhalten zu lassen und auch nicht aus Angst oder Trägheit alle Aufmerksamkeit auf die scheinbare Sicherheit des so vertrauten Kapselinneren zu lenken.

Die Entscheidung über die innere Fokussierung und über alle Aktivitäten innerhalb des Raumschiffs trifft allein der Kommandant, das heißt, sein Bewusstsein bewirkt den Kurs und das Erleben in der Zeitdimension des Daseins.

Eine Entscheidung kann nur für die Gegenwart getroffen werden. Die Vergangenheit ist nicht mehr aktiv zu beeinflussen, für die Zukunft lassen sich nur Pläne und Konzepte entwerfen, die natürlich von den gegenwärtigen Entscheidungen abhängen. Es sind die heutigen Visionen, die allerdings nur dann Wirklichkeit im materiellen Bereich werden können, wenn wir HEUTE die richtigen Entscheidungen treffen. Im Jetzt treffen sich beide Zeitebenen in einem Punkt. Dieser Zeitpunkt ist der einzige, in dem unser Bewusstsein das Zeitgeschehen steuert. Das macht es permanent, wir setzen die Impulse und beeinflussen durch unser Handeln die zukünftigen Zustände.

Dieser Jetzt-Zeitpunkt ändert alles, denn er verbindet die beiden Ebenen Vergangenheit und Zukunft und wird damit, da beide Ebenen unendliche Ausdehnung und Potential besitzen, zu einem Punkt der Ewigkeit.

Im Zeitpunkt der Gegenwart gibt es unendlich viele Möglichkeiten. Er vereinigt die Erschaffung sowohl von Vergangenheit als auch der Möglichkeiten der zukünftigen Zeitpunkte. Dieser Moment ist ohne zeitliche Ausdehnung und dennoch unendlich in seinem Gehalt an Information und Freiheit.

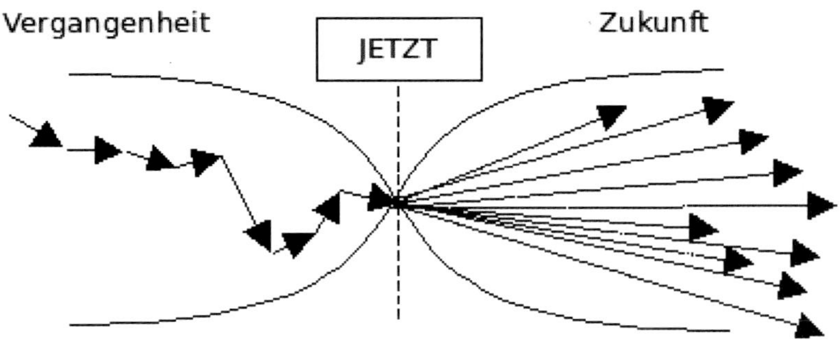

Wer seine unendliche Freiheit des Augenblicks erahnt oder sogar erfassen kann, ist auch als Individuum in einem Zustand der Ewigkeit und ist sich seiner Kreativität bewusst. Ein wesentliches Merkmal eines höheren Geistbewusstseins besteht darin, dass es sich bereits vom rein materiellen Weltbild gelöst hat und sich für die Erfahrung der Allgegenwärtigkeit öffnet. Der Augenblick ist heilig, heilend und potentiell unendlich erweiternd in seiner Wirkung. In diesem Zustand der fünften Dimension wird die Zeit nicht mehr als sequentieller Ablauf empfunden, sondern die Zeitebenen werden gleichzeitig wahrgenommen. Dadurch verschmilzt das individuelle Bewusstsein mit seiner Umgebung und erlebt durch diese ALL-Verbundenheit unendliche Freiheit und Glückseligkeit.

Da unser menschliches Bewusstsein begrenzt ist, erlebt es in seinem Umfeld auch Begrenzungen seiner Möglichkeiten. Momentan findet bei immer mehr Menschen eine enorme

Beschleunigung ihres inneren Wachstums statt, die durch mehrere günstige Umstände unserer Zeit gefördert wird. Die Menschheit bewegt sich von einer Gesellschaft, die von den Begriffen und Vorstellungen der 3. Dimension dominiert wird, in eine Gemeinschaft der 5. Dimension, die die engen Fesseln der Dualität und der Trennung aufgehoben hat.

In der 3-dimensionalen Sichtweise gelten alle Gesetze der Dualität und Kausalität. Da in diesem Kontext jeder Begriff nur durch seine Verneinung erfahrbar wird, gibt es in ihr den Tod als Gegenpol zum Leben. Eine Überwindung der dualen Sichtweise führt daher auch zur Überwindung der Grenzen in Raum und Zeit und lässt den Menschen das Leben als ewig erfahren. Dieses ist nur möglich, wenn wir die zeitlichen Rahmenbedingungen der 4. Dimension so erweitern können, dass wir selbst bewusst auf das Erleben und Gestalten in der Zeit einwirken. Der Weg dorthin führt über die erweiterte Erfassung der Gegenwart, nur in der Gegenwart hat das Bewusstsein alle Möglichkeiten der Wahrnehmung und Wahlfreiheit.

Wir erfahren und erkennen die innige Verbundenheit aller Seelen untereinander und mit der schöpferischen Uressenz. In der „Neuen Energie" der 5. Dimension sind räumliche Entfernungen nicht mehr wirklich begrenzend, da wir eine energetische Verbindung ohne materielle Träger jederzeit und überall aufbauen können. Der Schlüssel für diese Möglichkeiten liegt allein in unserem Bewusstsein und ist daher für jeden entsprechend seines Bewusstseinslevels zugänglich.

Die Öffnung des Bewusstseins für das JETZT ist auch für jeden Schritt der Erweiterung die wichtigste Voraussetzung. Leben wir im Licht, dann lösen sich alle einschränkenden Vorstellungen aus der Vergangenheit auf und die Zukunft erscheint im Licht der positiven Möglichkeiten.

Es ist wichtig, dass das Bewusstsein sowohl die

- ➔ **Einheit allen Geschehens** als auch die
- ➔ **Trennung der zeitlichen Ebenen** erkennt.

Hier werden sogar die Begriffe Einheit und Trennung einheitlich verbunden. Im Erkenntnisprozess gilt es, sich für die Einheitserfahrung zu öffnen und die Kausalität aufzulösen. In der Wahrnehmung ist eine klare Trennung der drei Zeitebenen bedeutend, denn vergangene Eindrücke sollten sich nicht mit denen der Gegenwart und Zukunft mischen, sondern dem Menschen ausschließlich als Erfahrungsschatz dienen. Die Zukunft ist uns gegeben, um mit eigenen Visionen von Wachstum und Liebe durch freies Handeln in der Gegenwart erschaffen zu werden. Beide Aspekte lassen die menschliche Seele erblühen – sie markieren den Weg zur Heilung.

"Das, was gestern war, ist
ein Traum.
Das, was morgen sein wird, ist
eine Vision.
Das, was heute ist, entscheidet
dein Leben."

DJW

Die Dimensionen als Maß der Lichtwelt

Unser menschliches Bewusstsein steuert sowohl die Wahrnehmung der Umgebung als auch die Interaktion im Inneren und Äußeren eines Menschen. Das Ausmaß der Kommunikationsmöglichkeiten beschreibt ein individuelles Bewusstsein in seiner Reife.

Ein Mensch mit besonders engem Wahrnehmungshorizont nimmt zunächst nur sich selbst in seinem Ego wahr und hat nur wenig Bereitschaft und Fähigkeit, Gedanken und Gefühle seiner Mitmenschen in seine Entscheidungen mit einzubeziehen. Eine bewusste Kommunikation mit der Lichtwelt ist einem im Ego-Bewusstsein lebenden Menschen nicht möglich, da er noch keine Antennen für die höhere Schwingung entwickelt hat und weil er sich diese Wirklichkeit nicht als reell vorstellen kann. Seine eigene Schwingung ist noch von relativ niedriger Frequenz und daher kann er nicht mit den fein energetischen Schwingungen der höheren Lichtwelt in Resonanz gehen. Erst durch die Transformation des eigenen Bewusstseins erweitert sich der Horizont für die Information aus der Lichtwelt, und die Seele bringt ihr wesentliches Anliegen in die Welt.

Zur Beschreibung unserer Welt verwendet man in der Physik die Dimensionen des Raum-Zeit-Kontinuums, die aufeinander aufbauen. Unser Raum besitzt 3 Dimensionen, die der Mensch mithilfe seiner paarigen Sinnesorgane (Augen und Ohren) und seines Gehirns direkt wahrnehmen kann. Aber was ist ein Raum? Warum hat er drei Dimensionen?

Fangen wir mit einem Punkt an. Er bezeichnet nur einen Ort und hat genau genommen keine Ausdehnung (Dimension oder Größe). Also können wir ihn nicht zeichnen, da etwas ohne Ausdehnung nicht sichtbar ist. Der Punkt besitzt einen Ort, den wir exakt als Koordinaten benennen können, vorausgesetzt es existiert ein vorgegebenes Bezugssystem (mit mindestens einer Dimension). Wichtig ist hier, dass ein Punkt nur als **Idee**, das heißt als Information existiert.

Ein Punkt repräsentiert das Nichts als potentiellen Ursprung für alles Seiende. Das Seiende wird geboren aus dem Nichts, wenn wir den Punkt mit Dimension 0 so weit ausdehnen, dass daraus eine Gerade entsteht, haben wir eine Ausdehnung im materiellen Umfeld vollzogen.

Aus einem Punkt wird hier eine Größe so aufgespannt, dass sie unendlich viele weitere Punkte enthält. Das Ergebnis der Punkt-Ausdehnung ist eindimensional und lässt sich hier als eine Gerade zeichnen. Im geistigen Bereich entspricht die Eindimensionalität dem sogenannten **Monogeistraum**, in dem nur in einer Richtung gefolgert wird. Die Gerade bildet eine Erweiterung des Punktes bezüglich der Möglichkeiten, Information darzustellen.

Nehmen wir nun eine beliebige Gerade als Ausgangsbasis für eine Ausdehnung in einer weiteren Dimension, so erhalten wir durch unendliche Vervielfältigung ein neues Objekt mit Ausdehnungen in 2 Richtungen

Das neu entstandene Objekt besitzt 2 Dimensionen und heißt ***Fläche***. Geistig erfolgt hier eine Ausdehnung in den dualen Geistraum. Jedes Thema (Punkt) des Monogeistraums hat zwei Seiten oder Auswirkungen. Es kann im 2-dimensionalen Feld unter beliebig vielen Gesichtspunkten von allen Seiten betrachtet werden.

Unendlich viele Flächen, die in einer weiteren Richtung miteinander zu einer dritten Größe verbunden werden, ergeben den ***Raum***, der Ausdehnungen in 3 verschiedene Richtungen aufweist. Auf dem 2-dimensionalen Papier der Abbildung wird zur Veranschaulichung die schräge Sicht verwendet:

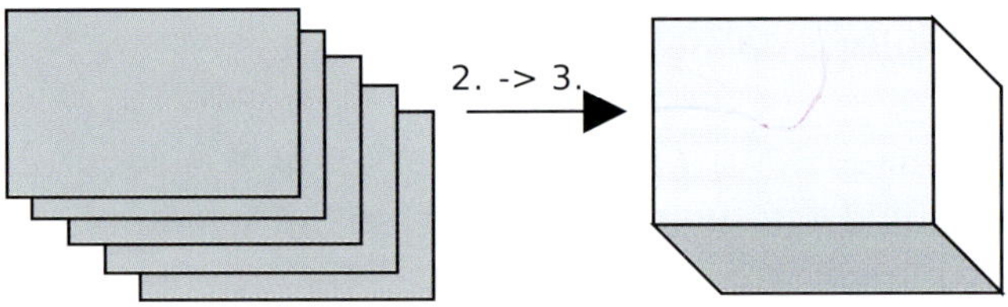

Die Analogie zum Geistraum ist durch Berücksichtigung weiterer Gesichtspunkte möglich. Unser Denken erhält die Tiefe und bringt die Gesichtspunkte der ersten 2 Dimensionen in einen sinnvollen Zusammenhang.

Als praktisches Beispiel zur Veranschaulichung stellen Sie sich bitte vor, Sie haben ein Blatt Papier vor sich. Es ist zweidimensional, wenn man seine Dicke (ca. 0,01 cm) nicht berücksichtigt. Legt man eine große Anzahl dieser Blätter übereinander, bilden sie einen dreidimensionalen Quader. Die Abstraktion von unendlich vielen Blättern, deren Dicke sich dem Wert 0 nähern, beschreibt den oben geschilderten Übergang von der zweiten zur dritten Dimension.

Die 4. Dimension ergibt sich analog aus der Veränderung des Raums, das heißt der Bewegung. Im Gegensatz zu den drei Dimensionen des Raums hat die 4. Dimension in unserer Erfahrungswelt nur eine mögliche Richtung – es ist die ***Zeit***. Unser Gehirn kann die Zeit manchmal erfühlen, da alle körperlichen Funktionen zeitlich strukturiert sind (z.B. Herzschlag). Viele natürliche und vom Menschen gestaltete Prozesse verlaufen in Zyklen und strukturieren die Zeit rhythmisch. Die Abschätzung von Zeiträumen ist ohne äußere Taktgeber nicht gut möglich.

Der Raum verändert sich im Laufe der Zeit, wir erhalten für einen bestimmten Zeitpunkt einen dreidimensionalen Raum, dessen Gestalt von seiner Entwicklung im zuvor liegenden Zeitraum abhängt. Im 4-dimensionalen Raum kann zu einem bestimmten Zeitpunkt nur ein Zustand in den 3 Raumdimensionen eingenommen werden. Durch Entscheidung in der Gegenwart lässt sich der Zustand für zukünftige Zeitpunkte beeinflussen.

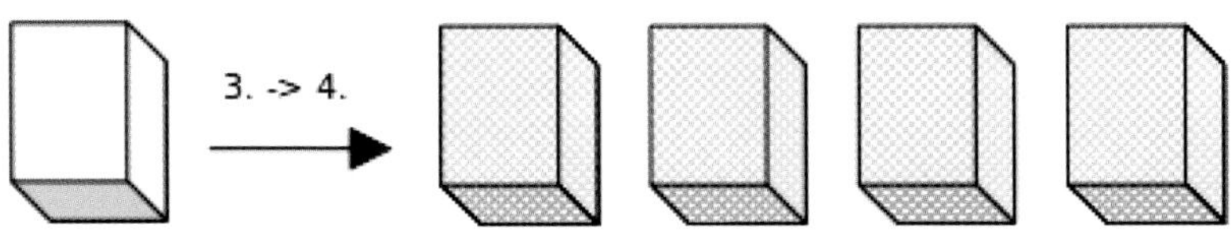

Physikalisch und geistig steht die 4. Dimension für Entwicklungen und Prozesse. Die Zeit selbst wird als lineare Größe betrachtet und damit die Kausalität als allgemein gültiges Prinzip etabliert.

Die Entwicklung der 5. Dimension erfordert ein hohes Maß an Abstraktion für den menschlichen Geist. Betrachten wir den Übergang von der dritten zur vierten Dimension, bei dem ein einzelner Raumpunkt über einen zeitlichen Verlauf erfasst wurde. Gehen wir analog bei der Definition der 5. Dimension vor, dann ist es die Ausdehnung eines Zeitpunkts. Wir dehnen einen Augenblick zur ***Ewigkeit*** aus und heben damit die enge Vorstellung der Kausalität auf.

Alle Zeitabläufe werden als Einheit eines Augenblicks erkannt und erfahren. Zu jedem Zeitpunkt stehen alle Möglichkeiten zur Verfügung. Entscheidungen und die duale Sicht in den ersten 4 Dimensionen sind nicht existent, da es keine polare Wirklichkeit gibt. Das Ego als polare Ergänzung und Trugbild ist ins Einheitsbewusstsein aufgegangen und spielt keine Rolle mehr. Es herrscht Freiheit und Einheit, ein Zustand, der in der Dualität (mit der zweiwertigen Logik) zu widersprüchlichen Aussagen führt und daher nicht realisiert werden kann.

Der Begriff **Allgegenwärtigkeit** bringt es zum Ausdruck. Bezieht er sich auf örtliche Gegebenheiten, können wir uns ein Feld vorstellen, in dem eine Kraft gleichzeitig überall wirkt, wie etwa ein Magnetfeld. Geistig sind Informationsfelder direkt wahrnehmbar und damit die Verbundenheit aller Existenzen gegeben.

Damit werden wesentliche Gesetzmäßigkeiten der ersten vier Dimensionen aufgehoben und auch der Tod, die Schuld und die Trennung in allen Aspekten. Zugleich ist eine Existenz auf der rein geistigen Ebene möglich, in der Ewigkeit und ALL-Verbundenheit unmittelbar erfahren werden. Im materiellen Umfeld ist dies nicht möglich, da jede materielle Manifestation mit den physikalischen Beschränkungen der Zeitdimension auf das Engste verbunden ist.

In der Quantenphysik, deren Gültigkeit im subatomaren Bereich immer wieder empirisch bestätigt wird, rechnet man mit Wahrscheinlichkeiten und Möglichkeiten von Zuständen. Die Determiniertheit wird hier zugunsten einer Betrachtung der Möglichkeiten aufgegeben, zeitliche Festlegung existiert im subatomaren Bereich nicht mehr.

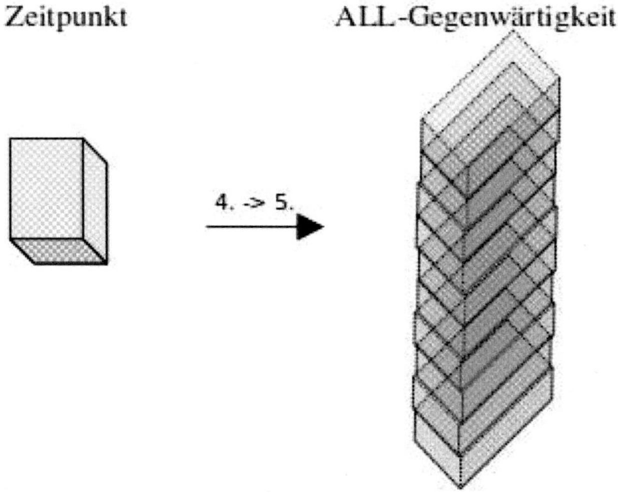

Das menschliche Bewusstsein kann diese Aufhebung der Zeit höchstens erahnen oder errechnen. Mit der Überwindung der 4-dimensionalen Beschränkung öffnet sich das menschliche Bewusstsein für die Ewigkeit und Zeitfreiheit in der Lichtwelt. Die Erweiterung vom 3-dimensionalen Erleben zum 5-dimensionalen Wahrnehmen ist als Befreiung anzusehen, einer Befreiung vom zeitgebundenen engen Horizont der Kausalität.

Die Erweiterung menschlicher Wahrnehmung für die fünfte Dimension ist noch nicht der Endpunkt auf dem Wege zur höchsten Erkenntnisfähigkeit. Nach meiner Erkenntnis gibt es mindestens neun Dimensionen, aktuelle physikalische Modelle unserer Wirklichkeit legen sogar noch mehr zugrunde. Das Bewusstsein in der menschlichen Stufe transformiert sich nach Überwindung der Dualität weiterhin, um weitere Facetten des Seins erfahren zu können.

In den Zustand der ALL-Erkenntnis einzugehen - das ist die Vollendung unserer vollkommenen wahren Bestimmung.

Der gestrickte Pulli - Ein Ausflug in die Welt der Dimensionen

Das Stricken ist eine uralte Form des Handwerks, die sicherlich schon unsere Urahnen zu vielseitigen Überlegungen angeregt haben könnte. Irgendwann hatten die Menschen die Idee, Wolle zu einem Faden zu spinnen, das heißt, sie zu verdrehen. Die erste Richtung der Ausdehnung stellt diesen Faden dar. Wenn man seine Breite und Dicke nicht näher betrachtet, lässt er sich als eindimensional einstufen.

Durch Verschlingen des Fadens entsteht ein Muster, das sich beliebig weit in eine weitere Richtung ausdehnt. Ein gestricktes Teil aus dem langen Faden zeigt sich als zweidimensionale Fläche, wie sie beispielsweise das Rückenteil des Pullovers darstellt. Die Stricktechnik ermöglicht es, aus einem Faden eine Fläche zu erzeugen, in der ursprüngliche Eigenschaften der Wolle erhalten bleiben und eine gewisse Festigkeit erreicht wird. Die eindimensionale Form wird erweitert und völlig neue Möglichkeiten der Gestaltung eröffnen sich damit.

Der fertige Pulli ist dreidimensional, denn er umschließt den dreidimensionalen Körper des Besitzers. Die Verbindung mehrerer Flächenteile macht es möglich, die Tiefe als dritte Dimension in die Gestaltung einzubringen. In unserem Alltag nehmen wir die Gegenstände um uns herum als dreidimensionale Objekte wahr. Der Mensch hat mit seinen fünf Sinnen und den neuronalen Strukturen seines Gehirns zur bewussten Verarbeitung der empfangenen Signale für diese Stufe der Wahrnehmung die Voraussetzungen .

Für das Verständnis der höheren Dimensionen benötigt der Mensch die Fähigkeit der Abstraktion, da diese nicht direkt mit den Sinnen wahrnehmbar sind.

In die vierte Dimension gehen alle Informationen über die Formentstehung, Formverwendung und eventuell auch die Entsorgung des Pullovers ein. Der gesamte Lebenszyklus, von der Idee bis zur endgültigen Vernichtung durch Verschleiß oder Verlust, ist in der vierdimensionalen Darstellung als Folge oder Kette von einzelnen Zuständen darstellbar. Alle Aspekte der Raumdimensionen bleiben erhalten, werden jedoch um einen weiteren Aspekt ergänzt, der die Veränderung im Raum und in seiner qualitativen Beschaffenheit umfasst. Die Bewegung und Entwicklung ergänzt die drei Raumdimensionen.

In der fünften Dimension existiert der Pullover ewig, denn alles, was ist, ist ein ewig gültiger Abdruck der göttlichen Essenz im Äther. Der Mensch ist die höchste Form der Verwirklichung des Bewusstseins in der dualen Ebene. Das ALL-Bewusstsein enthält alles, was jemals erschaffen wurde oder wird. Alle Information existiert gleichzeitig darin, weil es nicht nötig ist, erst eine Kausalitätskette vom Beginn bis zum Ende zu beschreiten, um für einen bestimmten Zeitpunkt die Information zu erhalten.

Diese Sprünge im Zeitgeschehen sind deshalb möglich, weil alles mit allem direkt verbunden ist und für die Zeitdimension bedeutet es die Allgegenwärtigkeit. Das Element „Pulli“ im fünfdimensionalen Raum enthält alle Information über die Planung, Entstehung, alle damit verbundenen Gedanken und die unendliche Verbindung zu allem, was in irgendeiner Form mit dem Pulli verbunden ist. Die Erfahrung der Zeit erweitert sich von einer Sequenz zu einem parallelen Geschehen, das Raum- und Zeitpunkte als Netzwerk von Kausalitäten miteinander in Beziehung bringt. Hier eröffnen sich die Eigenschaften des Geistes, der den Körper erweitert und von der Beschränkung der unteren vier Dimensionen befreit. Ist ein Mensch zur Wahrnehmung in der fünften Dimension fähig, dann ist er hellsichtig und erfasst in einem beliebigen Augenblick alles, was zuvor oder danach geschehen wird, ähnlich einem Hologramm im dreidimensionalen Raum. In diesem Falle ist es ihm möglich, die Information aus dem Äther in sich bewusst werden zu lassen und seine ewige Existenz direkt wahrzunehmen. Im Raum kann er sich bewegen, ohne an die Begrenzungen der Raumzeit gebunden zu sein, die der Materie zu Eigen ist.

Der Pulli existiert dann ewig, wie alles, was je erschaffen wurde. Er geht als Information in den Äther ein und steht allen Wesenheiten zur Verfügung, die ihn wünschen. Da er allgegenwärtig existiert, gilt das auch für die Vergangenheit, so dass der Pulli bereits im Äther als Information existierte, bevor ein Mensch ihn gestrickt hatte. Alle Erfindungen sind daher ***Entdeckungen*** dessen, was bereits ewig in der fünfdimensionalen Wirklichkeit existiert. Die menschliche Bestimmung und Erfüllung besteht also in der Entdeckung und Wiedererkennung der bereits erschaffenen Welt.

Die Neue Zeit in der 5. Dimension

Im dualen Umfeld unserer menschlichen Erfahrungswelt können heutzutage bereits Entwicklungen beobachtet werden, die die Neue Zeit anbahnen. Eine zunehmende Verbundenheit aller Menschen und Gesellschaften entsteht durch immer schnellere Kommunikationsmedien. Die Möglichkeit, mit anderen Menschen in Kontakt zu treten, nimmt rasant zu. Ein Krieg oder ein anderer Konflikt zwischen Gruppen etwa wirkt sich zeitnah und weltweit aus, wodurch die Notwendigkeit, Konflikte friedlich zu lösen, für immer mehr Menschen offenbar wird. Es ist nur noch begrenzt möglich, Konflikte zu unterdrücken, denn sie können aufgrund der Globalisierung in ihren Auswirkungen nicht mehr regional begrenzt werden.

Durch die Beschleunigung aller kommunikativen Prozesse erfahren wir eine Entwicklung von langsamen Abläufen mit sequentiellen Schritten zu einer zunehmenden Parallelität im Zeitgeschehen. Alle Menschen treten durch simultane Kommunikation miteinander in Verbindung, sie nehmen sich zunehmend als eine große Gemeinschaft wahr, die ohne zeitliche Verzögerung (in „*Echtzeit*") als Ganzes agiert. Diese Ultrakommunikation lässt sich physikalisch mit einem Feld vergleichen, in dem alle Kräfte simultan mit wenig Aufwand an physischer Energie allgegenwärtig wirken.

Die Menschheit nähert sich damit der ALL-Gegenwärtigkeit, die der Lichtwelt zu eigen ist, an. Dieses kann für die Entwicklung aller segensreich sein, falls die Menschen ein friedvolles Miteinander im gegenseitigen Verständnis anstreben.

In der 5. Dimension ist allen Seelen klar, welche Bedeutung die Gedanken, Gefühle und Handlungen für das Ganze haben. Es gibt keine Verurteilung, keine Trennung und auch kein Leiden. Im schmerz- und hassfreien Raum sind alle Blockaden innerlich und äußerlich aufgelöst. Heilung ist daher für diese Bewusstseinsträger nicht vonnöten, da sie durch bedingungslose Liebe und Verständnis alle Probleme im Vorfeld ihrer Entstehung beheben können. Niemand erlebt dann Zweifel, Aufregung oder Mangel, alle schöpfen aus dem Wissen aller Geschöpfe, praktizieren ultrakommunikative Verbundenheit und sind in jeder Hinsicht kreativ.

Geistimpulse entfalten eine solche Kraft, dass sie alle materiellen Beschränkungen aufheben können. Sogar die Lichtgeschwindigkeit ist nicht mehr begrenzend, denn durch das erhöhte Bewusstsein können wir uns seelisch und geistig an jeden beliebigen Ort des Universums „beamen".

Voraussetzung dafür ist die Überwindung der Masse, so dass die Körperlichkeit in eine rein energetische Feinstofflichkeit übergeht. Im Lichtbewusstsein sind Zeit und Raum überwunden, alle Existenzen sind energetisch auf einer höheren Ebene, die es erlaubt, stoffliche Strukturen aufzulösen. Die Körper-DNA geht in eine rein informative Form höherer Ordnung über und manifestiert sich als Geist-DNA. Die globale Schwingung der Erde wird bei einem allgemeinen Übergang der irdischen Bewusstseinsträger deutlich angehoben im Zuge eines Evolutionssprungs. Erst dann werden auch Erdbewohner die enormen Distanzen innerhalb des Universums überwinden können und die Möglichkeiten der intergalaktischen Begegnung ergreifen. Dieser Schritt der Evolution wird das irdische Leben von Grund auf verändern und alle Probleme der Gegenwart zu einer friedvollen Lösung hinführen.

Allgegenwart lässt zeitliche und räumliche Grenzen irrelevant erscheinen, das emotionale menschliche Erleben der aufgestiegenen Seelen ist durch permanente Glückseligkeit und unerschöpfliche Kraft gegeben. Die Verbindung und Kommunikation der Seelen untereinander erfolgt unmittelbar durch „holographische" Lichtinformation, ohne Worte. Die Seelen im Ätherfeld erkennen und unterscheiden sich in ihrer Schwingungsfrequenz, die ihnen eine individuelle Färbung und Transparenz verleiht. Je weiter der Geist und je tiefer die Seele wirkt, umso heller und transparenter erscheinen die Wesen im Ätherlicht.

Aufgestiegene Seelen leben permanent im glückseligen Zustand, da ihr Dasein frei von Schattenaspekten ist. Unerschöpfliche Kraft lässt keinen Mangel aufkommen. Sie fühlen sich frei und dennoch im Universum geborgen. Nichts begrenzt ihre Möglichkeiten zu erschaffen, sich mit anderen Seelen zu verbinden und alles mit dem Ganzen zu teilen. In allen Menschen ist die Möglichkeit des Aufstiegs angelegt und im Schöpfungsgeschehen vorgesehen. Darin liegen Sehnsucht, Ziel und

Sinn des menschlichen Daseins.

Individuen in Dualität und im Lichtbewusstsein

Tabelle der Beziehungen in den Seinsebenen nach David Wared

Beziehungen zwischen Individuen in der	
3. und 4. Dimension: Auseinandersetzung, Konflikte, Trennung im ALL-Tag	Ab der 5. Dimension: Einheit, Allgegenwärtigkeit und ALL-Verbundenheit im ALL-Tag
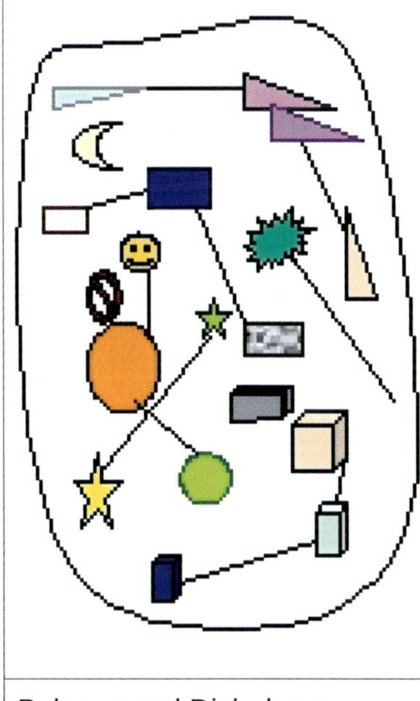	
Balance und Disbalance Jede Figur ein Individuum getrennt von anderen.	„Blume des Lebens“ Jeder Kreis ein Individuum verbunden mit allen anderen.

Die folgende Gegenüberstellung erfasst einige Aspekte im alltäglich erfahrbaren und erweiterten Wahrnehmungsbereich des menschlichen Bewusstseins:

	Drei bis vierdimensionale Wahrnehmung	**fünfdimensionale Wahrnehmung**
Energie	„Alter Energie-Impuls“	„Neuer Energie-Impuls“
Manifestation	Masse und Stofflichkeit	Hochfrequente Schwingung, Feinstofflichkeit
Zeiterleben	sequentiell	simultan
Erkennen	Facetten	allgegenwärtig
Kommunikation	Materielles Medium (Botschafter, geistig / körperlich , Gerät) erforderlich	Direkte Übertragung in der Allgegenwärtigkeit möglich, Kraft des Geistes
Verbindung	Trennung, Abgrenzung	ALL-Verbundenheit
Frieden	Teilfriede, Kompromiss, Verhandlungen	Gleichklang, Gleichberechtigung, Friedfertigkeit
Liebe	unter Bedingungen	bedingungslose ALL- Liebe
Ernährung	Materielle Nahrung lebensnotwendig	Geist- und Lichtnahrung
Balance	ständiges Ausbalancieren der gegensätzlichen Pole erforderlich	ALL-Balance: Polarität ist aufgelöst, Ausgleich vollendet
Heilung	Krankheit und Schmerz, innere Blockaden erfordern Auflösung durch Heilkundigen	ALL-Heil: alle Krankheiten und Schmerzen sind aufgelöst

Das Schöpfungsgeheimnis und seine Gesetze

Die Liebe als universelle Schöpfungskraft aus der Uressenz bringt alles hervor, in allen Dimensionen, auf allen Ebenen des Seins, sei es materiell oder feinstofflich, persönlich, geistig oder körperlich, kosmisch oder irdisch. Die Liebe hebt alle Begrenzung in den Vorstellungen auf und bettet jede Existenzform in einen großen Zusammenhang, so dass alles in einer harmonischen Schwingung gemeinsam wirkt. Aller Antrieb, etwas physisch zu bewirken und die Gesetze dahinter zu ergründen, ist aus der Liebe entstanden. Natürlich auch die Gesetze selbst, die das Zusammenspiel mit eleganter Leichtigkeit und dennoch abgründiger Tiefe und Komplexität beschreiben.

In einer tiefen Versenkung zum Thema der Liebe sind mir neun Gesetze als Eingebungen offenbart worden, die alle Ebenen des Daseins umfassen. Es sind neun Gesetze der Schöpfung, die hier vorgestellt werden:

1. Das Gesetz der Uressenz

Es definiert die Einheit allen Seins, denn alles ist aus der Uressenz entstanden und geht nach seiner Zeit wieder in die Uressenz ein.

"Die Uressenz macht
das Licht zu Materie und Informationsträger
aller Lebensformen."

DJW

2. Das Gesetz der Liebe

Liebe zu erfahren, ist der Sinn und der innere Auftrag allen Lebens und aller Formen. Die Liebe als Phänomen der Schöpfung ist der Ursprung und Antrieb aller Impulse, Manifestationen und Entwicklungen und damit auch für alle Formen des Bewusstseins.

Alles Erschaffene verdankt seine Existenz allein der Impulsgebung aus der schon immer existierenden Quelle der Uressenz. Das Leben ist Ausdruck dieses ewigen Schöpfungsgeschehens und wird aus der Liebe immer wieder neu erschaffen. Alle Universen haben ihren Ursprung in der allgegenwärtigen Präsenz der universellen Liebe.

Liebe als universelle Kraft ist vollkommen und überpersönlich. In der Dualität zeigt sie sich abhängig von der eigenen Wahrnehmung und Empfindung als persönlich und individuell. Der Weg zum Licht erweitert auch die eigene Wahrnehmung und Empfindung der Liebeskraft und dehnt sie wie das universelle Licht in den globalen und kosmischen Bereich zunehmend aus.

3. Das Gesetz der Wahrheit

Die Wahrheit ist universell und ewig. Mit aller Schöpfung ist das Streben nach Wahrheit verbunden, die Wahrheit selbst setzt sich überall als Erkenntnis und Faktum durch, da sie eine Kraft besitzt, die über alle Beschränkungen wirkt und sich immer ihren Weg zur Manifestation bahnt.

Wahrheit überwindet alle Grenzen in Zeit und Raum, während ihre duale Verneinung, die Lüge oder Täuschung, sich auf längere Sicht, wie der Schatten des Lichts, in nichts auflöst. Jede Lichttransformation ist mit Aufhebung von Täuschung verbunden, daher sind Enttäuschungen als wichtige Erkenntnisschritte aufzufassen und oftmals auch als notwendige Erfahrungen anzuerkennen.

Die Wahrheit liegt im Absoluten und im Relativen. Wer seine Wesensessenz lebt, lebt *wahrhaftig* und erkennt zunehmend die relative Erscheinung der Wahrheit im Alltag, die von ihren Schattenaspekten, den Täuschungen, begleitet wird. Die Vollendung des dualen Wegs zum Lichtbewusstsein ist mit der Offenbarung der Wahrheit aufs Engste verbunden.

4. Das Gesetz der Dualität

Alle Offenbarung und Manifestation in der dritten Dimension wird dual erfahren, das heißt, jede Erkenntnis definiert sich mit Hilfe ihrer Umkehrung oder Verneinung. Die Dualität dient dem menschlichen Bewusstsein der Erkenntnis über alles Sein und vor allem über sich selbst.

Diese Sicht aus der Zweiheit löst sich auf, wenn die Wahrnehmung des Bewusstseins über die vierte Dimension hinausgeht, das heißt, wenn das individuelle Bewusstsein seinen Schatten ins Licht transformiert hat. Das Individuum erlebt sich dann im reinen Lichtbewusstsein ohne duale Begrenzung.

Für diejenigen, die die Stufe des reinen Lichtbewusstseins noch nicht bewusst leben können, erweitert die Dualitätserfahrung die allgemeine Erkenntnis durch räumliche Formgebung und zeitliche Kausalität. Dadurch wird Individualität im Einheitsbewusstsein möglich, das heißt, die Unendlichkeit bringt die Endlichkeit hervor. Das Universum ermöglicht den individuellen Geist-Seele-Wesenheiten auf der menschlichen Bewusstseinsstufe mit dualem Weltverständnis ein Leben in Wahlfreiheit. Die Entscheidung für den lichtvollen Weg zur Liebe, die nur in Freiheit erfolgen kann, bildet die Brücke zur Einheit und befreit das innere Sein von seiner dualen Begrenzung aus dem Ego.

Das äußere Licht des Universums und das innere Licht der Erkenntnis dehnen sich aus und in der Dualität strebt alles nach seiner eigenen Vervollkommnung. Darin liegt die stete Erweiterung und Überwindung aller Begrenzung allen Seins auf der dualen Entwicklungsstufe und damit die Aufhebung aller Form und Kontur begründet. Dem Menschen steht es aufgrund seiner Wahlfreiheit frei, was es wahrnimmt und auf welcher Stufe der Erkenntnis er lebt. Sein Leben und Erleben spiegeln ihn selbst wider und sind ist daher erweiterbar.

5. Das Gesetz der Resonanz

Alle Ereignisse und Begegnungen geschehen aufgrund gleichartiger Information, die sich in einem Gleichklang ähnlicher Schwingungen äußert. Ähnliche Schwingungen verstärken sich gegenseitig und führen zu einer gegenseitigen Anziehung. Physikalisch ist der Elektromagnetismus ein Beispiel für Resonanz. Der menschliche Körper wirkt als Sender elektromagnetischer Impulse, die weit in die Umgebung ausstrahlen und Manifestationen in allen Ebenen bewirken können. Die stärkste Intensität dieser Energiestrahlung geht vom Herzen aus und daher ist das Herz die wichtigste menschliche Quelle für Impulse an das Ätherfeld. Unser Herz verbindet Denken und Fühlen in Wahrhaftigkeit zu einem Impuls, der genau das enthält, was wir glauben und empfinden. Mit dieser Schwingung gehen wir mit einem Teil unserer Mitwelt in Resonanz, das heißt, wir ziehen aus der Menge der Möglichkeiten genau die Ereignisse an, die der eigenen Schwingung weitgehend entsprechen.

Im geistigen Bereich existiert ein "Gesetz der Anziehung", das besagt, dass Ereignisse, die im Inneren eines Menschen gedacht oder gewollt sind, im Umfeld gehäuft auftreten. Des weiteren treten ähnliche Ereignisse zeitlich zusammenhängend auf, obwohl keine Kausalität nachweisbar ist. In diesem Fall spricht man von Koinzidenz.

Es ist eine Frage der Weltanschauung, ob man wahre Zufälle für möglich hält. Die Mathematik liefert nur für eine große Anzahl von Ereignissen klare Aussagen über gesetzmäßige

Häufungen bestimmter Ergebnisse. Der "Zufall" als ein Gedankenkonstrukt lässt alle Interpretationen zu. Viele Koinzidenzen legen den Schluss nahe, dass sie Ausdruck einer überdualen "Intelligenz" sein könnten, mit dem Ziel, die Voraussetzungen für die Erweiterung der individuellen Bewusstseinsformen zu schaffen.

Wichtig ist dabei zu berücksichtigen, dass das Gesetz der Resonanz nicht als einziges im Schöpfungsprozess wirksam ist. Durch die Resonanz können wir die Tore zu neuen Ebenen der Erkenntnis öffnen und Möglichkeiten für neue Begegnungen schaffen. Die Erkenntnis einer Ähnlichkeit im Denken oder Fühlen stellt den Menschen vor die freie Wahl, diese Beziehung zu vertiefen und neue Resonanzbereiche zu erforschen oder sich zurückzuziehen und die Verbindung zu begrenzen. Eine Vertiefung der Übereinstimmung lässt die Liebe sich entfalten, bei der die Gesetze der Wahrheit und der Uressenz verwirklicht werden.

Das Resonanzgesetz beschreibt den ersten Schritt einer Begegnung zur Liebe. Als Gesetz der Dualität ist es den ewig gültigen Gesetzen der Liebe und der Wahrheit nachgeordnet (siehe dazu auch Seite 161f).

6. Das Gesetz der Transformation

Alles Stoffliche unterliegt einer Veränderung, alles Leben strebt nach Veredelung. Ein anschauliches Beispiel dafür ist die Metamorphose der Raupe zum Schmetterling. In allen physischen und geistigen Seinsformen geht niemals Information verloren. Es gibt nur Übergänge von einer Form der Energieschwingung in eine andere.

Kosmologisch sind schwarze Löcher Energieformen, denn sie lenken das Licht von seinem geraden, gleichförmigen Weg ab.

Alles Licht, das in ihnen scheinbar verloren geht, wird nur in einen anderen Zustand transformiert, denn auch in diesem Bereich gelten die Gesetze der Schöpfung. Geburt und Tod in der Dualität sind ebenso Momente der Transformation der ewig existierenden Geist-Seele-Einheiten zwischen der materiellen und nichtmateriellen Manifestationsebene. Bevor ein Kind im Mutterleib durch Zeugung entsteht und heranwächst, hat es bereits als Seele und Geist ewig existiert. Lediglich die Form seiner Manifestation ändert sich im Moment seiner Zeugung.

Nur durch Transformation kann in der Dualität der Zustand der Einheit erreicht werden, hier geschieht Entwicklung und Heilung und letztlich die Überwindung der dualen Seinsform. Transformation erfolgt stets aus der eigenen Essenz heraus, aus einem inneren Bedürfnis nach Heilung und Überwindung aller dualen Täuschung.

7. Das Gesetz der Anschauung

Alles Lebendige erfasst die Welt über seine Anschauungsmodelle und die eigenen Vorstellungen. Eine neue Erkenntnis erweitert das bisher gültige Denkmuster um neue Aspekte der Wirklichkeit, so dass sich der eigene Horizont der Weltanschauung immer mehr weitet. Die Anschauung ist die „Brille", durch die wir die Welt um uns herum wahrnehmen und in freier Wahl entscheiden wir, welche Information für uns wichtig sein soll. Richten wir uns auf dem Lebensweg in Liebe aus, dann gehen wir in die Erweiterung der eigenen Wahrnehmung und sind fokussiert auf fördernde und hilfreiche Signale aus der Umgebung. Mit ihrem dualen Gegenpart, der Angst, geht dagegen eine Einengung der Sichtweite einher und negativ wirkende Sachverhalte werden besonders hervorgehoben.

Jede Transformation ist mit einer Veränderung der Anschauung des betroffenen Themas verbunden. Erst wenn in den ersten beiden Heilschritten (Wahrnehmen, Erkennen) die bisherige Anschauung als eine Täuschung der Sichtweise entlarvt worden ist, wird im dritten Schritt der Verinnerlichung die Konditionierung durch eine eigene und lichtvolle Anschauungsweise abgelöst. Dieser entscheidende Schritt ermöglicht die innere Transformation, die zur Transformation im Äußeren führt und damit diesen Heilzyklus vollendet.

Im erhöhten Bewusstsein wird offenbar, dass es keine Trennung zwischen dem Beobachter und den beobachteten Objekten geben kann. Die Einheit wird dann zur Wirklichkeit, wenn unser Bewusstsein die einschränkenden Muster überwunden hat. Dann sind wir klar und stabil in unserer Einschätzung der Situationen, offen und zugleich verbunden mit allem Sein, jedoch nicht mit dem Schattenaspekt der Täuschungen. Dann sind wir im Lichtbewusstsein und leben erfüllt in Einheit.

8. Das Gesetz der Schwerkraft

Alles, was existiert, hat ein Gewicht. Dieses gehört zur Manifestation als integrale Information dazu und stellt den Aspekt der Wirkkraft dar. Materiell ist jeder Körper mit einem Gewicht belegt, das seine Wirkung auf andere Körper beschreibt. Die Gravitationskraft, die von einem Körper ausgeht, hängt von seiner Masse und von seiner Beschleunigung im Raum ab. Sie ist also ein allgemeines Maß für Energie und beeinflusst die Ausbreitung und die Frequenz des Lichts im Äther.

Auch nichtmaterielle Manifestationen, wie etwa Gedanken, die Seele oder der Geist besitzen ein Gewicht, das ihre Kraft wiedergibt. Gedankliche Kraft ist das Maß, auf materielle und nichtmaterielle Manifestationen einen Einfluss zu nehmen. Es heißt:

„Der Glauben kann Berge versetzen." Mit zunehmender Erweiterung des Bewusstseins nimmt auch die Kraft und Fähigkeit zum Materialisieren oder auch Dematerialisieren stetig zu. Das Bewusstsein bestimmt das Sein über die Wirkkraft der Geistimpulse, die von ihm ausgehen und an materiellen Prozessen teilhaben.

"Wenn du leicht bist,
wirst du leicht getragen.

Wenn du schwer bist,
bist du schwer zu ertragen."

DJW

Der Mensch kann in seiner Wahlfreiheit selbst bestimmen, welches Gewicht er einzelnen Gedanken, Seelenaspekten oder Erfahrungen zukommen lässt. Manche Menschen wirken schwerfällig und sogar schwermütig, andere dagegen leicht, klar und transparent.

Uns gelingt es immer mehr, das Gesetz der Schwerkraft im physischen Bereich zu nutzen und zu überwinden. Irgendwann sollte es durch Einbeziehung höherer Dimensionen Möglichkeiten geben, die Schwerkraft zu überwinden. Geistforscher und Physiker haben in diesem Bereich noch ein weites Feld der Betätigung.

9. Das Gesetz der Veredelung und Stabilität

Überall im Kosmos, der einen Raum mit einer Ausdehnung von ca. 156 Milliarden Lichtjahre umfasst, herrscht, von relativ kleinen Bereichen rund um die Fixsterne abgesehen, die gleiche Temperatur. Dieses Phänomen ist bis heute noch nicht geklärt und ist ein Indiz dafür, dass die Urknalltheorie über den Beginn unseres Universums noch keine in sich schlüssige Theorie sein kann.

Im kosmischen Geschehen wird ein allgemeingültiges Gesetz offenbar, das besagt, dass alle Existenz das Bestreben hat, einen Ausgleich für alle Gegensätzlichkeit zu erlangen. Alle Materie bewegt sich auf einen Zustand der Stabilität zu, der als Optimum gilt. Die Chemie liefert die Erkenntnis, dass die Edelgase den Zustand jedes Atoms darstellen, den es durch energetische Prozesse anstrebt.

Jedes Bewusstsein ist ein Erkenntnis- und Lernprozess, der zur Veredelung (individuell, global, universell) beiträgt. Auf der physikalischen Ebene können wir Impulsgebung durch elektromagnetische Kräfte nachweisen, die das Ätherfeld um einen Körper beeinflusst. Das Licht selbst ist eine elektromagnetische Kraft, die das relativ Dunkle veredelt und eine gleichmäßige Verteilung der gesamten Information anstrebt. Im geistigen Feld offenbart sich jedes Bewusstsein durch Impulsgebung, die es zur vollendeten Stabilität und Friedfertigkeit hinführen. Der Frieden stellt das Ziel und das Ergebnis aller Entwicklung dar, und der Mensch hat sich innerlich in einen Prozess hinein begeben, dessen wahres Ziel ein Leben in Frieden darstellt. Friedfertiges Handeln und friedfertige Lebensbedingungen sind unsere tiefste Sehnsucht und innere Verwirklichung.

Diese neun Gesetze beschreiben alles, was sich jemals aus der Essenz der Schöpfung entwickeln könnte, somit sind auch alle Facetten des Menschseins abgedeckt. Alle Ebenen des Seins, wie göttlich, kosmisch, galaktisch, zwischenmenschlich, persönlich und überpersönlich basieren auf diesen Gesetzen. Alles, was je erschaffen wurde und wird, spiegelt diese Gesetze wider, denn sie beschreiben das Wirken der universellen Essenz.

Die ersten drei Gesetze (Essenz, Liebe, Wahrheit) sind sowohl innerhalb der dualen Schöpfung als auch in der darüber hinaus gehenden ALL-Schöpfung bestimmend. Da sie die Einheit beschreiben, haben sie die höchste Priorität im Schöpfungsgeschehen. Ich fasse sie unter dem Begriff *ewig-universelle Trinität der Schöpfung* zusammen:

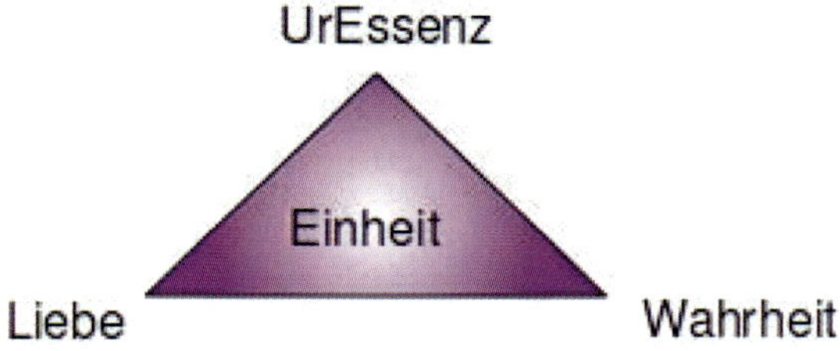

Trinität der ewig gültigen Gesetze nach David Wared

Die weiteren Gesetze (Dualität, Resonanz, Transformation, Anschauung,Schwerkraft, Veredelung) beschreiben als Sextett die Bedingungen individueller Bewusstseinsformen in der dreidimensionalen dualen Welt. Durch unseren selbstgewählten Weg der Individuation begibt sich das menschliche Bewusstsein in die Sphäre der **Kausalität**, in der es frei entscheiden kann und damit die volle Verantwortung für sein Tun übernimmt.

Im dreidimensionalen Bewusstseinszustand können wir uns der Schöpfungs-Einheit schrittweise annähern. Dazu ist es notwendig, vollkommenen inneren Frieden zu entwickeln. Solange das menschliche Bewusstsein noch Schatten aus dem Ego aufweist, sind Transformationen erforderlich.

Unter diesen Bedingungen ist die duale Existenzform, in der die ewig gültigen Einheitsgesetze und zusätzlich die sechs Gesetze des dualen Sextetts gelten, erschaffen worden. Unser Weg zur Einheit verläuft durch die Erfahrungen in Anschauung, Transformation, Resonanz, Dualität, Schwerkraft und Veredelung.

Durch tiefes Verständnis und Verinnerlichung dieser Gesetze wird die Dualität überwunden und der Weg zur Trinität und Glückseligkeit beschritten. Analog zu den Gesetzen der Physik gilt auch im geistigen Bereich, dass erst durch Kenntnis und intuitive Anwendung der gültigen Gesetze eine Weiterentwicklung des Geistes möglich wird.

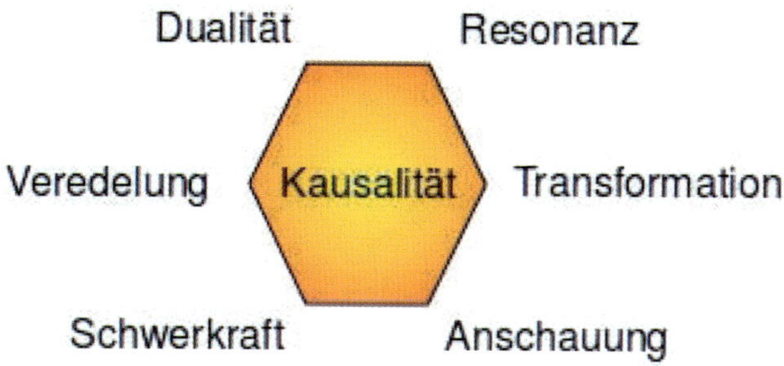

Die Gesetze der Kausalität nach David Wared

Die Liebe ist der ewige Antrieb aller Entwicklung. Sie erschafft die Universen, solche mit kausalen oder auch mit erweiterten Gesetzen. Aus der Uressenz entspringt die Expansionsenergie, die sich auf allen Wahrnehmungsebenen und -dimensionen verwirklicht. Die Schöpfung unseres Universums, das nach aktueller Schätzung etwa 1 Milliarde Galaxien enthält, die im Durchschnitt jeweils etwa 1 Milliarde Sterne beinhalten, ist das sichtbare Ergebnis eines Impulses aus der Urschöpfung.

Alle Universen werden aus der Urschöpfung geboren, ohne Beginn und ohne Ende. Die Geburt unseres Universums erfolgte durch eine unvorstellbare Ausdehnung aus einem ewigen Punkt der Dimension 0. Der Mensch kann sich das nur als Explosion vorstellen, daher auch die häufig verwendete Redensart „Urknall".

Das Bild einer Urschöpfung, die aus dem ewigen und zeitlosen kreativen Wirken der Uressenz impulsiert wird, kann dieses Geheimnis für das menschliche Verständnis etwas erhellen.

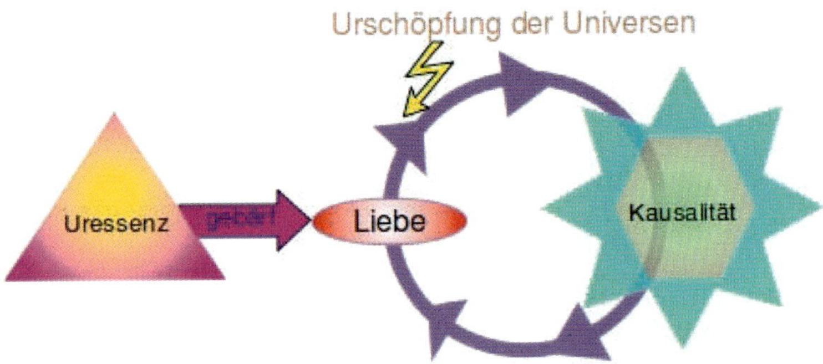

Ursprung der Kausalität nach David Wared

Unsere menschlichen Vorstellungen vom Ursprung unseres Universums sind aufgrund fehlender Kenntnisse noch sehr begrenzt. Sie schließen jedoch zusätzliche parallele Universen nicht aus. Auch die Möglichkeit der Existenz von Universen, die bereits „früher“ als das aktuelle existiert haben könnten, ist berechenbar. Unser Bewusstsein als unsere Wesensessenz ist ewig, es ist ohne Anfang und ohne Ende schon immer existent. Folglich stellt die Geburt irgendeines Universums nicht den Beginn unseres Bewusstseins dar.

"Erst die Zeit bringt Logos mit sich.
Ewigkeit aber hat die Zeitlosigkeit
erschaffen."

DJW

Wahlfreiheit und Rahmenbedingungen

Das Gesetz der **Anschauung** veranschaulicht die Situation und Auswirkung, die aus der menschlichen Wahlfreiheit hervorgehen. Unsere Denkweise steckt den Rahmen der Entscheidungen. Im Lichtbewusstsein ist die Sehnsucht einzige Motivation, so dass kein äußerer Rahmen mehr die Freiheit beschränkt. Die Motivation aus Zwang lässt keine Freiheit zu und bedarf der Lichttransformation, um den Menschen vom festen Griff des Egos zu befreien. Handelt der Mensch aus Notwendigkeit, dann ist bei aller Begrenzung immer die Chance der lichtvollen Erweiterung des Rahmens gegeben.

Die Rahmenbedingungen werden transparenter, wenn der Mensch seine Wahlfreiheit bewusst ausübt, das heißt, sich in Liebe und Einsicht darauf einlässt und sich der Beeinflussung aus dem Ego entzieht.

Der Rahmen wird neben der individuellen Vergangenheit maßgeblich von den äußeren Lebensbedingungen bestimmt, die Auswirkungen früherer Entscheidungen wiedergeben. Hier seien kollektive Denkstrukturen in Religion, Politik, in Traditionsformen und im beruflichen Umfeld besonders erwähnt.

Durch Orientierung zur *Liebe* entstehen

> *Entscheidungen, die erweitern, das heißt, sie sprengen den Rahmen*

Alte Muster, die nicht heilend wirken, zeigen sich irgendwann als Problemsituationen, da sie Möglichkeiten, sich im Licht zu erweitern, begrenzen. Durch die Wirkung des **Resonanzgesetzes** spiegeln sich die Themen, die einer Transformation bedürfen, im Umfeld der Beteiligten. Manchmal sind es Krankheiten, manchmal weisen auch schwierige Beziehungen und Bindungen auf ein wichtiges Heil-Thema hin. Bei innerer Offenheit und Bereitschaft, in Liebe die Aufgaben zu erfüllen, werden neue Wege zur Lösung realisiert, beispielsweise durch eine "zufällige" Begegnung mit einem Heiler oder geistigen Helfer.

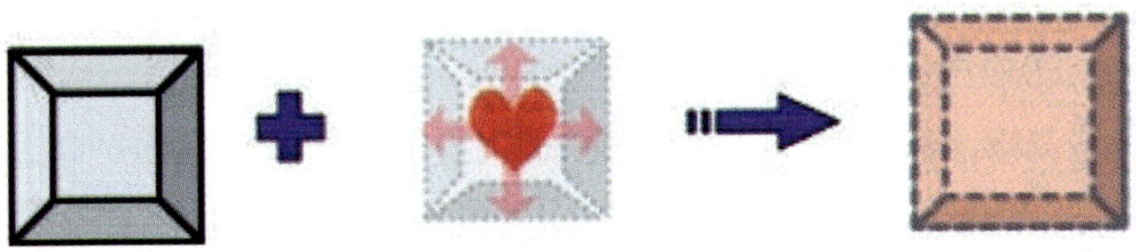

Erweiterung des Rahmens nach David Wared

Werden die Schritte zur Transformation gegangen, erweitert sich der eigene geistige Horizont, was zur Befriedigung und Beglückung der Seele führt. Das zukünftige Energiefeld aller Beteiligten verändert sich derart, dass sich die Resonanzmuster auf andere Gegebenheiten einstellen, das heißt, glücklichere Umstände werden sich im Leben manifestieren.

Die Sprengung des Rahmens erfolgt durch **Transformation** innerhalb der Dualität. Eine Transformation wird durch einen Erkenntnisimpuls eingeleitet, der eine Entscheidung zur Transformation hervorbringt. Der Mensch kommt zu der entscheidenden Einsicht:

"Meine Ansichten zu ..... bedürfen der Transformation."

Die Transformation läuft als zyklischer Heilprozess ab. Die elementaren Schritte des Heilzyklus (Wahrnehmen, Verstehen, Verinnerlichen, Erweitern und Auflösen) werden auf Seite 205 beschrieben. Als Ergebnis der Transformation verliert das bisherige Anschauungsmodell seine Bedeutung und erweitert sich aus dem eigenen Antrieb heraus zu einem erweiterten Denkmodell (Siehe dazu S. 158). Die einzelnen Transformationsschritte sind in ihrer Gestaltung individuell höchst unterschiedlich, münden aber alle in den gleichen Zielzustand, der über die Dualität sukzessive hinausgehenden Trinität der Einheit.

Sind alle Schattenaspekte des menschlichen Bewusstseins ins Licht transformiert, ist auch die Dualität überwunden, da keine Verneinung der Wahrheit (3.Gesetz) mehr wirksam ist. Dadurch fallen die Gesetze des Kausalitätssextetts (Dualität, Resonanz, Transformation, Anschauung, Schwerkraft, Veredelung) und es bleiben die ewig gültigen Aussagen der schöpferischen Trinität (Essenz/Einheit, Liebe, Wahrheit).

Im dualen Bewusstsein übt sich der Mensch in der Entscheidungsfindung und definiert für sich den Rahmen seiner Lebensumstände. In die Wahl gehen alle Aspekte seines bisher erworbenen Bewusstseinslevels mit ein, und so gibt es sowohl die Chance zum Aufstieg, die mit einer Erweiterung des bisherigen Rahmens einhergeht als auch bei einer Orientierung zum Ego die Einengung der Sichtweise. In jedem Level ist der Mensch grundsätzlich frei in seiner Orientierung und Gestaltung, die entscheidende Frage liegt darin, inwieweit ist sich der Mensch darüber bewusst?

Innere und äußere Umstände werden im Entscheidungsprozess zu einer Einheit zusammengeführt. Sie bedingen und ergänzen sich gegenseitig, um dem übergeordneten Ziel der Erweiterung und Vervollkommnung zu dienen. Jeder einzelne steht im Fokus dieses kosmischen Prozesses und erlebt sein Leben in dieser Konstellation. Hierin zeigt sich die universelle Wichtigkeit des Einzelnen im Entwicklungsprozess des Ganzen.

Der Weg ist das Ziel im Lebensprozess. Daher ist es wichtig, sich auf die gestellten Aufgaben und Herausforderung mit lichtvoller Hingabe einzulassen und den eigenen Weg beherzt zu gehen. Das Gleichnis über einen Weinbauer kann das etwas beleuchten:

Ein Bauer pflegt seine Weinstöcke sorgfältig, obwohl er beispielsweise im Frühjahr nicht wissen kann, wie die nächste Ernte ausfallen wird. Äußere klimatische Faktoren, etwa die Regenmenge und zeitliche Verteilung sowie die Sonnenscheindauer haben auf die Qualität einen erheblichen Einfluss. Der Wein eines Jahrgangs fällt manches Jahr nicht gut aus, obwohl sich der Bauer fleißig bemüht hat, die Rebstöcke zu bearbeiten. Der Bauer steht nach einer misslungenen Ernte vor der Entscheidung, im kommenden Jahr weiterzumachen, oder den Weinbau aufzugeben. Entscheidet er sich in Geduld und Vertrauen seine Bemühungen fortzusetzen und sich auf das kommende zu konzentrieren, dann wird er möglicherweise mit einer reichen Ernte für seinen Einsatz belohnt. In beiden Jahren wurde von seiner Seite die gleiche Arbeit geleistet, mit unterschiedlichem Ergebnis.

Das übergeordnete Ziel dieser Erfahrungen liegt in der Entwicklung des Bewusstseins des Bauers. Er hat sein allgemeines Vertrauen in sich selbst und in den Erdenprozess weiterentwickelt und damit hat er seinen Rahmen erweitert. In dieser Prüfungssituation erlebt er trotz unangenehmer Erfahrungen innere Erfüllung, die ihn beglückt, falls er sich darüber bewusst wird. Durch Herzensreflexion in Gebet oder innerer Versenkung kann jeder Mensch seine Entwicklung enorm fördern und sein Lichtbewusstsein expandieren lassen.

"Der Fremde ist nicht fremd.
Er ist eine neue Begegnung.

Das Fremde ist nicht fremd.
Es ist ein neues Reich."

DJW

Die Vollendung des Vollkommenen

Ursprung, Sinn und Ziel des menschlichen Bewusstseins sind uns Menschen nur dann verständlich, wenn wir die beschränkte Sichtweise der dualen Begriffswelt erweitern. Alles menschliche Bewusstsein entstammt dem absoluten ALL-Bewusstsein, welches alles Bewusstsein in sich vereint. Es ist das Bewusstsein in seiner höchsten Komplexität, das als Uressenz alle Bewusstseinsmanifestationen hervorbringt und vereint und sich dadurch auch verwirklicht.

Innerhalb der Dualität ist es nicht möglich, das ALL-Bewusstsein zu erfassen. Das ALL-Bewusstsein ist vollkommen, absolut und ohne Widersprüchlichkeit, das heißt, es existiert jenseits aller dualen Gesetzmäßigkeiten ohne selbst erschaffen worden zu sein. Ist es dann nicht höchst paradox, dem ALL-Bewusstsein eine Entwicklung zuzuschreiben?

Genau darin liegt das Ziel der Individuation und Erschaffung der Existenzformen in einem frei gewählten dualen Umfeld. Die individuellen Seelen lassen sich auf die Erfahrungen in der Dualität ein, in der sie sich als getrennt voneinander und daher auch von ihrem Ursprung empfinden und erleben. Jede individuelle Geist-Seele-Einheit verkörpert sich als zwei menschliche Individuen. Meistens nehmen sie verschiedene Geschlechter an und werden von einer Sehnsucht zueinander meist unbewusst beeinflusst. Sie suchen ihren dualen Seelenpartner und haben oftmals ein unbewusstes Bild (äußerlich oder wesensmäßig) von seiner / ihrer Erscheinung. Manchmal verlieben sie sich unsterblich in Menschen, die diesem Bild ähnlich sind und können sich die starke Anziehungskraft nicht richtig erklären.

Treffen zwei dualverbundene Seelen im Laufe ihres Lebens aufeinander, öffnen sich ihre Herzen unmittelbar und höchstes Glück erfahren diese beiden Menschen miteinander. Sie verlieben sich und sind höchst beglückt voneinander. Dualverbundenheit zeigt sich als engste Verbindung in einer außergewöhnlichen Übereinstimmung im Denken und Empfinden, trotz häufig gegebener Gegensätze in ihren Lebensumständen. Der Wunsch, auf allen Ebenen Verschmelzung zu erfahren, erfüllt diese Menschen und sie können höchste Erfüllung in einer beglückenden Liebesbeziehung miteinander erfahren. Die Begegnung mit der Dualseele ist die höchste Form der Einheitserfahrung auf der irdischen Ebene der Existenz. Daher erweitert sie das individuelle Bewusstsein im hohen Maße. Falls die Seelen bereits in Geistorientierung leben, erweitert sich auch ihr Verständnis für galaktische Zusammenhänge. Sind sie vom Ego dominiert, spiegeln sie sich gegenseitig in den Egoaspekten und leben oftmals in einer sehr konfliktreichen Beziehung, die sie auch nicht beenden können. In diesem Fall erfahren sie ihre Verbundenheit im Schatten und begegnen sich nicht in bewusster Einheit.

In der Dualität erfahren die Seelen Relativität anstelle des ewig Absoluten, sie erleben dabei ihren Schatten als Ego und Endlichkeit, da sie sterblich sind. Die Erfahrung der Dualität und damit des Schattens ist für die Seele in ihrem Bestreben nach Veredelung und Vervollkommnung wesentlich und wird daher in allen Aspekten ermöglicht und umgesetzt. Der Antrieb, diesen Prozess zu durchlaufen sowie jede Erfahrung, die sie durchlebt, ist im ALL-Bewusstsein bereits angelegt und damit auch essentiell für die Seelenentwicklung.

Erst mit zunehmender Erfahrung lernt dieses „herabgefallene“ menschliche Bewusstsein sich zu erweitern und erkennt immer deutlicher seinen Schatten als Täuschung über sich selbst.

Durch Öffnung für die Erkenntnis der eigenen geistigen Essenz, das heißt, durch Ausbildung seiner Fähigkeit, die Endlichkeit

Schritt für Schritt in seinem Geiste zu überwinden und durch bewusste Begegnung mit seiner Dualseele gelingt es über kurz oder lang jedem individuellen Bewusstsein wieder zum Licht zu gelangen, das heißt, seine Schattenidentität aufzulösen. Dieser Prozess heißt **Heilung**.

Eine Orientierung zum Lichtbewusstsein ist mit klaren Entscheidungen zugunsten der Liebe und mit einer offenen eigenen Einstellung verbunden, so dass positive Impulse erkannt werden und im Inneren etwas Neues daraus erschaffen wird. Die irdische Realisierung dieser lichtvollen Visionen führt zur Erschaffung der **Neuen Erde**, einer wahrhaft friedvollen Welt, in der die Menschen im Lichtbewusstsein ihrer inneren Sehnsucht und Berufung nachgehen. Die Neue Erde entwickelt sich aus der Notwendigkeit, das Leben in seiner wunderbaren Vielfalt auf Erden zu erhalten und der Menschheit das Überleben zu sichern.

Mit jedem Schritt Richtung reinen Lichtbewusstseins erhöht sich die Schwingung des eigenen Bewusstseins und damit auch die Kraft, in der Welt etwas Positives bewirken zu können. Unsere Bestimmung in Endlichkeit, Dualität und Täuschung führt das menschliche Bewusstsein auf einen Weg zum Licht und zu seinem lichten Ursprung. Als menschliche Wesen erfahren wir Individualität, Unterscheidung und Trennung. Erst wenn die Erfahrungen im ausreichenden Maße erlebt und integriert sind, erweitert sich das individuelle Erfahrungs-Bewusstsein in ein individuelles Lichtbewusstsein, das sich im erweiterten Kontext von Raum und Zeit vollendet.

Als Meisterseelen im Lichtbewusstsein haben die Seelen im hohen Maße Verschmelzung und Einheit erfahren. Ist die Vollendung im dualen Umfeld abgeschlossen, existieren keine Schattenaspekte mehr und damit ist es nicht mehr erforderlich, in eine duale Existenzform einzugehen. Manche Seelen, die bereits das Lichtbewusstsein entwickelt haben, gehen freiwillig wieder in die Dualität, um der Menschheit zu dienen und die Transformation zu unterstützen. Sie sind häufig Heiler, Lehrer oder in verschiedenen Bereichen der Wissenschaft oder humanitären Arbeit tätig.

Ziel aller Entwicklung ist wiederum das Eingehen und Verschmelzen mit dem ALL-Bewusstsein. Zunächst erlebt der Mensch eine zunehmende Verbundenheit mit anderen Menschen und mit allem Erschaffenen. Seine zunehmende Offenheit, Verständnisfähigkeit und humanitäre Einstellung lässt immer stärker Verbundenheit und Liebe zu und entlarvt das trennende seines Egos als substanzlos und irreal.

Der Ursprung und das Ziel aller Manifestationen ist formlos, ewig, allgegenwärtig und impliziert alle Ideen und Möglichkeiten. Jeder einzelne Fortschritt der individuellen Seelen erweitert auch das ALL-Bewusstsein und führt zu einer Vollendung im Sinne der Liebe und der ALL-Einheit des Seins.

Dieser Prozess der Transformation entsteht aus dem Streben des ALL-Bewusstseins, sich zu erweitern. Dieses beinhaltet die Erweiterung seines Verständnisses, um die Akzeptanz seiner Verneinung, das heißt, um seinen Schatten zu verwirklichen. Für das individuelle Bewusstsein ergibt sich daraus, dass wir uns wie das allgemeine Licht erweitern wollen. Das Licht dehnt sich aus, um das Dunkle (seinen Schatten) in sich aufzulösen.

"Der Tod dauert einige Sekunden-
Das Leben dauert ewig."

DJW

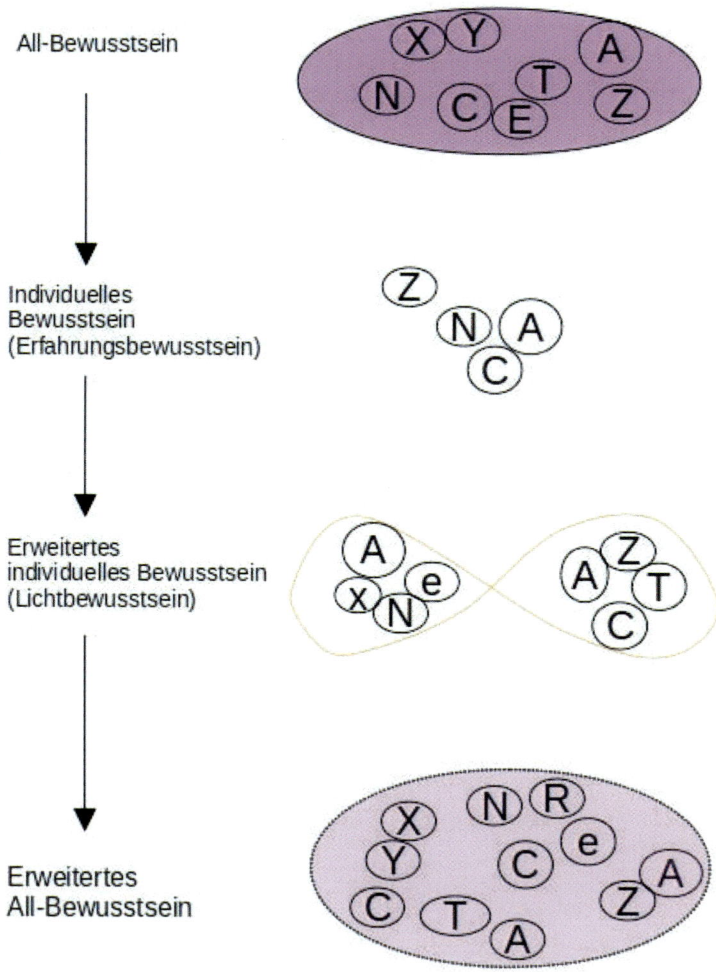

Erweiterung des ALL-Bewusstseins nach David Wared

Dabei gilt das allgemeine Muster der Transformation, das die bereits beschriebenen Elementarschritte (Wahrnehmen, Verstehen, Erkennen, Erweitern, Auflösen) umfasst. Das ist der Weg zur Heilung und damit ist auch gezeigt, dass Heilung die eigentliche Aufgabe unserer dualen Existenz ist. Alles was wir denken, fühlen und tun, passiert aus dem inneren Antrieb, die Schattenbereiche aufzulösen. Das Heilstreben ist der Urantrieb aller dualen Existenzen.

Im ALL-Bewusstsein existiert kein Schatten und damit auch nichts krankhaftes oder heilbedürftiges, denn alle Schattenaspekte sind vollständig in Licht und Liebe transformiert. Es herrscht daher absolute Reinheit, Einheit, Liebe und Frieden. Der Weg zu dieser „Heimat“ unseres Bewusstseins beinhaltet die Erweiterung unseres geistigen Horizonts, nicht auf dem Wege des Egos, das jede Erweiterung im Geiste zu begrenzen und verhindern trachtet.

"Dualität fließt in die Einheit
Polarität wird unipolar
Zeit vergeht und wird zur Ewigkeit

Die Sonne des Lichtbewusstseins
durchbricht alle düsteren Nebelfelder
des dualen Dunkels."

DJW

Leben im Einheitsbewusstsein

Grenzerweiterung aus dem Lichtbewusstsein

Alle Entwicklung wird durch die Entscheidungen aus dem Bewusstsein gesteuert. Jeder Mensch handelt aufgrund bestimmter Gegebenheiten im Sinne seiner eigenen Ideale. Natürlich ist auch das Nichthandeln oder Seinlassen eine solche Möglichkeit, die sich auf die Mitwelt und die eigene Entwicklung entsprechend auswirkt. Nehmen wir ein Beispiel:

Das Rad ist bereits vor langer Zeit erfunden worden. Darüber haben unsere Vorfahren intensiv nachgedacht, nachgespürt und ausprobiert. Jetzt liegt es an jedem einzelnen, was er damit tut oder auch lässt.

Beispielsweise kann man das Rad seines Autos in Bewegung bringen und möglicherweise dieses Rad für seine eigene Erweiterung benutzen. Durch das Rad seines Lebens (oder Autos) kann man sich geistig erweitern, seelisch befruchten oder körperlich fortbewegen. Oder man kann sich auch als Konsument nur hin- und hertransportieren lassen und auf diese Weise sein ganzes Leben verbringen.

Der Lebensweg hat immer mit den eigenen Handlungen, Visionen, Wünschen und Bedürfnissen zu tun. Am allerbesten ist es, wenn die eigenen Wünsche und Visionen mit der Einheitsvision verschmelzen und zum Wohle aller beitragen und das allgemeine Bewusstsein erweitern.

In jedem Augenblick geht es nur um die Erweiterung dessen, womit sich jemand gerade auseinandersetzt.

Bewusstes Handeln ist das Ergebnis eines Erweiterungsprozesses des Bewusstseins. In der Abfolge des Erweiterungsprozesses (Wahrnehmen, Verstehen, Erkennen, Erweitern, Auflösen) entspricht das Handeln oder auch das bewusste Nicht-Handeln (Lassen) der Auflösung. Bewusstes Heilwerden beispielsweise beinhaltet in der Auflösungsphase oftmals Aktionen zur Änderung der Lebensbedingungen (neue Erkenntnisse in die Tat umsetzen: z.B. Sport treiben, berufliche Änderungen). Das Lassen oder Loslassen (ungünstiger Gewohnheiten) kann ebenso das Ergebnis einer Erweiterung sein. Andererseits bedeutet das Lassen Blockierung, Krankheit und sogar den vorzeitigen Tod, wenn es aus einer Verweigerung notwendiger Schritte zur Heilung motiviert ist.

Man erkennt hier das duale Muster in den beiden Optionen **Handeln und Lassen**. Beide Möglichkeiten haben ihren Licht- und auch ihren Schattenaspekt, je nachdem, ob sie dem Lichtbewusstsein entsprungen sind oder nicht.

Sogar das Erweitern von Grenzen als allgemeines Lebensprinzip (aus den 3L-Körpern begründet) erfahren wir in der Dualität in Licht- oder Schattenqualität. Im Licht bedeutet es Erweiterung des Bewusstseins, das heißt, die Anschauung dehnt sich aus und das Verständnis für die Mitmenschen und das kosmische Geschehen nimmt zu. Dieses geschieht zur Heilung und zum Wohle aller. Alle Lebewesen streben danach, ihren Lebensraum auszudehnen, sogar das Licht dehnt sich aus, ebenso das Universum, wie es in den Gesetzen der Thermodynamik zum Ausdruck kommt. Zeitliche Erweiterung wird im Evolutionsprozess sichtbar, auch im künstlerischen Schaffen, das die Lebensspanne des Künstlers überlebt.

Grenzüberschreitung im Schatten wirkt höchst zerstörerisch. Körperlich ist dafür die Krebs-Erkrankung ein anschauliches Beispiel. Was für das Bewusstsein bereichernd im Sinne aller ist, gilt nicht für das Ego, das seine unbegrenzte Ausdehnung „auf Kosten anderer“ anstrebt (Gier, Machtstreben).

Jede Form der Aktion hat zum Ziel, etwas an den gegenwärtigen Lebensumständen zu verändern. Manchmal bleibt der Erweiterungsprozess des Bewusstseins auf der Stufe der Erfahrung oder der Erkenntnis stehen. Neue Erkenntnisse werden nicht in das bisherige Denken und Fühlen integriert und es erfolgt keine Transformation. Erst durch einen **Neue-Energie-Prozess** können dann die bisherigen inneren Grenzen erweitert werden und eine neue Form der Impulsgebung bringt dann auch neue Lebensumstände hervor.

Die Vision, in einem Paradies auf Erden zu leben, erfüllt alle Existenzformen der Welt. Die Welt im Lichtbewusstsein wird in alten Mythen als **Himmel** oder als Paradies bezeichnet. Himmel und Erde sind eine Einheit, der Himmel ist auf Erden und die Erde ist im Himmel.

Im Lichtbewusstsein zu leben, heißt, diese wahre Erkenntnis der Einheit anzunehmen. Dann empfinden wir, dass es keine Trennung zwischen Himmel und Erde gibt. Der Austausch an Information und Energie findet permanent statt, die Überwindung unserer engen dualen Wahrnehmung ist durch Transformation jederzeit möglich.

Tatsächlich „fliegt“ unsere Erde mit ca. 109000 km/h durch das Weltall, ohne dass es jemandem bewusst wird. Wir sind in alle kosmischen Prozesse eingebunden und wissen inzwischen, dass der Mensch durchschnittlich nur 8% seiner möglichen Gehirnkapazität nutzt. Momentan wird ein großer Teil der Möglichkeiten, die wahre Struktur unseres Kosmos zu erforschen und die Probleme auf unserem Planeten zu lösen, durch mächtige Kräfte des Egos blockiert.

Die Anschauung definiert den Rahmen

Der Mensch fällt alle Entscheidungen aus den Inhalten seines Bewusstseins (Werte) und der Bedeutung, die seinem Schatten dabei zukommt (Bewusstseinslevel). Licht und Schatten begrenzen sich gegenseitig als eine Grenzziehung, die unser Bewusstsein als Rahmen in unserem Leben manifestiert. Die Weite des Rahmens und die individuellen Aufgaben des aktuellen Lebens zeigen sich durch Lebensumstände und gesellschaftliche Vorgaben. Gesetze im Äußeren und Vorstellungen im Inneren schränken unsere Freiheit, die Inhalte wie Liebe, Licht, Freude, Humanität und Glauben in die duale Realität zu bringen, in einem gewissen Maße ein.

Alles Erschaffene ist der Uressenz entsprungen und mit den 3L-Körpern als Aspekte beschreibbar. Überall im zeitlichen Kontext gilt das Bestreben nach Erweiterung, sogar die Zeit selbst wird physikalisch als Maß der Ausdehnung des Universums gedeutet. Das Bewusstheit erweitert sich, denn es unterliegt dem Erweiterungsstreben, das dem Liebeskörper im ewigen 3L-Prinzip entspricht.

Menschlicher Fortschritt im Wissen, die Erweiterung des Lebensraums und das permanente Bestreben, bisherige Grenzen aufzuheben, zeigen die innere Sehnsucht, das Alte zu überwinden und Neuland im Denken, Fühlen und Handeln zu betreten. Alles Lebendige zeigt den Willen zu wachsen und Hindernisse zu überwinden. Auch die menschliche Anschauung ist begrenzt in der Kausalität, die im vierdimensionalen Anschauungsbereich gilt. Wir können als Menschen unsere Möglichkeiten der schöpferischen Erweiterung nicht nutzen, solange wir im Zeitdenken begrenzt sind und unsere Anschauung der Welt aus dem engen Rahmen der Dualität beziehen. Die Zeitperspektive verengt unser Verständnis und erlaubt es, Aussagen zu treffen, die den ewig gültigen Prinzipien der Schöpfung aus der Uressenz widersprechen.

Begrenzungen der Anschauung haben im Schattenbewusstsein ihren Ursprung und sind daher nicht wirklich im eigentlichen Sinne. Unser Bewusstsein ist schöpferisch und in stetiger Auseinandersetzung mit dem Schattenbewusstsein. Es strebt eine Expansion des Rahmens an, das Leben will sein Umfeld rahmenlos gestalten, alle Prozesse sind dann vollkommenes Erleben der Inhalte und nicht mehr aus den Gesetzen und Zwängen des Rahmens entstanden. Das Erleben in völliger Geistesfreiheit kennzeichnet ein Bewusstsein in Erleuchtung. In diesem Zustand gibt es keine Zwänge, nur Wünsche und uneingeschränktes Vertrauen in Schöpfung und Schöpfer.

Das Licht wirft Schatten, wenn es im 4-dimensionalen Raum auf Materie trifft. Diese dichten Substanzen können auf Ebene des Geistes als Blockaden und als Rahmen, der die Ausdehnung des inneren Lichts blockiert, wirken. Nach Überwindung der Dualität gelangt das Bewusstsein in einen Zustand der ALL-Gegenwärtigkeit, in dem die 5.Dimension erfahrbar wird und alle Schatten im Licht aufgelöst sind.

Im 3-dimensionalen Raum gelten die folgenden Gesetze:

- der Schatten besitzt keine eigene Existenz,
- es bedarf eines festen Körpers im 3-dimensionalen Raum und einer Lichtquelle zur Bildung eines Schattens,
- beim Übergang in die 5. Dimension als rein geistige Existenzform lösen sich alle Schatten auf, da das Licht allgegenwärtig ist.

Jede Krankheit ist ein Schattenwurf der Heilung im dualen Umfeld. Also sind die inneren und äußeren Bedingungen des Rahmens zu untersuchen, wenn eine Krankheit in Heilung übergehen soll. Heilung bedeutet in jedem Fall eine Ausdehnung des Rahmens, bei der Schattenanteile aufgelöst werden.

Im Krankheitszustand treten alle Schattenaspekte des Daseins auf. Gesetz, Zwang und Angst verengen die Sichtweite. Wird die Krankheit selbst mit Ängsten energetisch aufgeladen, sind Prozesse der Heilung und Erweiterung enorm erschwert. Beispielsweise betreffen Krebserkrankungen zum Zeitpunkt ihrer Diagnose nur einen verschwindend geringen Teil der Körpermasse. Aus Angst wird oft übersehen, dass im Allgemeinen mehr als 99% aller Körperzellen einwandfrei ihre Aufgabe erfüllen, die Erkrankung zeigt sich zunächst nur im Schwingungsfeld des Betroffenen und hat sich noch nicht gänzlich materialisiert.

Der Weg zur Heilung führt daher über die Transformation der allgemeinen Schwingung des Erkrankten und ist dann möglich, wenn der Erkrankte die Heilschwingung, die der Heiler aus der allgemeinen Quelle der Uressenz ihm zugänglich macht, auch in sich aufnimmt und sich für den Heilprozess öffnet. Dieses setzt jedoch die Überwindung der Angst voraus, denn Angst verursacht negative Schwingungen und Blockaden im gesamten Organismus, so dass die Zellen nicht mehr heilsam impulsiert werden. Heilende Impulse erhellen den Schatten der Krankheit und können auf Ebene der Körperzellen die Heilung in Gang setzen.

Transformation bedeutet Erweiterung des geistigen Horizonts, der im Lichtbewusstsein in die höheren Dimensionen übergeht. Diese Ausweitung erfüllt die Urordnung der Schöpfung und entspricht daher der Sehnsucht aus den ewigen Kern der Geist-Seele-Einheit. Es erfüllt und vollendet dann die Idee der Schöpfung im Individuum und alles Beengende der alltäglichen Anschauung verliert seine Bedeutung.

Transformation und Heilung

Ego - Verlust

"Wenn du dein Ego für
einen Augenblick verlierst,

findest du den Wein des
Lebens und das Brot der Ewigkeit,

den Schlüssel aller Weisheiten
und die Heimat aller Propheten,

das Reich der unsterblichen Glückseligkeit
und den Ursprung des Lichts."

DJW

Wie erreicht der Mensch die Einheit mit allen Seinsformen, was seiner tiefsten Sehnsucht entspricht? Wenn wir verstehen, dass der Zustand der Trennung in einem vergangenen Zeitpunkt frei gewählt worden ist, dann erkennen wir auch die **Wahlfreiheit als Lösung** und Chance, wieder in die Einheit zu gelangen.

Der Mensch ist ein geistiges Wesen, das auf der Erde seine Entwicklung vollendet. Hat er seine Erdenaufgabe erfüllt, ändert sich seine Frequenz und sein Bewusstsein erreicht andere Ebenen. Seine freie Wahl gibt ihm die Möglichkeit, das Ego ins Licht zu transformieren, so dass er die Trennung in sich selbst überwinden kann. Jede Trennungsvorstellung in dieser Welt existiert nur aufgrund einer frei gewählten begrenzten Wahrnehmung.

Himmel und Erde werden eins, wenn wir die Einheit in uns selbst erkannt, verstanden, verinnerlicht und lebendig gemacht haben. Dazu ist es notwendig, die Wahrnehmungsebene vom Ego- zum **Einheitsbewusstseins** zu wechseln. Wir finden zu uns selbst, wenn wir in uns selbst, in den Mitmenschen und im Alltagsleben die wahre Wirklichkeit der Einheit erfahren haben. Dieses Erlebnis ist überwältigend intensiv und stellt alles bisher Erlebte in den Schatten.

Jeder muss dafür bei sich selbst anfangen. Bevor ich andere beschenken und heilen kann, muss ich mein eigenes Licht verstärken. Bevor ich Frieden verbreiten kann, entwickele ich Friedfertigkeit in mir selbst. Bevor mir Liebe, Partnerschaft und Sexualität mit einem Partner glücken können, liebe und achte ich mich selbst.

Ich kann keinen Frieden anderen schenken, ich kann nur ***meinen*** Frieden weitergeben.

Die Einheit mit anderen erfahre ich zuerst in mir. Ich selbst erkenne mein Ego nur dann, wenn ich mich selbst wertschätze. Die eigenen Anteile zu erfahren und zu erkennen öffnet den Weg zum Kern aller Erscheinungen und damit zur Welt der Wirklichkeit. Ähnlich einer Zwiebel gelangt man zum Innersten durch sukzessives Abschälen der Hüllen.

Für jeden Menschen ist entscheidend, diese Innenschau bei sich selbst vorzunehmen, erst dann ist er in der Lage, mit der **Egoschau** zu beginnen. Viel Vertrauen und die Bereitschaft zu vergeben lassen die Selbstliebe soweit gedeihen, dass sie sich auf andere expandieren lässt.

Himmel und Erde werden eins, wenn jeder in sich selbst eins ist und dann die Einheit mit anderen praktiziert.

Wenn ich selbst Einheit in mir erfahre, kann ich Einheit leben. Einheitsbewusstsein setzt zunächst das Wissen über die Einheit voraus, um dann als Erfahrung persönlich gelebt zu werden.

Zum Lichtbewusstsein findet das menschliche Bewusstsein, indem es in die Einheit geht. Sie ist der einzige ewig gültige Zustand des Empfindens und Wirkens. Die Einheit wird aus dem Inneren immer wieder neu erschaffen:

- das eigene Licht entwickeln,
- es wiederholt zünden,
- es im Inneren wahrnehmen,
- es expandieren lassen,
- es mit anderen teilen.

Wenn wir uns darauf einlassen, können auch andere vom eigenen Licht gezündet werden und Himmel und Erde werden EINS.

Von größter Bedeutung für das menschliche Bewusstsein auf dem Weg seiner Vollendung ist dabei, ihn selbst zu gehen. Denn dieser innere Weg ist der Weg der eigenen Transformation und der Erschaffung des wahren eigenen Kerns. Jeder Prozess der Erweiterung zum Lichtbewusstsein beginnt mit Eigenkreation, Eigenvision und Eigenerkenntnis.

„Erkenne Dich Selbst!“ heißt es seit über 2000 Jahren, denn:

aus Selbsterkenntnis	entsteht	ALL-Erkenntnis
aus Selbsterfahrung	entsteht	ALL-Erfahrung
aus Selbsterschaffung	entsteht	ALL-Schöpfung

Wenn ich selbst einmal etwas erschaffen habe, dann weiß ich aus Erfahrung, was es heißt, etwas zu erschaffen.

In der Dualität zeigen sich drei unterschiedliche Qualitäten eigener Impulse im Menschen, die seinen inneren und äußeren Weg bestimmen:

1. Liebe dich selbst
2. Verändere dich selbst
3. oder verliere dich selbst

In den Aspekten, in denen wir uns selbst lieben, sind wir bereits im Lichtbewusstsein. Das bedeutet, wir sind frei, wahrhaftig, in Frieden und Einheit, da unsere Wahrnehmung klar ist und wir uns vollkommen verbunden fühlen mit allen Geschöpfen.

Veränderung bedeutet, die Liebe schrittweise zu verwirklichen durch die Freiheit der Wahl. Leben ist ein ewiges Fließen und wenn wir uns darauf einlassen, erhöhen wir durch Erkenntnis unseren Bewusstseinslevel. Durch Erfahrung, Erkenntnis und innere Transformation leben wir unsere Seelenaufgabe und erhöhen im Prozess der Vervollkommnung unseren lichten Anteil des Bewusstseins.

Verharren wir in alten Mustern des Fühlens, Denkens und Verhaltens, dann produzieren wir nur Kopien eines alten Selbstbilds und tragen nichts zur eigenen Erweiterung oder der Erweiterung der menschlichen Allgemeinheit (der Erde) bei. In dieser Rolle wird das eigene Leben immer weniger bedeutend und erfüllend, da die Seelenaufgabe nicht erfüllt wird - es entwickeln sich Abhängigkeiten, Blockaden und Ängste, da die Liebe sich nicht manifestieren kann.

Der Mensch hat die Wahl von alten Mustern bestimmt zu werden oder als Erschaffer zur Erweiterung des Ganzen beizutragen. Dazu sind neue Denkanstöße und neue Handlungen zur Ausbildung eines neuen Selbstbildes unabdingbar. Dieses neu erschaffene Selbst durchläuft die Transformationsschritte,

Wahrnehmen, Erfahren, Erkennen und Erweitern des alten Musters. Alles im Kosmos ist in Transformation, so dass die Einheit durch vertrauensvolle Hingabe erfahrbar wird.

Der verlorene Mensch erlebt sich selbst nicht in den Kosmos eingebunden, sondern in ständiger Auseinandersetzung mit anderen Seinsformen. Er hat durch eigene Entscheidungen die Erdenebene der Schwingung als seine „Wirklichkeit“ erschaffen und damit die Verbindung zur höheren kosmischen Schwingung verloren. Diese höhere Frequenz ist nach wie vor vorhanden, doch seine eigene Frequenz stimmt nicht mit ihr überein und kann deshalb in diesem Zustand nicht wahrgenommen werden.

Geht ein Mensch den Transformationsweg, dann richtet er seine Antennen immer exakter auf die neue höhere Schwingung aus, so dass er mit ihr immer mehr harmonisch zusammenwirkt. Die Trennung von Himmel und Erde wurde vom Menschen selbst vollzogen. Der Mensch hat sich freiwillig in eine niedrigere Schwingungsfrequenz versetzt und damit die Trennung herbeigeführt.

Daher existiert diese Welt in dualer Form und die meisten Menschen leben nicht im Lichtbewusstsein.

Auf dem gleichen Weg, wie der Mensch seine Einheit des Bewusstseins verloren hat, kann er diesen paradiesischen und wahrhaftigen Zustand wiedererlangen, nämlich durch seine freie Wahl. Sie ist der Türöffner für alle Chancen, die das Leben in der Dualität bietet.

Durch seine freie Wahl wird jeder Mensch zum Mitschöpfer und -gestalter seines Lebens.

"Öffne dich "

Du bist Ehre, du bist Gnade, du bist Licht.
Du bist Gegenwart, Zukunft und Vergangenheit.
Du bist unermesslich reich im Hier und Jetzt.
Du bist unendlich Fülle in deinem Wesen.

Öffne,
weite, heile dein Herz.
Spüre, fühle, lebe dein Herz.

Du hast schon immer auf dich gewartet.
Wir haben schon immer auf dich gewartet.

Du bist das Licht in der Liebe.
Du bist die lebendige Frequenz der Ewigkeit.
Du bist aus Licht und Liebe geboren.
Du bist der Ausdruck Gottes in dieser Welt.

Du bist hier, um dich zu erkennen.
Du bist hier, um dich zu erfahren.
Du bist hier, um dich mitzuteilen.
Du bist hier, um dich zu erweitern.

Dein Aufgabe ist, die höchste Vollendung zu üben.
Deine Mission ist, alles um dich und in dir zu erfahren.
Dein Vision ist lebendige Liebe aus dir zu entfachen.

Bitte strahle dein Licht aus.
Bitte heile dich aus deiner Herzensessenz.
Bitte berühre dich in deiner Vollkommenheit.
Bitte beglücke dich in deiner Ewigkeit.

Dann erleuchte mich mit deinem Licht,
liebe mich aus deiner Herzensessenz,
berühre mich durch deine Vollkommenheit und
beglücke mich mit deiner Ewigkeit.

Öffne,
weite, heile dein Herz.
Spüre, fühle, lebe dein Herz.

DJW

Ursachen des Krankseins

Lebte der Mensch im reinen Lichtbewusstsein, könnte er nicht erkranken. Denn in diesem Zustand sind die Selbstheilungskräfte jederzeit in der Lage, eine Disbalance im Organismus sofort zu beheben.

Die menschliche Situation im dreidimensionalen Umfeld bedeutet für die Seele, in einem engen Rahmen an einen Körper gebunden zu sein und ihre Veredelungserfahrung durch Erkenntnisse in Raum und Zeit zu absolvieren. Krankheit ist nur in diesem Rahmen möglich und Ausdruck von Verirrung durch das Ego, das den Menschen in Endlichkeit festhalten will.

Der geistig bewusste Mensch erkennt bereits seine Verantwortung und Wahlfreiheit, so dass er durch bewusstes Wählen dem Lichtzustand näher kommt. Das bewusste Wählen wird von drei Komponenten beeinflusst:

- innere Eingebung (Wissen und Empfinden)
- äußere Faktoren (persönlicher Umgang, Konvention)
- eigene Entscheidung (freie Komponente)

In freier Wahl gibt der Mensch jedem Einflussfaktor ein individuelles Gewicht und erfährt dabei sich selbst. Die freie Wahl erfolgt entweder aus dem Ego oder aus dem Lichtbewusstsein.

Es gibt vier grundlegende Fehlhaltungen, aus denen das **egobetonte** Handeln resultiert. Das Ego trachtet danach, diese Motivationen zu vertuschen, daher werden sie nicht leicht als Fehlhaltungen erkannt. Ihre Entlarvung ist notwendig, weil sie sonst die Weiterentwicklung des Bewusstseins behindern:

- Angst, (vs. Liebe)
- Hass, (vs. Frieden)
- Ignoranz, (vs. Erkenntnis)
- Gier (vs. Mitgefühl)

Angst, Hass, Ignoranz und Gier führen zur Disbalance im geistig-seelischen Bereich und sind wesentliche Ursache für Erkrankungen. Dominiert beispielsweise der Hass, dann leidet der Mensch an Verblendung und kann nichts anderes wählen, als die extremste Abgrenzung. Bei Ignoranz könnte der Mensch innerlich zur Erkenntnis gelangen, er lehnt jedoch eine Erweiterung aufgrund alter ihn bindender Energien ab. Bequemlichkeit kennzeichnet diese Haltung. Die Gier führt zu einer Engherzigkeit, bei der ein Mensch trotz Erkenntnis der Not anderer Menschen nichts von seinem Besitz abgeben will.

Die Quelle aller Fehlhaltung liegt im Zweifel an der Einheit des Lebens und der Schöpfung. Diese Auswirkungen fehlenden Vertrauens lassen sich durch bewusste Hinwendung zur Toleranz, Öffnung des Geistes und Bemühen um Ausgeglichenheit heilen.

Krankheiten werden verursacht durch :

- innere Fehlhaltungen (Angst, Hass, Ignoranz, Gier)
- äußere Belastungen (Fehlernährung, Süchte, Bakterien, Viren, Protozoen, Bewegungsmangel)
- genetische Einflüsse (familiäre Erkrankungen, Suizid, Süchte)

Dem einzelnen Menschen hilft es bei jeder Erkrankung, sich selbst seine Situation bewusst zu machen und die Frage zu beantworten, welcher Umstand ihn kränkt. Er kann seine **Lichtpunkte** aktivieren und einen liebevollen Umgang mit sich selbst, den Mitmenschen und der Umwelt einüben. Ernährungsumstellung, Gebete, Meditation oder Affirmationen helfen bei der Überwindung von Krankheiten und Belastungen, indem sie unsere Einstellung den Mitmenschen und dem Leben gegenüber positiv beeinflussen.

Ewiges Leben

"Das wahre Licht der Wahrheit
der sicherste Prozess des Friedens
das intensivste Gefühl der Liebe
die vollkommene Einheit von Seele zu Seele
die weiteste Ausdehnung des Geistes
die größte Freiheit der Wahl
ist gegeben, wenn der Mensch mit seiner Uressenz
innigst verbunden ist.

In dieser Ebene und mit dieser Verbindung sind alle Entscheidungen und alle Wünsche transformierbar und erfahrbar."

DJW

Sinn und Unsinn im Leiden

Eine der elementaren Fragen jeder Bewusstwerdung betrifft das Paradoxon des Leidens. Wenn alles aus der Uressenz erschaffen wurde und diese Uressenz reine Liebe ist, warum existiert dann das Leid auf Erden? Und wenn der Mensch mit Wahlfreiheit beschenkt wird, warum leben viele Menschen in unglücklichen Verhältnissen? Haben sie das erwählt?

Zur Veranschaulichung nehmen wir ein Gleichnis aus der Tierwelt:

Ein Adlerküken schlüpft aus dem Ei und wird von seinen Eltern solange gefüttert, bis es eines Tages selbst fliegen könnte - wenn es sich traute. Adlernester liegen meistens sehr hoch und die Jungvögel verlassen das Nest nicht aus eigenem Antrieb, denn sie haben Angst abzustürzen. Die Erfahrung des Fliegens haben sie in ihrem Leben noch nicht gemacht, nur bei ihren Eltern beobachtet.

Die Eltern haben nun zwei Möglichkeiten ihre Jungen flügge zu bekommen, denn ein ewiges Füttern löst das Problem nicht wirklich. Sie schubsen ihr Junges aus dem Nest oder sie bleiben einfach immer längere Zeit abwesend und beobachten das Nest aus der Ferne.

Manches Küken leidet dann Hunger, ruft verzweifelt nach den Eltern, bis es sich aus dem Nest fallen lässt, schlimmste Todesangst erleidet und schließlich die Flügel ausbreitet und

f l i e g t .

Wird es von seinen Eltern aus dem Nest geschubst, ist es ähnlich, auch dieser Jungvogel breitet instinktiv seine Flügel aus und wird flügge.

Das Bewusstsein für das Fliegen hatte es bereits genetisch im Ei und durch Beobachtung seiner Eltern, ihm fehlte zunächst die Erfahrung.

Und es braucht nicht erst über das Fliegen nachdenken oder Flugbahnen berechnen, einzig das Erlebnis des Fliegens ist für das weitere Leben des Vogels relevant.

Ein weiteres Gleichnis vertieft die Aussagen über das Leiden:

Als ein Adler aus dem Ei schlüpft, sind seine Eltern abwesend und erscheinen auch später nicht mehr. Vielleicht sind sie gestorben oder gefangen worden, der Adler erfährt es nicht. Ein Mensch, der das einsame Adlerküken bald entdeckt, nimmt es zu sich nach Hause auf einen Hühnerhof. Als Hühnerzüchter lässt er das Küken mit seinen Hühnern frei herumlaufen und das Adlerkind wird in seinem Bewusstsein ein Huhn. Es isst, trinkt und schläft wie die Hühner um es herum.

Eines Tages kommt ein Mann zum Hühnerhof, kauft mehrere Hühner und entdeckt den merkwürdigen Vogel auf dem Hof. Er fragt den Hühnerbauern, was für ein merkwürdiges Huhn er da habe. Der Hühnerbauer erzählt ihm die Geschichte und bietet ihm diesen prächtigen Adler zum Preis eines Huhns an. Der Kunde meint : „Ein Adler muss doch fliegen!“, und nimmt nach der Bezahlung das zahme prächtige Tier auf dem Arm mit.

Zu Hause angekommen, schmeißt er den Vogel mehrmals in die Höhe. Doch das Tier fällt, ohne Ausbreiten der Flügel, auf den Boden. Dann beschließt dieser Mann, der sich vielleicht mit dem Familienleben der Adler auskennt, auf einen Berg zu wandern, der einen steilen Abhang besitzt. Dort oben geht er zum Abgrund und lässt den Adler aus großer Höhe fallen. Was ist passiert? Nach etwas über 10 Meter freien Fall, breitet der Adler seine Flügel aus und fängt an zu fliegen.

In dem Moment, als der Adler sich besinnt, wer er wirklich ist, kann er fliegen. Nun ist er in seinem Selbstbewusstsein, denn er hat seine Bestimmung als Adler entdeckt. Er ist erwacht aus einem Zustand der Täuschung über sich selbst.

In dem Moment seiner Bereitschaft, alte Gewohnheiten loszulassen, überwindet er seine Angst und lebt seine wahre Bestimmung in seinem Bewusstsein.

Nach ein paar beglückenden Flugrunden kommt der Adler wieder zu seinem Besitzer und setzt sich auf seine Schulter.

Das Thema **Leiden im Lebensprozess** beschäftigt die Menschheit seit Urzeiten. Vielleicht können diese Gleichnisse verdeutlichen, wodurch Leiden entsteht. Lassen Sie diese Geschichten einfach auf sich wirken. Erkennen Sie Parallelen mit wirklichen Ereignissen aus ihrem Leben? Sie sind nicht zufällig, sondern sehr sinnhaft.

Der Adler fragt hier nicht eingehend, ob er fliegen kann. In dem Moment, wo Angst, Machtspiele und Ego-Orientierung überwunden werden, erreicht ein Mensch die höheren Ebenen des Geistes (ab Level 6). Und die innere Erweiterung ist für jeden und in jedem Maße durch eigene Bewusstwerdung möglich. Erkennen wir unsere wahre Essenz, leben wir authentisch und überwinden die Täuschung. Damit kommen wir ins Lichtbewusstsein - hier zählt nur das Ergebnis, die Vorgeschichte verliert ihre Bedeutung im Moment des geistigen Erwachens.

Auf unserem Lebensweg erleben wir Momente des Lichts und des Schattens. Der Schatten zeigt sich als eine der vielfältigen Spielarten des Egos. Um ihn überwinden zu können und eines Tages sogar endgültig ablegen zu können, ist es notwendig, aus dem Dämmerschlaf unseres Daseins in Egodominanz zu erwachen. Der Impuls und die notwendige Öffnung zur Transformation erfolgt im Allgemeinen erst nach unangenehmen Erfahrungen. Erst dann sind wir vorbereitet, uns für positive Begegnungen oder Erlebnisse soweit innerlich zu öffnen, dass wir unser Bewusstsein für die höhere Schwingung der geistigen Dimensionen sensibilisieren.

Wir begegnen dann einem Heiler oder werden in einer Meditation lichtvoll inspiriert. Jede Art beglückender Erlebnisse wie das Lächeln eines Kindes oder Natureindrücke oder ein plötzliches unbegründetes Glücksgefühl können uns transformieren. Dann sind wir wieder in die wahre Schöpfung zurückgekehrt und in Glückseligkeit erleben wir die Einheit.

„Durchdringe mit deinen Augen
die Schleier und Nebelfelder
um dich herum.

Mit deinem Herzen aber,
durchdringe deine
Angst und Furcht."

DJW

Heilung als Erweiterung des Bewusstseins

Im dualen Umfeld ist alle Existenz den Licht- und Schatteneinflüssen ausgesetzt und offenbart sich selbst als Zweiheit. Das menschliche Lichtbewusstsein ist Teil eines höheren Prinzips, dem ALL-Bewusstsein. Aus dieser Quelle wird die menschliche Sehnsucht nach Verschmelzung mit der ALL-Einheit gespeist. Es ist das Streben, mit der unendlichen Quelle der schöpferischen Uressenz vereint zu sein. Einheit als Vollendung unseres dualen Wegs ist ebenso ein ewig gültiger Wert:

Liebe, Wahrheit, Freiheit, Frieden und Einheit bilden die fünf ewigen Werte der höheren Dimensionen.

Im Prozess der Vermenschlichung verbindet sich das Schattenbewusstsein mit dem Lichtbewusstsein. Dieser Anteil kann sich nicht an die ewig gültigen Werte des Lichts binden oder sie überwinden, da das Ego keine wahre Substanz und Energie besitzt. Es ist ein Trugbild, das den Menschen die Befähigung zur Anwendung von Gewalt, Täuschung, Manipulation und Hass verleiht. Das Ego ist Ursache aller Konditionierung, Manipulation sowie geistiger und körperlicher Erkrankungen.

Daher ist der Weg aller **Heilung** als Überwindung und Transformation des Egos begründet. Jede Heilung hat ihren Ursprung in der geistigen Ebene und ist das innere Bestreben jeder Existenzform.

Heilung ist der Weg zum Einheitsbewusstsein, der sich durch Überwindung aller Beschränkungen in der dualen Welt auszeichnet. Der Gegenpol zum Heilungsprozess ist die Erkrankung, in der sich Beschränkung und Blockierung des vom Lichtbewusstsein vorgesehenen Wegs materiell äußert.

Die folgende Tabelle fasst einige Qualitäten des Dualbewusstseins zusammen:

Lichtbewusstsein	**Schattenbewusstsein / Ego**
Heilung	Krankheit
Wachstum	Beschränkung
Erweiterung	Einengung
Energetische Fülle	Energetischer Mangel
Sehnsucht	Sucht

Im Kranksein zeigt sich immer ein Mangel. Es fehlt dem Bewusstsein im Mangelzustand an **Vertrauen**, **Mut** und **Hoffnung**, so dass es seine Impulse aus seinem Schatten (der Einengung) setzt. Unsere Seele mit ihrer Sehnsucht nach dem Lichtzustand leidet unter dieser Situation, denn sie existiert ewig und zeigt durch Krankheitszeichen körperlicher und psychischer Art ihre nicht erfüllte Sehnsucht an.

Wir werden also krank, weil das Bewusstsein zum Licht strebt und uns aus dem Schatten befreien will. Leben wir unsere Schattenaspekte, geraten wir in Mangel und Not und fühlen uns verständlicherweise nicht in unserem wahren Element.

Ein Mangelbewusstsein bedarf eines **Heilimpulses** von außen. Dieses ist notwendig, weil das Bewusstsein im Mangelzustand nicht allein aus sich heraus diesen Impuls setzen kann, denn dazu fehlt ihm die Energie. Ein im höchsten Maße dienender und liebender Heiler, der auf geistigem Weg dem Kranken hilft, bringt die Mangelsituation zur Lösung und damit zur Heilung. Er erhöht durch bewusstseinserweiternde Impulse die Schwingung des Bewusstseins derart, dass es aus seinem Schatten befreit wird, selbst zum lichten Aspekt transformiert wird und damit wieder in Fülle und Liebe mit seiner Mitwelt verbunden ist.

Um eine Heilung zu ermöglichen, ist auf Seiten des Erkrankten eine innere Offenheit für die Wachstumsimpulse erforderlich. Dankbarkeit im Denken und Fühlen ist der einfachste und direkte Weg für ein Bewusstsein im Mangelzustand sich für das Heil zu öffnen.

Eine vollständige Heilung verläuft in mehreren Schritten, wie folgt:

1. Erkennen des Mangels, Bereitschaft für eine Wandlung
   Heildenken
2. Sich öffnen für das Heil (Sehnsucht)
   Heilfühlen
3. Handeln und Nichthandeln im Sinne der Heilung,
   Heilhandeln
4. Erneuern und Ändern der eigenen Einstellung
   Heilung/Transformation

Durch Impulsgebung von mir wird dem kranken Menschen verholfen, einen Mangel zu erkennen. Er kann dann seine innere Liebe entdecken, um sich dann soweit zu öffnen, dass ich in ihm das Licht neu zünden kann. Dieses ist mir möglich, weil ich es in mir selbst entwickelt habe und es daher auch nach außen bringen kann. Neu inspiriert kann der Mensch von nun an die Wahlfreiheit für die positive Gestaltung seiner Lebensumstände ausüben. Ich erwecke seinen Geist aus dem Zustand der Vernebelung durch sein Ego. Der Mensch bleibt nicht der Alte, denn das Neue zieht in die Wohnstätte seiner Seele ein. So vollendet sich ein weiterer Aspekt seiner wunderbar vollkommenen Seele und aufgrund des allgegenwärtigen Resonanzgesetzes transformiert sich dabei auch sein Umfeld.

Im Heilungsprozess werden mehrere Heilschritte beim Erkrankten in Gang gesetzt, die in die Erweiterung seines Bewusstseins münden. Die als Menschen verkörperten Seelen führen die Geschicke zu den Erfahrungen, die die innere Bereitschaft, das Ego zu überwinden, fördern und damit einen Heilprozess in Gang zu setzen.

Erfahrungen und Umstände unseres Lebens sind darauf ausgelegt, unseren Bewusstseinsaufstieg durch Förderung von Einsicht und Verständnis zu ermöglichen. So durchlaufen alle Seelen ihren individuellen Weg in der Dualität, indem sie sich aus tiefster Sehnsucht solange erweitern, bis sie diese Erfahrungen nicht mehr für ihren Weg zur ALL-Einheit benötigen.

Du Licht

"Du ewige Lichtvollendung,
deine Augen Lichtstrahler,

dein Körper Lichtzellen,
dein Herz Lichtverteiler,

dein Geist Lichtausdehnung,
deine Seele Lichtfrieden,

dein inneres Wesen Lichtwahrheit,
deine Bestimmung Lichtleben."

DJW

Bewusstsein in Transformation

Einer der großen Entwicklungsprobleme der „alten Energie-Impulse“ besteht darin, dass die Menschen der 3. Dimension den Tod nicht akzeptieren wollen, obwohl wir alle wissen, dass wir eines Tages sterben müssen.

Dennoch sind wir von dem Verlangen und der inneren Sehnsucht erfüllt, ewig und in Einheit leben zu können. Hier entsteht die Möglichkeit eines Bewusstseinsaufstiegs oder die des Leidens.

Was wir auch tun werden, Todlosigkeit kann es aufgrund der dualen Existenzgrundlage auf dieser Energie- und Bewusstseinsebene nicht geben.

In der Sphäre der „neuen Energie-Impulse“ der 5. Dimension gibt es keine Grenzen, kein Leiden und Sterben mehr. Dort sind alle Menschen unsterblich, sie erfahren ihre wahre Struktur als geistorientierte Wesen in ihrem Alltag.

Um den Weg dorthin zu bahnen, sollten wir also unsere Seele erweitern, unseren Geist ausdehnen und unseren Körper den dort herrschenden höheren Schwingungen anpassen.

Diese Bewusstseinstransformation zunächst in die 4. Dimension ebnet uns den Weg in die 5. Dimensionsebene der unendlichen Lebendigkeit, der sogenannten „Nullzeit“, Zeitlosigkeit und Zeitfreiheit.

Es ist Zeit, unser Dasein im Larvenstadium zu beenden. Die Larve ist sich dessen nicht bewusst. Genauso wie die verpuppte Raupe weder von der Gestalt des Schmetterlings, die sich in ihr bildet, noch von ihren zukünftigen Flügeln weiß. Sogar die Flügel selbst kennen ihre Bedeutung erst im Augenblick des Fliegens.

Vielen wird dieser Transformationsprozess von der dritten in die vierte Dimension persönliche Veränderungen abverlangen. Sie brauchen dafür die Bereitschaft, sich von den alt vertrauten Schemata zu lösen und sich für eine neue Art des Miteinanders zu öffnen.

So werden wir die tiefere Seite unseres Wesens erfahren und verstehen lernen. Deshalb bedürfen wir einer Bewusstseinserweiterung, da die Schwingung der höheren Dimensionen nicht mit den alten Strukturen erkennbar, erfassbar und erlebbar sein wird.

Jeder von uns hat die Voraussetzungen in sich selbst und ist in der Lage, die nächsthöhere Bewusstseinsebene zu erreichen. Dieser Aufstieg geschieht vor allem über eine heilende, friedliche und liebende Einstellung.

Erst wenn wir Menschen unsere innere Heilung, den tiefen Frieden und die erfüllende Liebe in uns erlebt haben, besteht die Chance einer Bewusstseinserweiterung, mit deren Hilfe wir in die nächste Bewusstseinsphase als Lichtwesen gelangen.

Wir können nach den Sternen greifen, wenn wir das Licht in uns erkennen, selbst Licht leben, Licht werden und das Licht in anderen zünden.

Um zum Lichtbewusstsein zu werden, bedarf es einer Transformation der Wahrnehmung durch das Bewusstsein. Es kann keinen anderen Weg geben als den der Entwicklung, die dazu führt, die eigene Perspektive zu wechseln, sich in die Tiefe des Geschehens der Umwelt einzufühlen und die bisherige Betrachtungsweise zu erweitern. Daraus kann etwas Neues entstehen, das sich im intuitiven Erfassen und Verstehen seiner menschlichen Beziehungen und in der Kommunikation mit dem ALL-Schöpfer zunehmend offenbart.

Wenn wir den Weg unserer Wesensessenz gehen, sind wir erleuchtet. Dies ist innerhalb einer Inkarnation auf Erden möglich, sofern wir uns an die ewig gültigen Werte halten, denn Frieden, Freiheit, Wahrheit, Liebe und Einheit sind die innersten Wesenszüge jedes erschaffenen Individuums.

Ein erleuchteter Mensch ist für alle Mitmenschen wie ein Spiegel. Er spiegelt unverfälscht, präzise und klar den Zustand, in dem sich der Betreffende befindet. Als Menschen sind wir nicht in der Lage, unser Gesicht anzuschauen. Dazu benötigen wir einen Spiegel, sowohl für unsere körperliche Erscheinung als auch für unseren inneren Zustand des Bewusstseins.

"Wenn wir unsere Wesensessenz leben und Erleuchtung erlangt haben,
dann sehen wir, was von anderen nicht gesehen wird,
dann hören wir, was von anderen nicht gehört wird,
dann schmecken wir, was von anderen nicht geschmeckt wird,
dann riechen wir, was von anderen nicht gerochen wird,
dann tasten wir, was nirgends getastet wird,
dann ahnen wir, was von anderen nicht geahnt wird."

DJW

Den Zustand der Klarheit und Erleuchtung erreichen wir durch eine Innenschau in einem Zustand, der frei von beengenden Konzepten und Mustern unseres Denkens ist. Schauen Sie auf Ihr Wesen , denn

wenn Sie etwas tun, dann aus dem inneren Wesenskern. Sollte das einmal nicht so sein, dann gilt

diese Handlung nicht vollziehen,
diesen Gedanken nicht aussprechen,
dieses Gefühl nicht zum Ausdruck bringen,

sondern sich mit der eigenen inneren Essenz verbinden und sich in Klarheit und Bewusstheit begeben. Dann spüren Sie wieder die wahre Essenz in Liebe, Wahrheit, Freiheit, Frieden und Einheit und Sie haben den dunklen Aspekt in sich zum Licht transformiert.

Wenn Sie authentisch und wahrhaftig ihren Wesenskern leben, dann vermitteln Sie diese Werte auch an Ihre Mitmenschen, die davon ebenfalls in Ihrer Wesensessenz berührt werden. Damit stärken und helfen Sie den anderen zu ihrer eigenen Bewusstheit und dienen damit auch dem Ganzen.

Es gibt nichts, was mir bewusst ist, das ich nicht steuern kann.

Alles Unbewusste hält den Menschen gefangen. Nur der Mensch kann aufgrund seiner Wahlfreiheit aus der Gefangenschaft der Täuschung in die Freiheit des Lichts gelangen.

Falls Sie sich in einem Zustand der Verwirrung befinden, in dem die meisten durch das Ego manchmal geraten, dann ist es notwendig, sich das klar zu machen. Das Unbewusste sollte dann auf einfachstem Weg bewusst gemacht werden. Dieses erreicht man zu

- 50% durch Eigenreflexion und Empfinden, bei denen Meditationsmethoden sehr hilfreich sein können,
- 20% aus den Ergebnissen der Eigenreflexion,
- 30% durch lichtvolle Kommunikation mit anderen.

Der Weg der Transformation ist ein Aufklärungsprozess, der in die lichtvolle Wahrheit über sich selbst führt. Ergreifen Sie dazu jede Chance, die Ihnen das Leben bietet. Entdecken Sie Ihre wahre Essenz, dann können Sie ohne leidvolle Umwege ins Licht der höchsten Bewusstheit gelangen. Unendlicher Frieden und Glückseligkeit können dann aus Ihrem Bewusstsein entstehen und über alle Grenzen der Muster hinausstrahlen.

Auf dem Weg zum Licht sind vielfältige Prüfungen zu bestehen, in denen wir in unserer Wahlfreiheit herausgefordert werden. Ein erleuchteter Mensch bleibt dabei immer in Balance, ein Mensch mit Schattenanteilen bleibt immer die Wahlmöglichkeit, in die Eigenreflexion zu gehen und dann „ins Licht“ zu springen. Wir tragen für uns selbst und für das Ganze Verantwortung und können mit unserem Beitrag zur allgemeinen Egotransformation etwas Entscheidendes bewirken.

"Die Schreie des Friedens verhallen ungehört
im Reich des Krieges,
dennoch werde ich
nie
gegen den Krieg demonstrieren,
sondern im Frieden
sein."

DJW

Ein Gleichnis über bewusste Wahrnehmung

Ein Rosenstrauch in einem paradiesischen Garten erblüht mit vielen hundert Blüten. Er ist etwa drei Meter hoch, sehr dicht und verbreitet einen wundervollen Duft in seine Umgebung.

Auf dem Boden, im schattigen Untergehölz des Strauchs, sitzt ein Frosch, der sich das Gestrüpp von unten ansieht. Dabei fallen ihm die Dornen besonders auf, auf die er Acht geben muss, um sich nicht zu verletzen.

Am gleichen Ort, zur gleichen Zeit, fliegt ein Schmetterling durch den Garten und wird von dem betörenden Duft und der herrlichen Farbenpracht des Rosenstrauchs magisch angelockt. Seine augenblicklichen Empfindungen könnten mit den folgenden Worten ausgedrückt werden: "Was für eine Schönheit, was für ein Duft und was für ein zauberhafter Garten!" Der Schmetterling bestäubt die Rosen, er denkt keinen Moment an die Dornen, sondern setzt sich nur auf die Blüten.

Ebenfalls gleichzeitig kreist ein Adler über den Garten. Er sieht keine Dornen, allenfalls die Pracht des Strauchs in der Sonne.

Die Realität ist von der eigenen Perspektive wesentlich abhängig. Der Mensch auf seiner Bewusstseinsstufe hat die freie Wahl, welche Perspektive er einnehmen möchte. Er kann sowohl die Position des Frosches einnehmen und sich auf die unangenehmen Dornen fixieren, oder sich an Schmetterling oder Adler orientieren. Aus der Sicht dieser Tiere spielen die Dornen keine Rolle, sie nehmen den Rosenstrauch als Bereicherung wahr. Entsprechend dieser Wahl verändern sich alle Eindrücke und Empfindungen und damit auch die individuellen Erfahrungen im „Garten der Dualität“.

Der Heilzyklus in fünf Schritten

Heilung ist eine Transformation von Egoanteilen ins Lichtbewusstsein, die aus der Liebe impulsiert wird. Die Kombination der Egoanteile, die im Heilprozess bearbeitet werden, bildet das Transformationsthema. Auf dem Weg zur Heilung sind stets fünf elementare Schritte in einer vorgegebenen Reihenfolge zu gehen, die einen zyklischen Prozess beschreiben (Heilzyklus). Dafür wird Energie benötigt und die Motivation zum Bewusstseinsaufstieg vorausgesetzt. In jeder Phase der Transformation kann es zur Verdrängung des aktuellen Themas ins Schattenbewusstsein kommen (Blockade), wodurch sich der Prozess des Heilens zeitlich verzögert.

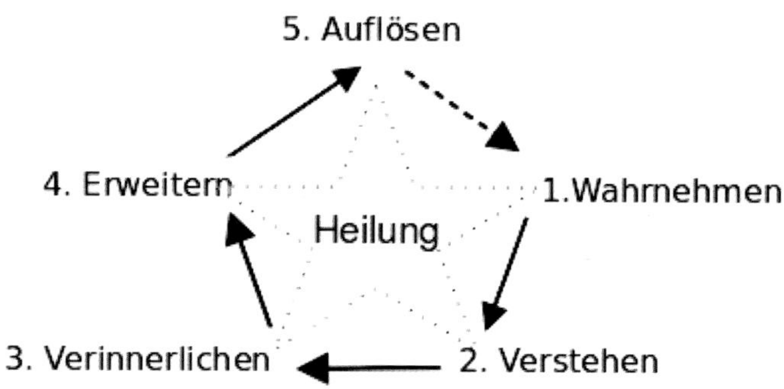

Die fünf Schritte im Heilzyklus nach David Wared

Jeder einzelne Schritt erfolgt freiwillig und setzt beim Betroffenen die Bereitschaft voraus, auf dem Weg der Transformation weiter voranzugehen. Er kann durch das Wirken eines geistigen Heilers wesentlich unterstützt werden. Das **geistige Heilen** initiiert und begleitet den Heilprozess auf der Bewusstseinsebene und ist daher ganzheitlich und universell einsetzbar. Je nach Bewusstseinslevel des Kranken verläuft die Heilung höchst unterschiedlich. Sowohl Krankheiten als auch belastende Lebenssituationen können auf diese Weise ins Licht transformiert werden.

1. Schritt (wahrnehmen, erfahren)

Ein wichtiges Thema für die Seele liegt zunächst im Ätherfeld als reine Information vor, und falls es nicht zur Auflösung gebracht wird, materialisiert es sich als Blockadesituation im dualen Umfeld. Blockaden können sich als schmerzvolle Belastungen sowohl körperlich als auch seelisch manifestieren. Es treten Umstände ein, die der Betroffene wahrnimmt und in seinem Leben als schmerzhaft oder zumindest als unangenehm erfährt.

Die unheilvolle Situation wird je nach Bewusstseinslevel mehr oder weniger klar in Gefühlen und Gedanken erfasst. Aus der Symptomatik lässt sich ableiten, welcher Anteil von Körper, Seele oder Geist blockiert ist und der Bewusstwerdung bedarf. Hier fällt der Mensch die Entscheidung, ob er das Thema bewusst zur Lösung bringt oder es ins Unterbewusstsein verdrängt und somit unbewusst damit umgeht.

Als Beispiel sei hier ein Mensch beschrieben, der in seinem Leben wiederholt erfährt, dass andere Menschen ihn misstrauen oder sogar belügen. Diese Beobachtung kränkt ihn, und da er seinen Ärger darüber nicht zum Ausdruck bringen kann, entwickelt er schwere Verdauungsprobleme. Irgendwann erfährt er eine Situation, die so dramatisch abläuft, dass er etwas tun muss, um nicht ernsthaft zu erkranken.

"Der Mensch wird frei, wenn er sich vom Schleier seiner vernebelten Wahrnehmung löst."
DJW

2. Schritt (verstehen)

Die Manifestation der unheilvollen Thematik erfolgt aus der inneren Sehnsucht nach ihrer Auflösung im Licht. Dafür ist die Erkenntnis, dass die äußeren Erscheinungen den inneren Zustand der Bewusstheit widerspiegeln, von entscheidender Bedeutung.

Das Geschehen im Außen wird als "eigenes" Thema erkannt, also nicht länger als rein zufällig betrachtet. Der Mensch auf dem Heilweg erforscht die früheren Umstände, die sein Problem hervorgebracht haben könnten, um Ursache und Wirkung der Erkrankung zu verstehen.

In unserem Beispiel könnte derjenige erkennen, dass er selbst mit seinen Mitmenschen misstrauisch und streng umgeht und damit die Erfahrungen aus früheren Lebensabschnitten permanent reproduziert. Körperlich kann sich die Symptomatik noch deutlicher zeigen, weil nun die verdrängte Wut an die Oberfläche kommt. Nun versteht er, dass die anderen aufgrund seines Misstrauens kein Vertrauen zu ihm finden können.

"Von der Ursache bis zur Wirkung
ist es nur ein
Schritt."
DJW

3. Schritt (verinnerlichen)

Der Mensch erkennt die aktuelle Situation im Zusammenhang mit seinen früheren Entscheidungen. Trifft er nun die Entscheidung, das aktuelle Thema zur Heilung zu bringen, dann ändert er seine Einstellung bezüglich des angezeigten Themas und setzt die Erkenntnisse um. Er öffnet sich für ganzheitliche Sichtweisen und versucht herauszufinden, welche Anschauung für ihn am besten passt. Wichtig dabei ist die Bereitschaft, den alten und zumeist verfestigten Standpunkt differenziert zu betrachten und mit Achtsamkeit und Selbstliebe zu verändern.

Der am Misstrauen Leidende könnte sich zunehmend öffnen und in manchen Situationen mehr Vertrauen wagen. Er befragt sich selbst und seine Mitmenschen, was ein vertrauensvolles Miteinander verhindert.

4. Schritt (erweitern)

Als Ergebnis der inneren Reflexion erfolgt das eigentliche Lernen aus der Erfahrung, das nun das eigene Bewusstsein erweitert. Der Mensch ändert seine Einstellung und sein Handeln und möchte auch die Belange seiner Mitwelt besser mit einbeziehen. Er hat ein tieferes Verständnis gewonnen und empfindet sich selbst stärker mit seiner Umwelt im Einklang. Damit hat er sich selbst im Sinne der ewig gültigen Werte (Liebe, Wahrheit, Freiheit, Frieden und Einheit) erweitert. Seine Egobezogenheit vermindert sich zu Gunsten einer höheren Einsicht im Geistbewusstsein.

Der ursprünglich extrem Misstrauische ist nun ein achtsamer Mensch, der bewusst unterscheidet, welchen Mitmenschen er trauen kann. Er hat gelernt, offen und verständnisvoll mit sich selbst und anderen umzugehen und fühlt sich innerlich befreit.

5. Schritt (auflösen)

Nachdem das Bewusstsein sich erweitert hat, ist die Situation nicht mehr länger für dessen Wachstumsprozess vonnöten.

Die innere Transformation manifestiert sich in einem Heilprozess nach außen, so dass sich die bisherige Situation auflöst.

Heilung und Erlösung geschehen auf allen Ebenen, der Mensch nähert sich dem lichtvollen Zustand von Frieden, innerer Balance und Harmonie. Neue Wirklichkeitsfelder eröffnen sich und das Kranksein wird beendet. Der Unheilzustand wird nicht bekämpft, sondern durch die Heilenergie, die durch die tiefere Verbindung mit dem ALL-Schöpfer freigesetzt wird, aufgelöst.

Die zuvor blockierte Lebensenergie steht nun für die Bewältigung des Lebens frei zur Verfügung. Der Mensch denkt klarer, fühlt sich beglückt und körperlich gestärkt und kann nun ein neues Thema in einem Heilzyklus zum Licht transformieren.

Jedes Bewusstsein strebt nach enger Verbundenheit mit dem Einheitsbewusstsein und nach Kommunikation mit allen anderen Bewusstseinsträgern. Es sucht im dualen Umfeld nach Möglichkeiten der **Veredelung** und erschafft sich selbst die Umstände entsprechend seiner eigenen Möglichkeiten. Diese Gegebenheiten setzen den inneren Prozess der Transformation in Gang (Schritt 1-4), dem sich die Transformation in der Manifestation anschließt (Schritt 5). Der letzte Schritt vollendet den Zyklus und bringt die Lösung und Heilung der Symptomatik hervor.

Bewusstsein ist Träger aller Information und in ständiger Wandlung. Auf der materiellen Ebene ist es die Summe aller Erkenntnisse, Empfindungen, Eingebungen und Visionen. Transformation, Heilung und Erweiterung zum Licht beschreiben den Prozess der Lichtwerdung und Schattenüberwindung in Freiheit und Wahrhaftigkeit. Darin manifestiert sich die Liebe als ewiges Prinzip aller Schöpfung.

"Das Schöne wächst
inmitten der Dornen.

Das Heil geschieht
inmitten der Wunden."

DJW

Essenzheilung auf der Zell- und Matrixebene

Die Essenz des individuellen Bewusstseins

Die individuelle Dualitäts- und Essenzenergie wird vorgeburtlich bestimmt und hat von Anbeginn eine bestimmte Kapazität. Es steht uns frei, wie wir mit dieser Essenzenergie des Lebens umgehen. Es liegt an uns, ob wir den Energieschatz so schnell wie möglich aufbrauchen oder mit diesem Geschenk aus der Uressenz sorgsam umgehen.

Die Uressenz hat jeden von uns mit einer individuellen Schwingung versehen, die uns mit der Geburt geschenkt wurde. Es ist die Energie, der Lebensatem, der jeden Mensch ganz persönlich kennzeichnet, in der alle Information seiner Erfahrungen und Eigenschaften zum Ausdruck kommt. Mit dem Aufstieg des Bewusstseins gewinnt diese Strahlung an Intensität und Transparenz, so dass sie ihre Umgebung zunehmend erhellen kann.

Sensitive Menschen können die Aura ihrer Mitmenschen mehr oder weniger klar durch ihr Geistauge wahrnehmen. Sie sehen oder spüren das Schwingungsfeld eines Menschen, das sich mit ihrem eigenen überlagert. Anhand von Farben, Empfindungsmustern und gedanklichen Assoziationen lässt sich daraus die innere Situation eines Individuums entschlüsseln.

Solche Information beinhaltet auch Blockaden und kann daher zur Heilung genutzt werden. Geistige Heiler, die mit dem höchsten universellen Bewusstsein verbunden sind, können aus der individuellen Aura-Information des Hilfesuchenden die Heilessenz ausfindig machen. Sie erkennen die fehlende Schwingung im Aura-Feld und können diese in Heilsitzungen auf den Heilsuchenden übermitteln. Sie haben die Uressenzenergie, die vom

Geiste des Schöpfer-Bewusstseins stammt, entschlüsselt.

Der Heiler ist dabei Kanal der Uressenzenergie und dient als Mittler. Ganz wenige unter ihnen können und dürfen die Heilung auch selbst vornehmen, wenn dies vom höchsten Bewusstsein so bestimmt worden ist.

Ganz gleich, wie die Heilung für die Heilsuchenden abläuft, diese mögen sich dafür öffnen, daran glauben und sich aus dem tiefsten Inneren Heilung wünschen. Dann geschieht Heilung aus der Uressenzquelle.

Die Zell- und Matrixebene im Heilprozess

Der menschliche Körper ist aus etwa 50 Billionen Zellen zusammengesetzt, die unterschiedliche Aufgaben erfüllen. Alle Abläufe und Kommunikation erfolgen durch Lichtkörperchen, die **Photonen**. Alle Materie und insbesondere lebendige Organismen sind Verkörperungen des allgegenwärtigen Lichts, das ein weites Energiefeld um den Körper aufbaut.

Die Körperzellen bilden Gewebe, Organe und Organsysteme mit speziellen Funktionen für den menschlichen Organismus. Den größten Teil der Körpermasse bildet jedoch das Wasser, das sich nicht innerhalb der Zellen befindet. Als Blut, Lymphe und Gewebeflüssigkeit sorgt es im Bereich zwischen den Zellen, der Matrix, für die Kommunikation, Versorgung und Reinigung der Zellen. Das Medium Wasser vollbringt die lebensnotwendige Aufgabe, des Informationsflusses und der Regeneration.

Photonen sind die Träger des Lichts in jedem Medium. Auch ein scheinbar ideales Vakuum ist nicht wirklich leer, denn darin lassen sich immer noch Photonen nachweisen, die sich in einer Art anordnen und bewegen, die ihrer aufgenommen Information entspricht.

Im menschlichen Körper bewegen sich die Photonen im Wasser der Matrix, gelangen durch die Zellmembranen auch in das Innere der Zellen und sogar in die Zellkerne. Dort haben sie einen direkten Einfluss auf die Aktivitäten der DNA- Lesung. Ihre Schwingung und ihre Menge steuern alle biochemischen Abläufe, Gedanken und Stimmungen. Durch geistige Impulsgebung können alle Abläufe simultan harmonisiert werden.

Diese Impulse werden von mir in einer Heilbehandlung auf den Kranken übertragen. Der geistige Impuls aus der nichtmateriellen Manifestationsebene wirkt über die Essenz-Impuls-Ebene (siehe S. 112ff) auf die materielle Ebene.

Der Mensch wird in seiner Essenz, aus dem Innersten im physischen und informativen Sinne geheilt. **Essenzheilung** ist ganzheitlich, da sie aus dem Kern des menschlichen Seins wirkt.

Krankheit und Heilung hängen von der Quantität und Qualität der Photonen ab, die den materiellen Fluss steuern und begleiten. Bewusstsein findet in der Photonenpräsenz die Entsprechung im körperlichen Bereich. Die DNA bildet eine Brücke in zeitlicher Hinsicht. Sie verbindet das Individuum mit seinen Ahnen und Nachkommen. Wie man heutzutage aus der Quantenphysik weiß, sind Photonen weder zeitlich noch örtlich festgelegt, sondern sie sind allgegenwärtig präsent und daher lichtbewusst in höheren Dimensionen wirksam. Essenzheilung setzt in der Essenz allen Seins an und beruht auf den Säulen der DNA-Heilung und Harmonisierung des Wassers.

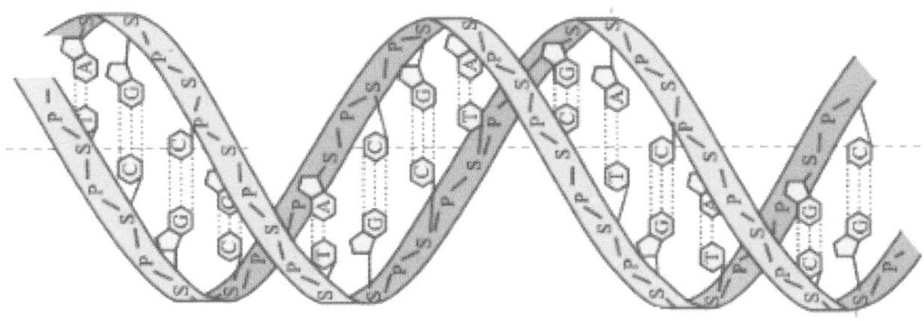

Die DNA-Doppelhelix mit den Basenpaaren CG (Cystein,Guanin) und TA (Thymin, Adenin)

Körperzellen sind die kleinsten in sich abgeschlossenen Strukturen im Organismus. Sie haben je nach Ort und Funktion einen unterschiedlichen Aufbau. Allen gemein ist eine halbdurchlässige Zellmembran, die sie nach außen abgegrenzt. Das Zellinnere ist mit einer wässrigen Lösung von Proteinen, Salzen und komplexen organischen Verbindungen ausgefüllt, die weitere Strukturen, die Organellen, enthalten kann. Eine zentrale Rolle spielt der Zellkern als Schaltzentrale einer Körperzelle, der die Chromosomen als Träger der geerbten DNA-Information enthält.

Diese Information liegt chemisch als ein sehr komplexes Molekül vor, dessen räumliche Struktur von Watson und Crick 1953 als sogenannte Doppelhelix entschlüsselt wurde. Ein Buchstabencode bestehend aus vier unterschiedlichen Basen codiert beispielsweise den molekularen Aufbau bestimmter Proteine. Etwa 50% der menschlichen DNA wird nicht zur Proteinsynthese genutzt und bis vor kurzem hielt man diesen Teil für nicht relevant (sogenannte *junk dna*). Diese Auffassung wird heutzutage in Frage gestellt, denn aufgrund neuerer Erkenntnisse wird offenbar, das die Information des genetischen Codes neben

Proteinaufbau weitere Angaben umfasst.

Jedes Krankheitsgeschehen auf der Ebene einzelner Zellen entsteht durch Störungen in der Informationsstruktur der Zell-DNA oder bei deren Verarbeitung in der Zelle.

Wie sieht die DNA im Lichtbewusstsein aus ?

Durch Schwingungen verändert sich die Funktion einzelner Zellen. Es gibt krankmachende und heilende Schwingungen. Heilung auf Zellebene erfolgt durch Veränderung der inneren Schwingung des Kranken durch geistige Kraft.

Alle Zellen eines menschlichen Körpers besitzen dieselbe DNA. Es gibt aber höchst unterschiedliche Zellen in der Struktur und in ihrer Aufgabe. Jede einzelne Zelle ruft die Abschnitte der Gesamtinformation ab, die sie für ihre Aufgaben benötigt. Woher weiß denn jede Zelle genau, was ihre Aufgabe ist und wo sie die wichtige Information findet?

Auf der biochemischen Ebene gibt es bis heute keine vollständige Erklärung und daher kennt man noch nicht den Mechanismus, der beispielsweise bei Tumoren zu einer Entartung von Zellen führt. Es ist bekannt, dass Zellen mit gleichem Aufbau, die von der gleichen Zelle durch Teilung abstammen, unterschiedliche Aufgaben im Zellverband übernehmen können und sich daher im Organismus harmonisch einfügen. Damit das möglich ist, erhält jede einzelne Zelle einen individuellen geistigen Impuls und gibt auch als Einzelzelle Impulse an den Organismus ab. Auf diese Weise bleibt der Mensch gesund und alle Organe erfüllen ihre Funktion zum Wohle des gesamten Organismus.

Impulsgebung und -aufnahme zeichnen das Bewusstsein aus und ermöglichen alle Lebensprozesse. Jede einzelne Zelle hat ein eigenes Bewusstsein!

Jede Zelle im menschlichen Körper agiert und interagiert entsprechend ihrer DNA-Information und der inneren Schwingungsqualität, die ihre Aktivität steuert und regelt. Inzwischen sind einige Mechanismen, die beschreiben, welche DNA-Abschnitte verwendet werden und wie diese Information biochemisch verknüpft und weiterverarbeitet wird, unter dem Begriff **Epigenetik** systematisch erforscht worden. Abhängig von Umweltfaktoren und der Zellidentität werden bestimmte Bereiche der DNA durch komplexe Moleküle an- oder abgeschaltet, so dass die Zelle neben der DNA-Gesamtinformation ein **epigenetisches Muster** verwendet, das sie auch bei einer Teilung weitergeben kann.

Krankmachende oder heilende Schwingungen verändern auch die epigenetischen Strukturen der DNA-Muster und damit die Inhalte und Auswirkungen der DNA-Struktur-Information.

Als geistiger Heiler bin ich fähig, die Zellen, die in sich negative Schwingung aufgenommen haben, mit positiver Heilschwingung zu impulsieren und damit ihre eigene Schwingung zu verändern. Auf der Ebene der Photonen erfolgt eine Energetisierung, die den Wasserhaushalt positiv beeinflusst, den Informationsfluss vom Gewebe bis in das Innere der Zellkerne, der DNA, harmonisiert und damit das gesamte Informationsfeld des Kranken transformiert.

Aus dem Informationsfeld des Kranken entnehme ich die kranke Essenz und baue daraus eine neue Information, die sich dann harmonisch in das Feld des Kranken einfügt und die Photonen aller Zellen harmonisch schwingen lässt. Die neue positive Zellschwingung bewirkt eine Gesundung der Zelle und außerdem gibt diese neu programmierte Zelle ihre positiven

Schwingungen an das Gewebe weiter. Die Matrix des umgebenden Gewebes nimmt die neue Schwingung auf und von dem Zeitpunkt an profitiert der gesamte Organismus von der neuen heilenden Information. Der ganze Mensch wird aus der Essenz geheilt und kann nun durch bewusste positive Gedanken weitere Zellen in ihrer Funktion unterstützen.

Die interne Zellschwingung reguliert die Zellaktivitäten und kann darüber hinaus auch die gespeicherte Zellinformation durch Mutation der DNA oder der epigenetischen Muster verändern. Letztlich ist nicht so entscheidend, ob eine gestörte Zellfunktion aufgrund von Fehlern in der DNA-Struktur oder wegen fehlerhafter Verarbeitung der Information begründet ist. Negative Schwingungen führen in jedem Fall zu krankhaften Veränderungen, deren Auswirkungen von anderen belastenden Faktoren, wie beispielsweise ein geschwächtes Immunsystem oder äußere Faktoren, entscheidend abhängen.

Der Geist belebt, verändert und beschwingt alle Körperfunktionen und hat Auswirkungen bis in das Innerste der einzelnen Zellen.

Als Geistheiler kann ich die Matrix so verändern, dass Blockaden aufgelöst werden.

Im Folgenden werden einige Beispiele für die Informationsdarstellung auf unterschiedlichen Ebenen aufgeführt. Die Buchstaben des Alphabets symbolisieren hier die Buchstaben der DNA (4 verschiedene Basenpaare, die in Tupeln beispielsweise Aminosäuren codieren). Diese Notation dient lediglich der Veranschaulichung und hat keinen Bezug auf eine gegebene DNA-Struktur. Zur Vereinfachung der Darstellung werden hier ausschließlich Kleinbuchstaben verwendet.

Nehmen wir die Buchstabenfolge **e e b l i** , die als Wort keinen Sinn ergibt.

Durch passende Impulse setzen wir die Buchstaben in die richtige Reihenfolge, so ergibt sich beispielsweise

l i e b e

Die Schwingung, die mit dem Wort **Liebe** verbunden ist, unterscheidet sich grundlegend von der Ausgangsfolge **eebli** und auch von anderen Kombinationen wie etwa **beile**. Wir können die Bedeutung der Buchstabenfolgen direkt mit ihrer Auswirkung gleichsetzen, die Auswirkung besteht in einem Schwingungsfeld, das durch die Information des Begriffs impulsiert wird.

Das Wort Liebe ist das stärkste Wort zur Harmonisierung der Zellfunktionen, das es gibt. Dieses gilt unabhängig von der Sprache oder Zeitepoche, wie auch in den Experimenten des Wasserforschers Emoto nachgewiesen wurde. Die Liebesschwingung ist die höchste Schwingung, die innerhalb von Zellen und Zellverbänden entstehen kann und sie herrscht dann vor, wenn jede Zelle ihrer eigenen Urinformation folgt.

Im vorigen Beispiel wurden Buchstaben in ihrer Reihenfolge verändert. Aber auch Ergänzungen und Streichungen ändern die Bedeutung. Verwenden wir den Begriff

b l o c k a d e

Durch einen Geistesimpuls mit dem Inhalt „LIEBE“ transformiert sich die Information in den Inhalt

d e b l o c k a d e

Eine Blockade (-schwingung) lässt sich durch einen Heilimpuls („LIEBE") auflösen, so dass die Zelle in den heilen Zustand DEBLOCKADE wechselt und nicht mehr in ihrer Funktion behindert ist. Die Zellen aus dem Körper, die die DE-Schwingung in sich aufnehmen, gehen aus der Blockade in die Deblockade über. Sie verändern sich in ihrer Funktion und in den inneren Strukturen, vor allem aber in ihrer Schwingung, die sie innerlich steuert und nach außen strahlt.

Manchmal beinhaltet die Heil-Information das Entfernen bestimmter Anteile. An dem Wort

d i s b a l a n c e

erkennen wir einen Krankheitszustand des Ungleichgewichts. In jeder Krankheit herrscht Disbalance vor, das heißt, es gibt entweder ein Zuviel oder Zuwenig in funktionaler oder materieller Hinsicht. Ergänzen wir das Schwingungsfeld mit der Liebesschwingung, balancieren sich die Zellen aus und erinnern sich an ihre wahre Aufgabe. Wir entfernen die DIS-Information durch die Heilschwingung aus dem Schwingungsfeld der betroffenen Zellen und bringen sie in ihren ursprünglichen Balancezustand:

Liebe

d i s b a l a n c e ------> b a l a n c e

Wenn wir in Liebe schwingen, dann dient jede Zelle dem Ganzen und agiert aus der Fülle heraus.

Wenn der Mensch in seinem Lichtbewusstsein ist, dann ist es ihm möglich, jegliche Art von Transformation zu vollbringen. Jede Zelle erfüllt in Vollkommenheit ihre Aufgaben und wird von der höchsten Schwingung der Liebe mit reichlich Energie versorgt. Folglich kann der Mensch länger leben, braucht nicht zu leiden und kann sogar durch innere Fülle seine reichlich vorhandene Heilschwingung auf andere übertragen. Ein geheilter Mensch kann auch zur Ausdehnung des Lichtbewusstseins in der Welt beitragen.

Wenn wir im Lichtbewusstsein einen weisen und liebevollen Umgang mit uns selbst entwickelt haben, dann können wir die Zellen in unserem Körper evolutionieren. Jede Zelle erfüllt in ihrem Refugium die Aufgaben in höchster Vollendung und bleibt in ihrer Balance. Die harmonische Kommunikation innerhalb des Organismus ist auf allen Ebenen immer gegeben. (Intrazellulär und DNA, Gewebe, Organe, Organsysteme, Steuerung durch Nerven- und Hormonsystem, psychische und geistige Ebene).

In Krankheit und Heilung erfahren wir Trennung und Einheit auf allen Ebenen und Manifestationen. Die Selbstliebe und Selbstverantwortung spiegelt sich in unseren frei gewählten Entscheidungen für oder wider dem ordnenden Prinzip der schöpferischen Essenz.

“Jeder Wunsch und jede Handlung
der spirituellen Ebenen,
werden nicht durch Vernunft und Ego geleitet,
sondern durch das Sehnen und
Hingeben.“

DJW

Die Lichtpunkte des Menschen

Allgegenwärtige Lebensenergie durchströmt den Äther und belebt den menschlichen Körper. Sie ist geistigen Ursprungs, und wie alles Erschaffene ist sie eine Form des Lichts, das bis in die Zentren der Zellkerne die Lebensprozesse antreibt und steuert. Licht ist Energie und Leben, Bewusstsein und seine ewige Existenz. Es stellt die universale Schöpfungskraft dar, die Manifestation des geistigen Prinzips schlechthin.

Auf körperlicher Ebene sind seit Menschengedenken subtile Energieströme von besonders sensiblen und heilbegabten Menschen als Lichterscheinungen wahrgenommen worden und wurden als Spiegel für Krankheit und geistigen Entwicklungsstand gedeutet.

Im Ayurveda und in der Traditionellen Chinesischen Medizin hat sich das Wissen über energetische Prozesse bis heute erhalten. Das Verstehen der recht komplexen Lehren, auf denen die Energiesysteme nach dem traditionellen Verständnis aufbauen, benötigt im allgemeinen eine mehrjährige Ausbildung.

Dabei sind die wichtigsten Grundsätze des Heilens im Lichtbewusstsein sehr klar zu beschreiben. Ein Mensch auf dem dem Weg der Liebe findet zur universellen Liebe und erkennt ihre absolute Bedeutung für sich selbst und für alles Sein im Universum. Jede Liebe hat ihren individuellen Ursprung in der *Selbstliebe*, und ein wesentlicher Aspekt der Selbstliebe liegt in einem liebevollen Umgang mit sich selbst und insbesondere mit dem eigenen Körper.

Unser Körper ist die Verbindung zwischen Ewigkeit und Vergänglichkeit. Das, was wir in materieller Form *besitzen*, lassen wir am Ende eines Lebenszyklus zurück. Das, was wir im geistigem Sinne *sind*, steigt in die nächste Manifestationsebene auf. In dieser Existenzform werden weitere Dimensionen und Ewigkeit erfahrbar.

Die Lichtpunkte unseres Körpers symbolisieren diese Verbindung in Einheit, die wir in der Dualität des menschlichen Daseins erfahren. Die freie Entscheidung zu einer Haltung der Selbstliebe beinhaltet die Beachtung des ewigen und des vergänglichen Selbst und die Verbindung der beiden Aspekte durch das Licht. Anhand der Selbstaktivierung der Lichtpunkte können wir uns gesund, klar und bewusst mit den Dimensionen der Ewigkeit verbinden und unseren Körper mit deren Energie zusätzlich stärken.

Die Lichtpunkte können wir uns als kreisrunde Bereiche an verschiedenen Körperstellen vorstellen, die nach außen und innen strahlen. Sie schaffen die Verbindung zum Geist des Schöpfers, zu anderen Geschöpfen und zu den Energien der materiellen Ebene.

Auf unserem Weg zur Erleuchtung werden wir immer empfänglicher für die feinen und höheren Frequenzen des Lichtspektrums. Wenn sich die Wahrnehmung durch das Geistauge genügend entwickelt hat, werden die Lichtpunkte direkt sichtbar. Die Schwingung aus dem ewigen Geistraum höherer Dimensionen tritt dann in Resonanz mit der eigenen Schwingung und wird dadurch bewusst wahrnehmbar. Darin drückt sich die Verbindung der geistorientierten Menschen zu den höheren Dimensionen aus.

Der Äthergeist-Lichtpunkt

An höchster Stelle des Körpers befindet sich der Lichtpunkt des **Äthergeistes**. Reines Lichtbewusstsein ist das Prinzip, das seinen Prozess beschreibt.

Er schafft die Verbindung jeder einzelnen Körperzelle zum reinen Lichtbewusstsein. Er empfängt Impulse aus dem Geistraum, aktiviert die Verbindung der beiden Gehirnhälften und sendet die eigenen Impulse in den ALLES verbindenden Äther.

Bei der Öffnung des Äthergeist-Lichtpunkts entsteht eine Verbindung zwischen dem inneren Licht und dem reinen ewigen Licht des Äthers. Während dieser Augenblicke des Lichtbewusstseins sind sowohl innen als auch außen vollkommener Frieden und Stille gegenwärtig. Das Licht in allem wird dann bewusst erfahren und dankbar angenommen. In diesem Moment der Reife gelangt der Mensch zur endgültigen Erleuchtung.

Der Mensch erlangt das Lichtbewusstsein, wenn sich der Äthergeist-Lichtpunkt im Herzenslichtpunkt manifestiert. Das bedeutet völlige Einheit in sich selbst erfahren und aus dieser innen vollzogenen Einheit entsteht die Klarheit zur umfassenden Lichterkenntnis. Das individuelle Licht wird auf ewig eins mit dem ALL-Licht und verwirklicht damit die Absicht der ALL-Schöpfung in der irdischen Manifestation.

Das Bewusstsein wird somit als unbegrenzt erkannt, erfahren und erlebt.

"Liebende Sehnsucht und
sich verlierendes Versenken bringt uns
zur ALL-Erkenntnis."

DJW

Der Geistauge-Lichtpunkt

Der Lichtpunkt des Geistauges befindet sich in der Mitte der Stirn zwischen den Ansätzen der beiden Augenbrauen. Er wird auch „**drittes Auge**" genannt und symbolisiert die Verständigung zwischen Körper und Geist. Er erweitert die Wahrnehmung der beiden physischen Augen für den feinstofflichen und geistigen Bereich. Mit dem dritten Auge können die hier beschriebenen Lichtpunkte direkt als Licht erkannt werden, die Aura wird sichtbar, wenn sich das Geistauge geöffnet hat. Der Zeitpunkt seiner Öffnung markiert einen wesentlichen Entwicklungsschritt jedes dualen Bewusstseins.

In der heutigen Wandlungs- und Transformationszeit gibt es immer mehr Menschen mit geöffneten dritten Auge. Seine Öffnung und Entfaltung geht mit der Entwicklung zum Lichtbewusstsein einher. Bei der Öffnung des Geistauge-Lichtpunkts öffnet sich der Mensch für tiefere Wahrheiten, mystische Erlebnisse und höhere Erkenntnisse.

Der Mensch im Erkenntnisprozess durchschaut im zunehmenden Maße die äußeren Erscheinungsformen als Zeichen der Manifestation geistiger Prinzipien auf materieller Ebene. Das eigene Empfinden wird humanistisch, das Denken immer mehr idealistisch und holographisch. Die Visionen und Eingebungen sind wirklichkeitstreu.

Je freier und offener das Geistauge ist, umso mehr ist das Fühlen und Denken auf die Pfade der inneren Überzeugung gerichtet. Hellhören, Hellsehen, Hellfühlen und Helldenken bestimmen das Dasein. Einige Menschen erhalten die Gnade, durch Gebete, Meditationen, Visionen, Träume und Eingebungen Einblicke in die geistigen Ebenen der Wirklichkeit zu erhalten.

Erkenntnisprozesse können spontan einsetzen, schöpferische Ideen entwickeln sich im Tagesrhythmus, und Informationen aus dem Äther tauchen gehäuft auf. Mit zunehmender Wahrnehmung durch das Geistauge wird der Mensch schöpferischer, kreativer und genialer. Er kann die feinen Energien und Lichtinformationen bewusst und klar steuern. Dadurch ist die Verbindung und Kommunikation zwischen dem lichtbewussten Menschen und höheren Wesen rein und regelmäßig.

Auch die beiden physischen **Augen** sind Lichtpunkte, die als Tore der Seele unsere Gefühle direkt mitteilen können. Sie ermöglichen die Fokussierung und die Orientierung in einer Welt von Licht und Schatten. Die Augen senden und empfangen Information, sie können Heilimpulse übertragen und aufnehmen.

Die Mund-Nase-Lichtpunkte

Unter den Mund-Nase-Lichtpunkten fassen wir die Lichtpunkte von Mund, Nase und Ohren zusammen. Sie nehmen die Signale aus der Umwelt auf und sind an der Kommunikation mit der Außenwelt wesentlich beteiligt.

Unser **Mund** nimmt schmeckend die Nahrung auf und ist auch Werkzeug sprachlicher Kommunikation. Die zärtliche und innige Verbundenheit mit einem geliebten Wesen drückt sich durch Küssen mit dem Mund aus. Unsere Sprache teilt anderen die eigenen Gedanken mit, und die **Ohren** nehmen als Antennen die Schwingung von Tönen wahr. Durch aufmerksames Hören werden wir vor Gefahren geschützt und können durch Musik und wohlklingende Worte selbst in einen höheren Schwingungszustand gelangen. Die räumliche Orientierung erfolgt mittels der Gleichgewichtssensoren im Inneren der Ohren und dieser Sinn ist wesentlich bei allen Bewegungen unseres Körpers beteiligt.

Die **Nase** lässt uns die Luft einatmen und befreit die Luft von Schadstoffen, so dass sie von den Lungen aufgenommen werden kann. Dadurch werden alle Zellen mit Sauerstoff versorgt. Mit dem Mund und der Nase schützen wir uns vor krankmachenden Einflüssen aus der Luft, der Nahrung und vor subtil vorhandenen schädlichen Einflüssen anderer Menschen. Wir genießen natürlich auch den Duft der Rosen.

Sind wir achtsam mit uns selbst, dann achten wir auf die Signale von den Mitmenschen und unsere intuitiven Reaktionen auf Gegebenheiten in unserer Umwelt. Erkrankungen im Bereich der Mund-Nase-Lichtpunkte deuten auf Blockaden in der Außenwahrnehmung hin. Durch Aktivierung dieser Lichtpunkte und einfühlsames Reflektieren über die aktuelle Situation können wir den Fluss an Information wieder aktivieren und mit der Mitwelt in Einklang gelangen. Dann sind wir beschützt und können uns öffnen und erkennen, welche Einflüsse uns positiv unterstützen. Dann können wir auch andere beschützen und mit Selbstvertrauen auf andere zugehen.

Der Hals-Lichtpunkt

Der **Hals-Lichtpunk**t am **Kehlkopf** lässt uns mit unserer Mitwelt kommunizieren, sein Wirken kann als Bewusstseinsresonanz beschrieben werden. Hier offenbaren wir unsere Haltung und Einstellung zu anderen. Das Singen, vor allem von Gebeten, stimuliert alle Lichtpunkte des Kehlkopfs sehr positiv und sollte häufig praktiziert werden.

Bei freiem Fluss des Hals-Lichtpunkts ist der Ausdruck offen, frei und fließend. Die Gefühle und Gedanken spiegeln die Erkenntnisse der inneren Wirklichkeit wider. Der Mensch ist dann in der Lage, seine Stärken und Schwächen, die lichtvollen und dunklen Aspekte anderen gegenüber aufrichtig und authentisch auszudrücken. Gefühle können vollständig, kreativ und wahrhaftig im Herzensgrund empfunden und mitgeteilt werden. Gedanken können klar, präzise und ohne Umschweife aus den inneren Quellen zum Ausdruck gebracht werden.

Unabhängigkeit, Freiheit und Selbstbestimmung können mit einer klaren und wohlklingenden Stimme jedem gegenüber geäußert werden. Die innere Haltung ist vorurteilsfrei und stellt die Verbindung zu feinstofflichen Lichtdimensionen dar. Diese Verbindung verläuft sehr kommunikativ und in einem Zustand der Bewusstheit. Der Hals-Lichtpunkt ist dann voll entfaltet, wenn Wahrheit, Liebe, Freiheit, Frieden und Einheit vollständig erkannt und offen und transparent an den Äther mitgeteilt werden können, damit auch andere an den Prozessen der Erweiterung teilhaben können.

Der Herz-Lichtpunkt

Der **Herz-Lichtpunkt** zeigt sich auf der Vorder- und Rückseite des Rumpfs. Er ist Kanal der Hingabe im Lichtbewusstsein. Das Herz ist der Sitz der Seele, der Ort der mitmenschlichen Verbindung und wichtigster Punkt für die Öffnung für neue Ebenen des Erlebens. Das Herz schlägt im Rhythmus einer göttlichen Ordnung als Tor für die Menschwerdung des Geistes.

Gibt sich der Mensch in Freiheit und Liebe dem Leben hin, dann herrscht absolute Harmonie und der Herz-Lichtpunkt wird zur Stätte göttlicher Liebe. Aus dem Herzen kommen die Entscheidungen in der Gegenwart. Es wirkt mit dem Verstand zusammen, der Instanz, die innere Pläne entwirft und die die gedankliche Interpretation des Vergangenen leistet. Der Mensch fühlt sich „in seiner inneren Mitte", wenn zwischen den beiden Ebenen von Herz und Verstand eine Balance herrscht und sich in ihren Ausdruck harmonisch ergänzen.

Die Gefühle, die sich im Herzen als Energie ausdrücken, können die innere Weltwirklichkeit in die äußere Realität transformieren. Das Herz besitzt die stärkste elektromagnetische Kraft aller menschlichen Organe und mit dieser Kraft lässt sich das

Informationsfeld des Äthers direkt beeinflussen.

Der Herz-Lichtpunkt kann alle Menschen vereinen, versöhnen, verbinden, heilen und befrieden. Anteilnahme, Mitgefühl und Hilfsbereitschaft sind selbstverständlich. Die Gefühle fließen frei, vorbehaltlos, vorurteilsfrei und in ständiger Hingabe. In allen Tätigkeitsfeldern und allen Handlungen sind Vertrauen, Hoffnung und Liebe tonangebend.

Der innere Friede wird durch äußeres Glück lebendig symbolisiert. Inneres vollkommenes Licht wird durch äußere Hingabe und wahrheitsliebende Handlung vollbracht. Die innere und äußere Wahrnehmung ist absolut sensibel, ja sogar prophetisch.

Alles ist mit allem in Verbundenheit, alles ist mit allem in Einheit. Im wahren freien Fluss des Herz-Lichtpunkts ist die Liebe zwischen dem individuellen Bewusstsein und dem ALL-Bewusstsein absolut und einheitlich. Innere Fülle ist der Antrieb und äußere Hingabe die Mission oder Berufung.

Die Liebe zum Schöpfer und den Geschöpfen wird verbindend, wahrhaftig und einheitlich als unbegrenzte Freude, Botschaft des Glücks und Impuls des Friedens bewusst und vollkommen wahrgenommen. Die verinnerlichte Wirklichkeit wird zu anderen Menschen transportiert. Diese Weisheit des Herzens und die bewusste Erkenntnis des Herz-Lichtpunkts offenbaren eine Transformation aus dem individuellen Licht zum ewigen und taghellen Licht des All-Bewusstseins.

Der Leber-Lichtpunkt

Der Leber-Lichtpunkt liegt im Oberbauch im Bereich des **Solar Plexus**. Das wichtigste Thema in diesem Lichtpunkt liegt in der Wandlung und Gestaltung des Lichtbewusstseins. Seine Lichtströme versorgen die Organe der Nahrungsaufnahme, der

Energiegewinnung aus unserer Nahrung (Umbau), des Abbaus und der Ausscheidung. Das sind vor allem Magen, Milz, Pankreas, Gallenblase und die Leber. Blockaden im Leber-Lichtpunkt führen zu Symptomen des Burn-out-Syndroms. Häufig manifestieren sich Blockaden des Gefühlsausdrucks, vor allem bei Wut und Groll, im Bereich der Leber und Galle. Die Aktivierung des Leber-Lichtpunkts erfolgt durch lichtvolle Ernährung (die viele Photonen als Lichtkörperchen enthält) sowie Affirmationen und friedvolle Ausdrucksformen. Das hilft, die innere Aggression zu überwinden und die Energie für lichtvolle Prozesse freizusetzen.

Fließen die Energien und Lichtströme des Leber-Lichtpunkts frei, dann laufen alle Aufbau- und Umbauprozesse ohne Blockaden. Der Mensch fühlt sich körperlich stark und fit und kann seine lichtvollen Ideen mühelos in die Welt bringen. Tatkräftig packt er alle Aufgaben und Herausforderungen des Lebens an und erfüllt seine Berufung aus dem Herzen mit Freude und großer innerer Erfüllung.

Aus den Energiequellen des Äthers empfängt er durch die Hände, Füße und durch den Äthergeist-Lichtpunkt die Energien, aus denen er seine eigene Substanz aufbaut. Dabei wird die darin enthaltene Information an die eigene Struktur angepasst und entsprechend umgebaut. Alle Zellen und Organe sind einem stetigen Wandlungsprozess unterworfen, bei dem altes Material abgebaut wird und in fließenden Prozessen erfolgt eine ständige Reinigung aller Bereiche.

Auf geistigen Gebiet laufen ebenso die Umbau- und Reinigungsprozesse permanent ab und halten den Fluss des Lebendigen in Bewegung.

Stoffliche und energetische Versorgung und Entsorgung sind essentiell und schenken den Lebewesen Vitalität und die Lebenskraft aus dem Umfeld. Dann wird der Mensch selbst eine Quelle des Lichts, das sich entsprechend der eigenen Bedürfnisse transformiert und aus allen Lichtpunkten in das Aurafeld strahlt. Geborgen in den ewigen Kreisläufen des Lebensprozesses werden im lichtbewussten Dasein die Energien zum Wohle aller in sinnvolle Bahnen gelenkt und gebündelt.

Erfolgen die Entscheidungen und Handlungen in Hingabe an das ALL-Bewusstsein, tragen diese Energien zum Fortschritt des globalen Erkenntnisprozesses bei und lassen Mitmenschlichkeit und Hilfe sich materiell manifestieren.

Der Nabel-Lichtpunkt

Der Lichtpunkt des **Nabels und Darms** ist das Kraftzentrum des gesamten Körpers, in dem Bereich wird die Nahrungsaufnahme geleistet. Außerdem ist der Darm ein äußerst wichtiges Organ für die Ausbildung des Immunsystems.

Der Austausch von Substanzen und Information vollzieht sich hauptsächlich in den Eingeweiden. Die Unterscheidung zwischen positiver und negativer Wirkung äußerer Einflüsse ist das zentrale Thema bei Erkrankungen des Darms. Der Schwerpunkt des menschlichen Körpers befindet sich ca. 3-4 cm unterhalb des Bauchnabels und bildet das Kraftzentrum auf der körperlichen Ebene. Die Ausrichtung aller Bewegungen auf das eigene Zentrum verleiht dem Menschen Sicherheit und Schutz vor Angriffen von außen, wie in den traditionellen Kampfkünsten gelehrt wird. In diesem körperlichen Zentrum werden die Weichen für Gesundheit und Krankheit gelegt, hier zeigt sich die Wirkung gesunder und verträglicher Nahrung und ausreichenden Trinkens, die unsere Gesundheit maßgeblich beeinflussen. Stabilität und Eleganz in unserem Stand und den Bewegungen wird durch Zentrieren auf den Nabelpunkt ermöglicht.

Der Mensch bewegt sich in einem Energiefeld, das ihn trägt und versorgt. Beim freien Fluss der Energien ist der Austausch offen und der Mensch kann sich vertrauensvoll in den Lebensstrom hingeben. Ist er sich seiner Bedürfnisse an Nahrung voll bewusst, dann entscheidet er zu seinem Wohlergehen und der Körper erhält genau die Substanzen, die er braucht.

Die Unterscheidung zwischen aufbauenden Substanzen, die dem Menschen gut tun und den Bestandteilen, die ihn möglicherweise schädigen, erfolgt aufgrund eines ausgewogenen Systems der Nahrungsaufnahme. Das Zusammenspiel einer großen Anzahl und Vielfalt an helfenden Mikroorganismen ist ein Beispiel für das enge symbiotische Verhältnis der Lebewesen im Allgemeinen.

Der Mensch auf dem Weg zum höchsten Bewusstsein wird sich immer mehr der Prozesse, die ineinander greifen, bewusst und handelt im Sinne des Ganzen. Er dankt allen Lebewesen, die ihm sein Leben erhalten und erreicht auf der Schwelle zum Lichtbewusstsein den Zustand, in dem die grobstoffliche Verwertung der Nahrung in einen feinstofflichen Energieaustausch übergeht. Dann nimmt er die benötigte Energie direkt durch seinen Nabelpunkt auf und kann ohne Verlust das Licht für seine körperlichen und geistigen Prozesse aus dem Umfeld aufnehmen.

Die Hüft- und Genital-Lichtpunkte

Bei diesen Lichtpunkten steht das Thema schöpferische Fortpflanzung und Lebenserhaltung im Fokus. Der **Hüftbereich** mit den Geschlechtsorganen wird als Saat der Fruchtbarkeit und im erweiterten Sinne auch als Schoß der Kreativität und Geborgenheit wahrgenommen. Auch die Fortbewegung des Körpers erfolgt durch nervliche Impulse an die Muskeln der Hüften und Beine.

Wenn der Mensch sich dem anderen Geschlecht offen zuwenden kann, dann wird die sexuelle Vereinigung mit einem geliebten Menschen als Möglichkeit der Erweiterung und als schöpferischer Akt angesehen.

Dieser Vereinigungsprozess der männlichen und weiblichen Energie bewirkt soviel schöpferische Kraft, dass daraus neues Leben entstehen kann. Dadurch spüren die Menschen, dass der Fluss des Lebens durch Körper, Seele und Geist strömt. So entsteht eine tiefe Anteilnahme, Beteiligung und Freude an der Schöpfung und das Leben wird voller Begeisterung angenommen. Die Gefühle sind aus der Quelle kommend ursprünglich und kreativ. Die Vereinigung befruchtet beide Seelen und beide Körper, die sich am ewigen Fluss von Werden und Vergehen mit großer Lebendigkeit und Freude beteiligen.

Die Hand-Lichtpunkte

Die **Hände** sind Körperteile, die eine intensive Verbindung zur Außenwelt ermöglichen. Hände erfassen, begreifen, berühren, heilen und werden zur Kontaktaufnahme bei der Begrüßung eingesetzt. Das Tragen von Dingen und Menschen und das Fühlen und Heilen aktiviert positive Schwingungen; in diesen Handlungen erfahren wir durch unsere Hände Verschmelzung mit anderen. Aber Hände können auch schlagen, Verachtung ausdrücken (Stinkefinger) oder sogar töten. Wieder finden wir Licht- und Schattenaspekte aufs Engste verbunden. Die Lichtpunkte an den Handflächen können wir durch Massage, Klopfen oder einfach durch positive Taten stimulieren.

Fließende Energien an den Händen lassen uns mit anderen Menschen eine innige Verbindung erfahren. Kinder werden von ihren Eltern durch Streicheln beruhigt und getröstet, liebevolle Worte werden mit liebevollen Gesten der Hände in ihrer Wirkung unterstützt und wer möchte schon die wunderbaren Kunsterlebnisse in der Malerei und der Musik missen, in denen die Hände des Künstlers zum Ausdruck bringen, was jenseits der Worte liegt.

Die Hände selbst sind Ausformungen der höchsten Kräfte aus dem Äther und enthalten in ihren Linien und optischen Besonderheiten alle Information über den Menschen in körperlicher, seelischer und geistiger Hinsicht. Vergangenheit und Zukunft sprechen aus den Händen, ebenso seine Lebensaufgaben und charakterlichen Besonderheiten. Wie ein offenes Buch für den Kundigen zeigen die Hände Krankheiten und Schicksalspfade auf und ihre Kenntnis kann manchen Bewusstwerdungsprozess enorm unterstützen.

Hände ermöglichen Handlungen, die Werke unserer Absichten und Entscheidungen. Erst die Handlung lässt das Gedachte kreativ in die Welt-Realität eingehen. Daher sind Hände für den Menschen ganz essentiell und Vehikel der Liebe auf der Weltenbühne.

Die Knie-Lichtpunkte

Die **Knie** stehen für Stabilität, Flexibilität und wahre Demut. Wir knien nieder aus Achtung oder wenn wir um Vergebung bitten.

Wahre Demut ist eine Haltung höchster Bewusstheit, in der zum Ausdruck kommt, dass der Mensch aufgrund seiner Fähigkeit, bewusst zu entscheiden, eine besondere Rolle unter den Geschöpfen spielt. Im Kniefall zeigt sich auch die Einsicht bezüglich der eigenen Unvollkommenheit in der Fähigkeit, das Ganze zu erkennen und volle Verantwortung zu leben.

Der Mensch ist auf einem Weg des Lernens, der ihn zur Erkenntnis und Umsetzung der ewig gültigen Prinzipien befähigen wird und darüber hinaus weitere Erkenntnisse für ihn bereithält. Die Herrlichkeit seines Schöpfers, die im Schöpfungswerk zum Ausdruck kommt, lässt ihn nahezu verschwinden und verführt ihn aus seinem Ego, sich selbst zu erhöhen. Dem wirkt die wahre und aufrichtig empfundene Haltung der Demut entgegen und damit ist Demut die Voraussetzung für wahres Erkennen und Wachstum im spirituellen Bereich.

Die Fuß-Lichtpunkte

Wichtige Lichtpunkte für die Verbindung zur Erde und zur Aufnahme der Erdenergie befinden sich an den Fußsohlen. Die Erdung durch die **Füße** verleiht dem Körper Stabilität und Standfestigkeit. Heilende Schwingungen aus der Erde ermöglichen den aufrechten Gang und den Überblick auf seine Umgebung. Durch intensives Berühren des Bodens, wie es beispielsweise von Schamanen in rituellen Tänzen praktiziert wird, aber auch durch bewusstes Gehen in meditativer Haltung können wir die Fußlichtpunkte positiv stimulieren. Es ist wichtig, öfters ohne Schuhe und Socken den Boden zu spüren und sich zu erden.

Auch als Ventil, überschüssige Energien in die Erde abfließen zu lassen, haben die Füße eine wichtige Bedeutung. So bleiben die Lebensströme ständig im Fluss und können sich nicht stauen. Die Füße kommunizieren mit dem gesamten Organismus über die Energiebahnen und bringen die seelischen Bedürfnisse unmittelbar zum Ausdruck. Durch ihre Mitteilungen bleiben auch unbewusste Informationen nicht ewig im Verborgenen und können wieder neu fließen.

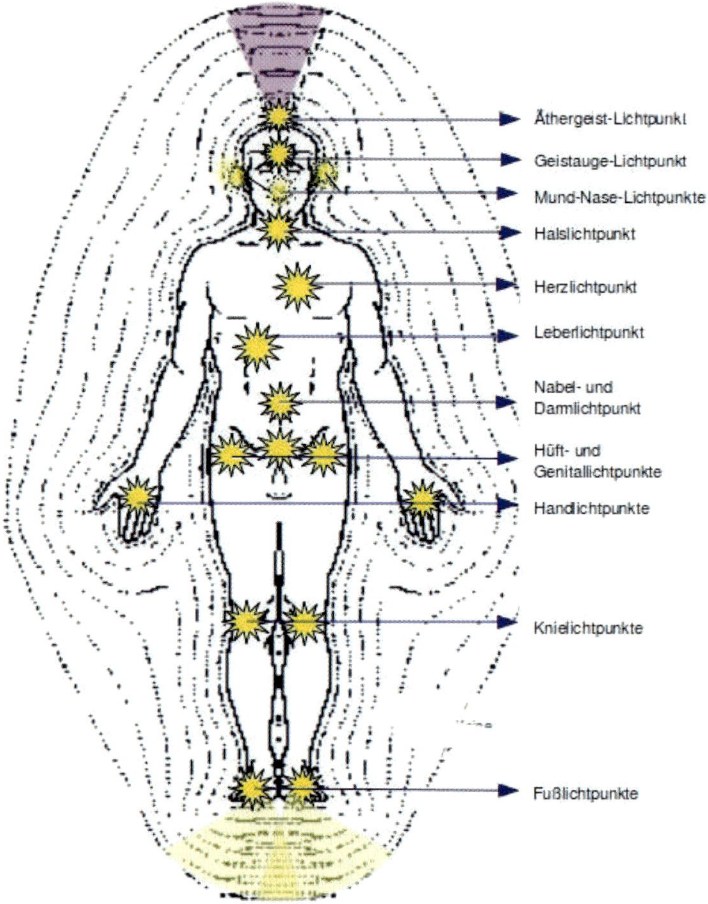

Die Lichtpunkte des Menschen nach David Wared

Die Möglichkeit zur Transformation eröffnet sich dann von Neuem und das Bewusstsein erweitert seine Möglichkeiten der Erkenntnisfindung wie vom Lebensplan aus der ALL-Bewusstseinsquelle vorgesehen. Alle Lichtpunkte dienen der Verbindung und Verschmelzung mit der Umgebung auf der Ebene des Körpers, der Seele und des Geistes. Durch ihre Aktivierung kann sich der Mensch in den universellen Fluss einbinden und Kräfte in sich mobilisieren. Die Vorbeugung von Blockaden und Krankheiten ist dann einfach zu bewerkstelligen, auch Heilungsprozesse werden durch *Lichtpunktaktivierung* gut unterstützt.

Es gibt vielerlei Möglichkeiten, die Lichtpunkte zu aktivieren. Je nach Ort oder persönlichen Vorlieben können sie massiert, geklopft, berührt oder gestreichelt werden - wichtig ist es, sie zu würdigen und zu pflegen. Die Beachtung und bewusste Fokussierung auf diese Punkte unterstützt den inneren Geist-Seelenfluss und die Verhinderung aller Erkrankungen.

"Manchmal bin ich ein Wort-Heiler.
Ständig bin ich auch Geist-Heiler.

Andauernd bin ich ein Dank-Heiler.
Ständig bin ich ein Licht-Heiler."

DJW

Aufmerksamkeit, klare Wahrnehmung und Liebe sorgen für ein bewusstes Verständnis für die eigenen Bedürfnisse. Das tägli che Üben der Selbstliebe führt zu einer bewussten Körperwahrnehmung und öffnet unser Herz für die Dimensionen des Lichtbewusstseins. Je bewusster und klarer der Mensch im Körper lebt, umso freier ist er, mit seinem Geist das Leben zu gestalten. Sich selbst zu erkennen öffnet den Weg, mit sich sensitiv, klar und bewusst umzugehen.

Die bewusste und beseelte Wahrnehmung unserer Lichtpunkte führt zur Erkennung negativer Schwingungen, bevor sie sich als Krankheiten manifestieren können. Wir zeigen Achtung und Respekt und verhindern Zustände der Disbalance und Blockaden, bevor sie sich körperlich manifestieren.

Die Lichtpunkte sind leicht zu aktivieren und lassen sich durch Methoden auf der geistigen Ebene, wie etwa Affirmationen, zusätzlich stimulieren. Die Vision für eine Gesellschaft im Lichtbewusstsein könnte lauten: Der Mensch heilt sich selbst.

Viele Formen der Selbstverstümmelung und überflüssiger Operationen, aber auch Hungerkuren, haben ihren Ursprung im mangelnden Selbstbewusstsein und fehlender Selbstannahme.

Eine Frau, die beispielsweise unter der Vorstellung leidet, ihre Brust sei zu klein, fühlt sich nach einer Operation der Brustvergrößerung nicht dauerhaft zufriedener, denn die Ursache ihres Fühlens liegt in ihr selbst. Andere meinen, sie seien zu dick / zu dünn, obwohl die Fakten dagegen sprechen. Operationen, Medikamente, Manipulationen ohne Notwendigkeit bringen selten Besserung des inneren Befindens, da sie die wahren Defizite nicht beheben.

Hier zeigt sich, dass eine dauerhafte Heilung alle Existenzebenen (Körper, Seele, Geist) einschließt. Bewusstheit über sich selbst ist der Schlüssel zur Vorbeugung und Heilung von Krankheiten und zugleich der Weg zu den höheren Ebenen der Existenz.

Leuchte wie das Licht

"Leuchte wie das Licht, leuchte,
liebe wie die Liebe, liebe.

Bewahre die Tiefe der Wahrheit,
huldige das Edle der Menschheit.

Behüte den Glücksmoment in deinen Momenten,
belebe den Augenblick aus deinem Blick.

Lehre stets die Freiheit zu aller Zeit,
lebe den Frieden durch jeden Schritt.

Begebe dich vom Herzen auf allen Ebenen,
sei stets vertrauend in allen Dimensionen.

Bewundere die Kinder in ihrer Wahrhaftigkeit,
Stärke ihren Raum der Schutzbefohlenheit.

Sieh die Rosenschönheit Blatt für Blatt,
betöre alles Leben mit ihrem Duft.

Für alle Weiten deines Geistes,
für all deine Tiefen deiner Seelengründe.

Für allen Raum und aller Zeit,
für alle kosmischen Reisen und Universenritte."

Djw

Geistige Übungen für unser Lichtbewusstsein

Aus der Wahrhaftigkeit der Uressenz sind mir die Augenblicke des Lichtbewusstseins offenbart worden. Diese Sammlung von 30 Affirmationen bringt Licht und Fülle ins Leben und ermöglicht die Erfahrung des Lichtbewusstseins in unserem Alltag. Falls Sie den Weg zur Quelle beschreiten wollen und Lichtbewusstsein erleben wollen, empfiehlt es sich, diesen Text zur Orientierung zu nehmen. Die Augenblicke der Bewusstheit sind Grundlage meines Daseins, meiner Wirkung und meines Dienstes auf diesem wundervollen Planeten.

Für meine Schüler, meine Freunde und mich sind diese Augenblicke des Lichtbewusstseins tägliche Praxis. Sie können sich diese einprägsamen Sätze für Ihren Alltag herausschreiben, an eine Wand hängen und jeden Tag den Lichtbewusstseinszustand in Ihr Leben bringen. Als Übung empfiehlt es sich, täglich affirmativ einen oder mehrere Augenblicke aufzunehmen, sich damit auseinander zu setzen und diese tiefen Erkenntnisse in Ihren alltäglichen Umgang mit anderen zu integrieren.

Sie stärken Ihren Lichtanteil kontinuierlich und erreichen damit die Transformation des Schattens. Wir erleben den Alltag harmonischer und bleiben innerlich auch bei widrigen Umständen gefestigt. Freiheit und mehr Zufriedenheit lassen jeden Tag lichtvoll und erkenntnisreich in unser Leben treten. Meditative Versenkung bringt uns im Stress immer wieder in Balance und trägt zum Wohlbefinden erheblich bei.

Die folgenden Sätze verhelfen zu mehr innerer Klarheit und lassen Sie freudvoll aus der Quelle innerer Inspiration von der Lebenskraft schöpfen.

„Augenblicke des Lichtbewusstseins“

Jeder Augenblick setzt sich aus einer Erkenntnis und einer (farblich hervorgehobenen) Affirmation zusammen.

Erkenntnis	Affirmation
1. In diesem Augenblick der Bewusstheit erkenne, erfühle und erspüre ich, dass alles **Sein** und alle **Manifestationsformen** aus einer einzigen Schöpfungsessenz entstanden sind.	“Alles ist überall in aller Ewigkeit mit allem verbunden. Wir sind aus einer Einheitsquelle herabgestiegen und steigen bei Vollendung unserer Lebenserfahrung wieder dort auf.“
2. In diesem Augenblick der Bewusstheit bin ich lebendig und freue mich in vollen Zügen, das **Leben** zu erfahren und die gnadenvolle **Schöpfung** zu erleben.	“Die Schöpfung ist wunderbar und das Leben ist wunderschön. Die Schöpfung ist bewundernswert und das Leben voll Wunder. Ich bin ein Teil der Schöpfung und ich bin schöpferisch im Hier und Jetzt.“

Erkenntnis	Affirmation
3. In diesem Augenblick der Bewusstheit bin ich offen, in **Vertrauen, Hoffnung** und im **Glauben**, dass ich stets heilvolles Werk tue und aus meiner inneren Liebe handele. Ich vertraue dem Leben, glaube dem Geschehen und hoffe stets, dass alles in mir und um mich im besten Sinne verläuft.	„Ich vollbringe durch Glauben und Vertrauen täglich liebende Handlung. Ich vereinige durch Vertrauen, Hoffnung und Glauben den Himmel und die Erde in mir."
4. In diesem Augenblick der Bewusstheit bin ich völlig **frei** und lebe in meinem **Frieden**.	"Freiheit und Frieden bieten die Plattform, um mit allen anderen Lebewesen in Gleichberechtigung, Frieden und Freiheit zu leben. Ich bin frei und in meinem Frieden."
5. In diesem Augenblick der Bewusstheit lebe ich aus der Wahrhaftigkeit meiner Einheitsessenz.	"Ich bin der ich bin. In diesem wahrhaftigen ICH BIN sind alle Einheitsformen und Ebenen enthalten. Alles was ich jemals war, bin ich in diesem Augenblick der Einheit."

Erkenntnis	Affirmation
6. In diesem Augenblick der Bewusstheit erlöse ich mich durch **Vergebung** von negativen Energieschwingungen der Vergangenheit, die mich bis heute karmisch beeinflussen. Vergebung ist ein schwieriger Prozess, der mich allerdings für immer befreit.	“Vergebung macht den Weg in die nächsten Ebenen frei. Ich vergebe, was zu vergeben ist. Ich vergebe, um wirklich frei zu werden. Ich vergebe, um mich selbst zu erweitern.“
7. In diesem Augenblick der Bewusstheit trage ich dazu bei, dass **Wahrheit**, **Liebe**, **Frieden**, **Freiheit**, **Einheit** und **Bewusstsein** aus mir expandieren können.	“Wahrheit, Liebe, Frieden, Freiheit, Einheit und Bewusstsein sind ewige Schöpfungsaspekte, die sich hinter dem Vorhang des Lebens und auch deutlich auf das Spiel vor dem Vorhang auswirken“
8. In diesem Augenblick der Bewusstheit befinde ich mich in einem Kreativitätsprozess. **Kreativität** ist ein aktiver Prozess, der Visionen, Ideen und Empfindungen aus meinem Inneren empor steigen lässt, um in meiner Außenrealität neue Erfahrungen zu bewirken und Erlebnisse zu verwirklichen.	“Ich habe alle Möglichkeiten mein Leben kreativ zu gestalten. Ich kann durch meine individuelle Kreativität Neues erschaffen. Ich bin durch meine Kreativität tiefer mit mir und Allem verbunden.“

Erkenntnis	Affirmation
9. In diesem Augenblick der Bewusstheit empfinde ich dankbare **Wertschätzung** für meine Mitmenschen, für das Leben und die gesamte Schöpfung. Allein die Tatsache jeden Morgen aufzustehen und das Leben zu genießen bedarf der Wertschätzung in jeder Hin sicht	“In jeder liebenden Wertschätzung anderen gegenüber ist ein Zauber von Verbundenheit, Einheit und Gemeinsamkeit enthalten. Ich danke dir, dass du da bist. Ich danke dir, dass du hier bist. Ich danke dir, dass du in mir bist.“
10. In diesem Augenblick der Bewusstheit trage ich die volle **Verantwortung** für mein Verhalten in der Begegnung mit anderen.	„Ich brauche niemanden zu beschuldigen. Ich bin ohne Urteil. Ich brauche niemanden zu kritisieren. Ich brauche keine Bewertung. Ich brauche mich mit niemandem zu vergleichen. Ich bin, wie ich bin.“
11. In diesem Augenblick der Bewusstheit bin ich in der Gewissheit und meiner Wahrheit, dass ich für die **Liebe** und **Glückseligkeit** geschaffen bin.	“Ich bin das Licht in dieser Welt. Ich bin heilig in diesem Moment. Ich bin das Licht in der Liebe.“

Erkenntnis	Affirmation
12. In diesem Augenblick der Bewusstheit **lache** ich aus vollem Herzen mit Kindern und Erwachsenen.	" Wer mit Kinderherzen lacht, kann stets mit Erwachsenenseelen tanzen."
13. In diesem Augenblick der Bewusstheit bin ich fähig, mich vom **Leid** zu lösen und habe die Chance, meine **Schmerzen** zu heilen.	"Leid und Schmerz sind Signale für eine Veränderung zum Heilsein. Leid und Schmerz zeigen mir, was ich noch heilen sollte. Verbinde dich mit deinem inneren Heiler, denn Heilung ist in dir."
14. In diesem Augenblick der Bewusstheit **kann alles in meinem Dasein erweiternd geschehen.** Wenn ich es zulasse, werde ich in meinem Geist erweitert, in meiner Seele befriedet und in meinem Körper geheilt.	"Ich bin mir dessen bewusst, dass das Leben sich in jedem Augenblick in alle Richtungen total verändern kann. Eine kleine Freude kann dein Herz erweitern. Ein Licht kann dein Licht zünden. Ein Glücksmoment kann dich beglücken. Ein Augenblick der Liebe kann deine Liebe berühren."

Erkenntnis	Affirmation
15. In diesem Augenblick der Bewusstheit **laufen alle Prozesse harmonisch ab**. Ich brauche nicht die Umstände an mich anzupassen, sondern kann die Umstände geschehen lassen.	"Die Umstände meines Lebens geschehen, damit ich mich erweiternd verändern und transformieren kann."
16. In diesem Augenblick der Bewusstheit bin ich **offen** für menschliche oder geistige Begegnungen, für ein gutes Gespräch, eine gute Lektüre oder einen schönen Spaziergang.	"Aus meiner Offenheit resultiert die Öffnung für Erfahrungen in neuen Ebenen und neuen Dimensionen und das Berührtsein im Herzen durch neue Begegnungen."
17. In diesem Augenblick der Bewusstheit bin ich **ehrlich** in meinen Gedanken und Gefühlen, vor allem **authentisch** in der Verwirklichung meiner Handlungen.	"Ich bin mit aller Konsequenz ehrlich und authentisch im Umgang mit mir und meinen Mitmenschen."
18. In diesem Augenblick der Bewusstheit und aus der Freude meines Herzens vollbringe ich heute eine **sinnbringende Tat** und stehe einem hilfebedürftigen Menschen zur Seite.	"Heute ist mein Tag, um anderen zu dienen. Heute bete, meditiere und helfe ich einem Mitmenschen. Heute tue ich ein sinnstiftendes Werk."

Erkenntnis	Affirmation
19. In diesem Augenblick der Bewusstheit lasse ich meine **Ansprüche** meinen Mitmenschen gegenüber los. Ich gehe mit ihnen **ohne Erwartung** in ein neues Erlebnis des Fließens und lasse mich von ihnen berühren.	"Jeder Mensch ist so wie er ist. Ich nehme Menschen an und lebe friedfertig. Ich habe keine Ansprüche und Erwartungen an sie."
20.In diesem Augenblick der Bewusstheit verbreite ich durch das Licht des **Mitgefühls** und die Gnade der **Nächstenliebe** meine herzliche Verbundenheit mit anderen Menschen.	"Mitgefühl und Nächstenliebe sind die wichtigsten Grundpfeiler menschlicher Humangesellschaften und die höchste Ebene menschlicher Fähigkeiten. Täglich übe ich mich in Nächstenliebe und Mitgefühl."
21. In diesem Augenblick der Bewusstheit lebe ich meine **Partnerschaft** aus dem Herzen heraus. Ich gebe mich voller Vertrauen, Liebe, Freude und Hoffnung hin, um gemeinsam Einheit zu erleben.	"Ein wichtiger Aspekt dieses Daseins ist, sich an den dualen Seelenpartner zu erinnern und ihm wieder zu begegnen, um diese Inkarnationsdualität in Einheit zu vollenden. Erfahrungen in Partnerschaft sind Meilensteine des Lebens."

Erkenntnis	Affirmation
22. In diesem Augenblick der Bewusstheit beginne ich **Liegengebliebenes** anzupacken und zu einer Lösung zu bringen.	"Was liegen geblieben ist, wird jetzt erledigt."
23. In diesem Augenblick der Bewusstheit bringe ich **fokussiert**, **entschlossen** und **gelassen** meine Arbeit voran und gehe mit meinen Kollegen friedfertig um.	"In meinen Alltagshandlungen, gebe ich stets mein Bestes. Für meine gute Arbeit werde ich gut entlohnt und bereichernd gesegnet. Mein Engagement aus dem Herzen ernährt Körper, Geist und Seele."
24. In diesem Augenblick der Bewusstheit begegne ich der **Angst**, löse mich von ihrem Schleier und befreie mich von ihrem Schattendasein.	"Angst beengt, benötigt Kontrolle und blockiert den Fluss des Lebens im Körper. Nur der Schatten der Angst verhindert den Fluss der unermesslichen Liebe."
25. In diesem Augenblick der Bewusstheit erkenne ich, dass alles in einer **bestimmten Ordnung** verläuft und ich in dieser Ordnung bin.	"ALLes hat einen Sinn, auch wenn wir es nicht verstehen."

Erkenntnis	Affirmation
26. In diesem Augenblick der Bewusstheit bin ich **dankbar** für dieses Leben, für diese Erde, für ihre Menschen und für die Flora und Fauna. Es ist eine Herzensfreude im Hier und Jetzt zu sein.	"Ich danke für das Leben, für die Liebe, für das Licht und für Dich. Dankbarkeit ist das Salz in der Suppe des Lebens. Dankbarkeit ist die Vollendung höchster Tugend. Dankbarkeit ist die Ausdehnung wahren Geistes."
27. In diesem Augenblick der Bewusstheit durchschaue ich meine **Konflikte** als Spiel des Egos und löse diese wieder auf.	"Konflikte machen mich aufmerksam, Blockaden in mir und mit meinen Mitmenschen aufzulösen. Meine Welt ist erfüllt und beseelt, wenn ich meiner selbst bewusst bin, dann haften Konflikte nicht mehr an mir."
28. In diesem Augenblick der Bewusstheit erfahre ich, dass ich in diese Welt geboren worden bin, um die multiplen Ebenen der **Welten individuell zu erfahren.**	"Ich möchte intrinsisch und extrinsisch alle Ebenen und Dimensionen erfahren. So kann ich meine Seelenaufgabe erkennen, meinen Seelenauftrag erfüllen und meinen Geist zur Ruhe bringen."

Erkenntnis	Affirmation
29. In diesem Augenblick der Bewusstheit erfahre ich **Selbsterkenntnis**, die mir tiefere Gott- und Allerkenntnis bringt.	"Mein Selbsterkenntnisprozess ist der Weg zu meinem Wesenskern. Mein Wesenskern ist ständig mit allen geistigen und kosmischen Kräften verbunden. Diese Erkenntnis zeigt mir den ewigen Prozess allen Lebens. Ich erkenne mich und erkenne dich. Ich erkenne Gott und erkenne ALL-es."
30. In diesem Augenblick der Bewusstheit erlebe ich eine **Ethik**, die mich beglückt und mir meine Lichtessenz-Aufgabe verdeutlicht.	"Mein ethisches Verhalten und mein ethischer Standpunkt machen mein Lichtbewusstsein für alle transparent und zeigen mir auf, wie wichtig meine ethische Verpflichtung allen Lebens gegenüber ist. Friedvoll und beglückt ernte ich die Früchte meines rechten Handelns."

Die Kraft bewusster Gebete und Mantren

Seit Jahrtausenden sind die heilenden Kräfte von Gebeten und Mantren in allen Kulturen und Religionen hinlänglich bekannt.

Mantren und Gebete machen uns die Kräfte verfügbar, die wir für unseren Alltag benötigen. Sie bringen uns wieder ins Vertrauen, erleichtern unsere schwierigen Aufgaben und verbinden uns mit unserem inneren Wesenskern und unserem Schöpfer.

Durch gezielte tägliche Gebete und Mantren können wir Blockaden lösen, Krankheiten heilen, Feindschaften überwinden und den Weltfrieden herbeiführen.

Tief in uns ist das Sehnen, in Körper, Seele und Geist heil und balanciert zu sein. Wir fühlen uns unwohl, wenn wir aus der ureigenen Balance geraten. Handeln wir in einer Weise, die den Gesetzen der schöpferischen Instanz widerspricht, meldet sich aus dem tiefsten Grund unsere Seele und erinnert uns an das eigentliche Ziel unserer Verkörperung als Mensch. Dieses kann nur mit dem Sinn des Ganzen, der Verbindung mit allem Sein übereinstimmen, denn alles Erschaffene ist an dieses Ziel gebunden. Jedes Handeln aus unserem Schatten ist das Ergebnis eines Prozesses innerer Vernebelung und des Nichtbeachtens der eigenen inneren Ausrichtung und führt daher in jedem Fall zur Abtrennung vom geistigen Umfeld. Dieses wiederum schneidet den Menschen von seinen geistigen Energiequellen ab, da sie ihm in seiner Vernebelung nicht mehr bewusst sind.

Folglich erlebt der Mensch seine Existenz als wenig beglückend und interpretiert seine selbst ausgelöste Mangelsituation als „Strafe“ des Schöpfers. Unser Schöpfer ist Quelle des Lichts, ist die Essenz der Liebe und erschafft aus sich heraus keine negativen Manifestationen, insbesondere keine „Strafen“. Diese haben ihren Ursprung einzig in der Beschränktheit der dualen Sichtweise und sind daher Projektionen unseres Egos, die keine wahren und ewig gültigen Werke aus dem Schöpfungsgeist darstellen. Diese Missverständnisse nähren die Kräfte des Egos zusätzlich und können erst durch Heilimpulse aufgelöst werden, vorausgesetzt, der Betroffene öffnet sich für Heilung und für die Erfahrung der Liebe.

Jede Zelle des menschlichen Körpers wird von einem Geistimpuls in ihrer Matrix belebt. Nichts in den Körperzellen verläuft chaotisch (abgesehen von kranken Zellen), sondern alles verläuft in einem vorherbestimmten Ordnungszyklus harmonisch mit intensiver Kommunikation auf Zell- und Matrixebene.

Alles was an Vorgängen in unserem Körper passiert, wird durch besondere Zellen aufgezeichnet. Diese Aufzeichnungszellen sind in der Mitte des Herzens. Alles, was der Mensch denkt, fühlt, erlebt und ahnt wird in diese Aufzeichnungszellen aufgenommen. Ein Informationsspeicher nimmt die Aufzeichnungen vom ersten Herzschlag im Mutterleib auf bis zum letzten Herzschlag des irdischen Lebens auf.

Durch tägliches Sprechen oder Singen von Mantren und Gebeten aktivieren wir unseren Geist, erfrischen unsere Seele und heilen unseren Körper. Wir öffnen uns für Geistimpulse, die unser Überbewusstsein aus dem ALL-Bewusstsein empfängt und nehmen die Unterstützung aus den höheren Sphären an. Dann erkennen wir die Verführungen aus unserem Ego, bevor sie uns vernebeln können.

Ich persönlich bete und meditiere jeden Morgen um 5.00 Uhr und jeden Abend um 21.00 Uhr. Inzwischen haben sich weltweit viele Menschen zu einer geistigen Gemeinschaft für Frieden, Heilung und gegenseitige Unterstützung der Abendmeditation angeschlossen und praktizieren zeitgleich die innere Einkehr. So wird das innere Licht jedes Einzelnen bewusst gemacht und verbindet sich mit den anderen Lichtern, um weltweit den Frieden und ein neues Bewusstsein zu fördern.

Gebete und Mantren, die mir gekommen sind und die ich täglich singe und rezitiere sind:

„Unser Schöpfer, dein Wille geschieht, lass über uns
Liebe, Frieden, Glück, Freude und Heil regnen."

„DU bist die Liebe, wir DEIN Licht.
DU bist die Ewigkeit, wir DEIN Moment."

„In jede Zelle Liebe, in jeder Zelle Licht.
In jede Zelle Heilung, in jeder Zelle Jetzt."

„Heilig, heilig, heilig bist du.
Heilig, heilig, heilig ist deine Liebe.

Heilig, heilig, heilig bin ich.
Heilig, heilig, heilig ist meine Liebe.

Heilig, heilig, heilig ist das Leben.
Heilig, heilig, heilig ist Leben im Jetzt."

„Ich lebe, ich bin, ich bin.
Ich liebe, ich bin, ich bin.

In Freiheit, ich bin, ich bin.
In Frieden, ich bin, ich bin.

In Kraft, ich bin, ich bin.
In Heilung, ich bin, ich bin.

Im Glück, ich bin, ich bin.
Heute bin ich Liebe, ich bin, ich bin.
Heute bin ich Licht, ich bin, ich bin.
Heute bin ich Leben, ich bin, ich bin.
Ich lebe wahrhaftig, ich bin, ich bin."

Lassen Sie sich inspirieren und entdecken Sie Ihre eigenen Mantren und Gebettexte. Dann kommen Sie immer mehr in Ihre Mitte und können herausfinden, was Sie besonders beschäftigt und unterstützt.

Ein besonders kurzes und Kraft erweckendes Mantra lautet:

„Nur im Hier und Jetzt"

Es erweitert Ihre Aufnahmefähigkeit für heilende Impulse und steigert Ihre Aufmerksamkeit für die Gegenwart. Damit stärkt es die Kraft aus dem Herzen, denn das Herz ist der Sitz des innersten Seins. Es kennt keine Vergangenheit und keine Zukunft, sondern existiert ewig im Hier und Jetzt.

Dieses Mantra öffnet das Tor zur Ewigkeit und kann auch in kritischen Situationen, wenn unser Ego das Steuer übernehmen will, in die eigene Mitte leiten. Sprechen Sie es so oft wie möglich im Gedanken oder auch hörbar, wann immer Sie innere Sammlung brauchen oder wünschen.

In einem Heil- und Gebetskreis werden die positiven Botschaften energetisch verstärkt und die Heilschwingung deutlicher spürbar. Lassen Sie sich einfach darauf ein und ergänzen Sie Ihre bisherigen Gebetspraktiken, falls Sie sich mit einer Tradition verbunden fühlen oder beginnen Sie heute, mit dem ALL-Bewusstsein durch das Überbewusstsein eine bewusste Verbindung zu leben.

Innere Einkehr führt Sie in Ihre eigene Mitte und verbindet Sie auch in schwierigen Situationen mit ihrem Lichtbewusstsein. Die Affirmationen (Seite 239), Meditationstexte (Seite 324, 430, 565) und Dankbarkeitsübungen (Seite 520) können Sie für Ihre täglichen Gebete einsetzen und nach persönlichen Ideen erweitern. Eine geistige Ausrichtung des Bewusstseins schützt Sie vor den Auswirkungen des Egos und öffnet Sie für lichtvolle Inspiration in jedem Moment ihres Alltags.

"Das beste Gebet und die tiefste Meditation
ist stets ein
Dankmedigebet."

DJW

Spiritualität

*„Das elementarste Gesetz der Spiritualität
ist die Hingabe."*

DJW

Spiritualität ist das tiefe Wahrnehmen, Erkennen und Erspüren des eigenen Bewusstseins im Verlauf der Wechselwirkung mit dem höchsten Bewusstsein.

Im spirituellen Prozess will das Licht des eigenen Bewusstseins mit dem des All-Bewusstseins verschmelzen und sich von den Fesseln der Dunkelheit ganz befreien.

Antrieb zu einer spirituellen Entwicklung ist eine Kraft, die den Verständigen zur Quelle aller Kraft führt und ihn dort die Einheit allen Seins erfahren lässt.

Wenn wir uns bewusst für die spirituelle Kraft öffnen, die Lichtkraft erlangen, dann entwickeln wir ein sensitives und inneres Empfindungsvermögen und stehen ständig auf Empfang von neuen Lichtínfos verschiedener Ebenen und Dimensionen.

Wir können somit **Lichtinfos** von Außen über jede Zelle aufnehmen und stellen uns dem großen Licht mit Billionen von Zellen für den Empfang des wahren Lichts zur Verfügung.

Stellen Sie sich bitte vor, wie es wäre, wenn jede der Billionen Zellen unseres Körpers eine Lichttransformation erfahren würde. Wir wären lebendige Lichtkraftwerke, die durch die Welt laufen und mit jeder Begegnung andere Menschen mit unserem Licht beschenken würden. So würden wir sogleich zum Empfänger, Speicher, Zünder, Verteiler und Verstärker des ewigen Lichts.

Bevor wir zu vollendeten Lichtkraftwerken geworden sind, war das Licht von Außen wahrnehmbar, umgab unser Bewusstsein, aber wir konnten es nicht klar wahrnehmen, erkennen und verinnerlichen. Wir können nur das in uns aufnehmen, was ein Teil unserer eigenen Schwingung ist, so dass wir in Resonanz gehen, falls ein entsprechender Impuls uns erreicht.

Die Gefühle, die wir empfinden, während das Licht uns erreicht und wir es bewusst empfangen können, sind von besonderer Qualität und Intensität. Alles, was nach diesem Erlebnis mit uns passiert, ist eine zusätzliche Gabe, die uns das lebendig nachempfinden lässt.

Das Sehnen nach der Wahrnehmung des Reinen und Absoluten entspringt aus dem ALL-Bewusstsein, das alle jemals auftretende Impulse seit Ewigem in sich enthält. Über das Überbewusstsein verbindet sich der Mensch mit dem höheren Bewusstsein und empfängt die Impulse, mit denen er in freier Wahl verfährt.

Das Sehnen nach der Wahrnehmung der Liebeseinheit beschreibt das Wesen des individuellen Bewusstseins.

Wir kommen als nichts auf die Welt und verlassen diese mit nichts, ist das stimmig?

Meiner Ansicht nach kommen wir nicht als „Nichts“ auf die Welt, sondern in gewollter Vollkommenheit, die hier auf Erden ihre Vollendung erfahren will.

Wenn wir auf diese Ebene herabsteigen, dann bringen wir in jedem Fall mindestens Liebe, Sehnsucht, Neugierde und einen Lebensplan mit und sind daher mit einer Mission von höchster Bedeutung betraut. Ich meine, wir tragen bereits alles Erfüllende in uns und finden alle Hilfe und Unterstützung, den Lebensplan höchst lichtvoll im weltlichen Umfeld umzusetzen.

Glückseligkeit empfinden

Das menschliche Bewusstsein ist das wichtigste im Leben eines Menschen, da es die (informative) Essenz seines Daseins ausmacht. Es repräsentiert alles Sein, all seine Sehnsüchte und alle Aspekte für Erfüllung und Sinn. Das Bewusstsein ist daher der Schlüssel zur Glückseligkeit.

Wenn es ein Rezept für das Glück gibt, dann liegt es im menschlichen Bewusstsein. Durch einen Bewusstwerdungsprozess erhält der Mensch die Fähigkeit, glücklich zu sein.

Das Bewusstsein ist die Erkenntnis zur ALL-Erkenntnis.
Das Bewusstsein ist der Pfad zum wahren Pfad.
Das Bewusstsein ist der Atem zum lebendigen Atem.
Das Bewusstsein ist der Ton zum ewigen Ton.
Das Bewusstsein ist das Licht in der Liebe.

Wenn also der Mensch sich seines Selbst bewusst ist, hat er alle Voraussetzungen und Chancen für ein glückliches Leben auf Erden.

Je klarer, achtsamer und wahrhaftiger das Bewusstsein, umso friedfertiger, lichtvoller, liebevoller und freier ist das Leben im Hier und Jetzt. Bewusstsein ist die Grundlage dafür, ein freies, friedliches, wahrhaftiges, gemeinschaftliches und liebevolles Leben zu führen. Nur durch ein weites Bewusstsein ist es möglich, die Ego-Täuschungen zu durchschauen und die wahren Sehnsüchte zu erfüllen.

Bewusstsein ist die Summe aller Erkenntnisse, Empfindungen, Eingebungen und Visionen auf der materiellen Ebene. Die materielle und die geistige Ebene wird durch Bewusstseinsprozesse wahrgenommen und gestaltet. Was wir fühlen, ersehnen und als erfüllend erleben, ist Ausdruck und Wirken aus individuellen und allgemeinen Bewusstseinsformen.

Wege der Erweiterung zum Lichtbewusstsein

Jeder Weg, den ein Mensch in seiner Wahlfreiheit einschlägt, führt über kurz oder lang zum Lichtbewusstsein. Alles ist bereits seit Beginn aller Zeit angelegt und bereitet und braucht nur erweckt und entdeckt zu werden. Es gibt Entscheidungen, die das innere ewige Wachstum im zeitlichen Umfeld fördern oder auch behindern. Der Mensch kann beliebig Umwege wählen oder seine wahre Erfüllung in der Erweiterung seines Bewusstseins erleben.

Ich habe Ihnen bereits mehrere Wege und Übungen vorgestellt, um das innere Wachstum zu fördern. Die Transformation des Bewusstseins setzt in jedem Fall mit einem Schritt der Erkenntnis ein, und daher ist es von höchster Bedeutung, sich für die Erkenntnis der wahren Zusammenhänge innerlich zu öffnen. Das Ego versucht mit Raffinesse, auf Ihrem Lebensweg zu dominieren, es ist daher unerlässlich, in klarer Erkenntnis das eigene Selbst zu entwickeln.

Besonders effektive Wege unterstützen das wahre Selbst, sich zu erkennen und sich von den Täuschungen des Egos nicht mehr beeinflussen zu lassen. In allen Bereichen, die noch nicht ins Licht transformiert sind, sind die Schritte des Heilzyklus zur Transformation zu durchschreiten. Das menschliche Potential wird erweitert, der Mensch öffnet neue Tore seiner Möglichkeiten.

Alle Methoden lassen sich in drei Gruppen einteilen. Die reingeistigen Wege sind die direkte Verbindung des Menschen zur rein geistigen Wirklichkeit der Ideen und Konzepte. Hier ist das Überbewusstsein das Tor im Menschen für den Informationsfluss. Im Dialog mit anderen Geschöpfen ist die Herzensverbundenheit das wesentliche Moment. Bei der Wissensvermittlung wird der Intellekt als menschliche Instanz angeregt, um bei der Verinnerlichung den Erfahrungsschatz der Seele zu ergänzen und das Wissen des Geistes zu erweitern.

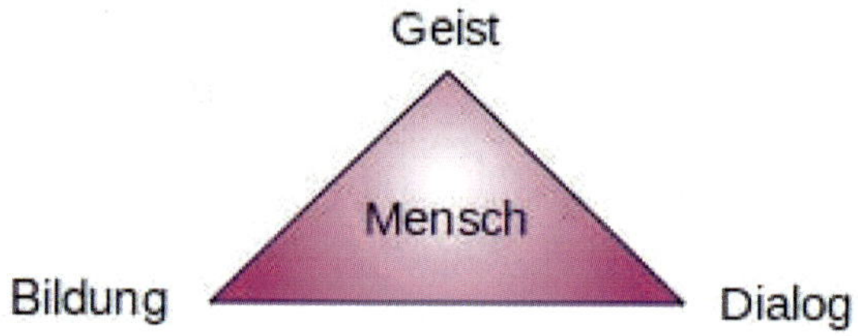

Trinität der Erkenntniswege nach David Wared

Körperlose oder auch **rein geistige Methoden** beinhalten die Meditation, das Bewusstwerden durch Eingebungen und Träume und die Entwicklung von Visionen und Plänen der Realisierung. Durch Aktivierung des Geistauge-Lichtpunkts, das Tor für die Erkenntnis und Verbindung zum universellen Geist, lassen sich geistige Impulse aus dem ALL-Bewusstsein empfangen und im Inneren bewusst machen.

Für jeden Menschen sind Phasen des Rückzugs und der Stille notwendig, um mit sich selbst in der eigenen Essenz und der Uressenz verbunden zu bleiben und sich den Raum für Affirmationen, Gebete und Besinnung zu geben. Meditation kann mit Musik und Mantren unterstützt werden. Sowohl aufnehmende als auch ausdrückende Methoden unterstützen den Menschen in seiner geistigen Führung.

Im **Dialog mit der Umwelt** erfährt der Mensch Spiegelung und Herzensverbundenheit zu den Mitgeschöpfen. Die Begegnung mit der Natur, den Tieren und Pflanzen und besonders mit den Mitmenschen bietet vielfältige Anregung für das Gefühl und den geistigen Fluss. Ein Kinderlächeln, eine Gestik der Zärtlichkeit oder der Duft einer Rose öffnen die Herzen und beleben den Körper. Es liegt ein wunderbarer Zauber in allem Lebendigen, das lichte Bewusstsein möchte sich damit inniglich verbinden und wünscht sich die Ewigkeit im Augenblick zu erleben.

Aus dieser Sehnsucht entsteht das neue Erleben und die Realität im erweiterten Bewusstsein. In Partnerschaft und Sexualität lässt sich das Einheitsempfinden zum wahren Höhepunkt des Seins steigern und der Mensch erlebt Verschmelzung im höchsten Grad. Daraus entwickelt sich die Kraft und Motivation für weiteres Wachstum und die Vereinigung vom männlichen und weiblichen Pol ebnet den Seelen den Weg zur Manifestation im Irdischen. Der Kreislauf der Wiedergeburten lässt alle Seelen ihren individuellen Weg erfahren und die Hoffnung auf ALL-Einheit ist ihr Antrieb.

Der **Weg des Wissens** und der Bildung schließt alle Methoden der Wissensvermittlung, die nicht direkt als Dialog erfolgen, ein. Seminare, Lektionen von Lichtlehrern, Bücher, Videos und Medien wie etwa das Internet helfen, die Information, die zur Erkenntnis und Erweiterung eines Bewusstseins beiträgt, zu verbreiten. Heutzutage sind Medien von großer Bedeutung für die Menschheit.

Die Einweisung von einem erleuchteten Menschen, der bereits das Lichtbewusstsein erlebt und praktiziert, ist eine besondere Gnade und Gabe des Lebens an den Lichtschüler. Durch Bitten und innere Öffnung lässt sich eine solche Begegnung vorbereiten und ins Leben bringen, wenn die Zeit reif ist. Vertrauen in den eigenen inneren Weg lässt das innere Licht sich ausdehnen, und immer mehr Menschen treten in Resonanz mit der höheren Schwingung eines höchsten Bewusstseins. Wahre Heiler sind Lichttransformierer und Lehrer zugleich und erreichen durch die geistige Kraft beliebig viele Seelen über den Äther.

Um ins Lichtbewusstsein zu gelangen, ist es zunächst wichtig, sich im Rahmen der Wahlfreiheit lichtvoll auszurichten. Die innere Klarheit und Entschlusskraft ermöglicht es, das Ego in den Schritten, die die Bewusstseinslevel darstellen, zu überwinden. Die Tabelle der Bewusstseinslevel (Seite 73) ist ein sehr effektives Werkzeug, um zu erkennen, wie die nächsten Schritte der Erweiterung aussehen.

Nutzen Sie dafür auch die Erkenntniswege, das heißt, gehen sie in die Meditation, setzen sie Affirmationen und Mantren ein, erweitern Sie Ihr Wissen durch Lektüre, Workshops und die Texte dieses Buchs und gehen Sie auf andere Menschen zu, tauschen Sie sich über das Lichtbewusstsein aus. Entdecken Sie die Schönheit der Natur und holen Sie sich Kraft daraus.

Und vergessen Sie nicht die tägliche Praxis des neuen Wissens in Ihrem privaten und beruflichen Umfeld. Mitmenschlichkeit ist dabei die wichtigste Übung in Ihrem Alltag, um das Lichtbewusstsein zu entwickeln und in Ihrem Lebensprozess zu verankern. Beginnen Sie also sogleich damit, es gibt dazu viele Gelegenheiten.

*"Die stille Meditation umfasst
und erfüllt alles.
Es ist Atem holen, erkennen,
wachsen und vergehen
in einem."*

DJW

rein geistig	**Wissen und Bildung**	**Dialog mit Mitgeschöpfen**
Meditation	Vorträge, Videos	Nächstenliebe
Gebet	Bücher über das Bewusstsein	Partnerschaft
Mantren	Seminare, Workshops	Dualseelen-verbundenheit
Affirmationen	Unterrichtung	Kunst, Musik, Tanzen
Geistauge-Lichtpunkt aktivieren	Forschung	Naturempfinden
Visionen	Bewusstseinslevel verinnerlichen	Lichtbewusstsein praktizieren
Innere Transformation	Herz-Verstand-Erkenntnis	Anteilnahme
Heilsein entwickeln	Heilwerden	Teilen des Heils und des Besitzes
....	...	...

Die Wege der Heilung im neuen Bewusstsein

Geistiges Heilen in mehreren Ebenen

Der Mensch in der 3. Dimension hat noch nicht erkannt, dass ein Heiler der neuen Zeit bei seinen Behandlungen auf mehreren Ebenen des Seins sowohl heilend als auch prophylaktisch helfen kann.

Ein im höchsten Maße dienender spiritueller Heiler bewirkt auf den Wellen des Geistes die Transformation des Erkrankten zum Lichtbewusstsein, indem er dem Erkrankten hilft, sich von seinen Schattenanteilen zu befreien. Je nach der Situation und der Art der Erkrankung kommen unterschiedliche Methoden zum Einsatz, um zum Erkrankten eine Verbindung herzustellen.

Ein guter spiritueller Heiler kann in den drei Medien Materie, Äther und Geist durch geistige Kraft eine heilende Geistverbindung aufbauen. Daraus ergeben sich die drei Ebenen

1. **Materialisieren / Dematerialisieren**
2. Impulsierung aus dem **Ätherraum**
3. Impulsierung aus dem **Geistraum**

Die geistige Licht-Energie des Heilers findet im Erkrankten einen Ansatzpunkt, um ihre heilende Wirkung zu entfalten. Die Impulsgebung erhöht beim Erkrankten die Schwingung und wirkt daher immer ganzheitlich, das heißt, auf alle Bereiche seines Seins: Körper, Seele, Geist.

Das menschliche Sein manifestiert sich, indem es mit seinem Umfeld in den drei Ebenen universell (Überbewusstsein), kollektiv (Unterbewusstsein) und individuell (Dualbewusstsein) in Verbindung tritt. Diese Trinität ist äquivalent zum 3L-Prinzip, das aller Existenz zugrunde liegt (siehe dazu S. 93).

In allen Ebenen der Existenz können Blockaden entstehen, falls der Mensch sich von dem Ganzen innerlich abtrennt. Er erliegt dann der Anbindung und Täuschung, isoliert zu existieren und verliert verliert damit den Zugang zu seiner eigenen Essenz. Öffnet sich der Mensch für einen Heilprozess, dann können ihn Heilimpulse erreichen und Blockaden sich auflösen. Der individuelle Mensch erfährt Heilung und mit ihm auch die Menschheit insgesamt, ja sogar die universelle Schöpfung (Mutter Erde) ist in jedem Heilgeschehen involviert. Der Weg zur Heilung führt ins Einheitsbewusstsein, das Ursprung und Ziel allen Seins beinhaltet, so dass die Energien frei fließen können.

1. Heilwerden auf der materiellen Ebene

Ein Beispiel für **Materialisierung** ist etwa dann gegeben, wenn ein defekter Knochen (ein Riss) durch Ergänzen der fehlenden Substanz wieder geschlossen wird. Fehlende Substanz kann durch Materialisation aus einer geistigen Quelle ersetzt werden, da allen Formen in der Materie ein schöpferischer Geist-Impuls ihrer Entstehung vorausgeht. Bei der geistigen Heilung kann Materie neu erschaffen werden. Es ist ein schöpferischer Prozess, wie er im Kosmos permanent geschieht, weil der Geist eine unerschöpfliche Quelle für die Erschaffung und Erweiterung der Materie darstellt.

Bei der **Dematerialisierung** wird zu viel ausgebildete Substanz durch geistiges Heilen aufgelöst. Beispiele für Materialüberschuss sind Geschwülste, Blockaden und wucherndes Gewebe. Durch einen geistig-energetischen Bewusstseinsimpuls in die Essenz jeder einzelnen Zelle hinein, kann sich krankhaft entwickelte Materie dematerialisieren.

Der geistige Fluss und die Seelenschwingung, die vom Heiler ausgesendet werden, erreichen das Innere der Körperzellen des Erkrankten und sogar das Innere jedes Zellkerns. Dort transformiert sich die zelleigene Schwingung in eine höhere, heilende Frequenz, die sogar die DNA und deren epigenetische Muster in den Zellkernen von ihren Defekten und Blockaden befreit und in Lichtschwingung überführt.

Damit wird die gesamte Zellinformation verändert und erst dann die Heilung möglich gemacht.

2. Der Ätherraum - der Träger des Lichts

Impulsierung aus dem **Äther** erfolgt durch die Erweiterung des eigenen Ätherraums, in dem die eigene Energie in die Umgebung wirkt. Vereinfacht bezeichne ich diese Methoden als „**Ätherarm**", um die direkte Wirkung auch auf materielle Abläufe zu unterstreichen.

Als Heiler bin ich Sender meines Lichts, das in heilender Schwingung das Energiefeld des Empfängers anhebt. Der Äther verbindet allumfassend, er ist ein Medium, das nicht an Materie gebunden ist, am ehesten mit der Luft vergleichbar. Auch in einem Vakuum sind Photonen als Lichtträger nachweisbar, denn auch dort existiert der Äther. Physikalische Vergleiche dienen hier nur der Veranschaulichung. Die Messbarkeit mit Hilfe materieller Apparaturen ist nicht immer gegeben, aber bei vielen Beobachtungen auch nicht notwendig. Von Bedeutung ist die Wirkung dieser subtilen Energien, die wiederholt beobachtet und bestätigt worden ist zum Wohle unzähliger Geheilter.

Manchmal verlässt mein Bewusstsein sogar meinen Körper, und bewegt sich in der Ätherebene zum Empfänger, um dort zu helfen. Bei Operationen und Unfällen beispielsweise werden

Ablauf und Auswirkungen von mir heilsam gesteuert. Die Möglichkeiten der Erweiterung des eigenen Ätherraums sind vielfältig. Neben außerkörperlicher Erfahrungen kann auch ein intensiver Blick in die Augen die Seele des Empfängers erreichen und eine Lichttransformation bewirken. Die Augen sind die Tore der Seele, wie auch die Schwingung, die aus der Seele beim Menschen das Aurafeld gestalten.

Ein Seelenheiler vermag die Botschaft der Seelenschwingung in sich aufzunehmen. Durch die Seelenschau wird die wahre Bedeutung einer Situation für die Seele des Betroffenen offenbar. Abhängig von dieser Information können Geist und Körper in ihre Lichtschwingung versetzt werden und Heilung kann stattfinden.

Ätherheilmethoden wirken individuell vom lichtbewussten Heiler auf einen Empfänger spezifisch für eine Situation.

3. Der Geistraum – Die Quelle der Impulsgebung

Bei direkter Impulsierung aus dem **Geistraum** können alle Beschränkungen in Raum und Zeit aufgehoben werden. Im Geistraum erweitern sich die Möglichkeiten des Äthers, denn hier wirken die Kräfte des Geistes allgegenwärtig.

Impulse aus dem Geistraum wirken individuell, kollektiv und universell. Ihre Anwendung ermöglicht die absolute Präsenz des Heilers unabhängig von Zeit und Ort. Das Phänomen der Multidimensionalität eröffnet mir die gleichzeitige Heilung und geistige Begleitung mehrerer Hilfebedürftiger. Ein Beispiel aus der Praxis kann das veranschaulichen: Während ich mehrere Menschen weltweit mit Fernheilung behandele und mit einem meiner Schüler in einem Lokal wichtige Aspekte der Lichttransformation erörtere, begleite ich eine Patientin auf einem anderen Kontinent während ihrer schweren Herzoperation. Ich habe ihr Kraft gegeben und dafür gesorgt, dass sie die Vollnarkose ohne

Probleme verträgt. Sie erzählte mir danach, dass ich ihr in den Träumen erschienen war und alles angstfrei für sie verlief. In allen drei Ebenen habe ich voll präsent gewirkt, war ohne Einschränkung für alle Signale empfänglich. Allgegenwärtigkeit und Zeitlosigkeit treffen im multidimensionalen Erleben direkt zusammen und diese Erfahrungen sind einem Menschen im höchsten Bewusstsein jederzeit möglich.

Ein geistiges Feld beeinflusst beliebig viele Empfänger körperlich, geistig und seelisch gleichzeitig. Sie werden durch das lichtvolle Impulsieren des Heilers dazu angeregt, selbst Impulse des Lichts in sich zu zünden und auszusenden. Weltweite geistig orientierte Kreise der Meditation und Fernheilung inspirieren alle Teilnehmer zugleich, ihre Schwingung zu erhöhen und ihr Licht an andere innerhalb und außerhalb des Kreises weiterzugeben.

Erkennen wir unser eigenes Licht, dann erkennen wir auch das Licht im anderen. Meine dienende Mission als Lichtträger, Lichterschaffer und Lichttransformator erweitert mein Verständnis von Heilung. Alles ist verbunden, auch unsere Erde und der gesamte Kosmos haben eine globale Schwingung, das heißt ein eigenes Bewusstsein. Daher erfolgt Heilwerden auch global und kollektiv. Heilung wirkt auf die Natur im Pflanzenreich, Tierreich und im anorganischen Bereich.

Als Akt des Dienens für **Mutter Erde** wende ich eine besondere Form der Heilung an, die aus dem Geistraum wirkende **Lichtverankerung**. Unsere Erde als Grundlage allen irdischen Lebens bedarf der Heilung, da sie durch den Menschen intensiv ausgebeutet wird und durch unverträgliche Stoffe global vergiftet wird. Der Mensch hat sich der Ressourcen bedient, ohne sich seines Handelns vollständig bewusst zu werden, motiviert aus dem Schatten der Gier. Dadurch hat sich die Schwingung des Erdkörpers und der Erdseele abgesenkt und bedarf neben der Maßnahmen des Umweltschutzes auch der heilenden Impulsierung aus dem Geistraum. An kraftvollen Orten, die weltweit zum Energieaustausch aufgesucht wurden, ist der Zugang zu den Erdenergien erleichtert. In Machu Pichu, in Arizona, am Bodensee, an Nil und Ganges hat es bereits in der Steinzeit Rituale zur Kommunikation mit der Erde gegeben.

Lichtverankerung in der Erde hilft, neue Kraftorte entstehen zu lassen und den bereits entdeckten Plätzen zu neuer Kraft zu verhelfen. So können sich der Erdkörper und die Natur schneller regenerieren und allen Lebewesen als Kraftquelle dienen. Viele dieser Kraftorte habe ich bereits aufgesucht und in ihnen neues Licht verankert. Jeder Mensch kann sich auf diese Weise an beliebigen Orten mit seinem Licht für unsere Mutter Erde einbringen - motiviert aus Notwendigkeit, denn wir hängen von der Kraft unseres Planeten ab und ebenso aus Sehnsucht, das eigene Licht auszubreiten.

Sich der Liebe für die Schöpfung bewusst zu werden und sie zu verbreiten, bringt höchste Erfüllung und hebt die individuelle, kollektive und universelle Schwingung auf ein höheres Niveau. Liebevolle Gedanken, Visualisierung des Lichts in der Erde, Mantren und stille Versenkung helfen, die Balance der Natur wieder zu erlangen und Heilung auf allen Ebenen zu unterstützen. In einem eigenen Kapitel habe ich auf Seite 582 eine eigene Meditation kurz beschrieben und möchte Sie einladen, sich selbst in eine tiefe Versenkung zu begeben, wenn Sie in sich den Impuls dazu verspüren.

Prophylaktische Behandlung aus dem heilenden Geist

Ein berufener Heiler mit höchster Liebe, Hingabe und geistiger Verbundenheit kann nicht nur Krankheiten HEILEN, sondern ebenso durch ein Heilsignal die schwierigsten kommenden Komplikationen vor ihrem Eintreffen beim Behandelten verhindern. Krankheiten und Blockaden sind Ausdruck des Schattenbewusstseins. Sie fordern den Betroffenen auf, neue Erkenntnisse zuzulassen und höchste Aufmerksamkeit für ein Thema im Schatten aufzubringen. Sie sind ein Warnsignal dessen, was möglichst schnell bewusst gemacht werden sollte und zur Auflösung im Sinne des Ganzen zu bringen. Bevor sich diese Information materiell manifestieren kann, ist sie bereits im Lichtkörper des Informationsfelds (Siehe dazu Seite 98) präsent und durchläuft dann den Liebes- und Lebenskörper.

Krankheiten können durch einen mit dem höchsten Geist verbundenen Heiler abgewendet werden. Ein solcher Heiler hat Antennen für Signale aus dem Energiefeld des Behandelten, die von normal sensitiven Personen nicht empfangen werden, da diese solch feinstofflichen Frequenzen nicht wahrnehmen können. Solange sich die Blockade im Ätherfeld befindet, kann durch Erkenntnis und Umorientierung zum Licht der Ausbruch körperlicher Erkrankungen oder das Auftreten von Unfällen als Ausdruck dunkler Quellen verhindert werden.

In dem Moment, wo ich als Heiler Blockadesignale beim Menschen empfange, fange ich an, mich zu informieren und gegebenenfalls durch Nachfragen herauszubekommen, welche Aspekte des Lebens sich im krankhaften Prozess momentan bemerkbar machen, Alle drei Körper des Ätherfelds können durch heilende Impulse beeinflusst werden, so dass sich die

Blockade löst.

Dabei erfolgt der Blockade-Informationsfluss in einer bestimmten Frequenz, für die auf der materiellen Ebene eine passende Empfangsfrequenz zur Ausbildung einer Krankheit erforderlich ist. Es kommt zur materiellen Erkrankung, falls diese beiden Frequenzen sich so sehr entsprechen, dass sie in Resonanz gehen.

Ein im höchsten Maße dienender und liebender Heiler kann sowohl die Frequenz des herabsteigenden Blockadegeschehens im Licht-, Liebes- oder Lebenskörper verändern, so dass keine Empfänglichkeit mehr für eine Erkrankung gegeben ist, als auch die Empfänglichkeit des Betroffenen soweit verändern, dass sich das Signal nicht im Körper ausbreiten kann. Die Empfänglichkeit für krankhaftes Geschehen lässt sich durch Änderung der Zellinformation beeinflussen. Durch Anwendung der *Essenzheilung*, die von mir entwickelt und vielfach eingesetzt wurde, können beispielsweise Krankheiten an ihrer Ausbreitung im Organismus gehindert und Fehlinformation aufgelöst werden.

Krankheiten entstehen im Allgemeinen dann, wenn sich körpereigene Schwingung in negativer Art verändert. Die Krankheit sucht sich für ihre Ausbreitung zunächst die schwächste Körperstelle als Anker. Natürlich ist jeder Mensch für seine eigene Schwingung mitverantwortlich, da er sie auch durch seine Bewusstseinsentscheidungen beeinflussen kann. Auf diesem Weg beteiligt er sich wesentlich an der Gestaltung aller Geschehnisse, die ihm im Leben widerfahren.

Ich habe in meiner Praxistätigkeit wiederholt die Menschen in ihre eigene Balance gebracht, damit die Kranken in Kontakt mit ihrer ureigenen Essenz kommen können. Dann finden sie zur Quelle ihrer Kraft, zum Weg ihrer Wahrheit, zum Ziel ihres eigenen Friedens durch ein Leben in Wahrhaftigkeit und Authentizität. Durch die Essenzheilung wird der Mensch im umfassenden Sinne geheilt und erfährt sich selbst als das Wesen, das er sein möchte. Er hat dann dunkle Aspekte seiner Persönlichkeit zum Licht transformiert und lebt die ewig gültigen Werte des Lichtbewusstseins im höheren Maße als zuvor, da er sich ihrer mehr bewusst geworden ist.

Heilung als Bewusstseinsprozess unterscheidet sich grundlegend von allen Methoden der Krankheitsbeseitigung auf der rein materiellen Ebene, bei der lediglich Symptome beeinflusst werden können. Ein im höchsten Maße dienender Heiler sorgt bei einer bestehenden Krankheit dafür, bereits verändertes Körpergewebe und funktionale Störungen energetisch und geistig **einzukapseln**. Der kranke Bereich kann dann abgebaut und entfernt werden.

Ein gesunder Mensch in seiner Balance lebt solange, wie es ihm bestimmt ist. Das Bewusstsein enthält alle Information über die Bestimmung, Ziele und Zeitspanne seines aktuellen Lebensverlaufs. Alle Krankheiten entstammen dem Schatten und zeigen daher die Bereiche des Bewusstseins, die der Transformation ins Licht noch bedürfen, Daher ist Heilung als Prozess der Transformation zum Licht immer im Sinne des höchsten Bewusstseins.

'Es wird Zeit, dass wir „das Böse“
im Menschen anschauen,
durchschauen und auflösen, denn

außerhalb des Menschen
gibt es nichts
„Böses“'.

DJW

Die zehn Gebote des geistigen Heilens

1. Gebot:

Geistheilung nach meinem Verständnis geschieht durch den ewigen Geist des Schöpfers und jeder Heiltherapeut fungiert als Kanal der Heilung.

2. Gebot:

Geist ist der Impulsgeber für jede einzelne Zelle und jede Zelle wird durch den Geist beseelt und belebt.

3. Gebot:

Geist braucht Raum in uns, um sich ausdehnen zu können. Wenn wir unseren Geist vertrauend, glaubend und liebend pflegen, dann lässt der Geist in jeder Körperzelle seine Heilschwingung wirken und dehnt das Heil von der Zelle beginnend über den ganzen Körper aus.

4. Gebot:

Geist, Heilung und Heilsein sind aufs Engste verbunden und Bestandteil unserer inneren Haltung und äußeren Handlungen. Eine innere Öffnung für das geistige Heilen fördert den Heilprozess, ist jedoch nicht in jedem Fall notwendig.

5. Gebot:

Geist ist die reinste Schwingung der materiellen Welt und Materie ist die niedrigste Schwingung von Geist. Der Geist ist die Essenz aller Existenz, Ursache und Auswirkung von Kranksein und Heilung. Jeder Heilprozess ist auch ein geistiger Heilprozess, denn Geist definiert und durchdringt alles Sein.

6. Gebot:

Geistiges Heilen basiert auf einem ganzheitlichen Menschenbild. Geistheilung und Geistgenesung können zu jeder Zeit, in jeder Situation und an jedem Ort geschehen. Geist ist in jeder Seinsebene allgegenwärtig. In der dualen Ebene wirkt der Geist als geistiges Heilen.

7. Gebot:

Geistesausdehnung und tiefes geistiges Heil haben ihre Wurzel in unserem inneren Mitgefühl und in äußerer Zuneigung zu anderen Menschen. Heilung im umfassenden Sinne ist innere Wandlung in Richtung Humanität.

8. Gebot:

Geistiges Heilen geht davon aus, dass die Welt und jedes einzelne Wesen ein beseeltes, energetisches und komplexes System darstellt, das von der Schöpferkraft des universellen Geistes beeinflusst und genährt wird.

9. Gebot:

Geistige Heiltherapie schließt andere Heilmethoden nicht aus, sondern ergänzt sie ganzheitlich und kann neben jeder Therapie angewandt werden, aber auch als eigenständige allein eingesetzte Methode fungieren.

10. Gebot:

Geistheilung fördert das Heilwerden im ganzheitlichen Sinne (Körper, Seele und Geist). Die Selbstheilungskräfte werden angeregt und das Immunsystem gestärkt.

Bewährte Heilmethoden aus der Praxis

Es gilt, dass die Materie stets aus dem Geist entsteht. Heilung hat zum Ziel, Blockaden materieller und geistiger Art durch Licht aufzulösen. Aus dem erweiterten Heilverständnis meiner Familientradition sind mehrere Ansätze des Heilens mir überliefert und von mir weiterentwickelt worden. Wichtige Methoden stellen Heiltraumentwicklung, Materialisierung und Dematerialisierung, Seelenheilung, Geistheilung und Essenzheilung dar.

Weitere wichtige Methoden meiner Heiltätigkeit sind

- Bewusstseinsaufdeckung
- Lichtheilung
- Tanz- und Bewegungsheilung
- Mantrenschwingung
- Poesieschwingung
- Informationsheilung durch Worte
- Inkarnationsheilung
- Ergänzung durch homöopathische Mittel und Bachblüten

Alle Methoden wirken auf den ganzen Menschen, das heißt in seiner Trinität als Körper, Seele und Geist. Manche haben jedoch einen Schwerpunkt in einer der drei Aspekte.

In allen Heilaktivitäten verbindet sich der Geist meines Lichtbewusstseins mit dem kranken und blockierten Menschen, so dass Heilsbotschaften und –impulse den Kranken erweitern und deblockieren können.

Die folgende Tabelle ordnet die Methoden einem Schwerpunkt zu:

Körper	Meridian- und Chakrenheilung Matrixheilung Tanz- und Bewegungsheilung Materialisieren, Dematerialisieren
Seele	Lichtheilung Heiltraumarbeit Inkarnationsheilung Mantrenschwingung
Geist	Höchstes Bewusstsein bittend Bewusstseinsaufdeckung Informationsheilung durch Worte und Fernheilung

Als Beispiel sei hier die *Lichtheilung* angeführt, die über intensiven Augenkontakt zum Heilsuchenden ausgeübt wird. Dabei werden die Tore der Seele geöffnet und die Seele befragt, ob sie bereit ist, sich energetisch zu erweitern. Sie erhält dafür Hilfe aus dem ALL-schöpferischen Bewusstsein, wobei der Heiler als Kanal dient.

Eine Bitte an das ALL-Bewusstsein um Befreiung und Erweiterung eines blockierten individuellen Bewusstseins ist sehr häufig die Methode der Wahl, um Heilung zu ermöglichen.

Durch einen Prozess der Materialisierung kann das Energiedefizit ausbalanciert werden und die Blockaden können sich auflösen.

Daraus entstehen Erweiterung und eine Ausdehnung des inneren Lichtanteils des Gesamtbewusstseins. Das Individuum erlebt einen Aufstieg in einen höheren Bewusstseinslevel und die Menschheit insgesamt ist einen Schritt weiter in Richtung Humanität und ALL-Liebe gekommen.

Meine Vision des Heilens im Lichtbewusstsein

Jeder Mensch hat in seinem Geist eine Instanz, die ihn befähigt, sich selbst zu heilen. Diese Anlage wird auch als "Innerer Heiler" bezeichnet und steht in enger Verbindung zum geistigen Schöpferbewusstsein. Die Trinität des menschlichen Bewusstseins beinhaltet das Überbewusstsein als den Aspekt, der die permanente Verbindung zum geistigen Schöpferbewusstsein umfasst und der „Innere Heiler" stellt eine Facette davon dar. Eine bewusste Verbindung zum „Inneren Heiler" setzt ein klares Bewusstsein mit liebevoller Ausrichtung voraus, so dass das Ego nicht mehr bestimmend ist, denn das Ego will den inneren Wachstumsprozess mit allen Mitteln der Täuschung verhindern.

In naher Zukunft (ca. 5 Jahre) hat jeder Mensch mit erwachtem Bewusstsein eine Verbindung zu seinem inneren Heiler aufgebaut. Diese Verbindung wird allen Menschen für ihre Wege wichtige Impulse vermitteln und die Erweiterung ihrer Bewusstheit beschleunigen.

Mittelfristig (10-15 Jahre) wird jeder Mensch, der seine Transformation vollzogen hat (Geistmensch), selbst sein Heiler sein. Außenheilung wird immer seltener benötigt, da es eine weltweite Bewegung aller Erwachten geben wird, die die ewig gültigen Werte der Liebe, Wahrheit, Freiheit und des Friedens in ihrem Leben umsetzen. Alle Meister und geistigen Führer nehmen diese Werte an, leben nach ihnen und vermitteln sie weiter.

Einigkeit und gegenseitige Akzeptanz prägen das Zusammenleben der Menschen in ca. 20-30 Jahren. So gelingt es, ohne Kriege mit den anstehenden Problemen wie Hunger und Wassermangel friedvoll und effektiv umzugehen, vorausgesetzt, es gelangen genügend Menschen in das Stadium des Geistbewusstseins (ab Level 6).

Visionen sind innere Bilder, die der menschliche Geist erfahren kann, wenn sich der zeitliche Horizont der Wahrnehmung weiter in die Zukunft ausdehnt. Die Erweiterung des Bewusstseins bringt auch eine feinere Wahrnehmung mit sich, da die Vernebelung durch das Ego immer mehr der Klarheit des Lichtbewusstseins weicht. Das Aufheben der zeitlichen Einengung ist ein Zeichen für die Fähigkeit, die vierdimensionale Raum-Zeit-Ebene um die fünfte und höhere Dimensionen zu ergänzen und damit ihre einengende Vorstellung aufzuheben.

Dann geschieht Heilung auf höheren Ebenen des Seins. Bereits heute verändere ich die Struktur des Geistes, befriede die Seelenquelle des Menschen und impulsiere die Matrix jeder Zelle. Durch innere Erweiterung gelingt es dann dem Menschen, sein Bewusstsein von den Egoprojektionen zu befreien und seine paradiesische Vision zu leben. Das kann niemanden gleichgültig lassen, es berührt den Menschen in seinem tiefsten Inneren und lässt ihn selbst zu einer Quelle des Lichts werden.

Wenn ein Schriftsteller beispielsweise in ein Mangelbewusstsein gerät, kann er nicht kreativ tätig sein. Er verliert dann auch noch den Rest an Inspiration und Motivation , denn sein Ego bringt ihn in die Bahnen des Zweifels. Immer mehr sieht er die Verantwortung bei anderen und erliegt der Versuchung, seinen Weg der Liebe, der in seiner Seele angelegt ist, zu verlassen.

Führt ihn sein „innerer Führer“ zu einem Geistführer im Lichtbewusstsein, erkennt er seine Situation und Geisteshaltung immer klarer und kann sich dann von seinen egobedingten Täuschungen befreien.

Hier wird ein allgemeines Bewusstseinsproblem offenbar. Wenn jemand krank wird oder in einen anderen Mangelzustand gerät, dann zeigt sich ein universales Prinzip, eine Gesetzmäßigkeit, die in dieser Form für die gesamte Schöpfung gilt. Ein Geist im reinen Lichtbewusstsein kann das Geschehen im Äußeren beeinflussen und den Mangel durch Affirmation und Visualisierung aufheben.

"Frieden ist eine Gnade
an jedem Tag.

Glücklichsein der innere
Umstand dazu, und

die Liebe ist der innerste
Impuls davon."

DJW

Bewusstseinsentwicklung der Menschheit

Jedes Individuum ist einzigartig in seinem Wesen und in seiner Art Bewusstsein zu leben. Dennoch gelten für alle Menschen die gleichen Möglichkeiten, das Bewusstsein zu erweitern und die Gabe des freien Willens zu nutzen. In jedem Entwicklungslevel haben wir die Chance, unsere Wahrnehmung zu erweitern und der Tendenz, vom Negativen verführt zu werden, entgegen zu wirken.

Entwicklungsprozesse brauchen ihre Zeit der Reife, sie lassen sich fördern, aber nicht erzwingen. Eine Rose beispielsweise kann nicht im Stadium der Knospe durch Hantieren zum Blühen gebracht werden. Versucht man das, wird sie kaputtgehen.

Auch bei der körperlichen Entwicklung eines Kindes können wir eine Fähigkeit, wie etwa das Laufen, sinnvoll stimulieren. Dabei erreichen wir mit liebevoller Geduld mehr, als mit extremem Ehrgeiz und unrealistischen Erwartungen. Es dauert im Allgemeinen mindestens ein Jahr, bis ein Kind aufgrund seiner Anatomie und Hirnschaltungsvorgänge zum Laufen fähig ist.

Für alle Seelen im Heilungsprozess gilt daher, besonders achtsam den Verführungen des Egos, das sich in Ungeduld und Anspruchshaltung ausdrückt, zu widerstehen. Das Bekämpfen des Negativen wird die Menschheit nicht zum Heil führen, sondern allein das mutige und geduldige Setzen heilender Impulse.

Die Entwicklung des individuellen Bewusstseins lässt sich durch folgende Schritte intensiv unterstützen:

- Techniken für bewusste Atmung und innere Versenkung
- Meditation und Gebet
- Kontemplation und Selbstreflexion
- Geistorientierung und kosmische Öffnung
- Geist- und Seelenheilung
- Resonanz mit dem inneren Selbst und anderen Wirklichkeitsformen
- Liebevolles Verständnis und Erkenntnis
- Bereitschaft zu vergeben und Anteilnahme
- Mitgefühl und Hingabe
- Vertrauen in Schöpfer und Schöpfung
- Friedvolles Leben und freiheitliches Denken
- Bereitschaft, Mut und Demut
- Kommunikation mit Ähnlich- und Andersgesinnten
- Kontakt mit Wesen aus der Lichtwelt
- Dualseelenerfahrung – unterschiedliche Menschen denken und fühlen in gleicher Weise

Unsere Welt ist in vollkommener Art so beschaffen, dass sich alles Existierende darin entfaltet und Bewusstheit anstrebt. Die Entwicklung zum Lichtbewusstsein ist uns Menschen als duale Bewusstseinsform in vielfältiger Art möglich und das Leben bietet dazu mannigfache Chancen.

Außerdem ist jedes entwickelte Bewusstsein mit einem freien Willen ausgestattet, und damit hat es jeden seiner Schritte selbst zu verantworten. Eine besonders erfüllende Aufgabe ist es, anderen Menschen in einem Energie-Mangelzustand zur Fülle, Friedfertigkeit und Liebesfähigkeit zu verhelfen.

Es gibt Einzelpersonen, die Kraft ihrer Kreativität, ihrer positiven Ausstrahlung, Weisheit und Liebe ganze Kulturen und Gesellschaften energetisch anheben können. Durch Begegnung mit solchen Persönlichkeiten erfahren viele Menschen einen enormen Entwicklungsschub und finden den Mut, trotz widriger Umstände ihren Weg zum Licht, zur Liebe und Glückseligkeit beherzt fortzusetzen.

In jüngster Zeit kommen immer mehr Kinder auf die Welt, denen ein erhöhtes Bewusstsein zu Eigen ist. Meistens zeigen sie sich als besondere Persönlichkeiten, die sich mit den üblichen Formen der Kommunikation und Erziehung nicht arrangieren können. Instinktiv erkennen sie, dass sie besonders befähigt sind und daher andere Menschen anleiten sollten. Eltern und andere Erziehungspersonen kommen nicht immer damit gut zurecht, weil sie diesen Zusammenhang nicht erkennen. Diese Lichtkinder gelten als hyperaktiv und schwer erziehbar, wenn sie in ihrer Umgebung kein Verständnis für ihre besondere Mission und Persönlichkeitsstruktur finden. Sie sind dafür bestimmt, der Menschheit ein höheres Bewusstsein zu vermitteln und dem Leben zu dienen.

Aktuell sind auf unserer Erde etwa 25% der Bevölkerung im Bewusstseinslevel 5 oder höher. Demnach bildet ein Viertel der Weltbevölkerung mit seiner Energie für die Ausrichtung zum Allgemeinwohl ein Gegengewicht zu dem Anteil, der vor allem sein eigenes Gewinnstreben betreibt. Für das Überleben der Menschheit und auch der anderen Lebensformen ist ein allgemeiner Bewusstseinswandel absolut notwendig. Es ist die Aufgabe der höher entwickelten Menschen, das Bewusstseinslevel aller soweit möglich durch eigene Impulse und Vorbild anzuheben.

Die Situation der Menschheit war in geschichtlicher Zeit noch nie so kritisch wie momentan, doch auch die Mittel, Schwierigkeiten zu lösen, waren noch nie so umfangreich. Wir können mit Hilfe technischer Kommunikationsmittel, wie beispielsweise das Internet, die Verständigung und damit auch die gegenseitige Unterstützung gezielt fördern. Kreative Impulse zur Lösung der Probleme können sich augenblicklich weltweit verbreiten. Das global vorhandene kreative Potential zum Wohle aller zu nutzen, ist eine große Aufgabe für die Menschheit. Es besteht daher die Hoffnung, die lichtvollen Kräfte so effektiv zu bündeln, dass sich Lösungen realisieren, die nach bisherigen Vorstellungen noch als utopisch erscheinen.

Jeder Einzelne kann durch eigene Bereitschaft und Hingabe als Lichtquelle wirken, sowohl für die eigene Entwicklung als auch für die gesamte menschliche Gemeinschaft. Die Chancen zum positiven Wandel sind in der Jetztzeit enorm, die Mittel, Positives und Heilendes zu verstärken und allen zugänglich zu machen, sind für einen Großteil der Menschheit gegeben. Die Zeit für langsame Entwicklungsprozesse und Veränderungen ist vorbei. Gegenwärtig erfahren alle Menschen eine Beschleunigung der kollektiven Evolution mit zunehmender Anhebung aller Energieschwingungen.

Die globalen Auswirkungen einzelner Gedanken auf alle Bewusstseinsprozesse wird in der aktuellen Entwicklungsphase der Menschheit zunehmend offenbar. Damit wächst die Verantwortung der erwachten Seelen, als Wegbereiter für alle zu wirken, aber auch die Chance, ihr eigenes friedfertiges Potential der Menschheit zur Verfügung zu stellen.

"Wir können stets das Licht der anderen sehen und spüren, wenn wir unser eigenes Licht ihnen schenken."

DJW

Menschliche Gesellschaft im Lichtbewusstsein

Jeder Mensch steht in enger Wechselwirkung mit seinen Mitmenschen und erfährt in seinem Umgang mit ihnen das Wesentliche über seinen bewusstseinsmäßigen Entwicklungsstand. Ein hohes Bewusstsein ist nicht möglich ohne eine humanitäre Einstellung. Mitgefühl und Mitmenschlichkeit entwickeln sich aus der zunehmenden Bewusstheit über die enge Verbindung aller Seelen untereinander. die sich als Einheitsbewusstsein offenbart..

"Je gebildeter der Geist,
je offener die Seele,
je friedvoller die Einstellung

umso

humaner die Handlungen,
bewusster wird Eigenverantwortung gelebt,
umfassender das Streben nach Einheit
mit Menschen, Tieren und Pflanzen."

DJW

Die höchste Tugend eines humanen Geistes ist die Unfähigkeit zur Gewalt, weil das Fühlen, Denken und Handeln von einem Streben nach Einheit und friedvollen Miteinander bestimmt wird.

Solange sich der Mensch nicht an die höhere Ordnung hält und nicht aus einem inneren Bedürfnis humanitär handelt, ist es in einer Gesellschaft notwendig, ein Strafsystem zu etablieren. In einem solchen System droht ihm für inkorrektes Verhalten der

Vollzug von Sanktionen und nur durch diese Aussicht auf Strafe zügelt er seinen Hang zum eigensüchtigen Verhalten auf Kosten anderer.

Strafende Systeme versprechen allen den nötigen Schutz und propagieren Sicherheit für ihre Mitglieder. Diese Sicherheit ist aber in allen Strafsystemen niemals gegeben, denn sie ist eine pure Illusion unter Zwangsbedingungen. Die Mehrheit der Menschen ist von Angst anstelle von Liebe angetrieben und strebt nach Rahmenbedingungen, die ihr Sicherheit vor Angriffen von Innen und Außen versprechen.

Herrscht dagegen ein humanistisches Bewusstsein vor, dann ändert sich auch auf der gesellschaftlichen Ebene das Bewusstsein und erschafft eine von Selbstverantwortung und gegenseitiger Unterstützung getragene Gemeinschaft, in der alle Mitglieder freiwillig ihre Kraft einbringen. Jede Form der Nächstenliebe wird für Gebende und Empfangende als erfüllend und beglückend empfunden, denn sie schenkt ihnen Möglichkeiten, ihr Dasein als sinnvoll und erweiternd zu erleben.

Eine solche humane ***Bewusstseinsgesellschaft*** hat es in der Menschheitsgeschichte noch nicht gegeben. Theoretische Modelle dafür wurden schon vielfach erdacht und schriftlich weitergegeben. Heutzutage hängt das Überleben der Menschheit wesentlich davon ab, dass es gelingt, eine ***Humanitätsgesellschaft*** praktisch umzusetzen. Dieses kann nur gelingen, wenn genügend Menschen weltweit in höhere Bewusstseinslevel gelangen. Alte Konzepte taugen nicht mehr, die Menschheit ist herausgefordert, sich für neue Ideen zu öffnen, die der zunehmenden Vernetzung aller Systeme und Individuen Rechnung tragen und das positive Miteinander fördern.

Ängste können überwunden werden durch Vertrauen, in eine Gesellschaft, die humanitäres Handeln unterstützt. Die Heilung traumatischer Erfahrungen bei den Mitmenschen zu begleiten, ist die Aufgabe aller dazu Befähigten und Berufenen. Jeder wirtschaftliche Gewinn wird in gemeinsamer Freude mit allen geteilt, ohne dass dazu Zwang ausgeübt werden braucht.

In der Wirtschaft geht es um den Dienst an den Menschen. Blindes Gewinnstreben und die rücksichtslose Ausbeutung von Ressourcen werden nicht mehr fortgesetzt, sondern durch verantwortungsvolles Handeln abgelöst. Alles erwirtschaftete Geld wird an alle freiwillig weitergegeben, beispielsweise in Form von Fonds. Diese Fonds ersetzen das Steuersystem und die Rolle der Banken als Kreditgeber.

Eine humanistische Gesellschaft fordert von jedem die höchste Verantwortung, denn jeder einzelne trägt auf seine Art für das Ganze wesentlich bei. Eigenverantwortlichkeit ist dann höchste Bürgerpflicht, sie ist Basis des Miteinanders in Frieden, Freiheit und Liebe.

In liebevoller Haltung begegnen lichtvolle Menschen auch der Natur und den Tieren als ihre Mitgeschöpfe. Nächstenliebe schließt den Schutz der Tiere und den Umweltschutz ein, da es keine Trennung innerhalb der Schöpfung gibt. Liebe zeigt sich individuell als Selbstliebe, zwischenmenschlich als Nächstenliebe, global als Naturschutz und kosmisch als ALL-Liebe.

Zum Schutz unserer Umwelt bedarf es in einer Lichtgesellschaft keiner Verordnungen oder Strafen, sondern nur der Möglichkeiten, sich zu informieren und untereinander zu kommunizieren. Lichtmenschen können sich auch gefühlsmäßig mit der Natur verbinden und Energie fließen lassen. Die Anteilnahme lässt sie die Einheit mit Tieren und Pflanzen intensiv empfinden. Der Wald in ihrer Nähe wird dann wie der Anblick der Sterne als Offenbarung der Schöpfung höchst dankbar im Inneren aufgenommen. Naturverständnis und kosmisches Verständnis werden im Lichtbewusstsein immer wieder bewusst und durch Gebete und Mantren lebendig gehalten. Lichtbewusste Menschen praktizieren ständig Dankgebete aus innerem Antrieb mit unendlicher Freude.

In einer Gesellschaft gelten die gleichen Gesetze wie für Individuen. Je mehr Licht sie enthält, umso freier sind die Wahlmöglichkeiten ihrer Mitglieder, und umso mehr Humanität zeigt sich in ihren Regeln und Einrichtungen. Je weniger Licht herrscht, umso abhängiger und zwangsbetonter sind ihre Vorschriften für den Einzelnen. Die Wahlfreiheit ist mit Verantwortung unmittelbar verbunden und Verantwortung ist an die Werte Frieden, Wahrheit, Einheit und Liebe gebunden. Eine Lichtgesellschaft ist daher nur möglich, wenn ihre Mitglieder ein geistorientiertes Bewusstsein erreicht haben oder zumindest anstreben.

Niemand wird von der Lichtgemeinschaft ausgeschlossen oder erlebt sich als nicht zugehörig. Individuelle und gesellschaftliche Verantwortlichkeit wird von allen dankbar getragen und praktiziert.

Dann herrscht kein Mangel an gesunder Nahrung, Freude und Möglichkeiten, sich weiter zu bilden und individuelle Fähigkeiten sinnvoll in die Gemeinschaft einzubringen. Treten noch Ängste auf, werden sie mit Hilfe der Gemeinschaft aufgehoben und jeder fühlt sich mit den anderen in Einheit, weil er sich der Einheit auf allen Seinsebenen bewusst geworden ist. In einer Humanitätsgesellschaft erkennt jeder Mensch durch intensive innere Erfahrung, dass es die höchste Aufgabe und Erfüllung bedeutet, der Menschheit zu dienen und dankbar den Dienst anderer annehmen zu können. Er erkennt die Tiere, die Natur, die Erde und den gesamten Kosmos als mit sich inniglich verbunden an und entscheidet human aus einem inneren Bedürfnis heraus.

Er erkennt die allgemeine Verbundenheit ohne Vorbehalte an. Wir Menschen sind mit allen anderen Menschen verbunden. Das gilt biologisch und im geistigen Bereich. Mitmenschlichkeit ist daher nicht nur ein ethisches Gebot, sondern auch die Konsequenz einer Situation, in der das Handeln und Fühlen jedes Menschen Auswirkungen auf die gesamte Menschheit haben kann.

Der Mensch ist mit Mutter Erde verbunden, chemisch und auch im geistigen Sinne. Damit ist auch die Natur gemeint und der Mensch erfährt zunehmend. wie wichtig der verantwortungsvolle Umgang mit den Ressourcen für das eigene Überleben ist.

Durch die ALL-Verbundenheit ist jeder Einzelne für die ALL-Einheit mitverantwortlich. Die ALL-Einheit trägt alles und verbindet alle Individuen, Gemeinschaften und Galaxien miteinander. Um tatsächlich im Lichtbewusstsein zu sein, ist es wesentlich, dass sich jeder als Teil eines universellen Ganzen versteht, das heißt, wir tragen die Verantwortung für uns selbst, für die lebendige und nichtlebendige Natur (Mutter Erde) und auch für die Geschicke unserer Galaxie und des ganzen Universums.

Unser Ego versucht mit allen Mitteln der Argumentation, die Verantwortung zu ignorieren oder zu leugnen. Im Lichtbewusstsein ist den Menschen gewahr, dass es keine Entwicklung ohne Verantwortung geben kann. Große spirituelle Meister haben stets in voller Verantwortung ihr Handeln begründet.

Die Verbindung des Menschen mit dem Kosmos ist vor allem auf atomarer und schwingungsmäßiger Ebene gegeben. Wir sind als Menschen nicht isoliert, sondern in größere Zusammenhänge eingebunden. Für unsere Entscheidungen tragen wir auch die Verantwortung in mehrfacher Hinsicht. Dieses wird der Menschheit zunehmend bewusst und hat allmählich Auswirkungen in allen Entscheidungsprozessen, sei es individuell, national oder global.

Lichtkinder und ihr persönliches Umfeld

Unsere Erde, die Menschheit und die einzelnen Menschen erfahren in den letzten Jahren einen umwälzenden Prozess der Erneuerung, um die notwendige und vielfach herbeigesehnte globale Transformation zum Lichtbewusstsein in Gang zu setzen.

Dabei stellt sich die Frage, wie wir mit unseren Kindern umgehen sollten. Immer mehr neugeborene Kinder zeigen eine besondere Sensibilität und die unterschiedlichsten Formen einer Hochbegabung. Diese **Lichtkinder** sind für die Lichtgesellschaft geboren und bereits mit einem spirituellen Bewusstsein ausgestattet. Sie haben das Potential, die Erdschwingung anzuheben und der Menschheit zum Humanitätsbewusstsein zu verhelfen.

Seherisch begabte Menschen haben bei manchen von ihnen eine Indigofärbung ihrer Aura beobachtet, daher werden sie auch **Indigokinder** genannt

Oftmals tanzen diese Kinder aus der Reihe und sind nicht bereit, sich den Älteren unterzuordnen. Da sie bereits im Kleinkindalter ihre Überlegenheit erkennen, benötigen sie ein Umfeld, in dem sie ihr kreatives Potential und ihre immense Energie in sinnvolle Bahnen bringen können.

Eltern und **Großeltern** haben die besondere Verantwortung, diesen Kindern liebevoll und weise die ewig gültigen Werte vorzuleben und nahezubringen. Es reicht schon lange nicht mehr, nur das Altbewährte zu vermitteln, denn das alte Denken wird den Herausforderungen der Neuen Zeit nicht mehr gerecht. Die ewigen Werte jedoch sind immer gültig und keinen Modetrends unterworfen. Daher veralten sie auch nicht, sondern wollen von neuem gelebt und gestaltet werden.

Unter der Bezeichnung ***Großeltern*** fasse ich alle Verwandte und Nichtverwandte zusammen, die in einer besonderen persönlichen Beziehung zu dem Kind und seinen Eltern stehen und bereit sind, Verantwortung für die Entwicklung dieser Seele zu übernehmen.

Eltern und Großeltern werden mit Situationen konfrontiert, auf die sie sich vorbereiten sollten. Lichtkinder bedürfen einer besonderen Obhut, eines Verständnisses, das ihrer Feinfühligkeit und Autonomie gerecht wird. Um den Kindern die tieferen Aspekte des Seins vorleben zu können, ist es notwendig, sich selbst zum Licht zu transformieren und die Botschaften der Kinder offenen Geistes anzunehmen.

Der lichtvolle Weg ins Leben

Die besondere Förderung der Lichtkinder sollte bereits mit ihrer Zeugung beginnen, denn von dem Moment an nehmen sie ihre Umgebung deutlich wahr. Sie hören bereits im Mutterleib die Stimmen der Eltern und empfinden dann bereits zu allen Bezugspersonen eine Vertrautheit.

Bereits vor der Zeugung hat sich die Seele des Kindes die Eltern ausgesucht, das heißt, die Eltern werden mit der Seele des Kindes beschenkt. Die Mutter empfängt den Samen des Vaters, das Ei wird befruchtet und der Zyklus eines neuen Lebens beginnt.

Da diese Kinder besonders sensitiv veranlagt sind, ist es von höchster Bedeutung, so weit wie möglich positive, das heißt lichtvolle, Schwingungen während der Zeugung und der Schwangerschaft wirken zu lassen.

Die Schwangerschaft ist die wichtigste Zeit für die Entwicklung der Seele, denn sie bereitet sich auf ihre Erdenexistenz vor. Die größte und wichtigste Aufgabe beginnt von diesem Moment der Zeugung an. Man kann sie nicht genug ehren und würdigen. Die Mutter sollte sich vom Vater und von den Menschen im Umfeld unterstützen lassen und so oft wie möglich in innere Entspannung gehen. Große Veränderungen und Anstrengungen wie etwa ein Umzug sind während er Schwangerschaft zu vermeiden. Selbstverständlich ist der Gebrauch von Noxen wie zum Beispiel Rauchen, Alkohol und Kaffee unbedingt zu vermeiden. Mutter und Vater üben Zuversicht und Hoffnung in den Lebensprozess, denn diese sind für das Wachstum und die Heranreifung des Kindes entscheidend. Mit dieser Einstellung vermeiden sie Komplikationen und binden sich in den allgemeinen Schöpfungsprozess ein.

Müttern gilt in der Lichtgesellschaft die höchste Wertschätzung und Anerkennung. Ohne diese Ehre und Achtung für das Wirken der Mütter ist es nicht möglich, die Lichtkinder angemessen zu fördern und die menschliche Gesellschaft zum Licht zu transformieren. Ein intensiver Prozess der Umorientierung ist daher unbedingt erforderlich. Es sollte allen Schwangeren und Müttern ein gesetzlicher Unfallschutz gewährt werden, der nicht den Etat der Familien zusätzlich belastet. Denn Mütter schenken der Gemeinschaft das Kind und dienen im höchsten Maße dem Gemeinwohl. Deshalb ist es angemessen, den Müttern den gleichen sozialen Schutz zu gewähren, der auch für Arbeitnehmer gilt.

Dennoch kann natürlich jede einzelne Familie damit beginnen und bereits die Saat dafür legen. Auch in meiner Familie durfte ich die intensive und liebevolle Begleitung von Seiten meiner Eltern und Großeltern erfahren. Als Heiler wurde ich geboren und von meiner Großmutter auch ausgebildet, so dass ich dieses Licht in mir an andere weitergeben kann.

Die Kinder der Neuen Zeit sollten auf ihre irdische Situation bestmöglich eingestimmt werden. Häufiges Singen und Streicheln des Bauches während der Schwangerschaft ermöglicht auch dem Vater, eine sehr vertraute Verbindung zum Kind ins Leben zu bringen.

Dank an den Schöpfer für die Mutter

"Lieber Schöpfer, in tiefer, unendlicher Dankbarkeit möchte ich meinen Herzenswunsch zum Ausdruck bringen, dass du mir so eine wundervolle Mutter geschenkt hast.

Sie ist das Schönste und die allergrößte Gnade meines Lebens.

Ich wäre voller Freude und von Glück beseelt,
wenn ich ihr nur einmal in meinem Leben begegnet wäre,
und du gütiger, huldvoller Gott
hast mir
solch einen Engel zur Mutter gegeben."

DJW

Die Geburt sollte im vertrauten Umfeld auf natürlichem Wege erfolgen, damit die intensivste Erfahrung der Trennung für das Neugeborene so gut wie möglich bewältigt werden kann. Der Vater begleitet die Geburt in jedem Fall, er kann seine Frau vielfältig unterstützen. So sanft wie möglich stimmen sich alle Beteiligten, wenn möglich auch die Großeltern, auf die Ankunft des neuen Lichtwesens ein, meistens ist eine Hausgeburt die beste Form. Sie sollte jedoch von einer erfahrenen Hebamme begleitet werden, was gut vorbereitet werden sollte.

Die beste Nahrung für das Kind im ersten Lebensjahr ist das Stillen, und dafür braucht die Mutter Zeit, Ruhe und die Unterstützung in ihrer Umgebung. Jeder Moment der Ruhe hilft dem Kind und auch den Eltern zur besseren Bewältigung ihrer Aufgaben. Für alle Angehörigen bietet die Babymassage eine weitere Möglichkeit, in intensiven Kontakt mit dem Kind zu kommen. Sie können dafür einen Kurs besuchen oder einfach Ihrer Intuition folgen und das Kind einfühlsam berühren.

In einer lichtvollen und liebevollen Gemeinschaft unterstützen sich alle Angehörigen gegenseitig mit Respekt und Aufmerksamkeit. In Liebe, Hingabe und Bewunderung verbringen die Eltern Geschwister, Großeltern und jeder Mensch aus dem Umfeld die Zeit miteinander, Alle sind höchst beglückt , sich mit Wissen, Erfahrung, Tatkraft oder durch geistige Übungen in die Gemeinschaft einbringen zu dürfen, denn dadurch finden sie zu einer höheren Ausstrahlung und einem intensiven inneren Frieden.

Das Kleinkind in der Gemeinschaft

Das Muttersein ist die wichtigste Aufgabe, die ein Mensch erfüllen darf. Mutter, Vater und Kind bilden eine Einheit, in praktischer Lebensführung und im gefühlsmäßigen Bereich. Gegenseitiges Vertrauen und größtes Verständnis füreinander sind das wichtigste Bindeglied dieser Gemeinschaft.

Kinder wollen die Welt entdecken und es ist wichtig, sie auch diese wunderbaren Dinge entdecken zu lassen. Toben und Krabbeln Sie mit ihnen auf Augenhöhe, lassen Sie sie den Geschmack so weit wie möglich erforschen. Wichtig ist dabei, auf Plastik und andere schädliche Materialien zu verzichten. Seien Sie oft in der Natur, Kinder lieben den Anblick der Bäume und Wolken im Freien und gehen Sie öfters ins Wasser mit ihnen, denn dort können sie ihre Muskeln und ihre Koordination besonders gut üben und erfahren. Sie lernen dabei auch, Ängste zu überwinden und ihren Gleichgewichtssinn einzusetzen.

Die Väter haben nun die besondere Aufgabe, ihr Kind bei der Orientierung und Entdeckung zu begleiten. Sie sollten sich, wenn möglich, auch in ihrem Beruf eine Elternzeit nehmen, denn diese Möglichkeit, ihr Kind zu fördern, bietet sich später nicht mehr. Denken Sie darüber einmal nach und planen Sie als Eltern Ihre Schritte ganz bewusst, anstatt sich von den Umständen dirigieren zu lassen.

Die Musik, die Sie bereits in der Schwangerschaft gehört haben, lassen Sie oft spielen, um das Hören und verstehen zu trainieren. Singen Sie und sprechen Sie mit lustigen Versen, denn vor allem das Lachen hilft dem Kind zu kommunizieren. Wenn Sie mehrere Sprachen sprechen können, dann beziehen Sie auch darin Ihre Kinder mit ein, denn im Kleinkindalter saugen sie alles wie ein Schwamm in sich auf und lernen daher andere Sprachen ohne Mühe. Die Begleitung zum Musizieren ist eine Aufgabe, die auch von den Großeltern gut übernommen werden kann und alle sehr beglückt.

Die Verbindung zu anderen Eltern mit ähnlicher geistiger Ausrichtung kann alle erfreuen und entlasten. Kinder und Eltern haben den Wunsch nach Freundschaften und gegenseitiger Unterstützung. Das gemeinsame Erforschen und Spielen der Kinder, die gemeinsamen Aktivitäten wie Geburtstage und Ausflüge können allen Beteiligten neue Möglichkeiten eröffnen und den Horizont erweitern.

Einen Rat möchte ich Ihnen als Mütter noch geben. Wenn Ihr Kind im dritten Lebensjahr Sie nicht mehr ganz so intensiv braucht, dann sollten Sie einmal darüber nachdenken, einen Urlaub vom Muttersein zu organisieren. Falls Großeltern oder andere Angehörige die Betreuung übernehmen können, ist es für die weitere Entwicklung von Vorteil, einmal etwas ganz anderes zu erleben und eventuell mit dem Vater zu unternehmen. Es wäre natürlich hilfreich, wenn vom Staat oder der Gesellschaft auch Unterstützung möglich wäre, denn es können nicht alle Mütter in Ihrer Familie darauf bauen. Auch Alleinerziehende sollten ein Netzwerk zur Verfügung haben, das ihnen in ihren Aufgaben Hilfe und Orientierung gewährt. Hier können sich kinderlose oder enkellose Menschen in wunderbarer Weise für die Menschheit einbringen und durchaus große Erfüllung erfahren.

Der Umgang mit Lichtkindern

Lichtkinder stellen manchmal eine große Herausforderung für die Mitmenschen dar, denn sie können durchaus intensive Wut und Trauer empfinden. In einer solchen Situation ist die Frage nach dem Grund wesentlich. Spiegelt das Kind die Wut oder Trauer, die die Eltern oder andere nicht wahrhaben wollen, wider? Dann ist die Erweiterung und Bewusstmachung des Unbewussten unbedingt erforderlich. Oder ist es die eigene Wut des Kindes, die sich plötzlich äußert? Dann ist es wichtig, einen mitfühlenden und klaren Abstand zu erreichen und als Bezugsperson innerlich in Balance zu bleiben. In Situationen, die nicht in Ihrer Verantwortung liegen, äußern Sie liebevoll und deutlich:

„Das ist nicht meine Wut. Beruhige dich.“

In schwierigen Situationen sind Lichtkinder unter Umständen unaufmerksam und hyperaktiv, denn sie wollen manchmal ihre eigenen Muster leben und natürlich ihre eigenen Erfahrungen machen. Eltern und Großeltern können dann entweder in Trennung gehen oder durch positive mitfühlende Teilhabe den Prozess zu einer lichtvollen Wendung bringen. Dann sind alle Beteiligten lichtvoll erweitert und das Kind bestmöglich gefördert.

dert.

Schwierige Phasen in der Begegnung mit sich selbst oder mit den Mitmenschen lassen sich durch eine lichtvolle Haltung gut bewältigen, die die ewig gültigen Werte widerspiegelt:

tiefes Vertrauen,
verständige Wahrheit,
mitfühlende Liebe,
freier Geist,
friedliche Einstellung,
Balance-Einheit des eigenen Selbst.

Lichtkinder haben die besondere Aufgabe, die globale Schwingung mit ihrer geistigen Präsenz zu heben. Dazu sind sie zu uns gekommen und brauchen ein möglichst angstfreies Umfeld, in denen ihre Sensitivität und spirituelle Offenheit zum Erblühen kommen.

Es ist daher sehr wichtig, dass alle Bezugspersonen die Prioritäten bewusst setzen, wenn es um die Gestaltung des eigenen Lebens und das der zukünftigen Gesellschaft geht. Manchmal kann sogar ein Umzug erforderlich sein, um besser erreichbar zu sein. An dieser Stelle kann ich Ihnen einige Anregungen geben und Ihnen die große Bedeutung vor Augen führen, die die ältere Generation für die Förderung dieser Kinder darstellt und welch eine enorme Chance zur Erweiterung sich für Ältere daraus ergeben kann, wenn sie ihre wertvollen Gaben für die kommende Generation des Lichtbewusstseins einbringen.

Falls diese Lichtboten keine gute Erziehung erhalten, kann sich ihr Potential nicht entwickeln und viele gute Anlagen werden ins Unterbewusstsein verdrängt. Daraus entstehen für sie selbst und für die Gesellschaft langfristige Probleme und der Weg zur Humanitätsgesellschaft gestaltet sich schwierig. Großeltern tragen daher eine große Verantwortung und finden sowohl in der Unterstützung der Eltern bei der Kinderbetreuung oder auch in finanzieller Hinsicht vielfältige Möglichkeiten, zur Lichtgesellschaft Wesentliches beizutragen.

Sei so voll Wunder

"Sei so voll Wunder, um Kinderherzen zu fördern, nicht sie zu schocken.

Sei so voll Kraft, um stets die Kinderseelen zu stärken, nicht sie zu ängstigen.

Sei so voll Friede, dass Kriege nicht die Köpfe der Kinder erreichen.

Sei so voll Hoffnung, dass der Tod nicht das Ende der Lebendigkeit bedeutet.

Sei so voll Respekt, dass die Kinder das Reich der Weisheit bewohnen können.

Sei so voll Liebe, dass die Kinder das neue Licht in die Welt bringen können."

DJW

Ein Gleichnis zum Thema Lichtkinder:

Ein Mädchen buddelt am Strand ein Loch in den feuchten, sandigen Boden. Voller Hingabe gräbt sie es immer tiefer aus. Eine Gruppe älterer Touristen läuft den Strand entlang und einer von ihnen der Männer ist neugierig und spricht das Mädchen an:

„Was machst du denn da, Kleines?“

Mädchen: „Ich grabe ein Loch.“

Tourist: „Und was machst du, wenn es fertig ist?“

Mädchen: „Ich schütte das Meer hinein.“

Die Touristen lachen und reden auf das Kind ein: „Das geht doch gar nicht, das Loch ist viel zu klein.“

Mädchen: „Genau so wenig passt Gott in deinen engen Kopf.“

Alle

"Alle Kulturen führen zu einer einzigen Wahrheit,
alle Flüsse zum einzigen Ozean,
alle Pfade zum einzigen Ziel,
alle Wege zum einzigen ALL-Schöpfer,
aller Atem zum einzigen Atem."

DJW

Schule und Bildung im Lichtbewusstsein

Eine Lichtgesellschaft wird getragen von Menschen im Lichtbewusstsein, die alle Bereiche des Lebens human gestalten und liebevolle Mitmenschlichkeit walten lassen. Ein humanitäres Schulsystem dient der Idee, die Heranwachsenden in ihrer Entwicklung zu unterstützen und optimal zu betreuen.

In einer **Lichtschule** finden alle Schüler ihren Platz und Aufgaben, die sie als erfüllend erleben und die ihren Neigungen entsprechen. Jeder erhält die Ausbildung entsprechend der eigenen Fähigkeiten von Staats wegen und erlernt in der Schule und im privaten Bereich ohne Strafen einen höchst friedfertigen menschlichen Umgang.

Als Kind habe ich die Gnade erlebt, die besten Schulen besuchen zu können. Dort wurde mir vermittelt, was die neuen Lichtkinder, die zur Zeit mit höherem Bewusstsein auf diese Erde kommen, unbedingt lernen sollten, damit sie ihre besonderen Aufgaben erfüllen können.

Die Schulen stellen den heranwachsenden Menschen die Zeit und die Mittel zur Verfügung, um sie in ihrer Persönlichkeit gedeihen zu lassen, ihr Verständnis für die Einheit des Ganzen zu entwickeln und die Kreativität anzuregen. Schulen haben drei **Kernaufgaben** zu erfüllen, nämlich

1. Fördern: Kreativität, Wissen, Erkenntnis, Vision und Eingebung
2. Fordern: Anforderungen stellen und gemeinsam definieren, Gemeinschaft gestalten, Verantwortung leben
3. Finden: Herausfinden der persönlichen Neigungen, Stärken, Aufgaben, Berufung

Lichtschulen stehen vor der Aufgabe, die jungen Menschen für eine Gesellschaft des Lichtbewusstseins vorzubereiten. Wichtigstes Bildungsziel ist die individuelle Wert-Orientierung zu Liebe, Freiheit, Frieden und Wahrhaftigkeit. Die Kinder lernen, ihrem Herzensimpuls zu folgen anstelle der reinen Rationalität. Die allen Kindern gegebene Neugier kann zu einer offenen und mitmenschlichen Haltung beitragen. Auf dieser Basis kann alles notwendige Wissen durch eigene Erkenntnisse, aus dem Inneren motiviert, gebildet werden.

Wie können die Schulen einer Gesellschaft im Lichtbewusstsein aussehen? Die folgenden Überlegungen sind Vorschläge und Anregungen:

Jeder Schüler sollte während der täglichen Schulzeit ausreichend mit vitalstoffreicher Kost und gesunden Getränken versorgt werden. Die Familien und insbesondere die Mütter sorgen bereits in der übrigen Zeit für ihre Kinder. Daher sollten sie von der Aufgabe, täglich Mittagessen zuzubereiten und sich um die Schulbelange der Kinder intensiv zu kümmern, entlastet werden. So können sie beruflich und für ihre eigene geistige Entwicklung genügend Zeit finden und die Familie vielfältig unterstützen.

In jeder Klasse wird vormittags eine Frühstückspause organisiert, in der Schüler und Lehrer gemeinsam das Essen, das von der Schule gestellt wird, zubereiten und zu sich nehmen. Wichtig ist das Angebot gesunder Kost und die Möglichkeit, dass Schüler und Lehrer *gemeinsam* die Mahlzeiten einnehmen.

Die Schulzeit ist täglich von 8 Uhr bis 15 Uhr und schließt das Mittagessen mit ein. Danach können noch Arbeitsgruppen in Sport, Kunst, Chor, Theater oder anderen Bereichen angeboten werden. Eine klare Struktur der Zeiteinteilung sollte den Schülern genügend Möglichkeiten der Entspannung und Erholung lassen. Ruheräume für die Mittagspause mit entspannender

Musik und ein schöner selbstgestalteter Garten sind Ideen dafür. Mit der Schulzeit sollten alle Schulbelange erledigt sein, das heißt, keine Hausaufgaben oder zusätzliche Verpflichtungen sollten die Schüler und ihre Familien in der Freizeit belasten.

Der Unterricht in allen Fächern sollte so lebendig wie möglich gestaltet werden und durch viele Anregungen gefördert werden. Eine Möglichkeit bietet der Gebrauch von Fremdsprachen im normalen Schulalltag (z.B. Französische Woche mit dazu passenden Gerichten und Theaterstücken) oder besondere Veranstaltungen der verschiedenen Arbeitsgruppen. Der wöchentliche Stundenplan sollte mindestens vier Stunden Werken, zwei Stunden Chor und sechs Stunden Sport umfassen, um einen Ausgleich zwischen den theoretischen und praktischen Fächern zu sichern.

Die Thematik von Seele, Geist und Bewusstsein ist von größter Wichtigkeit und sollte sowohl als Aspekt in allen unterrichteten Fächern als auch als eigenständiges Fachgebiet in Schulen und Universitäten gelehrt werden. Viele Fragen sind noch zu erforschen, um den Menschen gesichertes Wissen über Methoden und die Grundlagen persönlicher Entwicklung mitgeben zu können. Auf eine klare und möglichst allgemein verständliche Darstellung aller neu gewonnenen Erkenntnisse sollte besonders geachtet werden. Dadurch erweitert sich die Gesellschaft insgesamt zum Wohle aller.

Natürlich ist die Gestaltung und Ausstattung der Räume für das allgemeine Klima von großer Bedeutung. Die Schüler betätigen sich handwerklich und künstlerisch unter Anleitung ihrer Lehrer. Ein eigener Raum für jede Klasse und ihre beiden Klassenlehrer sollte mit Lichtdimmern und gut handhabbaren Tafeln sowie mit elektronischen Medien versehen sein.

Die Klassen haben maximal 24 Schüler, die von *zwei* Lehrern betreut werden. Dadurch sind die Lehrer in der Lage, ihre höchst verantwortungsvollen Aufgaben gut erfüllen zu können. Sie vermitteln durch Begleitung, individuelle Förderung und eigenes Vorbild die Werte des Lichtbewusstseins und entwickeln sie anhand praktischer Situationen systematisch weiter. Dabei sollten sie von organisatorischen Belangen entlastet werden, um genügend Zeit für ihre Schüler und ihre eigene Weiterbildung zur Verfügung zu haben.

Die **Lehrerausbildung** sollte die **Lichtlehrer** befähigen und permanent unterstützen, ihre Erziehungsaufgabe mit dem Praktizieren des höchsten Bewusstseins zu verbinden. In **Lichtzentren** können Lehrer, Pädagogen und andere Erziehende wie **Eltern**, **Großeltern** vom Staat trainiert werden. Lieben, Leben und Lernen werden als Einheit vermittelt und in Beratungen und Kursen verinnerlicht.

Die Schüler lernen auch die überaus wichtige Selbstverantwortung in den Interessengruppen, Schülervertretungen und bei den vielfältigen Gelegenheiten, sich für die Gemeinschaft zu engagieren.

Mindestens dreimal wöchentlicher Sport fördert die Konzentration und Gesundheit der jungen Menschen. Weitere Schwerpunktfächer sind Werken, Kunst und Musik. In Werken lernen die Schüler mit unterschiedlichen Materialien umzugehen, beispielsweise die Gestaltungsmöglichkeiten von Holz, Metall oder elektronischen Bauteilen kennen. Fächerübergreifend kann das Wissen vertieft werden und die Verinnerlichung der Lichtwerte vollzogen werden. Die Umsetzung des Wissens in Handlungen lässt die Schüler heranreifen in ihrer Klarheit, Ausdauer und praktischen Lebensbewältigung. In Kunst wird Kreativität und intuitives Verständnis gefördert. Der Ausdruck von Gedanken und Gefühlen wird eingeübt. Ähnliche Ziele gelten auch für das

Fach Musik, das vor allem Konzentration, motorisches Geschick und den Gemeinsinn bei jeden unterstützt.

Der Auftrag der Schulen besteht in der Förderung des jeden Menschen innewohnenden Lichtbewusstseins, das heißt in der Ausbildung der Persönlichkeiten, die die Gesellschaft von morgen bilden. Eine Lichtschule nach meiner Vision bietet allen jungen Menschen eine adäquate persönliche Orientierung, unabhängig von ihrer Herkunft und dem finanziellen Hintergrund der Eltern. Sie verhilft den Schülern, zu einer Säule künftiger Lichtgesellschaften heranzureifen. Die Gesellschaft von morgen lässt jeden Menschen als integere Persönlichkeit selbstverantwortlich handeln und seine wahre Berufung zur rechten Zeit erkennen.

Das Lernen von Fakten bleibt im gewissen Maße ein wichtiges Anliegen des Unterrichts, sofern schwerpunktmäßig die praktische Umsetzung des erlernten Stoffs eingeübt wird. So lernen alle Schüler mit ihrer Wahlfreiheit verantwortungsvoll umzugehen. Dann können sich Frieden, Wahrhaftigkeit, Einheit weiter entwickeln und entfalten.

"Alles menschliche Wissen,
alle großen Erkenntnisse der Wissenschaften
und Forschung sind für uns Meere der Entdeckung,
doch nur ein Tropfen
im Ozean der ALL-Einheit."

DJW

Ernährung im Licht - bewusst gemacht

Essen und Trinken spiegeln im hohen Maße sowohl die individuelle menschliche Einstellung als auch den kulturellen Hintergrund ganzer Gemeinschaften wider. Im Essverhalten zeigt sich, wie wir die Energie und Information aus unserer Umgebung beschaffen und in uns aufnehmen, wie wir also mit unserer Wahlfreiheit umgehen.

Nahrungsaufnahme ist Kommunikation, die jeder Mensch mehr oder weniger bewusst vollzieht. Ein hohes Bewusstsein äußert sich in einer friedvollen Einstellung, vor allem während des Essens, da dann unsere körperliche und geistige Aufnahmebereitschaft besonders hoch ist. Denken wir im Frieden und schenken dem Akt der Nahrungsaufnahme die höchste Aufmerksamkeit, dann wird unsere Nahrung ihre aufbauende und heilende Wirkung voll entfalten können. Andererseits wird selbst die gesündeste Kost zu einer Belastung für Körper und Geist, wenn sie in Hektik oder mit negativen Regungen eingenommen wird.

In der Ernährung wirken sowohl die Energie des Nahrungsmittels als auch die des Essenden zusammen, sie verschmelzen zur Einheit. Können wir die Information aus der Nahrung, den Nahrungscode, in Liebe, Klarheit und Reinheit aufnehmen, dann nehmen wir das Licht der Nahrung bis in unsere Zellen auf und unser Organismus schöpft viel Kraft daraus. Andererseits spielt der Ursprung und die Zusammensetzung der Nahrung eine wichtige Rolle. Dieses geht über ihre chemische Zusammensetzung weit hinaus, es betrifft den „Lichtgehalt", der sich inzwischen sogar physikalisch als „Photonengehalt" nachweisen lässt. Photonen sind Lichtträger im subatomaren Bereich, die nachweislich auch die Information ihrer Umgebung aufnehmen und untereinander durch den Äther kommunizieren können.

Lichtvolle Nahrung hat viel Energie von der Sonne, der Atmosphäre und dem Boden aufgenommen und ist damit photonenreich. Auch der allgemeine Umgang mit der Natur fließt in diese Information ein. Eine *vegetarische Kost* ist gegenüber der Fleischkost vorzuziehen, denn sie ist nachweislich naturschonender und ermöglicht eine ausreichende Versorgung aller Erdenbürger. Natürlich sind die Gegebenheiten einer Region, in der ein Mensch lebt, von großer Bedeutung. Das Nahrungsangebot variiert weltweit enorm und jeder Mensch trifft aus dem Angebot eine Wahl, in der sich sein Bewusstseinslevel spiegelt.

Ein gesellschaftliches Bewusstsein auf sehr niedrigem Niveau zeigt sich in der Art und Weise, wie mit den Schlachttieren umgegangen wird. Tiere haben eine Seele und damit Empfindungen der Angst und Freude. Ihre Todesangst im industriell durchgeführten Schlachtverfahren, die als Information in ihren Körpern kodiert ist, wird an den Fleischesser unbewusst weitergegeben. Solche Prozesse äußern sich früher oder später beim Konsumenten als diffuse Ängste. Folglich laufen Verdrängungsprozesse im Inneren des Fleisch essenden Menschen ab, die die eigene Schwingung auf einem niedrigen Niveau halten und den Bewusstseinsaufstieg blockieren.

Die Aufnahme unbewusster Information nährt bekanntlich unseren Schatten und erfordert mehr Arbeit zur Lichttransformation. Mit zunehmender geistigen Offenheit und innerer Klarheit, die sich auf dem Weg zum geistorientierten Bewusstseinsgrad zeigen, verspürt der Mensch immer seltener echtes Verlangen nach Noxen oder fleischhaltiger Nahrung und entwickelt den Impuls, aus Mitgefühl für die Geschöpfe von Mutter Erde seine bisherigen Gewohnheiten zu verändern. Auch Exzesse wie Völlerei oder Magersucht finden in den höheren Bewusstseinsleveln nicht statt, da sie ein hohes Maß unbewusster Lebensführung voraussetzen.

Der spirituelle Mensch versteht das Essen als Meditation. Er achtet sorgsam auf die informative Reinheit seiner Nahrung und auf seine eigene lichtvolle Schwingung während dieser Handlung. Er empfindet unendliche Dankbarkeit gegenüber dem Schöpfer und allen Menschen und Tieren, die ihm die Nahrung mit ihrer Lebenskraft beschafft haben. Mit wachsender Bewu Bewusstheit achtet der Mensch zunehmend auf den Lichtgehalt der Nahrung und bevorzugt Produkte, die seiner Sehnsucht nach Mitmenschlichkeit und harmonischer Verbundenheit mit den natürlichen Abläufen entsprechen. Wie die Sonne möchte er sein Licht an alle Geschöpfe abgeben und die . Der Stoffwechsel wird im geistorientierten Stadium mit lichter Nahrung genährt, die immer weniger tierische Eiweiße enthält. Der Fleischverbrauch nimmt ab und wird schließlich aus freiem Willen ganz aufgegeben.

Auf der Schwelle zum reinen Lichtbewusstsein löst die nichtmaterielle *Lichtnahrung* die materielle Nahrung ab. Der Mensch im höchsten Bewusstsein wird selbst zum Licht und ernährt sich direkt von der Lichtenergie aus der *Nahrungsessenz*. Die Kraft, die den Körper am Leben erhält, ist kosmischen Ursprungs und steht unbegrenzt zur Verfügung. Der Stoffwechsel für die Nahrungsaufnahme hat zum Ziel, diese feinstoffliche Lichtenergie aus der Nahrung zu gewinnen. Im Lichtbewusstsein kann der Körper direkt mit den Photonen als Lichtträger gespeist werden. Die Lichtkörperchen wirken direkt auf die Mitochondrien der menschlichen Zellen, das heißt, sie benötigen keinen stofflichen Träger und keinen verlustreichen Stoffwechsel, um in die Zellen des Menschen zu gelangen. Alle Nährstoffe können durch intensives Denken an ein Nahrungsmittel ihre Wirkung vollständig entfalten. Lichtnahrung ist daher sehr energetisierend, und bei ihrer Anwendung reduziert sich der

Bedarf an Regeneration und Schlaf erheblich.

Denkt ein Mensch im Lichtbewusstsein beispielsweise an eine Banane oder an ein leckeres Nudelgericht, dann nimmt er die energetische Schwingung dieses Essens direkt in sich auf. Der Magen funktioniert, als ob diese Nahrung gerade zugeführt worden wäre und baut aus den Substanzen, die ihm zur Verfügung stehen, wie etwa Wasser, die Nährstoffe auf. Nach dem allgemeinen Verständnis der Chemie ist dieses nicht nachvollziehbar, doch auch die Allgegenwärtigkeit der fünften Dimension ist im üblichen Denkschema unserer dualen Welt schwer vorstellbar. Die geistigen Gesetze stehen höher als die materiellen, daher ist Lichtnahrung möglich, wenn der Mensch sich dessen voll bewusst ist.

Es gibt Menschen, die sich nur mit Reis und gelegentlichen Zugaben ernähren, ohne an Mangelerkrankungen zu leiden. Ihr Körpergewicht pendelt sich auf einen recht konstanten niedrigen Wert ein, der auch bei völligem Nahrungsverzicht nicht unterschritten wird. Diese geistbetonten Menschen bezeugen eindrucksvoll, dass der Informationsgehalt und nicht die materielle Substanz in der Nahrung den inneren Lebensprozess in Gang hält. Jeder Mensch kann seine Nahrung lichtvoller machen, in dem er seinen Geist zur Anhebung der Nahrungsschwingung bewusst einsetzt und beim Essen eine liebevolle Einstellung praktiziert.

Viele Menschen können die Art und Zusammensetzung ihrer Nahrung kurzfristig nur wenig beeinflussen, da sie in ihrem gesellschaftlichen Umfeld meistens in vorgefertigte Abläufe des Alltags eingebunden sind. Jedoch an der inneren Einstellung lässt sich vieles zum Positiven verändern und dadurch kann sich der Geist weiter für die Mitwelt öffnen.

Lassen wir mehr Humanität in unsere Entscheidungen einfließen, verändert sich auch das gesamte System menschlicher

Gesellschaften schrittweise. Dafür tragen wir als Einzelpersonen eine Verantwortung im Rahmen unserer individuellen Wahlmöglichkeiten. Machen Sie von Ihrer Wahlfreiheit Gebrauch und wandeln Sie Ihre Gewohnheiten zum Licht in den Bereichen, in denen das noch nicht umgesetzt wurde. Ich möchte Ihnen aus meiner Lebenspraxis ein paar Anregungen dazu mitgeben:

- Denken oder sprechen Sie ein Dankgebet vor oder nach jeder Mahlzeit.
- Teilen Sie Ihre Mahlzeit mit anderen (Familie, Freunde, Notleidende)
- Lassen Sie sich mindestens eine halbe Stunde Zeit
- Verwenden Sie gute Zutaten möglichst einheimischen Ursprungs und von ökologischer Verträglichkeit
- Verringern oder beenden Sie Ihren Fleischkonsum
- Achten Sie auf Ihre Gefühle und Gedanken im Umgang mit Nahrung
- Schenken Sie dem Wasser als wichtigstes Nahrungsmittel besonders viel Aufmerksamkeit. Wasser ist essentiell, es ermöglicht die innerkörperliche Kommunikation, entgiftet und nährt jede Zelle.

"Je weiter sich der Mensch entwickelt,
umso fleischloser,
alkoholloser,
zuckerloser und
umso freier wird er."

DJW

Der selbstzerstörerische Gebrauch von Noxen

Unter Noxen versteht man materielle und nichtmaterielle Substrate, die unser Denken, Fühlen und Handeln negativ beeinflussen und damit die Egokräfte auf dem Weg der Bewusstwerdung fördern.

Es sind Gewohnheiten, die süchtig machen können, wie etwa der Konsum von Nikotin, Alkohol, Zucker, Kaffee oder Fleisch. Aber auch Verhaltensmuster wie beispielsweise die zwanghafte Beschäftigung mit Glücksspielen, Computerspielen, Extremsport, Sex, Putzen und andere Süchte können unsere Lebensenergie durch Abhängigkeit, Zwang und Angst negativ binden.

Die Sucht ist das Ergebnis eines raffinierten Belohnungssystems, bei dem der Mensch für kurze Zeit in einen Glückszustand versetzt wird, wenn er sich in einer bestimmten Weise verhält. Es ist die Täuschung eines Zustands der Glückseligkeit, allerdings nicht in der wahren Erfüllung und durch Selbstschädigung errungen. Das Ego verführt den Menschen, sich seinen Schatteninhalten zuzuwenden und sie zu festigen.

Durch ständige Wiederholung im Alltag verfestigen sich solche Verhaltensmuster je nach eigener Vorbelastung mehr oder weniger schnell. In jedem Fall halten schädliche Gewohnheiten den Menschen von Klarheit, Reinheit und sensibler Bewusstheit ab, so dass man sich unbedingt davon befreien sollte, denn alle Noxen behindern den Bewusstseinsaufstieg.

Erst durch die Wahrnehmung feinster Schwingung in sich selbst und in der Umgebung kann der Mensch belastende Muster loslassen und für die feinstoffliche Information der Neuen Zeit empfänglich werden.

Noxen aller Art führen zur Verhaftung an Vergangenes, was im hohen Maße Lebenszeit, Lebensqualität und Lebensenergie kostet. Der Mensch verliert dadurch an Gegenwärtigkeit als einzige Zeitqualität, die er zur Erfüllung seiner Ziele nutzen kann. Vergangene Abläufe können nicht ungeschehen gemacht werden, die zukünftigen jedoch in der Gegenwart frei gewählt werden.

Nichts lässt sich rückgängig machen, weder in Bezug auf materielle Lebensumstände, Partnerschaft, Ideen, Gefühle oder Entscheidungen. Nur durch Bewusstwerdung lassen sich die gefühlsmäßigen Auswirkungen des Vergangenen transformieren und dadurch zur Auflösung bringen.

Dabei sind Noxen hinderlich und falls das nicht erkannt wird, mündet ihr Gebrauch in eine Sackgasse der inneren Entwicklung. Das Verlangen danach stammt aus dem Ego, der Kraft, die den Menschen in Sucht und Beschränkung festhalten will.

In einer freien Entscheidung tragen wir als Menschen die Verantwortung für ihre Folgen. Entscheidungen aus dem Ego schränken zukünftige Gestaltungsmöglichkeiten ein und führen zur Unfreiheit. Aus dem Lichtbewusstsein werden Impulse zur Befreiung gesetzt. Das Verlangen nach Noxen verringert sich und verschwindet in den höheren Leveln ganz und gar.

„Liebe ist die Ursaat aller Bewegung
und allen Lebens.“

DJW

Bewusstseinslevel für das Thema Ernährung

Die folgende Tabelle stellt die Bewusstseinslevel bezogen auf das Ernährungsverhalten zusammen. Sie ergänzt die allgemeinen Angaben der bereits vorgestellten Leveltabellen.

Level	Entwicklungs-stand	Situation, Ernährung, Erweiterung
1	Schuld-bewusstsein	Diffuse und unbewusste Schuldgefühle aufgrund des Zwangs, Nahrung zu beschaffen und zu sich zu nehmen. Nahrungsbeschaffung und Nahrungsbeschaffenheit werden nicht hinterfragt. Bewusste und offene Einstellung zum eigenen Essverhalten hilft die Schuldgefühle zu überwinden.
2	Angst-bewusstsein	Angst vor Nahrungsgiften, langfristigen ökologischen und sozialen Folgen der verbreiteten Nahrungsproduktion. Alle Nahrung muss (materiell) rein sein, dennoch wirkt sie negativ aufgrund eigener Ängste (kein Genuss). Der Mensch verbindet Nahrung mit Angst, auch Angst vor Armut, vor Verlust. Er hortet seinen Nahrungsbesitz. Vertrauen lernen, für alle ist gesorgt.
3	Macht-bewusstsein	Eigenwilligkeit und Trotz demonstrieren, eigene Sensibilität unterdrücken. Meistens hoher Fleischkonsum, da derjenige Kraft und Macht haben will. Auch suchtartiges Essverhalten, um Macht zu demonstrieren. Statt nach außen Macht zu zeigen, erfühlen der eigenen Bedürfnisse.

Level	Entwicklungs-stand	Situation und Ernährung
4	Rational-bewusstsein	Der eigene Profit (als Unternehmer oder Verbraucher) ist das wichtigste. Profit gesundheitlich und/oder finanziell, soziale und ökologische Belange unwichtig. Gier nach Genussmitteln. Selbstkasteiung aus Verweigerung. Verlagern der Abhängigkeit ins Essverhalten.Lernen Sie, dankbar die Geschenke des Lebens anzunehmen und teilen Sie Ihr Essen mit Anderen.
5	Balance-Bewusstsein	Schwankende Einstellung bezüglich der eigenen Wahl: Nachdenklichkeit und Unsicherheit bei der Auswahl der Nahrung. Der Mensch erkennt lichtreiche Nahrung. Ausgewogene Ernährung. Entscheiden Sie sich, wie und was Sie essen möchten.
6	Erwachtes Bewusstsein	Ändern und Überprüfen der gewohnten Einstellungen. Nahrung fleischloser und naturverträglicher. Einüben spiritueller Praktiken wie Gebete und Meditation. Achtsamer und bewusster Umgang mit Nahrungsmitteln. Dabei auf die innere Stimme hören.
7	Spirituelles Bewusstsein	Geistige Erfüllung in bewusster und friedvoller Haltung. Beenden des Fleischkonsums. Spontanes und rituelles Danken. Segnen der Nahrung verändert ihre Wirkung und wird alltäglich praktiziert.

Level	Entwicklungs-stand	Situation und Ernährung
8	Erhöhtes Bewusstsein	Freiheit und Humanität sind eins. Ernährung als erfülltes Aufgabenfeld. Nahrung einfach. Reduzierung tierischer Eiweiße. Lichtnahrung beginnen. Geringe Mengen qualitativ hochwertiger und naturverträglicher Nahrung fördern das innere Wachstum.
9	Höchstes Bewusstsein für Menschen	Im Licht sein: Alles teilen und die Aufnahme von Lichtnahrung zur eigenen Vervollkommnung ausüben. Verschmelzung mit der Nahrung in Glückseligkeit. Vollkommene Achtsamkeit bezüglich Herkunft, Nährwerte, Zubereitung und Aufnahme der Nahrung. Lichtnahrung bringt verlustfreie Nutzung der Nahrungsenergie und vollendet den Weg zum reinen Lichtbewusstsein.
10	Reines, absolutes Bewusstsein	"....." Licht-Sein

Die Auseinandersetzung mit der Nahrung ist ein wesentlicher Aspekt der Individuationserfahrung. Das Ernährungsverhalten in Verbindung mit den eigenen Gedanken spiegelt und beeinflusst alle Bewusstseinsprozesse. Wir Menschen können durch Bewusstwerdung unsere Sicht erweitern und dem Lichtbewusstsein in uns stärkeres Gewicht verleihen.

In der Dualität hat sich der Mensch vom Prinzip von Ursache und Wirkung bewusstseinsmäßig abgetrennt. Das heißt, er möchte das Ewig-gültige nicht wahrhaben und begibt sich durch diese Entscheidung in die Welt der Täuschung und Begrenzung. In der Dualität hat er die Möglichkeit, Täuschungen zu erkennen und zu überwinden.

Dazu besitzt das menschliche Bewusstsein das Potential. Es liegt in der Freiheit der Wahl jedes Einzelnen, wieder die Lichtessenz in sich zu erkennen.

In der Lebensführung entscheiden wir Menschen, auf welchem Bewusstseinslevel wir leben wollen. Unser Bewusstsein existiert in allen Dimensionen. Der Mensch erlebt sich nur in einem eingeschränkten Umfeld, da er von der Möglichkeit der Trennung Gebrauch gemacht hat.

Die energetische Frequenz des Lichtbewusstseins steht allen zur Verfügung, da sie allgegenwärtig existiert. In der Matrix (innere Struktur) jedes Menschen sind alle Voraussetzungen gegeben, um sofort in den Dimensionen des Lichtbewusstseins zu sein. Es ist das eigene Machtstreben, das ängstliche Verharren im 3D-Umfeld, das den Weg zur lichten Erkenntnis so erschwert.

In reinster, unabhängiger Lichtschwingung ist sich der Mensch über alles bewusst. Ich persönlich als Erforscher der Evolution des menschlichen Bewusstseins weiß, wie ich den Entschluss fasste, eine 3D-Erfahrung auf Erden zu erleben. Ich weiß, wie ich gezeugt wurde, wie ich im Mutterleib heranwuchs, alle Einzelheiten meiner Geburt und auch den weiteren Verlauf meines Lebens. Auch zukünftige Entwicklungen sind mir nicht verborgen, da ich im Lichtbewusstsein lebe. Licht kennt keine Grenzen, nur eine duale Negation, die als das Dunkel den Menschen begleitet, aber nicht notwendigerweise beeinflusst.

„Die Sonne ist nur ein Schatten Gottes ...“ ist von Michelangelo überliefert, also das höchste und wunderbarste wahrnehmbare

Licht ist nur ein Schatten. Im Jenseits, das heißt, in der Lichtwelt, existiert nur Lichtnahrung und die Individuen sind Lichtgestalten von unterschiedlich hoher Schwingungsfrequenz jenseits unseres sichtbaren Lichts.

Das Licht kommt aus der Urquelle und reflektiert auf der Individualseele. Jede Individualseele hat ein individuelles Bewusstsein. Durch einen Verschmelzungsprozess zwischen dem Licht der Urquelle und dem Individualbewusstsein, der Einheitserfahrung, gelangt die Seele in die Wahrnehmungswelt des Lichtbewusstseins.

Im menschlichen Bewusstsein erschaffen wir mehr Einheit, indem wir uns auf das ewige Licht einlassen, ihm erlauben, unser eigenes ewiges Licht, das lichte Bewusstsein in uns zu zünden. Licht schafft Einheit durch Verbindung zwischen dem ewigen Lichtbewusstsein und unserem individuellen Bewusstsein. Unser Bewusstseinslevel zeigt an, wieweit dieser Prozess fortgeschritten ist. Die Auflösung des Ego passiert solange, bis wir selbst zum reinen Lichtbewusstsein entwickelt sind und keine Schattenanteile mehr unser Leben beeinflussen.

Wache auf

"Viele deiner Erdentage sind verstrichen, die nur deinen Wünschen und Träumen dienten.

Wache auf, wache bitte auf, denn die Sonne zeigt dir den Weg zum Licht, das in dir ewig leuchten will."

DJW

Lichtwege aus meiner Praxis

Heilung, Entwicklung des Bewusstseins und Transformation unserer innersten Essenz sind unterschiedliche Bezeichnungen für den selbst gewählten Weg zur Erweiterung. Die ewig gültigen Werte bilden das Gerüst einer geistigen Orientierung und verbinden uns mit der geistigen Quelle unseres Seins.

Viele Menschen haben bereits den Weg zum Lichtbewusstsein gewählt und sind schon viele Schritte der Egotransformation gegangen. Sie haben es anders benannt, sind meistens ihrer inneren Stimme gefolgt. Dabei ist es unerheblich, von welchem Bewusstseinslevel sie mit meiner Beratung und Begleitung ihren bewussten Aufstieg begonnen haben. Auch die Lebensumstände wie Alter, familiäre Situation, Erkrankungen oder der finanzielle Hintergrund können höchst unterschiedlich sein, alle gängigen Vorstellungen über das eigene Leben finden während der Transformation eine neue Ausrichtung, so dass die Egoaspekte wie Angst und Abhängigkeiten aller Art nicht mehr die Entscheidungen bestimmen.

In einem Heilgeschehen erfolgen Entscheidungen aus Zwang immer seltener und solche aus Notwendigkeit können leichter bewältigt und positiv angenommen werden. Liebe wird erfahren, dankend erkannt und freudvoll an andere weitergegeben. Die Erfüllung im tiefsten Inneren ist spürbar und wird täglich erschaffen. Sie befreit von innerer Leere und den dunklen Schatten der Täuschung, die zuvor durch das Ego aktiviert wurden. Der Weg zum ewigen Licht wird durch die universelle Sehnsucht in sich selbst entdeckt. Aus der tief empfundenen Sehnsucht wird der Einzelne und die ganze menschliche Gemeinschaft lichtvoll transformiert und geheilt. Dann ist der

Weg frei für die Neue Erde, in der die Menschen lichtvoll und friedvoll ihre wahre Identität leben können.

"Ich bin einfach
in Liebe,
denn
ich liebe euch und
gebe stets mein Bestes.

Mit meiner Essenz den Menschen
in der innersten Essenz berühren.

Die körperliche Balance herstellen,
die Zellenmatrix energetisieren,
so dass die Milliarden Zellen des Körpers
über das Zellenfeld vitalisiert werden.

Mit meiner Essenz ihre Seele berühren.
Die seelische Balance herstellen,
so dass die Seele über
das Seelenfeld
in ihren Frieden kommt.

Mit meiner Essenz ihren Geist
aus der Gefangenschaft befreien.
Die geistige Ruhe herstellen,
so dass der Geist
über
das Ätherfeld
die Freiheit erfährt."

DJW

Beginnen möchte ich mit einem Ereignis aus meiner frühen Kindheit. Ich war damals vier Jahre alt und begleitete meine Großmutter, wie gewohnt, bei ihrer Heiltätigkeit in unserem Hause. Sie lehrte mich das geistige Heilen nach der Jahrhunderte alten Tradition unserer Familie, und es war nichts Ungewöhnliches, dass ich meine Kenntnisse sogleich bei ihren Patienten anwendete.

Eines Tages kam ein Ehepaar aus den USA, die von den Heilkünsten meiner Großmutter erfahren hatten. Sie hießen Claudia und Steve und sie waren zu dem Zeitpunkt schon mehrere Jahre verheiratet und wünschten sich sehnlichst ein Kind. Sie hatten bereits alle Möglichkeiten der modernen Medizin (wie beispielsweise Hormonbehandlungen, artifizielle Insemination) probiert, doch nichts hatte geholfen. Jahrelang hatten sie sich bereits bemüht, keiner der Ärzte konnte eine Ursache für ihre Kinderlosigkeit feststellen, da sie offensichtlich beide gesund waren.

Als vierjähriger Junge hatte ich keine genaue Vorstellung über Schwangerschaft und das Kinderkriegen. Dennoch äußerte ich spontan gegenüber meiner Großmutter den inneren Impuls in mir, dass wir die beiden gemeinsam behandeln könnten. Ich legte meine Hände an Claudias Kopf, meine Oma legte ihre Hände auf ihren Bauch. Claudia und Steve hielten sich an den Händen und gingen mit uns in die meditative Versenkung. Wir hatten mehrere dieser Behandlungen ausgeführt und das Ergebnis war ein voller Erfolg, denn kurze Zeit später erfuhren wir, dass Claudia schwanger war. Sie brachte zur rechten Zeit einen gesunden Jungen zur Welt, den sie zum Andenken an mich David nannten. David wuchs heran und praktiziert inzwischen als Arzt. Die Familie hält bis zum heutigen Tag regen Kontakt zu mir zur Freude aller, David Junior sagt Papa („Dad“) zu mir und schreibt mir regelmäßig Emails.

Am Beispiel dieses Paares lassen sich die Entwicklungsschritte zum Lichtbewusstsein anschaulich nachvollziehen. Beide wünschten sich ein Kind aus der Sehnsucht heraus, ihre Liebe auszudehnen. Doch ihre Seelen waren noch nicht reif dafür. Sie hatten zunächst auf die alt-bewährten Methoden der konventionellen Medizin all ihre Hoffnungen gelenkt und mussten dann feststellen, dass es auf diesem Weg nicht weiterging. Erst nachdem sie sich beide von der alten Energie ihrer Vorstellungen gelöst hatten, zeigte sich der Weg zu meiner Oma und mir, und sie nutzten ihre Wahlmöglichkeit zur Evolution ihres Lebens. Erst die einfühlsame Begleitung der beiden Seelen und die Anbindung ihrer Kräfte zum höchsten Bewusstsein hatte sie das Vertrauen in die Gesetzmäßigkeiten der Urordnung finden lassen und der kommenden Seele die Möglichkeit geschaffen, im Körper von Claudia und durch die Zeugung von Steve sich ganz natürlich auf den Weg zu ihrer Erdenexistenz zu machen. Im Moment der Erkenntnis und Öffnung für die Neue Energie konnten sie durch die Kanäle von meiner Großmutter und mir die neue Seele empfangen.

Werden die alten Pfade verlassen, dann erfolgt eine Umorientierung zu mehr Lebendigkeit in neuer Freiheit. Darin zeigt sich das Licht in seiner Kraft zur umfassenden Transformation und der Weg zur Heilung ist geebnet.

Sonja war 19 Jahre alt, als ich sie das erste Mal getroffen hatte. Es ging ihr körperlich gar nicht gut, denn sie hatte bereits mehrere Male versucht, ihr Leben zu beenden. Sie kam aus gutem Hause, materiell fehlte es ihr an nichts, obwohl ihre Eltern geschieden waren. Sie lebte bei ihrer Mutter mit deren Lebenspartner. Die Mutter als Lehrerin, der Vater in leitender Position in einer Bank hatten ihr bereits den Führerschein und ein Auto geschenkt. Aber was ihre seelische Not betraf, konnten ihr die

Eltern und viele Therapeuten mit unterschiedlichen Methoden nicht helfen, und so brachten die Eltern ihre Tochter zu mir.

Zunächst stand bei ihr die Abiturprüfung an, und sie machte sich wenig Hoffnungen, das Ganze zu bestehen.

In mehreren Heiltreffen innerhalb von drei Monaten ist es uns gelungen, sie soweit mental vorzubereiten und seelisch zu stabilisieren, dass sie ihre Prüfungen erfolgreich bewältigen konnte. Intensive Heilberatungen machten es Sonja möglich, in ihrem Leben wieder einen Sinn zu entdecken. Die eigene Wahrheit und Essenz wurden für Sonja erfahrbar und zum ersten Mal hat sie Selbstliebe entwickeln können, da sie von mir wahre Nächstenliebe erfuhr. Kompetente Heilberatung wurde ihr in Gesprächen und an meinem Beispiel der Lebenspraxis zuteil, die sie unmittelbar erleben konnte. Sie ging mit Mut und großem Vertrauen ihren weiteren Weg, suchte sich auf meine Empfehlung eine eigene Wohnung und meldete sich für ein Studium an.

Sonja drückte ihre Dankbarkeit und neue Bewusstheit mit den folgenden Worten aus:

> „Lieber David,
> wenn mein Weg mich nicht zu dir geführt hätte, wäre mein Leben im letzten Jahr beendet gewesen. Deine Liebe, Wahrheit und dein Wissen und vor allem die unendliche Anteilnahme an meinem Leben hat mein Leben vollkommen verändert. Inzwischen sind sechs Monate ohne Suizidversuch vergangen
>
> Ich bin geheilt durch deine Gebete und deine Kraft, vor allem durch deine spirituelle Begleitung. Dass es mich gibt, verdanke ich dir, und dass ich den Weg zu mir und zu Gott gefunden habe, verdanke

ich ebenfalls dir. Dass ich heute studiere und mein Leben selbst in die Hand genommen habe, verdanke ich dir.

In Liebe und herzlicher Dankbarkeit

deine Sonja“

Sonja ist nach ihrer Lichttransformation selbst zu einem Licht für andere geworden. Sie kann nun anderen beistehen, Verständnis zeigen und weiterhelfen. Es ist wunderbar, in meiner täglichen Praxis, die höchste Anforderungen an Präsenz und innerer Balance stellt, die Erweiterung der Menschen in Gang setzen zu können.

Was macht eine Lichttransformation aus? Die Betroffenen können leicht feststellen, ob sie sich bei ihnen vollzogen hat. Sie fragen sich: Was mache ich heute, was ich mir vor diesem Heilprozess nicht zugetraut hätte? Wenn die Antwort positiv und lebensbejahend ausfällt, dann hat sich Heilung ereignet. Manchmal ist dazu die Hilfestellung seitens eines Heilers erforderlich, denn durch Weisheit, Stärke und Orientierung können weitere universelle Kraftquellen erschlossen werden und Blockierungen gelöst werden.

Eine weitere Seele schrieb mir kürzlich den folgenden Brief:

„Lieber David,
herzlichen Glückwunsch zu unserem 7-jährigen Jubiläum. Ja, vor sieben Jahren stand ich vor dem Nichts, die niederschmetternde Diagnose lautete damals Brustkrebs im fortgeschrittenen Stadium mit dem ärztlichen Vorschlag, beide Brüste amputieren zu lassen. Die Aussichten, nach der Strahlen- und Chemotherapie längerfristig zu überleben, standen nicht gut. Mit zwei kleinen Kindern habe ich mich damals an unseren Schöpfer gewandt und in tiefer Versenkung um Hilfe gebeten.

Kurz darauf traf ich eine Nachbarin, die meinte zu mir: „Ach, wissen Sie was, ich hatte auch einmal Brustkrebs und war bei einem Heiler, der mir geholfen hatte.“ Das war die Eingebung, um die ich gebeten hatte, und ich erinnere mich genau an meine Worte an Sie bei unserer ersten Begegnung: “Ein Engel hat mich zu Ihnen geschickt, bitte helfen Sie mir!“. Und Sie haben mir geholfen. Das Tumorgewebe wurde brusterhaltend entfernt, und danach besuchte ich Sie drei Monate lang jeden zweiten Tag in Ihrer Praxis.

Die Ärzte freuten sich und staunten, denn danach waren keine Metastasen mehr feststellbar, eine Chemotherapie erübrigte sich, und seitdem fühle ich mich jeden Tag aufs Neue beschenkt. Ich kann jetzt die Kinder aufwachsen sehen, was wäre sonst aus ihnen geworden?

Ja, mich gäbe es lange nicht mehr hier auf Erden, wenn es Sie nicht gegeben hätte, dafür und für alles andere danke ich unserem Schöpfer und Ihnen

Ihre Stefanie

Menschen auf ihrem Heilweg und Glücksweg zu leiten, ist mir ein Herzensanliegen und der Kern meiner Berufung.

Eines Tages suchte eine Frau mittleren Alters meine Praxis auf, die sich in einer seelisch schwierigen familiären Situation befand. Bereits im ersten Gespräch wurde deutlich, dass sie eine neue Orientierung für ihr Leben suchte. Sie war geschieden und alleinerziehend mit zwei Kindern. Die Umstände ihrer kürzlich geschiedenen Ehe und erhebliche Konflikte mit ihrem Exehemann belasteten sie damals noch. Ihre beiden Kinder hatten Leistungs- und Verhaltensprobleme in der Schule und kooperierten nur selten im Alltag. Beruflich absolvierte sie eine Ausbildung in einem Beruf, der sie nicht erfüllte. Sie suchte mich als spirituellen Lebensberater auf, weil trotz intensiven Bemühens von ihrer Seite vieles in ihrem Leben nicht gut verlief. Sie fühlte sich oft getrieben, kraftlos und depressiv, denn viele Bemühungen zur Verbesserung ihrer Situation waren vergebliche Mühe.

In äußerst zerrütteten Verhältnissen aufgewachsen fehlte ihr die emotionale Geborgenheit und das Vertrauen in die eigenen Fähigkeiten. Dies zeigte sich in der Erziehung der Kinder und im beruflichen Bereich besonders deutlich. Aus Mangel an Selbstliebe fehlte es ihr an Hoffnung, trotz ihres tiefen Glaubens an die geistige Wirklichkeit. Sie zweifelte an sich selbst und ihrer Wahrnehmung, denn ihr Glaube fand nur wenig Bestätigung in ihrem Leben.

Viele sehen in ihrem Leben keinen Ausweg mehr. Und dennoch öffnet sich eine neue Tür. Das können bisher ungeahnte Möglichkeiten, Hilfestellungen und Kraftquellen sein, die sich bei innerer Bereitschaft offenbaren.

Vertrauensvolle und ermutigende Gesprächen halfen ihr bei der Transformation ihrer Ängste. Durch Spiegelung konnte sie diese *wahrnehmen* und benennen, *verstand* ihren Ursprung und ihre Auswirkung, so dass sie die lichtvolle Wahrheit als Botschaft der Liebe *verinnerlichen* konnte und selbst die Hoffnung, den Mut und die Liebe in sich expandieren lassen konnte (*Transformation*). Danach löste sich die Situation auch im Umfeld auf. In der Begegnung mit einem höchst bewussten Wesen erkannte sie ihre lichtvollen Wesenszüge und erfuhr die Projektionen alter traumatischer Erfahrungen bei jemandem, der sie immer wieder im Lichtaspekt bestätigte. Ihr inneres Wachstum zeigte bald Früchte im Äußeren. Durch mehr Selbstvertrauen wurde die Kommunikation im privaten Bereich klarer und half allen Beteiligten weiter. Ihre Erscheinung im normalen Licht und im feinstofflicher Äther (ihre Aura) begann zu strahlen.

Intensive Gespräche über die Bedeutung des Bewusstseins und der Einsatz vielfältiger Heilmethoden auf der geistig-seelischen Ebene lösten die alten Blockaden auf und behoben den Energiemangel.

Hilfreich erwies sich die gemeinsame energetische Einstellung, die täglich um 21 Uhr (MEZ) einen Heilkreis von mehreren tausend Lichtschülern und Heilempfängern aus aller Welt umfasst. Die ganzen Weltgemeinschaft profitiert von der gemeinsam aufgebauten energetischen Verbindung, denn dadurch lösen sich innerer Konflikte und Blockaden. Fernenergie wirkt universell und individuell auf multidimensionalem Weg, denn es gibt keine Trennung in physischer und geistiger Hinsicht, also wirkt jede Energie allgegenwärtig. Auf einer Pilgerreise erlebte diese Frau auf ihrem Weg in vielen Situationen die praktische Umsetzung der Multidimensionalität als meine geistige Präsenz und Führung. In der Begegnung mit einem im höchsten Maßen dienenden Heiler wurde ihr erstmals bewusst, welches Licht sie in sich trug und welche Erfüllung jeder Schritt der Lichttransformation bringt.

Dunkle Zeiten, in denen der Schatten in ihr aktiv wurde, waren für mich Zeiten, verstärkt in meinem Licht zu bleiben, um sie heilend im Geistraum zu begleiten und auf das Ego ohne wahre Substanz immer wieder geduldig hinzuweisen. Vielfältige Hilfe aus der Lichtwelt durfte dieser Mensch erfahren, denn die Meisterseelen unterstützen jede Seele auf Erden mit Freude und unendlicher Kraft, sobald er sich dafür geistig öffnet.

Für die dunklen Aspekte ihrer Mitmenschen bot sie immer weniger Möglichkeiten der Resonanz. Stattdessen machte sie den anderen klar, dass jeder sein Leben selbst zu verantworten habe. Neue Wege der Problemlösung konnte sie nun beschreiten. Inzwischen lebt eines ihrer Kinder beim Vater, eine Entscheidung, die ihr durch innere Erweiterung möglich geworden ist. Beruflich wurde sie energetisch und praktisch von mir unterstützt, ihren Platz zu finden, und wie die Gesetze der Anschauung und Resonanz erwarten lassen, hatte sie aufgrund der eigenen Transformation innerhalb weniger Monate mehrere Möglichkeiten eines beruflichen Neuanfangs zur Auswahl. Nach mehreren Jahren vergeblicher Mühe bei Bewerbungen zeigte diese Situation der Wahlfreiheit ein überzeugendes Resultat gemeinsamer Lichtarbeit.

Mit viel mehr Freude erlebte sie jeden Tag als Geschenk in höchster Dankbarkeit. Affirmationen, Lichtpunktbehandlung und Meditation halfen bei der Entwicklung der Selbstliebe. So konnten auch schwierige Situationen mit Vertrauen und Mut akzeptiert und bewältigt werden.

Der Weg zum Licht ist lohnend, erfüllend und erhellend zugleich und lässt die Lebensenergie aus der unerschöpflichen Uressenzquelle fließen. So erstrahlt der Mensch mit jedem Tag mehr und wird selbst zu einer Quelle der Erfüllung für viele andere.

Der direkte Weg zum Lichtbewusstsein erspart viele Umwege des Leidens und der vergeblichen Versuche. Im obigen Beispiel hat sich diese Transformation um mindestens zwei Bewusstseinslevel innerhalb von etwa eineinhalb Jahren vollzogen. Ohne Unterstützung bei der Bewusstwerdung wäre es in dieser kurzen Zeit nicht möglich gewesen. Schwere Erkrankungen wären mit hoher Wahrscheinlichkeit aufgetreten und hätten das Ego triumphieren lassen.

Äußere Umstände können unser Leben nicht mehr diktieren, wenn wir uns über unser Bewusstsein als Lebensschöpfer in diese Welt einbringen. Darin liegt wahre Erfüllung und Erfolg für den Menschen in geistiger Ausrichtung, dann wird die Freiheit der Wahl für jeden als kostbarstes Geschenk gegenwärtig erfahren.

Lichtvolle Gedanken - Der Tag meiner freien Wahl

Heute ist ein neuer Tag in meinem Leben angebrochen. Ein Tag der freien Wahl. Es ist mein Tag, ein Tag an dem ich etwas verändern kann. An diesem Tag geht wieder die Sonne auf, sie wärmt mein inneres Sein und meine äußere Hülle. Ihre Lichtstrahlen bereichern mich, dieser Sonnentag gibt mir neue Kraft und innere Stabilität.

Er schenkt mir tiefes Vertrauen und freudevolle Leichtigkeit. Ich fühle aus dem Inneren heraus, dass ich weiterkomme. Ich spüre, dass neue Möglichkeiten der freien Wahl unbegrenzt wachsen. Mein inneres Sein gibt mir grünes Licht, meine innere Wahl nach außen zu tragen um sie mit anderen zu teilen.

Ich spüre in meinem inneren Sein meine Wahlentscheidung aus mir emporsteigen, wachsen und sich ausdehnen.

Was ich heute sage und tue wird stets im Einklang sein mit der inneren bewussten Wahl. Es ist von großer Bedeutung, wie ich über die in mir erzeugte freie Wahl denke und fühle und sie dann materialisiere. Dieser Tag hält genau die richtigen Augenblicke wahrhaftiger freier Wahl für mich bereit.

Meine innere Einstellung an diesem Tag ist genau so wichtig wie meine äußeren Handlungen zu diesen Themen. Ich möchte mein Dasein in jedem Augenblick in freier Wahlmöglichkeit leben. Ich wünsche mir in meinem Leben für jeden Moment innerlich frei zu sein und mit großer Freude will ich mein Bewusstsein durch freie Wahl erweitern und lebendig gestalten.

Affirmationen dazu sind:

- Ich vertraue auf meine innere Führung.
- Ich glaube an meine freie Wahl.
- Ich lebe ein Leben der total freien Wahlmöglichkeiten und Chancen.
- Ich unterstütze gerne mit all meinen freien Wahlmöglichkeiten all jene, die sich gefangen fühlen.
- Ich spüre förmlich, wie meine Wahlmöglichkeiten täglich wachsen.
- Ich habe die richtige Wahl für ein erfülltes, beseeltes und beglückendes Leben getroffen.
- Ich sehe meine Zukunftswahlmöglichkeiten im Jetzt klar und deutlich vor mir.
- Ich arbeite schon positiv im Geiste mit meiner Wahlmöglichkeit und setze sie für erfüllte Projekte des Lebens und für meine Mitmenschen ein.
- Wahlmöglichkeiten und freie Wahlchancen sind für mein Leben wichtig und notwendig.
- Ich fühle mit jedem neuen Tag, wie ich durch mein bewusstes, klares und friedfertiges Wählen innerlich an Liebe, Frieden und Weisheit gewinne.
- Ich spüre, dass sich mein Geist durch meine freie Wahl ausdehnt und zum Wohle für alle aktiv wird.
- Ich weiß, dass ich durch meine Freiheit der Wahl andere Menschen beglücken kann.
- Meine Herzlichkeit, Freude, Liebe und Verbundenheit mit anderen Menschen wächst durch meine innere Freiheit und äußere Wahlmöglichkeit.

- Gerade an diesem Tag teile ich meine innere Wahlfreiheit mit meinen Mitmenschen. Ich nehme Anteil an ihrem Leben und freue mich mit ihnen über ihre Wahlmöglichkeiten, Erfolge und Freiheit.
- Ich weiß, dass ich für meine freie Wahl selbst verantwortlich bin und mit großer Freude nehme ich diese Verantwortung an. Ich bin mir dessen von Tag zu Tag mehr bewusst.
- Ich begegne meinen Mitmenschen jeden Tag mit Offenheit, Respekt, Achtung, Freude, Vertrauen und Liebe und helfe ihnen, ihre Wahlchancen so erfüllt zu erleben, wie ich es erlebe.
- Ich habe die Chance frei zu wählen, ich bin fähig, beglückt zu sein, beides in mir zu spüren und zu fühlen. Dieses bezeugt meinen Willen, frei zu leben.
- Jeder Augenblick enthält die Möglichkeit der Wahl und jeder Moment ist voller Chancen für einen Neubeginn. Ich tue alles dafür, dass ich diese Glücksmomente auch zukünftig offen, liebend, freudig und beseelend wählen kann.
- Ich kann mit meiner Wahlverantwortung gut umgehen und bin stets in meiner Wahlfreiheit transparent.
- Mein vergangenes und gefangenes Denken über die Unfreiheit der Wahl werfe ich über Bord. Ich öffne mich für die neue Welt der freien Wahl.
- Ich bin bereit, für die Freiheit der Wahl zu leben und Verantwortung zu übernehmen.
- Ich übe mich in Geduld beim inneren Wachstum, und ich vertraue darauf, dass sich meine Wahlchancen sehr gut entwickeln werden.

- Die Zukunftsvisionen meiner Wahlfreiheit visualisiere ich schon heute in Gedanken und verwirkliche diese in meinem Herzen.
- In bewusster Gewissheit und größtem Vertrauen fühle ich, dass meine Zukunft in freier Wahl erblühen wird. Ich lege mein tiefstes Gefühl und inneres Vertrauen für eine Zukunft in Freiheit der Wahl, die ich zum Wohle aller einsetzen werde.
- Ich visualisiere diese Momente in meinem Leben voller Beharrlichkeit, Bewusstheit und Klarheit.
- Was auch heute geschehen mag, heute lebe ich die Freiheit der Wahl aus meiner inneren Quelle heraus.
- Ja, meine innere Wahlmöglichkeit sichert meine äußere Wahlfreiheit.
- Heute fange ich an, freie Wahl zu leben. Heute verschenke ich Wahlmöglichkeit wie eine Rose, die ihre Schönheit und ihren Duft verströmt, ohne dafür etwas zu erwarten, oder wie die Sonne, die für jeden von uns scheint, ohne eine Gegenleistung dafür zu verlangen.
- Das Leben ist in jedem Augenblick Wahlfreiheit und Chance für einen Bewusstseinswandel.
- Ich gebe meine freie Wahl nicht auf, sondern nutze die Chancen, die darin innewohnen.
- Ich habe mich entschieden und frei gewählt, für den Rest meines Lebens frei zu sein.

*"Karma ist die Chance,
sein Leben von alten Mustern
zu bereinigen und neue Ursachen
zu setzen."*

DJW

Bewusstseinsentwicklung und Reinkarnation

Der folgende Text ist mir in tiefer Versenkung eingegeben worden:

„Ihr seid aus der ALL-Einheit herabgestiegen, um das ICH-BIN zu erfahren,
um Gott in der Stofflichkeit zu erleben, und
das Gefühl der Liebe körperlich zu erspüren."

DJW

Wir sind aus der ALL-Einheit gekommen, um Seelenerfahrungen und Bewusstwerdungsprozesse in irdischen Gefilden individuell zu erfahren. Denn das Individuelle ist in der Ebene des ALL-Seins und der ALL-Einheit nicht gegeben.

Wenn wir diese irdische Stofflichkeit eines Tages verlassen, dann gelangen wir zu einem größeren Zustand ewigen Bestehens, wo sich das Leben in jedem Augenblick ausdehnt und alle Erfahrungen sich weiterentwickeln, um in einem noch höheren Stadium fortbestehen zu können.

Wir machen in der Materie die Erfahrungen, um unser eigenes Schwingungsspektrum in die höheren Lichtfrequenzen des ewig hellen Tages auszudehnen.

Eine Reinkarnation geschieht immer und zu aller Zeit aus freiem Willen. Es gibt niemanden, der Sie veranlasst, Sie bestraft oder zwingt, eine schmerzvolle und leidvolle Reinkarnationserfahrung auf Erden oder auf einem anderen Planeten zu vollbringen.

Sie selbst haben aus Ihrer freien Wahl Gebrauch gemacht und haben sich entschieden, herabzusteigen um
Liebe, Glück, Freude und Frieden oder
Krieg, Schmerz, Leid und Hass zu erleben.

Es gibt nirgends im ALL ein Zwangssystem. Das Leben, das Sie hier verbringen, die Augenblicke Ihres Seins und Ihre Handlungen sind ausschließlich ihrer Verantwortung und Ihres Bewusstseins zuzuordnen. Reinkarnation hat mit Auflösung und Erweiterung Ihres inneren Seins zu tun. Ihr liegt ein tiefes Bedürfnis, ja sogar eine Sehnsucht, die Sie im Hiersein erfüllen wollen, zu .

Dieses tiefe Bedürfnis, diese innige Sehnsucht, ist das Geheimnis auf dieser Ebene
Freude, Frieden, Liebe oder
Frust, Falschheit und Hass auszudrücken.

Erst dann, wenn Sie genug erfahren haben, und bereit sind, diese Erlebnisse zu durchlaufen, kann Erkenntnis einsetzen, die Ihr Bewusstsein erweitert, die Sie von der Negation Ihres Egos befreit und wieder in den Vorstufen der ALL-Liebe und ALL-Existenz weilen lassen.

Damit hat sich Ihre Einstellung, Ihre Vorstellung und Ihre Realität verändert. Dann können Sie Erfahrungen einer anderen Schwingung, einer anderen Empfindung und einer anderen Ebene machen. So kann der ewig helle Tag nur ein Schritt raus aus Ihrem Ego-Kreis sein, wo Sie sich befreiend in einer anderen Realität bewegen und erleben können.

Sie können direkt durch Ihre innere Veränderung und Ihre äußere Handlung von einer Welt des Schmerzes, der Rahmenbedingungen und der Endlichkeit zu einer Existenzebene von Heilsein, Inhalten und unendlichen Möglichkeiten vordringen.

Sie haben Ihre Jetzt-Identität angenommen, weil Sie die meisten anderen schon durchlebt haben.

Wenn Sie jetzt ein Lehrer sind,
dann nur, weil Sie schon ein Schüler waren.
Wenn Sie jetzt ein Ingenieur sind ,
dann nur, weil Sie schon ein Mechaniker waren.
Wenn Sie jetzt ein Freiheit-Strebender sind ,
dann nur, weil Sie schon ein Gefangener waren.
Wenn Sie jetzt ein Edelmütiger sind ,
dann nur, weil Sie schon ein engherziger Mensch waren.
Wenn Sie jetzt ein Heiliger sind ,
dann nur, weil Sie schon alle anderen Stufen und Ebenen bis zur Heiligkeit durchlaufen haben.

Ihre Jetzt-Identität haben Sie selbst frei gewählt und erarbeitet. Es ist überaus wichtig, jetzt zu erkennen, das Bestmögliche aus Ihrer Identitätsrealität zum eigenen und zum Wohle aller zu bewirken. Sie sind also der Schauspieler im ewigen Stück Ihres eigenen Lebensspiels der Erkenntnis und des Lernens. Dieses Identitäts-Schauspiel setzt sich von Reinkarnation zu Reinkarnation fort, wandelt und veredelt seine Schwingung.

Wenn Ihre Seele eine Erfahrung in ihrer jetzigen Erdenidentität durchleben will, dann reinkarniert sie und erfährt eben diese Schwingung. Damit sind allerdings stets Erkenntnisprozesse und das Verlangen nach Erweiterung verbunden. Denn die Seele strebt danach, diese höchste Frequenz der jetzigen Lebensaufgabe zu erfahren. Die innere Botschaft einer jeden Reinkarnation ist die Gnade, das Leben in seiner schönsten Blüte und seiner höchsten Energiefrequenz zu erleben.

Leben einfach um des wahren Lebenswillens, das ist das große Verständnis und die erhabene Erkenntnis über Reinkarnation.

In diesem Zustand werden Sie nur noch Frieden, Freude und Freiheit erfahren und zum Heiligen werden. Der Grund einer Reinkarnation ist, die Essenz des Lebens zu erfahren, Ihre Essenz zu Ihrem Leben zu erleben und Ihre Berufungsaufgabe in diesem Jetzt zu durchleben.

Dafür ist es notwendig, sich von den Dingen loszusagen, die uns an eine tiefere Ebene festbinden. Das können schlechte Gewohnheiten im Fühlen, Denken und Handeln sein wie der Gebrauch von Noxen, die unbewusste Übernahme negativer Familientradition oder Konditionierungen, die selbstentwickelt oder kulturell bedingt sind. Das aktuelle Leben ist eine Herausforderung, den vorgegebenen engen Rahmen zu erweitern, das heißt positive Inhalte und unvergängliche Werke in die Welt zu bringen. Karma erschaffen bedeutet, in jedem Augenblick der Entscheidung die Ursachen für zukünftige Leben zu erschaffen und damit die Aufgaben, die wir uns selbst setzen.

"Was vergangen ist, war ein Traum
was zukünftig sein wird, ist eine Illusion
was im Hier und Jetzt, in dieser Gegenwart geschieht,
ist von großer Bedeutung, denn nur
im Hier und Jetzt können wir unseren Weg
entscheidend ändern und so
im wahren Sein fließen."

DJW

Viele Dinge, die das Leben so elektrisierend machen, sollen durch die eigenen Sinne und Seinszustände erfahren werden, so zum Beispiel

die Schönheit der Blumen zu sehen,
Tiere in freier Wildbahn zu beobachten,
den Fluss des Wassers selbst wahrzunehmen,
die Berge zu besteigen,
die Wüste zu durchqueren,
die Majestätik der Sonne in sich aufzunehmen,
die Magie des Mondes zu bestaunen,
Seinszustände meditativ und kontemplativ zu erleben,

das alles ist für die Fortentwicklung und die Anhebung des Bewusstseins notwendig.

Sich dabei nur unterhalten zu lassen, reicht nicht aus. Bei all diesen Erfahrungen kommt es nicht auf gesellschaftliches Ansehen oder Stellung an, sondern auf Ihr inneres und individuelles Erleben der Augenblicke wahrer Verschmelzung mit dem, was ist, was war und was sein wird.

Diese wahren Aspekte des Lebens wollen in dieser Reinkarnation durch Ihr Einlassen, Verstehen, Öffnen, Wahrnehmen und Erkennen erfasst und erfahren werden um Ihnen die Türen zu Ebenen der Erweiterungsmöglichkeiten aufzustoßen.

Dabei wird es Momente geben, wo Sie vor Freude zerspringen könnten, wo Sie in höchster Glückseligkeit tanzen werden und wo Sie im Meer unendlicher Liebe baden werden.

Gestatten Sie sich diese unendlichen Wahlmöglichkeiten, die ewige und endlose Lichtliebe zu erleben und sie mit anderen zu teilen. Sie haben diese Wahlmöglichkeit genutzt und sind herabgestiegen. Wenn Sie zurückgehen, Ihre Hülle auflösen, dann brauchen Sie nie wieder zu kommen, keiner muss reinkarnieren, jeder kann.

Einst stieg ich mit dem Wind des weiten Geistes zum ewig hellen Tag auf und entschied wiederzukommen als Heiler in einer Familie mit langer Heiltradition. Es gibt keine größere Wahl als diese und ich bin so voll Freude und Frieden, meine Berufung in lichtvoller Liebestat für uns und mit Ihnen zu verbringen.

Ja, ich liebe Sie, ich liebe Euch und ich liebe alles Lebendige und Nichtlebendige. Ich liebe das Vergängliche und das Ewige.

Und aus diesem Grunde bin ich wieder inkarniert um

meinen Frieden mit Ihnen zu teilen,
die Freude des Seins zu erleben,
Glückseligkeit lebbar zu machen,
Liebe zu manifestieren,
und das Leben mit Ihnen zu erleben,

von Ihrer Liebe, Wahrheit, Freiheit, Frieden und Einheit mehr zu erfahren, bis ich eines Tages wieder die Freiheit meiner Wahl anwenden werde, um wieder mit dem Wind zum ewigen Wind des weiten Geistes aufzusteigen und von Ihrer Erkenntnis, Erfahrung, Wahrheit, Liebe und Frieden zu lernen.

Wenn Sie aufhören, für die Idealbilder der Gesellschaft zu leben, Konkurrenzkämpfe auszufechten, sich mit anderen zu vergleichen und voller Neid auf andere zu sehen, dann leben Sie die Freiheit in Selbstbestimmung und sind Eins mit der Einheit allen Lebens im hellen Licht und höchster Transformation.

Dann sind Sie bereit für neue Abenteuer in weit entfernten Reichen, Dimensionen und Ebenen, die Ihr Verstand nicht in der Lage ist zu begreifen. Ihr Verständnis für die ewige Wahrheit und das Lichtbewusstsein erreicht ein solches Ausmaß, dass Sie in einen anderen Seinszustand gelangen.

Können Sie die Lebensweise völliger Liebe, Demut und Dankbarkeit annehmen, eröffnet sich eine neue Ebene, um inniglich zu verschmelzen, Teil des Windes in den Bäumen zu werden, Teil des wahren Kinderlächelns zu sein, der Schönheit eines Sonnenuntergangs beizuwohnen, mit dem Sommerregen eins zu sein, mit den Fischen zu schwimmen und sie zu beobachten und von den tiefen Schätzen der alten Menschen mehr zu erfahren.

Auch die Schattenaspekte des Seins wollen akzeptiert und angeschaut werden. Wenn ich die Menschenseelen liebe so wie sie sind, dann erkenne ich ihren Schmerz, entwickele Mitgefühl mit ihnen und als spiritueller Heiler stehe ich ihnen täglich zur Verfügung, um zu ihnen vom erlösenden Heil zu sprechen, mit ihnen das Heil zu teilen. Sie haben sich jedoch für diesen Erfahrungsweg entschieden, zumeist vor ihrer Erdengeburt.

Das ist Reinkarnation im weitesten Sinne.

Eine Reinkarnation ist eine Chance, gütiger und liebevoller zu sich selbst zu werden, lichtvoller zu leben, leichter zu sein und grundlos Glück zu empfinden.

Einfach Freude auszustrahlen ohne Grund und ohne Anlass, so ist es möglich, sich aus den Fängen der Rahmen, Muster und Begrenzungen zu befreien. Alles was wir zum Ausdruck bringen können, entsteht aus einer Begrenztheit und alles was außerhalb dieser Reinkarnation passiert, hat eine Reichweite in die Ewigkeit, denn dort existiert kein Ende, keine Begrenzung, keine Endlichkeit.

Wenn wir mehr sehen, dann öffnet sich nur eine Existenz von Mehr Sehen.

Wenn wir mehr und tiefer fühlen, dann begegnet uns die Unendlichkeit der Sehnsucht.

Wenn wir grundlos glücklich sind, ist uns der Thron zur Glückseligkeit reserviert.

Sinnen Sie einmal darüber nach, wie weit ein Gedanke reichen kann!

Ein Gedanke kann schneller sein, als das Licht.

Ein Gedanke kann weiter reichen, als das Licht des Mondes.

Ein Gedanke kann tiefer gehen, als die tiefste Stelle des Ozeans.

Die Gedanken sind die Vehikel unserer Möglichkeiten bis hin zu den Sphären des Undenkbaren.

Die Gefühle sind Boten unserer Chancen, neue Ebenen der Unendlichkeit zu erschließen.

Das ist die Wahrheit über Reinkarnation.

Ein wichtiger Grund, warum wir reinkarnieren, ist unser Streben nach Glücklichsein in dieser Erdenebene und die Sehnsucht über die Materie wieder mit dem ALL verbunden zu werden, die Gnade, über die Widrigkeiten des Alltags hinweg zur wahren Botschaft des Seins zu gelangen.

Ein weiterer Grund zur Reinkarnation ist die Chance zu erkennen, dass Sie kein anderer sein wollen und können als Sie selbst. Andere Annahmen und Ansichten führen stets zur Täuschung.

Und wieder ein weiterer Grund zur Reinkarnation ist die Offenbarung, dass Sie diesen Ort und diesen Zeitpunkt erwählt haben, an dem Sie am liebsten sind, um diese Bewusstseinserkenntnisse wahrhaftig zu erfahren, um diese Ebenen und Formqualitäten inniger zu durchlaufen.

Ich bin aus Glück reinkarniert, weil ich exakt das tun wollte, nämlich ein spiritueller Lehrer, Heiler und ein liebender Helfer zu sein.

Ich bin freudvoll in Frieden, weil ich genau so handeln wollte, es ist meine Wahl aus absolut freiem Willen, im Hier und Jetzt so zu sein.

Wir haben viele Facetten vom Leben in den vergangenen Inkarnationen schon erlebt. Es waren heilende, wundervolle, heldenhafte, geistvolle, romantische, berührende und beglückende sowie
unheilvolle, schreckliche, erbärmliche, geistlose, traurige, elende und glücklose Inkarnationen.

Was jedoch war, ist in dieser Realität nicht von Bedeutung, denn im Hier kann sofort eine Veränderung hervorgebracht werden, eine Wandlung vollzogen und ein Veredelungsprozess in Gang gesetzt werden.

Was wir im Hier sind, ist die gesammelte Erfahrung allen Wissens, die wir in den körperlichen Existenzen zuvor hatten. Nur in dieser Gegenwärtigkeit liegt der Sinn für alles, was war und sein wird, denn nur im Hier kann ich meinen Teil entscheidend beitragen.

Leben Sie bitte diese wahren Augenblicke im Jetzt, das sind die vollkommenen Sequenzen Ihrer Ewigkeit. Bitte erkennen Sie, wer Sie im Jetzt sind, anstatt was Sie damals waren. Es ist wundervoll, allein zu wissen und zu erspüren, dass wir schon einmal gelebt haben, denn das ist die Hoffnung für ein Morgen, dessen Architekt Sie jetzt sind.

Die Wirklichkeit Ihres Seins hat die Kraft, aus der inneren Erkenntnis und der ewigen Erfahrung heraus, das Leben im

Jetzt zu kreieren, das Glück im Hier zu erfahren und die Liebe in dieser Gegenwärtigkeit zu teilen.

Leben in der Unendlichkeit ist möglich, wenn wir die Endlichkeit leben und meistern.
Leben in der Unendlichkeit ist möglich, wenn wir den Augenblick erfahren.
Leben in Vollkommenheit ist möglich, wenn wir die Liebe erspüren.

In jeder Inkarnation werden sich Formen, Zeiten und Farben ändern, doch nicht Ihr Wesen, nicht Ihre Seele und nicht der Geist Ihres wahren Lebens. Daher ist die Wiedergeburt als Tier einem menschlichen Bewusstsein nicht möglich und auch nicht sinnvoll, denn das hieße, ein Leben, ohne bewusste Entscheidungen zu führen und dieses widerspricht sowohl dem Schöpferwillen als auch dem Seelenantrieb. Alle Erfahrungen der bisherigen Leben gehen in eine neue Erdenexistenz ein und der Weg zur bewussten Entscheidungsfindung definiert die zentrale Aufgabe des entwickelten Bewusstseins. Ich bin jetzt hier, also gebe ich mich im Hier und Jetzt meinem Seelen- und meinem Geistesausdruck hin.

Ich erfahre mich als lichtbewusstes Geistwesen, das in der Lage ist, in jedem Augenblick vollkommenes Glück, endlose Liebe, höchste Weisheit und vollendeten Frieden zu leben. Und ich erkenne, welch eine wundervolle Gnade diese Inkarnation für mich ist.

Wenn du wiederholst, dann solange, bis du die Wiederholung
von der Wiederholung verstanden hast
und dieses Wiederholen
erkennst.

DJW

Karma im Lichtbewusstsein

Das Ziel einer karmischen Begegnung zwischen zwei Menschen ist stets die LIEBE: Viele Menschen fühlen und erfahren das aus eigener Empfindung und erfassen intuitiv, dass die Liebe als ewig gültiges Prinzip der Schöpfung allen Ebenen zu Grunde liegt. Daher finden sich ihre Aspekte auch in allen Bereichen menschlichen Schaffens wie etwa Kunst und Philosophie, ebenso in der Quantenphysik, der Mystik und der Chemie.

Der Mensch existiert als Trinität von Geist, Seele und Körper, die in ihrer Balance eine lebbare Einheit entwickelt und damit in sich ihr Daseinsziel, die Liebe, verwirklichen kann.

Der Geist ist aus dem Urgeist entstanden und ewig und unsterblich in höheren Dimensionen unterwegs. Irgendwann trifft er auf seiner Reise im ALL auf die Seele und beide gehen eine kosmische, geistige, chemische und physikalische Verbindung ein. Beide verschmelzen zu einer individuellen Geist-Seele-Einheit, die das Potential besitzt, sich in einem Körper zu manifestieren.

Geist + Seele + Körper = Liebende Einheit

Geist : entstanden aus Schöpferimpuls des Urgeistes
Seele: entstanden aus Bestimmungswillen der Urseele
Körper: materieller Träger in der Materialisierungsebene

Körper, Seele und Geist bilden eine Einheit in Liebe.

Kein Körper ist ohne Geist lebensfähig. In dem Moment, in dem der Geist den Körper verlässt, stirbt der Körper. Der physische Tod bedeutet für Geist und Seele einen Übergang in eine andere Daseinsform ihres ewigen Sein-Zustands. Je nach Lerninhalten, die sich die Seele frei gesetzt hat, ist eine vorübergehende Existenz in einem Körper sinnvoll und erforderlich und damit auch von ihr gewollt. Der Schöpfergeist hat unsere Seelen mit dieser Ausrichtung und diesen Bedürfnissen erschaffen, damit sie sich selbst in ihren Liebesaspekten voll entfalten können und sich als Liebe in vollkommener Art erfahren.

Wir haben jederzeit die Möglichkeit, das Karma zu lösen, denn Karma ist keine Strafe, sondern eine Sammlung an Chancen, die unsere Seele gewählt hat. Im Lichtbewusstsein gibt es kein Leiden und Abrackern, sondern nur ein Einlassen in die Prozesse liebevoller Hinwendung zu allen Geschöpfen.

Unsere Seele strebt nach ihrer Erfahrung, die bereits als Information in ihr schon immer angelegt ist. Die vorgeburtliche Bestimmung ist von der Seele frei gewählt und stellt das passendste Konzept für die anstehende Inkarnation dar. Das Leben als Mensch erfolgt, um dieses Konzept in körperlicher Form umzusetzen. Dabei ist jederzeit Wahlfreiheit gegeben, so dass das Leben selbst ständig kreativ gestaltet werden kann.

Das alles geschieht wegen der Liebe als Urgrund und Antrieb.

Das menschliche Bewusstsein hat folgende fünf Möglichkeiten zu wirken:

Reflexion, Erkenntnis, Tat, Liebe, Verursachen.

"Der Tod dauert einige Sekunden-
Das Leben dauert ewig."

DJW

Karma bedeutet:

- sich erinnern und reflektieren,
- erkennen des Sinns und der ewig gültigen Wahrheit,
- das Tun und Handeln zur materiellen Umsetzung des Potentials
- die Einheit allen Seins in Liebe erfahrbar machen, und
- Karma bedeutet Ursachen setzen für künftiges Geschehen.

Wenn ich mich an meinen Wesenskern erinnere und meine Handlungen bewusst zum Wohle Aller vollbringe, dann setze ich die wahre Saat für künftiges Wiederkehren zur Erde oder auf einen anderen Planeten.

Karmische Wiederbegegnungen sind immer von unserer Geist-Seele-Einheit gewollt - dieses zu einem bestimmten Zeitpunkt mit einer bestimmten Absicht - schließlich und endlich um Liebe auszutauschen

Aus den sogenannten Feindschaften werden eines Tages Bündnisse.
Aus Fremden werden eines Tages Verwandte.
Aus Bekanntschaften werden eines Tages Freundschaften.
Aus Freunden werden eines Tages Liebende.

Der Geist ist sich dessen von Anbeginn der Zeit bis in die Ewigkeit bewusst und ist für die Wiederbegegnung aller Karmaseelen offen.

Deshalb werden in dieser Form Körper geschaffen, damit die Menschen auch in der Materialisierungsebene die Freude des Geistes aneinander verschenken und die Gnade der Liebe miteinander erleben. Es liegt an uns, dieses zu erkennen und zuzulassen.

Schicksal

Es gibt Seelenbegegnungen, die werden als Schicksal bezeichnet.

Es gibt geistige Begegnungen, die werden als Schicksal bezeichnet.

Ich persönlich sehe das Schicksal als eine uns geschickte Chance an. Beispielsweise kann sich darin das Resonanzgesetz zeigen (Siehe Seite 156) und uns auf etwas wichtiges hinweisen. Langgehegte Wünsche und Ahnungen können sich in schicksalhaften Ereignissen erfüllen.

Wenn wir die uns geschickte Chance annehmen, verwandeln wir unsere Schwingung, unsere Energie und unsere Einstellung. Dann lösen sich unsere gewohnten Muster auf. Wir haben, wie immer, die Wahl, lichtvoll oder egoorientiert zu reagieren. So kann z. B:

Verlust in Gewinn,
Krankheit in Gesundheit,
Böses in Gutes,
Negatives in Positives,
Problematisches in Lösbares,
Chaotisches in Ordentliches,
Disbalance in Balance

transformiert werden.

Unser Körper ist ein wundersames, perfekt funktionierendes Selbstheilungssystem.

Für jede körperliche Blockade gibt es eine deblockierende Heilmöglichkeit, die sich offenbart, wenn man die Botschaft hinter dem Blockadegeschehen erkennen kann.

Für jeden Verlust gibt es eine universelle Offerte, dass etwas Besseres, etwas Anderes in unser Leben kommen möchte, ja zu uns geschickt werde.

Manches schicksalhafte Geschehen hat seinen tieferen Sinn darin, uns die Augen für die reichhaltige Schönheit des Lebens und sogar jedes Augenblicks zu öffnen. Alles ist im ewigen Fluss, und nicht alles ist leicht erklärbar oder vorhersehbar.

Jeden Tag kann etwas Schicksalhaftes geschehen, jeden Tag können wir die schicksalhafte Begegnung mit dem Schicksalspartner unseres Lebens erfahren. Jeden Tag können wir unser Lebens- und Liebesschicksal erkennen und erfahren.

Es ist der tiefe Sinn unseres Lebens, unser Schicksal als eine transformierende Herausforderung anzunehmen. Damit gestalten wir unser Leben, entwickeln unsere Bestimmung auf Erden weiter und evolutionieren unseren Geist.

Ja so etwas wie „Schicksal“ gibt es tatsächlich. Unser Verstand und Realitätssinn mag das nur erahnen, unsere intuitive Wirklichkeit jedoch hat diesen tieferen Sinn ewig erkannt.

"Durch die Mystik erfahren wir
vom wahren und unverfälschten Ursprung
unseres Seins, der uns mehr offenbart,
als das menschliche Wissen."

DJW

Wunscheltern und Geburtswunschort

In der Lehre der Inkarnation nach meinem Verständnis ist die Chance gegeben, sich für den nächsten Aufenthalt auf Erden die Wunscheltern und den Wunschgeburtsort zu wählen.

Da wir alle vom Schöpfer mit einem freien Willen ausgestattet sind, können wir frei entscheiden, wo und unter welchen Umständen wir wieder reinkarnieren.

Hier ist zu beachten, dass unsere Seele ihre Erfüllung einzig darin sieht, in der Dualität ihren ureigenen Auftrag zu vollenden. Die Umstände und Gegebenheiten, die sie sich „herbeisehnt", dienen in erster Linie diesem Ziel. Da sich der Mensch während seines Erdenlebens oftmals nicht seiner wahren Bestimmung bewusst ist und in seinen Entscheidungen vom Ego vernebelt wird, erschafft er sich Situationen, die ihm seine fehlende Bewusstheit widerspiegeln, um ihm zukünftig zu mehr Achtsamkeit zu verhelfen.

Zeigt er beispielsweise wenig Mitgefühl gegenüber seinen Mitmenschen, handelt er gegen die eigentlichen Bedürfnisse seiner Seele und den Willen des Schöpfungsgeistes. Er ist sich aufgrund fehlender Entwicklungsschritte noch nicht darüber bewusst und meint in einem engen Verständnis seiner Situation, die Freiheit zu haben, nur sich selbst zu dienen. Dann erwächst in seiner ewig existierenden Geist-Seele-Einheit der wahre Wunsch, Mitgefühl in sich zu entwickeln und auch in der materiellen Welt Liebe zu realisieren. Darin liegt die Saat für die zukünftigen Bedingungen und Aufgaben, deren Erfüllung in der aktuellen oder auch in zukünftigen Inkarnationen durch den Lebensprozess ermöglicht wird. Unser Wünschen ist frei, doch sind alle Impulse, die wir in unsere Umwelt aussenden, Teil einer Gesamtheit, die auf uns selbst zurückwirkt.

Die Erfüllung des eigenen Karmas kann mit vorübergehenden Leiden verbunden sein, um die Transformation ins Lichtbewusstsein voranzubringen. Ein Mensch, der sich selbst die Aufgabe gesetzt hat, Mitgefühl zu lernen, erfährt möglicherweise dieses Thema in verschiedenen Rollen und erkennt dann, wie es sich anfühlt, auf die Hilfe und das Verständnis anderer angewiesen zu sein. Erst dann entwickelt er durch eigene Erfahrung die Einsicht für seine echten und wahren Seelenbedürfnisse. Fortan kann er das Thema im Licht leben und wird sich seiner Wünsche zunehmend bewusst.

Die Saat für zukünftige Inkarnationen beinhaltet dann kein weiteres Leiden mehr, weil sich Leiden und Krankheiten als Schattenaspekte nicht aus sich selbst heraus kreieren können, sondern immer ein Abbild von Blockaden sind. Keine Seele wählt die Option des Leidens ohne dringliche Notwendigkeit.

Dies ist einer der wichtigsten Wahrheiten der Wiedergeburt. Jede Seele, die in dieser Inkarnation erwacht ist, hat die Möglichkeit und die Chance, den Wunschort und alle anderen Gegebenheiten ihrer körperlichen Wiedergeburt zu wählen.

Der Körper als Träger für eine Seelen- und Geistverschmelzung inkarniert bei den Eltern und genau an dem Ort, den sich unsere Geist-Seele-Einheit im letzten Leben gewünscht und visualisiert hatte.

Erwachte Seelen, die sich durch die Kraft der Liebe aus der Quelle der Wahrheit nähren und im Hier und Jetzt der Allgemeinheit befreiend und erweiternd helfen, werden in der nächsten Inkarnation am Wunschort bei den Wunscheltern das ewige Spiel des Lebens wieder aufnehmen und ihren Seelenauftrag unter diesen Bedingungen erfüllen.

In der nichtmateriellen Manifestationsebene, in der sich die Geist-Seele-Einheiten in nicht inkarnierter Form befinden, sind

Notwendigkeit und Sehnsucht als Grundmotivationen aller Entscheidungsfindung wirksam. Die dritte Form, der Zwang, ist nicht gegeben, da jeder Zwang einen Ausdruck der Dualität darstellt und nur im egobehafteten materiellen Umfeld existiert. Die Geist-Seele-Einheit in der nicht materiellen Existenzform ist jedoch ohne Ego und in ihrer Motivation bereits lichtvoll bewusst. Daher trifft sie ihre freie Wahl aus reinster Liebe, sowohl individuell, global als auch auf der kosmischen Ebene. Ihr Ziel ist einzig, die Lichttransformation auch auf der materiellen Manifestationsebene zu verwirklichen, ihre Sehnsucht nach Aufstieg zu erfüllen und ihren irdischen Auftrag zu vollenden.

Wiedergeburt

"Ich kreiste in den ewigen Schwingungen der Galaxien,
habe dann entschieden, die Milchstraße aufzusuchen.

Auf diesem Planeten bin ich schon oft gewesen,
wie oft ich hier war, weiß ich nicht genau zu sagen.

Freiwillig zur Erde herabgestiegen, um vollendet wieder in
ewigen Weiten aufzusteigen, um die Erfahrung der Liebe
lebendig zu machen und ihre Wirkung im Sein zu erfahren –
das ist meine innerste Absicht.

Ich bewundere das Lachen der Kinder und die Lichtliebe der
Erwachsenen. Ich staune über die Pracht der Natur und die
Anmut der Tiere. Von Anbeginn meiner Tage spüre und fühle
ich,
den Geruch vom Gras und den Duft der Rosen,
die Wärme der Sonne und das Wasser der Meere.

Die Berge Asiens und die Täler Afrikas,
die Steppen Amerikas und die Ufer Europas.
Die Winde der Zugspitze und die Kräfte vom Dach der Welt,
die östlichen Weiten und die kosmischen Höhen.

Oh ja, ich erinnere mich an die Federn der Phönix und die Schönheit der Pfauen.
Die Lotusblume war oft in meinem Garten, und die Sonne schien ewig darin.

Wieder geboren als Licht, wieder gekommen im Lichtsein, um Licht zu zünden.
Wieder erkannt das Dualseelenlicht und wieder aufgestiegen zum Licht der Lichter.

Habe erkannt und die Unendlichkeit des Lebens in aller Fülle erfahren.

Wie begnadet sind wir, oh ihr Geistwesen, oh ihr geliebten Menschen."

DJW

Das Karma im menschlichen Leben

In einer Hinsicht sind alle Religionen eindeutig und klar; sie glauben an ein ewiges Leben. Der Glaube an die Möglichkeit der Wiedergeburt bildet in vielen Weisheitslehren den Kern ihrer überlieferten Erkenntnisse.

Unser ewig existierendes Bewusstsein durchläuft einen Weg der Erkenntnis, bei dem jeder Schritt auf die vorhergehenden Schritte aufbaut. Die Gesamtheit dieser Information zu einem bestimmten Zeitpunkt wird **Karma** genannt und jedes Bewusstsein trägt Karma in sich als integralen Teil, der im inneren und äußeren Erleben den bisher erreichten Grad des Lichtanteils widerspiegelt. Das Wort Karma stammt aus dem Sanskrit und bedeutete soviel wie Handeln, Tun, Wirken und Schaffen.

Meines Erachtens bedeutet Karma ebenso *Ursachen setzten*, *sich einbringen* und *sich erinnern.*

Nämlich Ursachen für künftige Handlungen und künftige Wirkungsweisen einer nächsten Reinkarnation hervorbringen und damit kreativ einen Rahmen für die weiteren Entwicklungsschritte schaffen.

Es ist meinem Ansinnen nach auch die Chance, Möglichkeit und ein Pfad, mein Wiederkommen auf allen Ebenen und Dimensionen “karmisch“ zu beeinflussen und zu gestalten.

In der modernen, technisch orientierten Zeit erleben wir deutlich das Erwachen der Erdenbürger, ja es gibt Hinweise darauf, dass sogar global ein zunehmendes Gewahrwerden der Weltsituation die Menschheit beeinflusst. Wir erfahren das Weltenkarma und unser persönliches Karma zugleich; die Kausalität von Säen und Ernten, von Ursache und Wirkung und Resonanz mit uns ähnlichen Wesenheiten wird vielen Menschen klar und bewusst.

Also ist Karma das Schicksal, welches sich der Mensch durch seine Gedanken, Gefühle und Handlungen in seinem Leben permanent nach eigenen Vorstellungen und Entscheidungen erschafft.

Da der Mensch ständig denkt, fühlt, ahnt, Eingebungen erhält, Visionen hat und Werke vollbringt, kreiert er ununterbrochen Karma, das sich irgendwann als Inkarnationsauftrag entfaltet und materiell umsetzt.

So wie wir durch unsere Mikro-Handlungen Karma säen, so wächst und gedeiht auf der Makro-Ebene zur gegebenen Zeit die karmische Ernte. Zeitspanne und materielle Umsetzung können stark variieren, doch die Gesetzmäßigkeit dieses Prinzips gilt uneingeschränkt.

Es gibt viele Beispiele von Karma und seiner Wirkung zu berichten. Durch eine Reinkarnation werden viele Ansichten, Anschauungen und Perspektiven wieder neu durchlebt. Das Schicksal einer Reinkarnation kann jederzeit durch bewusstes, klares, achtsames Erleben einer Erfahrung im tiefsten Inneren erkannt und verstanden werden. Dann kommt es zur Auflösung und Befreiung aus einer karmischen Verstrickung und das Lebensschicksal kann sich grundlegend verändern. Umgekehrt kann es auch zu einer extrem starken Bindung an alte Themen kommen, deren Erlösung viel Zeit und Energie absorbiert und unter Umständen mehrere Inkarnationen benötigt.

So lösen sich alte Muster und ganze Lebensumstände durch Lernen und gemeinsame Bewusstseinserkenntnis auf. So können Veränderungen von Anschauungen und Verhaltensweisen durch Erlebnis und Beobachtung erlöst und die Erinnerung gelöscht werden.

Wir leben einen Inkarnationsauftrag so lange, bis die Erkenntnis einsetzt, das Thema des Auftrags hinter sich zu lassen, das heißt, es ins Licht zu transformieren. Die Reinkarnation ist also kreativer Ausdruck des individuellen Liebesaspekts und damit eine lichtvolle Ausprägung der schöpferischen Uressenz.

Durch ständiges Meditieren und Üben in Achtsamkeit, Vertrauen, Liebe, Mut, Authentizität und Wahrhaftigkeit kann das Stadium der Erleuchtung erlangt werden und somit das ganze Karma einer Inkarnation komplett transformiert werden.

Hierzu möchte ich ein Beispiel ausführen:

Eine Frau wird im 19. Jahrhundert von ihrem Ehemann mit heißem Wasser verbrüht.

Im 20. Jahrhundert inkarniert sie wieder als Frau.

Wir nennen sie Marlene. Marlene macht eine Ausbildung als Schneiderin, lernt in jungen Jahren einen Fischer Namens Dietrich kennen und heiratet ihn. Marlene wusste vorher, dass der stadtbekannte Dietrich gerne Alkohol trinkt und dabei jähzornig und aggressiv wird. Trotzdem fühlt sie sich von ihm magisch angezogen und empfindet anfänglich sehr viel Leidenschaft und Liebe für ihren Fischer Dietrich. Paradoxerweise wird Marlenes Zuneigung von einem Gefühl der Bedrohung begleitet. Mit der Zeit zieht sich Marlene immer mehr zurück, verweigert aus Lustlosigkeit ihrem Ehemann die Leidenschaft und will ihre Ruhe haben. Diese fortwährende Einstellung und Weigerung Marlenes stimmt den Fischer Dietrich wütend, und aggressiv. Eines Tages beim Sonntagsbrunch überbrüht er ihr Gesicht mit heißem Kaffeewasser.

Dieses Muster begleitet Marlene und Dietrich (Täter und Opfer), so lange bis sie eines Tages, in einer Reinkarnation aus dem Rad aussteigen und das Muster überwinden werden. Reinkarnation heißt auch die gleichen Erfahrungen und Anschauungen aus verschiedenen Perspektiven wieder neu zu durchlaufen, bis sie durch eine bewusste Handlung und achtsame Einstellung aufgelöst werden. Aus der Perspektive der Ewigkeit ist es von geringer Bedeutung, wie lange ein Lernprozess dauert. Irgendwann gelangt jeder ins Lichtbewusstsein und das ist entscheidend.

Jeder Mensch ist seit Urzeiten durch Schöpfergnade mit einem freien Willen ausgestattet und damit setzt er die Saat für das, was er schließlich ernten will.

Mit diesem freien Willen haben wir die freie Wahlmöglichkeit, selbst Impulse zu geben, die als Ursaat und Ursache unserer künftigen Ernten wirken.

Jede erneute Reinkarnation ist wieder eine Chance zu erfahren und zu lernen. Wir gehen durch eine neue Lebens-Schule, in der wir Prüfungen erleben, um für ein bestimmtes Lernpensum unsere Fortschritte zu erfahren.

Wenn wir aufmerksam, bewusst, klar und gegenwärtig während der Lebens-Schule sind, dann haben wir das wahre Wissen in uns, um alle Prüfungen zur Meisterschaft des Lebens zu bestehen.

Alle Herausforderungen und Prüfungen werden bei bewusster Achtsamkeit zu einer freudevollen Unternehmung, die angstfrei persönliches Karma erfüllt und erlöst und somit den Geist befreit und die Seele befriedet.

Reinkarnation bedeutet im weiteren Sinne die Erweiterung von Leben zu Leben. In jedem Augenblick des Lebens entwickelt sich das Leben unentwegt weiter. Selbst wenn die Hüllenform fällt, die menschliche Form verlassen wird, werden sich Geist und Seele im Äther der Feinstofflichkeit weiterentwickeln.

Reinkarnation ist die innerste Wesenheit Ihres Selbst zu erkennen und zu erleben, das heißt, die reinsten Herzensimpulse zu erleben, den Geist zu erweitern, die Seelenaufgabe zu erfüllen und den Seelenverwandten zu begegnen. Im Erleben dieser Prinzipien liegt der tiefste Sinn der Reinkarnation:

Ich lebe, ich bin, ich bin.
Ich liebe, ich bin, ich bin.
Ich bin, der ich bin, ich bin.
In Heilung, ich bin, ich bin.
In Ewigkeit, ich bin, ich bin.
In Freude, ich bin, ich bin.
In Frieden ich bin, ich bin.

Meine aktuelle Inkarnationsaufgabe als Heiler und spiritueller Lehrer habe ich in der letzten Reinkarnation wünschend manifestiert.

Ich bin dieses Mal als Heiler und spiritueller Lehrer inkarniert, weil ich schon alle anderen Erfahrungen des Heilhelfens durchlebt habe. Mit anderen Worten: ich war schon in anderen Inkarnationen Helfer, Rettungsassistent, Pfleger, Kräuterkundler und Arzt. Bevor ich als spiritueller Lehrer dienen durfte, war ich schon Schüler, Referendar und Meisterschüler.

Das Leben bietet unglaubliche Möglichkeiten und Erfahrungen. Es gibt so viele Ebenen und Wesenheiten des Alls, die ich noch nicht durchwandert habe.

Auf dem Gebiet des Heilens habe ich diese feinstoffliche Wirkungsebene gewählt und erarbeitet. Auf dem Gebiet der spirituellen Weisheit darf ich die Erfahrungen als Lehrer und Forscher durchlaufen.

Es ist wundervoll im Frieden zu sein, Freiheit zu erfahren, Hingabe zu zeigen, hohes Lichtbewusstsein zu erleben und Liebe zu teilen.

Ich bin sehr dankbar, diese tiefen Erfahrungen manifest zu erleben und die herrlichen Schwingungen des Glücks und der Weisheit bewirken zu dürfen.

Ja, ich lebe in dieser Inkarnation mit großer Freude Augenblicke aller höchster Gnade, Momente innigster Glückseligkeit und Sekunden vollkommener Einheit. Sie erfüllen mich jeden Tag aufs Neue und schenken mir viel Kraft, die ich mit Freude an andere weitergebe.

*"Das himmlische Licht definiert
den Augenblick am schönsten.*

*Wenn es mal vorüber ist,
kommt es unverändert als Licht zurück,
wieder und wieder,
bis wir den Augenblick
im Lichte erkennen und
selbst zur Lichtgestalt
werden."*

DJW

Die Tabelle der Bewusstseinslevel zur Reinkarnation

Reinkarnation ist essentiell, um den Bewusstseinsaufstieg in der dualen Phase der Entwicklung zu ermöglichen. Je nach bereits erreichten Stand der Wahrnehmung und Entscheidungsfindung ändert sich auch die eigene Einstellung zum Thema Reinkarnation.

Die folgende Tabelle ergänzt die allgemeine Bewusstseinsskala auf Seite 73. Sie vermittelt einen Eindruck über die schicksalhaften Fügungen im Zusammenhang mit dem Karma. Selbstverantwortung ist eine der Säulen, die den Weg zum Lichtbewusstsein markieren. Wichtig ist zu erkennen, dass alle Fügungen aus dem Antrieb der Liebe gebildet werden, um sich selbst und die gesamte ALL-Einheit klar in sich aufnehmen zu können.

Dafür ist die Welt in ihrer Vollkommenheit erschaffen worden und der Mensch hat in unendlicher Wahlfreiheit die Möglichkeit, seinen sehnsuchtsvollen Weg zum Licht nach seinen Vorstellungen erfahren zu können.

Nicht das Erleiden sondern die Erfüllung ist der Sinn aller Verkörperung und Erfahrung. Finden Sie Ihren Weg zur ALL-Einheit und wahren Essenz, dann ist Glückseligkeit die Wirklichkeit des Daseins.In den ersten drei Leveln der Egoorientierung fühlt sich der Mensch überwiegend als „Opfer" und sein Schicksal höchst ungerecht. In den erkenntnisorientierten Leveln begreift er allmählich die Wahlfreiheit als bestimmend und trifft bewusste Entscheidungen. Die geistorientierte Lebenseinstellung der Level sieben bis 10 wird in Medialität erlebt und der Mensch lebt Einheit und Multidimensionalität in höchster Liebe.

Level	Entwick-lungsstand	Situation, Lerninhalte, Inkarnationsauftrag
1	Schuld-bewusstsein	Die Vorstellung von Schuld und Sühne beherrscht das aktuelle Leben. Auffassen der Reinkarnation als Strafe für Fehlverhalten. Lieben Sie sich selbst und sehen Sie die Reinkarnation als Chance, Liebe zu leben.
2	Angst-bewusstsein	Die Angst, Fehler zu machen, blockiert die lichtvolle Entscheidungsfindung. Existenzangst und Phobien bestimmen den eigenen Weg. Haben Sie Mut, eigene Erfahrungen zu machen. Öffnen Sie sich für Hilfe, und gehen Sie durch die Angst.
3	Macht-bewusstsein	Erfahrung von Willkür, Kampf und Ohnmacht beleuchten das Thema Macht. Sieg und Niederlage bringen keine erfüllende und friedvolle Lebenssituation. Lernen Sie in Liebe und Gnade zu entscheiden. Zeigen Sie Mitgefühl und ermöglichen Sie wahre friedvolle Begegnungen.
4	Rational-bewusstsein	Gier, Selbstsucht und Engherzigkeit sind die Folgen egobetonten Handelns. Gewinn und Verlust hängen im Materiellen dual zusammen. Lernen Sie zu teilen und unterstützen Sie die Schwächeren. Überwinden Sie Ihre Eigensucht.

Level	Entwick-lungsstand	Situation, Lerninhalte, Inkarnationsauftrag
5	Balance-bewusstsein	Egoistische und lichtvolle Ausrichtungen werden im Leben erfahren. Erkennen und Überwinden des eigenen Schattens befreit aus der ständigen Wiederholung von leidvollen Situationen. Erkennen Sie Ihren Inkarnationsauftrag und entscheiden Sie sich klar und deutlich für Ihren wahren Weg zur Einheit.
6	Erwachtes Bewusstsein	Die Versuchung, einen scheinbar leichteren Weg zu gehen, ist groß. Erkennen Sie Ihren wahren Auftrag hinter dem Ego. Suchen Sie und unterstützen Sie gleichgesinnte Menschen auf dem Weg zum Lichtbewusstsein. Seien Sie ausdauernd und geduldig bei Ihrer Lichttransformation.
7	Spirituelles Bewusstsein	Leben Sie den spirituellen Weg zum Licht, Erkennen Sie die Sehnsucht nach Vollendung als Saat der weiteren Inkarnationen und säen Sie bewusst. Bleiben Sie auf Ihrem Weg des Lichts und zunehmender Freiheit über die Gestaltung der Inkarnationen.
8	Erhöhtes Bewusstsein	Aufgrund der Medialität ist es möglich, mit Seelen in Kontakt zu treten, die in der nichtmateriellen Manifestationsebene existieren. Auch der Rat von Meister- und Lichtseelen kann erbeten und empfangen werden. Leben Sie Ihren Auftrag als Heiler oder spiritueller Lehrer, um andere zu führen und zu beraten.

Level	Entwick-lungsstand	Situation, Lerninhalte, Inkarnationsauftrag
9	Höchstes Bewusstsein	Sie erfahren höchste Erfüllung, indem Sie für die Menschheit wirken und Humanität vollkommen verwirklichen. Sie leben Ihren Alltag liebend im Licht als vollendete Seele. Wenn Sie das höchste Bewusstsein leben, dann verwirklichen Sie den höchsten Inkarnationsauftrag im Sinne der Liebe.
10	Reines, absolutes Bewusstsein	"....." unfassbar, unbeschreiblich

"Du glaubst, du kannst nicht fliegen?

Du wirst so lange in Ewigkeiten fliegen,
bis du dir sehnlichst wünschst,
wieder auf Wolken zu gehen
und auf der Erde
zu tanzen."

DJW

Ich warte

"Ich warte auf dich in einem Raum,
wo Gut und Böse nicht existieren.

Ich weile mit dir in einem Feld,
wo Raum und Zeit sich aufgelöst haben.

ich bin dein im Moment,
und du bist meine Gegenwärtigkeit im NU.

Ich begehre dich in einem Augenblick,
wo es kein Recht und Unrecht gibt.

Ich begeistere dich auf Ebenen,
wo Dualität eine Illusion ist,

Ich liebe dich in den Sphären und Dimensionen,
wo Wirklichkeit allgegenwärtig ist.

Ich bewundere dich dort,
wo ungeschlagener Trommelschlag erschallt.

Ich flehe dich an an dem Ort,
wo wortlose Dankbarkeit ihre Urquelle hat."

DJW

Liebe

Betrachtungen eines Phänomens im Bewusstwerdungsprozess

Liebe und Bewusstsein

Viele von uns schauen sich jeden Liebesfilm an, lesen Bücher über die Liebe, hören sich kitschige Songs über die Liebe an, ja, sie reden ständig über die Liebe.

Die Liebe als Phänomen jedoch will gelebt und erlebt werden. Es bedarf einer offenen und freien Einstellung der Beteiligten, ohne Bedingungen an die Liebe zu stellen. Wir wollen geliebt werden und setzen alle Hebel in Bewegung, um dieses Ziel zu erreichen.

Jedoch bringt dieser Weg oftmals nicht die erhoffte Erfüllung, da das Phänomen Liebe erst im aktiven Liebesprozess zu den Mitmenschen, zur Natur, zu Tieren erfahrbar wird. Meistens wird dieses Ziel von Frauen durch Streben nach Attraktivität und von Männern durch Erfolg und Machterweiterung postuliert.

Was beide Geschlechter gemeinsam zeigen, ist das Bemühen, hilfsbereit zu sein, gesellschaftliche Gewandtheit zu erlernen, sogar sexuelle Attraktivität zu entwickeln, um in der Beliebtheitsskala höher aufzusteigen.

Die Liebe ist Ursache aller Schöpfung. Sie ist Ziel aller Sehnsucht und aller Bestrebungen. Sie ist der Antrieb des erwachten Menschen.

Die Liebe durchdringt in absoluter und reiner Essenz alle Ebenen und Dimensionen des Seins und ist in allen Manifestationen gegenwärtig. Als Ursaat und Frucht des wahren Lichts und des unendlichen Lebens auf geistiger Ebene, ist sie die tragende Kraft im ALL und in allen darin wirkenden Wesen.

Alle Seinsprozesse werden durch die Essenz der Liebe angetrieben, gesteuert und impulsiert. Sie ist in Allem der Antrieb zur

Erweiterung, des Evolutions-, Aufstiegs- und Existenzsinns. Alle Bestrebungen des Menschen auf materieller und geistiger Ebene haben ihr endgültiges Ziel in der Liebeserfüllung.

Der Ursprung dieser Essenz liegt in der Schöpfungsessenz, die alles aus dem Schöpferwillen hervorgebracht hat. Im Zustand der Einheit aller Existenz ist die ALL-Liebe als direkte Manifestation des Schöpferwillens anzusehen. Sie ist Aspekt des ALL-Bewusstseins, das alle Manifestationen aus sich hervorbringt.

Der Schöpfungsakt beinhaltet die Individuation einzelner Aspekte der ALL-Einheit mit der Sehnsucht nach vorübergehender relativer Trennung von der Einheit. Die Individuen sind aus der Verbindung von Geist und Seele in ihrer Urform entstanden. Ein Teil der individuellen Geist-Seele-Einheiten hat in freier Wahl entschieden, ihren ewigen Weg der Vollendung in der Dualität zu beschreiten. Allen Individuen ist die Sehnsucht nach dem Einen, der ALL-Einheit gemeinsam und alle streben der Liebe, als Abkömmling der ALL-Liebe, dem Schöpfergeist entgegen.

Das Individuum durchläuft seinen individuellen Weg mit dem Ziel, das Bewusstsein zurück in die Einheit zu transformieren.

Die persönliche Liebe erlebt der Mensch als persönliche Beziehung. Er kann sein Gegenüber beschreiben, empfindet Sehnsucht und das Bedürfnis, sich damit zu verbinden. Er fühlt und spürt die Liebe zu jemandem oder etwas und hat einen persönlichen Bezug zu dem Menschen, den Ideen, der Natur, oder zu seiner eigenen inneren Essenz.

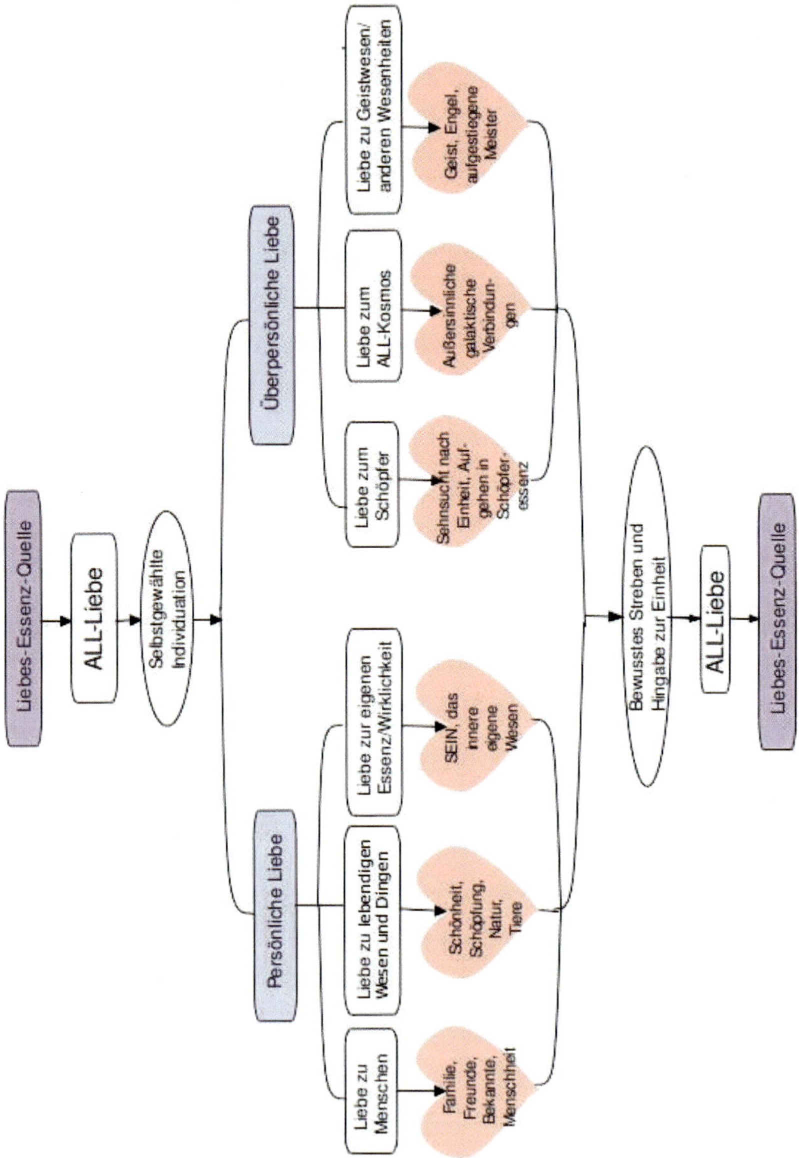
Liebes-Essenz-Quelle
ALL-Liebe
Selbstgewählte Individuation
Persönliche Liebe
Überpersönliche Liebe
Liebe zu Menschen
Familie, Freunde, Bekannte, Menschheit
Liebe zu lebendigen Wesen und Dingen
Schönheit, Schöpfung, Natur, Tiere
Liebe zur eigenen Essenz/Wirklichkeit
SEIN, das innere eigene Wesen
Liebe zum Schöpfer
Sehnsucht nach Einheit, Auf-gehen in Schöpfer-essenz
Liebe zum ALL-Kosmos
Außersinnliche galaktische Verbindun-gen
Liebe zu Geistwesen/ anderen Wesenheiten
Geist, Engel, aufgestiegene Meister
Bewusstes Streben und Hingabe zur Einheit
ALL-Liebe
Liebes-Essenz-Quelle

Bei der überpersönlichen Liebe geht die Sehnsucht und der Wunsch über allen persönlichen Bezug hinaus. Der Mensch trachtet nach Erkenntnis und Spüren des Schöpfers an sich, fühlt sich in Geistige Wesen ein, für die er keine direkte persönliche Vorstellung entwickeln kann. Da der Mensch sich selbst immer persönlich wahrnimmt, kann er das überpersönliche Sein nur aus seiner persönlichen Perspektive wahrnehmen. Die Erfahrung der Einheit mit der Essenz des Lebens setzt voraus, dass man sich auf den persönlichen Bereich einlässt.

Die Liebe zum Schöpfer verläuft über die Geschöpfe. Wenn diese persönliche Liebe gelebt wird, dann erwächst daraus auch ein tiefes Verständnis und Bedürfnis, das über den persönlichen Bezug hinaus zur Quelle aller Schöpfung führt.

Etwas materielles, beispielsweise ein Auto, wird dann zum Symbol geistiger Kraft, wenn sich daran die Liebe als Phänomen offenbart. Das kann beispielsweise die Erfahrung, beschützt zu sein, mit sich bringen. Bei erweiterter Bewusstheit erleben Menschen materielle Manifestationen als Sinnbilder der Liebe des Schöpfungsgeistes und sie können daher alles dankbar und beglückt annehmen. Damit ist diese Manifestation nicht mehr nur ein Objekt, sondern durch die Erkenntnis seiner geistigen Essenz beim Liebenden verkörpert es den Schöpferwillen und verhilft dem Subjekt zur Transformation seines Geistes.

Beide Liebesaspekte beinhalten die Hingabe zur Einheit und führen zur Erkenntnis der Schöpfungseinheit und der Essenz aller Manifestation. Hierdurch kann der Wille des Schöpfungsgeistes intuitiv erspürt werden und der Mensch strebt dabei aus seinem Bewusstsein zur Wiedererlangung der Einheit für sich und alle anderen Geschöpfe. Wesentlich für die Entwicklung des individuellen Bewusstseins ist weniger die Wahl eines bestimmten Liebesaspekts, sondern vielmehr die Orientierung an der Liebe als Phänomen, sie im irdischen Dasein als persönliche Beziehung zu erleben und selbst als ganz individuellen Aspekt in die Welt zu bringen.

Im folgendem werden dazu Voraussetzungen und Anregungen für die Entwicklung aufgeführt, damit jeder Mensch seine wahre Bestimmung als Liebeswesen erkennen und leben kann, in Glück und innerer Fülle.

"Liebe ist der Alltag, Alltag ist die Liebe
Liebe sind die Menschen, Menschen sind die Liebe
Liebe ist die Natur, Natur ist die Liebe
Liebe sind die Tiere, Tiere sind die Liebe
Liebe ist der Sonnenaufgang, der Mondschein ist die Liebe
Liebe ist das Licht, das Licht ist die Liebe"

DJW

Liebe und Liebesbeziehung

Nach meinem Verständnis und Ansinnen ist die Liebe ein absolutes Phänomen, und in jedem Menschen vorgeburtlich angelegt. Die Liebe an sich durchläuft keine Phasen, sondern realisiert in der Individuation Möglichkeiten ihres Ausdrucks. Wir kommen aus dem Reich der absoluten Liebe und nach der Individuationserfahrung steigen wir in diese Absolutheit wieder auf.

Entweder wird die Liebe gelebt oder nicht gelebt.

Entweder wird die Liebe erkannt oder nicht erkannt.

Entweder wird die Liebe erfahren oder nicht erfahren.

Wenn wir lieben, dann ist es Ausdruck einer Vollkommenheit und lässt sich nicht steigern.

Eine Liebesbeziehung verbindet Seinsformen wie Menschen, Tiere, Natur, Dinge und Ideen miteinander.

Die Liebe, die den Menschen durchfließt, erhält durch Lebensprozesse eine individuelle Färbung. Ihr Wesen bleibt jedoch unbeeinflusst von Individuationsprozessen, da sie als absolute Seinsform der ALL-Liebe unabhängig von Werden und Vergehen allgegenwärtig präsent ist. "Alle Formen sind mit der Urform verbunden.

"Alle Energie ist mit der Urenergie verbunden.

Alle Zustände sind mit dem Urzustand verbunden.

Alles Verständnis, alle Erkenntnisse, alle Erfahrungen und Erlebnisse finden ständig in Verbundenheit mit allem statt. Sie sind Ausdruck der alles verbindenden ALL-Liebe."

DJW

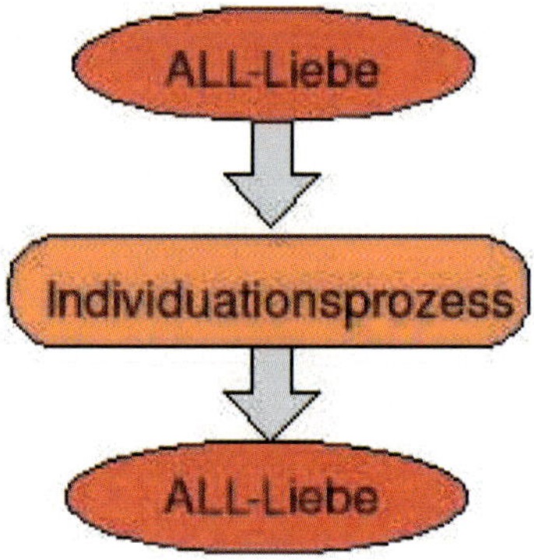

Liebe geschieht und Beziehung wird erlernt. Liebe setzt schnell ein, es trifft einen wie ein Blitzschlag, es berührt das Innerste, das Herz schmilzt dahin, die Seele erlangt Erfüllung und der Geist wird weit ausgedehnt. Liebe kennt keine Fremdheit und keine Schranken.

Eine Liebesbeziehung zwischen zwei Menschen entwickelt sich jedoch Schritt für Schritt. Bis zu dem Moment, in dem wir in Beziehung gehen, ist der Partner fremd und anders in unserer Wahrnehmung, da wir bezüglich unserer Mitwelt in vorgefertigten Mustern denken und empfinden. Erst unsere angeborene Liebesfähigkeit löst in uns den Wunsch aus, mit anderen Menschen in Beziehung zu gehen.

Wir sind aus der universellen ALL-Liebe mit der Anlage zur individuellen Liebe geboren, um Liebeserfahrungen in unser Bewusstsein zu integrieren, um eigene, individuelle Liebesfacetten zu erleben. Aus der Reinheit der absoluten ALL-Liebe dürfen wir für unsere Erden-Existenz die eigene Liebe erschaffen. Die Liebe als schöpferische Kraft erschafft jedes Individuum und löst das individuell Trennende zwischen den Geschöpfen auf.

Wir erleben in unserer körperlichen Existenzform die Liebe in beiden Aspekten. Sie macht jedes Lebewesen als Individuum aus, bildet aber auch den Antrieb, sich mit anderen zu verbinden, in höchster Form sogar mit dem ganzen universellen Sein.

Die Liebe manifestiert sich individuell als Selbstliebe und persönliche Liebe zu einem Menschen, global ist die Mitmenschlichkeit und Nächstenliebe ihr Ausdruck und universell ist es der überpersönliche Bereich, wie etwa die Liebe zum Schöpfer.

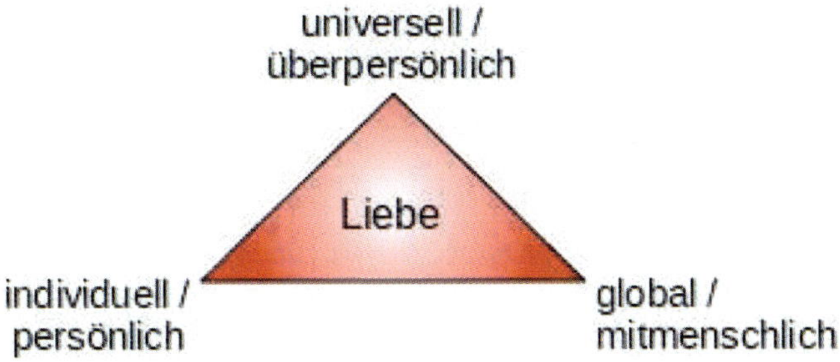

Trinität der Liebesebenen nach David Wared

Unser Denken, Empfinden und kreatives Erschaffen sind Facetten der ALL-Liebe, die als Aspekt des ALL-Bewusstseins des universellen Schöpfergeistes den Menschen erschafft mit der Sehnsucht und Anlage zur persönlichen Liebe.

Der tiefere Sinn des Lebens hier auf unserem wundervollen Planeten Erde besteht darin, dass wir in unserem Bewusstsein entschieden haben, hierher herabzusteigen und unsere Liebeserfahrung auf Erden in vergänglicher Hülle zu erleben. Solange wir leben, liegt es dann auch an uns, welche Erfahrungen wir durchleben und fühlen wollen. Als Individuen sind wir Abkömmlinge der Liebe und als solche kreativ und frei in unserem Schaffen und Wirken.

Wenn das Herz

"Wenn das Herz leuchtet,
dann wie der hellste Planet.

Wenn das Herz brennt,
dann loderndes Vulkanfeuer.

Wenn das Herz kalt wird,
dann wie gefrorenes Arktiseis.

Wenn das Herz rennt,
dann in Augenblicken um die Welt.

Wenn das Herz still ist,
dann wie Stille in tiefer Nacht.

Wenn das Herz betet,
dann für alle Wesen im All.

Wenn das Herz heilt,
dann alle Herzen zugleich.

Wenn das Herz liebt,
dann wahrhaftig alles in allem."

DJW

Individuationsstadien der Liebe

Die folgenden zehn Stadien werden bei Liebesbeziehungen nacheinander durchlaufen und bauen aufeinander auf. Das Erreichen und Erfahren jedes der Stadien ist mit Vervollkommnung der individuellen Liebe in ihrer Ausdrucksfähigkeit verbunden.

Die Transformation der Schattenaspekte ist der Weg und das Ziel einer Liebesbeziehung. Damit steht die Liebe als Synonym für das Bewusstsein und damit auch für Schöpfung, Kreativität und Kraft. Die Stadien einer Liebesbeziehung sind Meilensteine auf dem Weg zum Lichtbewusstsein, sie markieren die Ebenen der Bewusstwerdung auf dem Weg der Wege, der in die Einheit führt.

Jedes einzelne Stadium wird im Anschluss weiter erläutert und mit Erkenntnissen ergänzt:

1. Fähigkeit
2. Einlassen
3. Vertrauen
4. Verlieben
5. Aufmerksamkeit
6. Kreativität
7. Selbsterkenntnis, Selbstentwicklung
8. Konflikte
9. Vertiefung, Verschmelzung
10. Einheit

1. Stadium – die Fähigkeit

Es ist wunderbar, erkennen zu dürfen, dass jeder Mensch mit großartigen Fähigkeiten auf die Welt kommt. So wird jeder Mensch mit der Fähigkeit der Liebe geboren. Im Gegensatz zu vielen anderen Philosophien, die behaupten, die Liebe entwickele sich nach der Geburt aus dem Nichts, bin ich der Überzeugung, dass wir die Liebesfähigkeit von Geburt an besitzen, deren Ausdruck und Manifestation in der materiellen Welt unsere wichtigste Aufgabe darstellt.

In vielen Situationen haben wir die Wahl, unsere Anlage zur Liebe zu leben oder sie gegenüber anderen Antrieben zurückzuhalten. Ebenso können besondere Umstände im vorgeburtlichen oder frühkindlichen Zeitraum die Liebesfähigkeit behindern oder ihre Entwicklung verzögern, so dass der Mensch in seinem Selbstausdruck zunächst nur wenig davon zeigt. Dennoch strebt unser Bewusstsein nach heilsamer Transformation und wird sich daher als Instanz der ALL-Liebe dem Lichtzustand der Liebe zuwenden und alle Schattenaspekte früher oder später auflösen.

Nach meinem Ansinnen bringt jedes Baby, das das Licht der Welt erblickt, drei Antriebe mit:

1. Liebe — Streben nach Vollendung
2. Sehnsucht — seelischer Antrieb zur Entwicklung
3. Neugier — geistiger Antrieb zur Entwicklung

Jeder Mensch kommt als **vollkommenes** Wesen in die Welt, in der er sich **vollenden** will. Vollkommenheit besitzen wir in unseren Anlagen als bewusste Wesen, der Ursaat im geistigen Sinn. Jede Existenzform ist eine Manifestation der Liebe als Phänomen, die als Ausdruck des Schöpfungswillens alles hervorbringt. Jede der Anlagen beinhaltet wie die Saat einer Pflanze, auch einen Antrieb, sich in der Welt zu manifestieren.

Zur Vollendung unserer Entwicklung „fehlt“ dann der „zeitliche“ Aspekt, der als solcher nicht vollkommen ist, da er nur in einem dualen, endlichen Kontext existiert und erlebt werden kann. Es ist also kein Widerspruch, wenn wir als bereits vollkommene Wesen zur Ergänzung unseres Verständnisses etwas zu *vollenden* haben.

Wir sind also von Anbeginn unserer Erdenlaufbahn liebesfähig und vollkommen. Alle Aspekte der Liebe, die sich im Lebensprozess entwickeln und entfalten wollen, liegen von Anbeginn jeder Existenz in ihrer Urform vor, mit dem „Urantrieb“ für ihr weiteres Wachstum. Der Lernprozess auf Erden ist die Erfahrung der Liebe zu vollenden und in Beziehung zu gehen, der Urantrieb dazu ist die schöpferische Kraft aus der Liebe selbst.

Jede Liebe versteht sich als Ausdrucksform der im Schöpferbewusstsein begründeten Urliebe. Etwas anderes als Liebe kann nicht erschaffen werden und hat daher keine Existenz im Sinne der ewigen Gesetze unserer Schöpfung.

2. Stadium – das Einlassen

Die Voraussetzung einer Entwicklung von Liebesbeziehungen aus uns heraus ist, dass wir uns auf die vollkommene Liebe anderer einlassen.

Liebe expandiert erst dann aus uns heraus, wenn wir es in uns zulassen, das heißt, wenn wir uns für die Liebe anderer öffnen. Es bedarf innerer Bereitschaft, den eigenen Standpunkt durch die Begegnung mit anderen zu erweitern und damit auch in Transformation des Bewusstseins zu gehen, um uns auf die Liebe anderer, die ALL-Liebe und die Selbstliebe einzulassen.

Nur so ist die Möglichkeit gegeben, Liebe zu erfahren, zu erleben, zu teilen, zu schenken, in anderen zu wecken und weiter expandieren zu lassen. Erst diese Voraussetzung macht uns zu Liebesmenschen, denn dieses Zulassen in Offenheit und Verletzlichkeit macht die Liebe persönlich erlebbar. So lassen wir uns auf die wichtigste Erfahrung und das größte Abenteuer in unserem Leben ein.

3. Stadium – das Vertrauen

Ohne den Prozess des Vertrauens ist eine Liebesbeziehung zu einem anderen Menschen nicht möglich. Um meine Liebe selbst täglich zu erfahren, vertraue ich auf meine angeborene Liebesfähigkeit und lasse dieses Vertrauen sich in mir entwickeln. So bin ich in der Lage, meiner eigenen Liebe zu vertrauen und mich dann auf die Liebe der anderen einzulassen.

Wenn ich meiner Liebe vertraue und mich vertrauend auf das Empfangen der mich beschenkenden Liebe einlasse, dann kann eine Liebesevolution in mir passieren, die meine Liebesfähigkeit bezeugt, die mein Urvertrauen stärkt und den Weg für meine Liebe zu einem anderen Menschen ebnet.

4. Stadium – das Verlieben

Ich kann mich in viele Wesen und alle Dinge verlieben, zum Beispiel in den Kosmos, in Tiere, in die Natur und in Menschen.

Aus dem Kosmos, der Natur und aus Tieren kann ich Kraft gewinnen und sie verletzen mich nicht. Wenn ich mich einem Menschen öffne, dann kann ich verletzt werden, da jeder Mensch im Licht- und Schattenaspekt entscheidet und handelt und dabei Verwirrung und Verletzungen aus der Interaktion leicht entstehen können. Trotz innigen Wünschens und Antriebs aus unserer angeborenen Liebesfähigkeit üben die negativen Kräfte des Egos in vielen Situationen einen mehr oder weniger großen Einfluss aus. Das Denken und Handeln der Partner ist von den Egokräften je nach Bewusstseinslevel und gegenseitigem Vertrauen höchst unterschiedlich beeinflusst.

Das Verlieben kann mich zur Fülle der Liebe führen, aber auch in den Fängen des Egos festhalten und somit eine Weiterentwicklung behindern. In unserem Herzen treffen wir in diesem Stadium eine wichtige Entscheidung, deren Auswirkungen nicht nur das eigene Selbst betrifft, sondern auch die Verantwortung für den Anderen einschließt. Im Stadium des Verliebtseins erweitert sich unser Lebensmut, so dass unsere angeborene Sehnsucht nach Verschmelzung uns bewusst wird.

5. Stadium – die Aufmerksamkeit

Um die Liebe über die Stadien Fähigkeit, Einlassen, Vertrauen und Verliebtsein hinaus zu vertiefen, benötigen wir Aufmerksamkeit für den Partner, andere Menschen und Dinge, die wir lieben. Die wahre Liebe geschieht einfach und es berührt uns tief. Liebe gibt sich hin oder sie fließt weiter.

Liebe findet einen Weg entweder in Erfüllung (das ist der wahre Sinn der Liebe in einer Beziehung) oder in Entsagung (das ist keine Liebe mehr sondern eine Ego-Beziehung, denn Entsagung bedeutet, ich kann nicht JA sagen, ich kann mich nicht hingeben, ich kann nicht verschmelzen). Um eine Liebes-Beziehung zu vertiefen, bedürfen beide Partner der Aufmerksamkeit, die mit den ersten Reizen über die Augen, Ohren, Nase, Zunge und dem Tastsinn beginnt. So wird der Partner in seiner Präsenz ganzheitlich wahrgenommen.

Aufmerksamkeit bedeutet weiterhin, dass ich mit einem anderen Menschen in Resonanz gehe, mit ihm in Kommunikation trete, ihm meine Aufmerksamkeit widme, damit in einer Beziehung überhaupt eine tiefe Verbindung entstehen kann.

6. Stadium – die Kreativität

Keine Liebesbeziehung kann auf Dauer standhalten, wenn es an Kreativität fehlt. Sie ist das Salz in der Suppe. Das Bedürfnis nach einer intensiveren Partnerschaft und Liebe weckt in uns unsere Kreativität.

Dann sind wir

- ➔ erfinderisch
- ➔ flexibel
- ➔ zuvorkommend
- ➔ freundlich
- ➔ schenkend
- ➔ geduldig
- ➔ nachgebend
- ➔ offen

Wir sind blumenähnlich und verschenken sogar Blumen, wir gehen über Grenzen hinweg, um dem Partner zu gefallen und zu ermutigen, es ebenfalls zu tun. Wir werden erfinderisch, ideenreich und romantisch, wenn es um den Balztanz für die Angebetete geht.

Im Stadium der Kreativität einer Partnerschaft gehen wir auf Rosawolken und träumen schon bis zum Lebensende voraus. Unsere Kreativität nimmt ungeahnte Ausmaße an, um dem

Partner mehr zu gefallen und seine Liebe für sich zu gewinnen. Kreativität ist wichtig und notwendig, jedoch bitte während der ganzen Liebesbeziehung und nicht nur in der Phase des Beginns.

7. Stadium – Selbstentwicklung und Selbstverwirklichung

Sich selbst zu entwickeln bedeutet, sich selbst wahrzunehmen und zu akzeptieren. Dann beginnt aus dem Inneren über die Außenerfahrung der Zyklus der Selbstentwicklung und Selbstverwirklichung. Von Tag zu Tag leben wir authentischer unsere inneren Bedürfnisse, lassen uns immer mehr von unserer eigenen Sehnsucht leiten und setzen somit das eigene Selbst in die Realität um.

- Ich kann dann mit meinem Liebespartner in *Resonanz* gehen
- Ich kann meinen *Geist* ausdehnen
- Ich kann alte Muster und Konditionierungen *loslassen*
- Ich kann mich über meine *Vision* verwirklichen
- Ich kann mich über meine *Selbstliebe* ausdrücken
- Ich kann mich über meine tiefen *Empfindungen* verwirklichen
- Ich kann mich über meine guten *Ideen* verwirklichen
- Ich kann mich über die *Natur* verwirklichen und somit noch tiefer zu mir finden

Selbstverwirklichung ist in seiner allerhöchsten Form Selbstentfaltung ohne äußere Reflexion, sondern einfach aus dem inneren Bedürfnis und der Sehnsucht nach Selbsterfahrung.

8. Stadium – Konflikte

Konflikte sind notwendige Reibung, die eine Liebesbeziehung an die Grenzen des Egos oder zu den Toren der Erweiterung bringt. Ein Beziehungskonflikt kann entweder das Verständnis beider Partner füreinander erweitern und damit dem Wohle der Partnerschaft dienen oder das Ego der Partner verstärken. Starke Egobetonung führt zur Abgrenzung, fördert Streit und belastet die Partner und die Liebesbeziehung erheblich, so dass es zum Zerwürfnis und zur Beendigung der Beziehung kommen kann.

Ein Konflikt macht bewusst, dass wir Individuen sind und als solche reagieren. Die Ursache häufiger Konflikte liegt darin, dass die Partner es nicht schaffen, einen gemeinsamen Nenner zu finden und zusammen zu wachsen. Im dualen Weltverständnis herrscht die Vorstellung, dass sich unterschiedliche Einstellungen gegenseitig ausschließen und daher es notwendig sei, um „sein Recht" zu kämpfen. Dann gibt es Sieger und Besiegte, eine Beziehung wird zur Bühne ständiger Reibereien.

Konflikte bedürfen der Lösung und die Beteiligten bedürfen der Erlösung, denn auf Dauer blockieren sie die Lebensenergie, die für den Fluss der Liebe in einer Liebesbeziehung notwendig ist. Konflikte sind Grenzerfahrungen der Partner, die der Versinnbildlichung, Erweiterung und Auflösung bedürfen.

Durch die Akzeptanz und gegenseitige Toleranz in einem Verständnis von Freiheit und Gleichwertigkeit füreinander überwinden die Partner die anstehenden Konfliktpunkte in ihrer Partnerschaft. Die Liebesbeziehung wird dadurch tiefgründiger, vertrauensvoller und herzlicher.

9. Stadium – Vertiefung und Verschmelzung

Eine wahre Liebesbeziehung vertieft sich täglich und beide Partner verschmelzen zunehmend miteinander. Hier lösen sich Erwartungen und Wünsche in Bitten und Selbsthingabe auf.

Je intensiver die gegenseitige Wertschätzung und Liebe erfahren wird, umso tiefer wollen die Partner Liebe auf allen Ebenen und Dimensionen erleben. Jede Liebesbeziehung hat die Sehnsucht, sich zu vertiefen und die Weiten und Abgründe des Partners zu erfahren und mit ihm die Höhen und Tiefen verschmelzend und beglückend zu erleben.

Eine wichtige Liebesbeziehungssäule stellt der mystische Prozess von EINS-SEIN und EINS-WERDEN mit dem Partner dar. Bei geistiger Übereinstimmung mit dem Partner besteht die Möglichkeit wahrer Verschmelzung im Seelenaspekt als total erfüllende Daseinsaufgabe.

Beide Partner können soweit übereinstimmen, dass der eine den Gedanken des anderen direkt erspürt und ausspricht. Die Vertiefung einer Liebesbeziehung kann soweit gehen, dass telepathische Verbindungen alltäglich werden und außerkörperliche Erfahrungen der Verbindung und Selbstwahrnehmung der Partner neue Horizonte eröffnen, so dass beide in ihrem Bewusstsein ungeahnte Chancen des Aufstiegs und unglaubliche Möglichkeiten des Erlebens ergreifen können.

All diese Vertiefungs- und Verschmelzungsprozesse können nicht mehr über den Verstand ablaufen, sondern werden aus gegenseitiger Herzensfülle und geistigen Eingebungen gespeist.

10.Stadium – die Einheit

Im Stadium der Einheit lösen sich alle Bestrebungen, Wünsche, Bedürfnisse und Forderungen auf, da ihr Entstehen und Erfüllen durch Aufheben aller Begrenzungen allgegenwärtig zusammenfällt.

Hier spielt das Denken keine Rolle mehr, sondern nur die wahren und innersten Gefühle sind tonangebend. Durch Intuition erfassen beide Partner simultan die seelischen Prozesse des Anderen und erleben sich als erweiterte Einheit im Lichtbewusstsein.

„Was der Mensch am meisten und
einfachsten geben kann,
ist die Liebe-

Was der Mensch am wenigsten und
schwierigsten gibt,
ist die Liebe.“

DJW

Einheit
Verschmelzung
Konflikte
Selbstentwicklung
Kreativität
Aufmerksamkeit
Verlieben
Vertrauen
Einlassen
Inkarnation
Urformen der Fähigkeiten
Liebe
Sehnsucht
Neugier

Die Facetten der Liebe

Liebe als Phänomen im Schöpfungsprozess lässt sich nicht endgültig beschreiben, doch ist sie in vielfältiger Form überall präsent. Wie erleben wir die Liebe in unterschiedlichen Lebenssituationen? Woran lässt sie sich erkennen und von den Ausdrucksformen des Egos unterscheiden?

Nirgends wird Liebe gelehrt oder institutionell gelernt. In unserer Ursprungsfamilie haben wir mehr oder weniger gute Vorbilder erlebt, oftmals herrschen zum Thema Liebe vielfältige Missverständnisse vor, die erst einmal bewusst gemacht werden sollten, um sie auflösen zu können.

Liebe äußert und entfaltet sich nur in Freiheit und wachsender Bewusstwerdung. Sie lässt sich weder verordnen, erzwingen noch manipulieren. Sie ist nur erlebbar und erfahrbar, wenn wir uns auf ihre geheimnisvolle Essenz völlig frei und hingebungsvoll einlassen. Die Facetten menschlicher Liebe beinhalten die folgenden Formen der inneren und äußeren Erlebnisformen:

1. Glauben / Überzeugung
2. Hingabe
3. Offenheit
4. Bereitschaft
5. Gegenwärtigkeit
6. Akzeptanz
7. Vertrauen
8. Freude
9. Klarheit, Wachsein
10. Entscheidung
11. Selbsterkenntnis

12. Wahrhaftigkeit
13. Heilsein
14. Vollendung
15. Mitgefühl
16. Verantwortlichkeit
17. Fürsorge
18. Anteilnahme
19. Aufmerksamkeit
20. Respekt
21. Wertschätzung
22. Friedfertigkeit
23. Achtung
24. Hilfe
25. Vergebung
26. Einheit
27. Verbundenheit

Die Facetten beschreiben die vielfältigen Möglichkeiten der Liebe, sich im Denken, Fühlen und Handeln auszudrücken. Die erste Hälfte dieser Aufzählung beinhaltet Aspekte, die sich hauptsächlich auf das eigene Selbst mit seiner Haltung gegenüber der Mitwelt beschreiben. Die weiteren Aspekte zeigen die Liebe als Mittler in Interaktion mit anderen Individuen. Da die Liebe alles verbindet und in Beziehung setzt, ist auch jede ihrer Facetten nicht isoliert zu verstehen und hat wiederum vielfältige Sichtweise in sich vereint.

Die Facetten im Einzelnen

1. Glauben / Überzeugung

Wenn wir lieben, glauben wir an das Gute in einem Menschen, einer Idee und auch an die Liebe als Schöpfungsessenz. Wir erwarten frohen Herzens das allerbeste, sehen das allerschönste im Geliebten und übertragen diese Sicht des Glaubens auf alles Geschaffene. Nicht nur den Geliebten, sondern die ganze Welt möchten wir umarmen, in jedem Lächeln und jeder Blume strahlt die Essenz der Liebe auf alle offenen Herzen, wir sehen das enorme Potential in einem Menschen und sind überzeugt, dass es sich immer mehr entfaltet.

Glauben wir an uns selbst, so sind wir überzeugt, das unsere Liebe einmalig, anziehend und von großer Bedeutung ist.

2. Hingabe

Hingabe ist die Voraussetzung für die Verschmelzung vom Ich mit dem Du. Erst durch die bedingungslose freie Zuwendung an einen Menschen oder eine Idee findet die Liebe ihren Ausdruck und kann etwas Neues erschaffen. Das eigene Selbst in den Dienst zu stellen, in höchster Erfüllung alle Kräfte und Kreativität erblühen zu lassen, das ist die Essenz des Seins und jedes Schöpfungsprozesses.

3. Offenheit

Um zu lieben, ist innere und äußere Öffnung notwendig, denn wenn der Mensch sich anderen verschließt, dann kann die Realität nur gefiltert herauskommen. Offenheit heißt, die Dinge und Ereignisse aus dem offenen Augenblick wahrzunehmen. Die Liebe kann sich am besten entfalten, wenn die Sinne und das Denken geöffnet sind. Dann geschieht sie aus dem Moment heraus.

4. Bereitschaft

Bereitschaft ist der Nährboden für eine Ausdehnung. Meine Liebesfähigkeit kann sich erweitern, wenn ich die Bereitschaft habe zu lieben und damit auch dem Ego mit dem Bestreben, sich durch Macht, Eigensinn und Trennung auszudehnen, weniger Einfluss gewähre. Die Überwindung der Egotendenzen befreit uns für das Erleben und die Erfahrung der Liebe.

5. Gegenwärtigkeit

Leben wir im Hier und Jetzt, dann sind wir mit allen Sinnen präsent, treffen klare Entscheidungen und können deren Verantwortlichkeit aus ganzem Herzen annehmen. Alle Verbundenheit mit der Natur, den Tieren und Menschen geschieht nur aus dem Herzen und dieses lebt aus dem gegenwärtigen Augenblick.

Es ist unser Verstand, der in Vergangenheit und Zukunft seinen Fokus setzt, und insbesondere das Ego tendiert zu einer Zeitverzerrung in unserer Wahrnehmung. Schuldgefühle speisen sich aus Vergangenem, Ängste aus der Zukunft, doch nur der aktuelle Zeitpunkt kann durch den lebendigen Geist gestaltet und in Liebe erfahren werden. Vertrauen wir darauf und geben uns ganz in den aktuellen Augenblick hin, dann erfahren wir die Zeitlosigkeit in höherer Dimension und können mit unserem Herzen die Liebe erfassen.

6. Akzeptanz

Lieben wir jemanden oder etwas, dann nehmen wir alle Facetten in unserem Herzen an, möchten sie neugierig erkunden und mit uns selbst in eine Verbindung bringen. Wenn es Unterschiede zur eigenen Anschauung gibt, wird dem Liebenden immer bewusst, dass sein Urteilen Trennung und Unverständnis bewirkt und letztlich nur seinem Ego dient. Nehmen wir alle Geschöpfe ohne Vorbehalt so an, wie sie geschaffen sind, können wir ihnen Liebe uneingeschränkt entgegenbringen, so dass sie sich vertrauensvoll öffnen und ihre Schatten transformieren können.

7. Vertrauen

Überall, wo Vertrauen entsteht, wächst die Liebe in allen Facetten. Vertrauen bedeutet für die Liebe Voraussetzung, Ursprung und Weg. Umgekehrt drängt Mangel und Verlust an Vertrauen jede Liebe in ihren Ausdrucksmöglichkeiten zurück und kann daher alle positiven Wachstumsprozesse erheblich stören.

Da der Mensch auch Schattenanteile besitzt, erlebt er Situationen, bei denen das Urvertrauen in den Kosmos, in die Natur und in andere Menschen erschüttert wird. Naturkatastrophen, Wirtschaftskrisen, die Angst und der Tod können das Vertrauen in unsere Lebensgrundlagen stark beeinträchtigen. Vertrauen in das Leben und in die Schöpfung erfordert die eigenen Kraftquellen wie Glaube und Hoffnung zu entwickeln.

In menschlichen Beziehungen lässt sich durch Verzeihen neues Vertrauen wieder aufbauen. Die Bereitschaft zu verzeihen ist daher unverzichtbar, um neues Vertrauen und neue Wachstumsprozesse initiieren zu können. Die Liebe gibt nicht auf, resigniert niemals und lässt auch nach negativen Erfahrungen immer wieder alles neu erblühen, denn es ist ihre Essenz, ewig unsterblich zu sein.

8. Freude

Freude drückt die Erfüllung der Herzenswünsche und tiefe innere Zufriedenheit im Geist aus. Sie zeigt sich in Momenten des Glücks, wenn etwas Neues aus den ewig gültigen Prinzipien Liebe, Wahrheit und Friede entsteht und wir dabei präsent sein können. In einer Liebesbeziehung jubeln wir und genießen die Präsenz des Partners in vollen Zügen. Diese Freude schenkt uns Energie, lässt uns in Leichtigkeit gemeinsam alle

Aufgaben erfüllen und kreativ neue Lösungen finden. Das Glück wird zur Glückseligkeit, wenn das Liebesbewusstsein uns dauerhaft innerlich ausfüllt.

Freude ist eine wesentliche Basis für das Menschsein und wegweisend für eine Liebesbeziehung.

9. Klarheit / Wachsein

Wenn ich die Klarheit und Wachheit meiner Sinne entfalte und mich damit bewusst auseinandersetze, kann sich Aufmerksamkeit und Mitgefühl aus mir entwickeln.

Durch die Schärfung meiner Sinne hinsichtlich Klarheit und Bewusstheit werden mir meine Lebensumstände bewusster. Wir können mit Hilfe des Verstandes unsere Eindrücke in sinnvoller Art zusammenbringen. Sind die Sinne und der Verstand klar ausgerichtet, können weder Vorurteile noch andere vorgegebene Muster unsere Wahrnehmung täuschen, sondern wir sehen, hören, fühlen und tasten in brillanter Klarheit, was gegeben ist. Damit sind wir für Täuschung und Manipulation nicht mehr empfänglich, wir gehen dann unbeirrbar den Weg der Erfüllung in Liebe.

10. Entscheidung

Entscheidung als Liebesaspekt entsteht stets aus dem Herzen heraus und nicht aus dem Ego. Entscheidungen finden nicht gegen etwas oder jemanden, sondern klar verantwortlich für ein Ergebnis oder eine Lösung statt.

Diese Entscheidung geschieht aus einem inneren Impuls heraus und berücksichtigt logische und gesellschaftliche Muster nicht. Darin liegt ihre besondere schöpferische Kraft, die den Rahmen des Vorgegebenen sprengt und neue Impulse setzen kann.

Entscheidung ist ein wesentlicher Akt der Bewusstseinsentwicklung und der gesellschaftlichen Weiterentwicklung.

11. Selbsterkenntnis

In der Liebe zur Natur steckt die größte Selbsterkenntnis. In der Liebe zu einer Blume erkenne ich mich selbst und den Blumengarten. In der Liebe zu einem Tropfen Wasser erkenne ich mich selbst und den Ozean. In der Liebe zu den Tieren geht die Erkenntnis für sich selbst noch tiefer, da die Resonanz noch aktiver und spürbarer ist. Die Erkenntnis des tiefsten Wesenskerns ist nur in Liebe möglich und jede Erkenntnis offenbart Facetten von mir selbst.

In der Liebe zum Menschen erkenne ich den tiefsten Sinn meines Daseins und in den Spiegelungen der Mitmenschen in Körpersprache, Mimik, Ausdruck, Emotion und Sexualität komme ich zu mehr Selbsterkenntnis und Selbstakzeptanz. Über die Erkenntnis von Natur, Tiere, Menschen und das Selbst kann ich zur höchsten Bewusstseinserkenntnis gelangen, wenn ich mich diesem wach und bereitwillig hingebe.

Selbsterkenntnis führt zur ALL-Erkenntnis:
"Erkenne Dich selbst!"

12. Wahrhaftigkeit

Wie der Frieden hat auch die Wahrheit eine ewige Gültigkeit an sich und steht im Gegensatz zur Ausrichtung des Egos. Liebe beinhaltet Wahrheit, die eigene Orientierung an die Liebe schließt die Bindung an die Wahrheit, die Wahrhaftigkeit, in jeder Hinsicht mit ein. Erst die Bereitschaft, Wahrheit über alles anzuerkennen, befreit den Menschen aus dem Zwang, sich selbst zu verstellen, bestimmte Inhalte seiner Geschichte zu verdrängen und erschafft damit Klarheit, Offenheit und Gelassenheit.

Liebe ist eine Herausforderung, die Ängste und Zwänge zu überwinden, den Glauben an Erlösung, Vergebung und Verständnis zu leben.

Wahrheit, Liebe, Freiheit, Frieden und Einheit sind die Essenzen des Seins. Wahrheit ist der Weg von Einem zum Ganzen, von allen Wegen zum Weg der Wege.

13. Heilsein

Heilsein in Liebe bedeutet, geistig, seelisch und körperlich unversehrt und vital zu sein. Wer im Heilsein ist, erlebt jeden Augenblick in voller Wachheit, Klarheit und Erkenntnis. Seine Realitätswahrnehmung ist durch nichts getrübt und seine Wirklichkeit kann gelebt werden, da er in seinem Heilzustand nichts abwehren braucht.

Alle Aspekte der Liebe sind dann präsent und bewusst, wir sind dann schöpferisch und unterstützen die Heilprozesse bei allen anderen.

14. Vollendung

Hier wird ein Prozess vollendet, eine Erfahrung durchlebt. Selbst schwierige Themen und Felder werden durch offene und geduldige Kommunikation zur Lösung gebracht. Was gemeinsam begonnen wurde, wird in Gemeinschaft vollendet.

*"Am Anfang des Weges willst du.
In der Mitte des Weges suchst du.*

*Am Ende des Weges ruhst du und
verlierst dich selbst."*

DJW

15. Mitgefühl

Verbundenheit mit anderen Kreaturen ist nur möglich, wenn wir uns nicht nur im Gedanken in den anderen hinein versetzen, sondern auch gefühlsmäßig. Erst dann wird sich eine Brücke des Vertrauens und Verständnisses bilden. Mitgefühl ist ein besonderer Weg in die Gefühlswelt des anderen und setzt die Bereitschaft, sich zu öffnen und eigene Vorstellungen zu erweitern, voraus.

Was fühlt beispielsweise ein Stein, ein Baum, eine Schlange oder auch ein Mensch mit völlig anderer Gestik? Aber auch mit vertrauten Menschen aus unserer Familie ist das Mitgefühl nicht immer einfach gegeben, sondern setzt Akzeptanz und Offenheit voraus.

16. Verantwortlichkeit

Freiheit und Verantwortlichkeit sind wie die beiden Seiten einer Münze und gehören immer direkt zusammen. Wir tragen in allen Entscheidungen die Verantwortung für das Ergebnis daraus. Unsere Schöpfung als Ausdruck der ALL-Liebe sieht diese Verbindung immer vor und alle Bewusstseinsentwicklung beinhaltet die zunehmende Wahrnehmung und Bewusstwerdung der eigenen Verantwortung in jeder Situation. Das Ego als Gegenspieler erfindet vielerlei Tricks, argumentativ und machtvoll von der Verantwortung abzulenken.

Alle Aspekte der Liebe können sich nur in Freiheit des Herzens entfalten und auch nur durch völlige Akzeptanz der Verantwortung. Jede Transformation des Bewusstseins, jede Heilung und jede menschliche Begegnung beinhaltet die Bereitschaft, Verantwortung zu übernehmen und damit das innere Wachstum zu fördern.

17. Fürsorge

Für andere zu sorgen, die unserer Hilfe bedürfen, verbindet und dient allen. Fürsorge bedeutet, Entwicklung, Wachstum und Einheit praktisch zu fördern und zu unterstützen. Eltern sorgen für ihre Kinder, damit sie heranwachsen und die Kinder sorgen für ihre Eltern, wenn diese aufgrund ihres Alters nicht mehr vollständig für sich selbst sorgen können. Der Menschheit wurde die Erde anvertraut, damit sie für ihren Erhalt sorge und weitere Generationen aller Lebensformen auch zukünftig darauf existieren können. Verantwortung tragen beinhaltet unter bestimmten Umständen auch die Bereitschaft zur Fürsorge an andere, denn die Liebe als Basis und Ausdruck allen Seins sieht Fürsorge für sich selbst und für andere vor. Jemanden im Stich zu lassen, der Fürsorge benötigt, passiert nur aus Eigensucht und ohne Verantwortlichkeit und dient daher nicht der Liebes-Einheit.

18. Anteilnahme

Wir nehmen als Zeichen der Verbundenheit am Leben und den Gefühlen des anderen teil - in guten und in schlechten Zeiten. Zeichen der Liebe ist die Bereitschaft und der Antrieb, alles zu teilen. Es bereichert und erfreut ein hohes Bewusstsein im höchsten Maße, Gedanken, Gefühle und Güter mit anderen zu teilen, denn das ist der natürliche Zustand des geistig orientierten Menschseins.

19. Aufmerksamkeit

Wir sehen andere Menschen aus verschiedenen Perspektiven, vor allem aus der, die uns am besten gefällt. Zum Beispiel aus einem Idealbild, aus einer Geistesgleichheit, aus einem Bedürfnis oder aus einer Sehnsucht heraus. Erst wenn wir aufmerksam sind, merken wir, was den anderen bewegt und können aus der eigenen Perspektive den anderen verstehen. Dann erst kann sich wahre Begegnung ereignen und die Beziehung sich weiter entwickeln.

20. Respekt

Respekt beschreibt die Haltung und das Verhalten gegenüber anderen Menschen und Wesenheiten. Es zeugt von Respekt, wenn wir bereit sind, unsere Egotendenzen gegenüber anderen zurückzusetzen und trotz eventuell vorhandenem Unverständnis bestimmte Grenzen nicht zu überschreiten. Wir respektieren

Gebote des menschlichen Miteinander, Gesetze, Bedürfnisse anderer Menschen im täglichen Leben, die Natur und Institutionen wie die Polizei oder Gerichte. Kinder respektieren ihre Eltern und ihre Lehrer, der spirituelle Mensch respektiert den Schöpferwillen als bindend für sein Leben.

Respekt ermöglicht erst ein Zusammenleben und vertrauensvolles Miteinander und setzt Maßstäbe für die Orientierung im Verhalten.

"Liebe ist gelebtes Leben in Frieden, Respekt und Offenheit,
ist Lebendigkeit, Bedingungslosigkeit und Freigiebigkeit in allem Tun."
DJW

21. Wertschätzung

Alles hat seinen Wert an sich, ist einzigartig und nicht austauschbar. Wenn ich liebe, dann erlebe ich denjenigen oder dasjenige als kostbar und von solch unvergleichlichem Wert, das jeder endliche Maßstab als unpassend und unwürdig angesehen wird. Respekt, Achtung, Akzeptanz und Großzügigkeit sind Begriffe, die meine Haltung der Wertschätzung beschreiben. Empfinden wir uns selbst als wertvoll, können wir auch andere als wertvoll annehmen, fehlt es an eigener Wertschätzung, können wir weder für uns selbst noch für andere eine liebevolle und wertschätzende Haltung entgegenbringen, also fürsorglich, mitfühlend, verantwortlich, großherzig und verzeihend sein.

22. Friedfertigkeit

Friedfertigkeit ist ein Zustand, der die Partner gewaltunfähig macht. Friedfertigkeit als Liebesaspekt zeichnet sich durch größten Respekt und tiefe Akzeptanz des anderen aus. Alle Formen des Seins sind in diesem Zustand friedvoll, alle Energien werden friedlich wahrgenommen.

Wahrheit und Frieden sind Aspekte der Liebe in ihrer Essenz und damit ewig gültig. Die Bereitschaft, den Frieden über den Eigensinn des Egos zu setzen, mündet in wahre Friedfertigkeit und ermöglicht es, friedlebend zu sein.

23. Achtung

Achtung und Respekt sind für alle Beziehungen elementar. Die Liebe setzt Achtung und Beachtung voraus und in allen Aspekten um, denn es kann keine friedvolle Gemeinsamkeit ohne Achtung der Bedürfnisse und Bedingungen des anderen entstehen. In schwierigen und konfliktreichen Phasen ist die Achtung gegenüber dem Partner ein erster Ansatz, um neue Verbundenheit aufbauen zu können. Sie ist also elementar und absolut notwendig.

24. Hilfe

Ich helfe anderen, ohne eine Gegenleistung dafür zu erwarten. Hilfe zu leisten, öffnet die Herzen, lässt Hoffnung und Freude sich innerlich und äußerlich ausbreiten. Jeder Mensch benötigt manchmal Hilfe und erlebt solche Situationen je nach Befindlichkeit und Umständen als Hilflosigkeit oder auch als wundervolle Chance, Liebe empfangen zu können.

Wir sind zum Helfen geboren, wir können damit unsere Liebesfähigkeit zum Ausdruck bringen, vorausgesetzt, wir sind achtsam und mitfühlend, so dass wir klar erkennen, welche Art der Hilfe benötigt wird.

25. Vergebung

Die Liebe in der Schöpfung zeigt sich durch unendliche Geduld und Bereitschaft, alles zu vergeben, sobald die Bereitschaft zur

Umkehr (Transformation) der alten Muster und Verletzungen gegeben ist. Vergebung als göttliche Fähigkeit muss vom menschlichen Bewusstsein erst noch geübt werden, sie ist so eminent bedeutend, dass für ihre Befähigung das Drehbuch des individuellen Lebens wesentlich abgestimmt wird.

Die Überwindung der eigenen Überheblichkeit und Ausbildung von Vorurteilen, vor allem die Art, durch die Fixierung auf die Fehler anderer von den eigenen Schattenseiten abzulenken, ist bei vielen Menschen eine wichtige Aufgabe der Ego-Transformation. Liebesbeziehungen können ohne Verzeihen der Partner nicht wachsen und erblühen, sondern werden zur Stätte von seelischen Verletzungen.

26. Einheit

Wenn in einer Liebesbeziehung Einheit besteht, dann ist das Feld der Liebe unerschöpflich und der Liebesgeist ewig präsent.

Nichts kann diese Einheit stören. Alles Wissen, alle Denk- und Verhaltensmuster oder gesellschaftliche Konventionen sind überwunden. In Liebesbeziehungen bildet die Einheit das höchste Stadium der Verbundenheit. Sie ist nur dann für die Liebenden erfahrbar, wenn diese von ihrer Bewusstseinsentwicklung her die Einheit der Schöpfung bereits intuitiv erfassen können und den Weg des Vertrauens und der Ego-Transformation beherzt fortsetzen.

"Liebe kennt keine Grenzen,
keine Bedingungen und keine Religion.
Sie ist frei, ewig und sie
ist universell."

DJW

27. Verbundenheit

Ein Liebesverständnis auf der Ebene der Verbundenheit bedeutet, dass alle Menschen miteinander eine geistige Verbindung haben. Sie schließt alle Spielarten menschlicher, irdischer und überpersönlicher Seinsformen ein, alles Bewusstsein steht in tiefer Verbindung mit anderen.

Die Selbstliebe

„Liebe deinen Nächsten“
ergibt keinen Sinn,
wenn wir uns selbst hassen.

DJW

Wir sind als Lichtwesen mit der Liebe erfüllt, haben Liebe in uns und werden von der Liebe getragen, dennoch benötigen wir eine Verbindung, die uns vom Bewusstsein her noch tiefer mit der Liebe in Verbindung setzt.

Selbstliebe bedeutet also, eine Liebesbeziehung zu sich selbst aufzubauen. Es ist die Fähigkeit und Bereitschaft in Freiheit uns selbst zu lieben und mit unserem Selbst eine Liebesbeziehung einzugehen.

Selbstliebe ist stets mit Eigenreflexion und Selbstempfindung sowie Selbstannahme verbunden. Ganz gleich, wie meine Außenwelt auf mich reagiert, wie die Außenreflexion über meine Person aussieht, ich liebe mich selbst.

Ich selbst finde mich wichtig, wertvoll, liebenswert und schön. Ich schätze diese Einstellung, in der ich mit mir selbst in Beziehung gehe, sehr hoch, denn sie ermöglicht mir, das individuelle Getrenntsein aufzulösen und mich mit meinem höheren Selbst in Einheit zu erfahren.

Wenn Sie sich selbst Ihrer eigenen Liebe sicher sind, verspüren Sie weder den Wunsch noch das Bedürfnis, von der Außenwelt bestätigt zu werden. Da die Außenwelt Sie so spiegelt, wie Sie aktuell sind oder erscheinen, ist es notwendig, für sich selbst die höchste Wertschätzung entgegenzubringen, denn Sie sind einzigartig und liebenswert und sollten das erkennen.

Mit der Zeit spüren und erfahren Sie, dass andere Ihre liebenswerte Art und Einzigartigkeit entdecken und sich dadurch die Außenreflexion zu Ihren Gunsten verändert. Sie bemerken, dass Ihre Selbstliebe für Ihr eigenes Dasein wichtig ist und ein Fundament Ihres Lebens darstellt. Sie sind anderen gegenüber dankbar und liebevoll, nicht in Hinblick auf einen bestimmten Nutzen sondern aus der Freude heraus, die Sie dabei wirklich empfinden und aus der Liebe heraus, die Sie dabei selbst leben.

Solange Sie sich selbst als wertlos und ungeliebt ansehen, können Sie Selbstliebe nicht praktizieren, geschweige denn, Ihre Liebe an andere weiter verschenken und mit anderen Menschen in Liebesbeziehung sein.

Ein Beispiel aus meiner Praxis:

Hanspeter, Mitte 40, verheiratet, kam mit der Behauptung, seine Ehefrau und die beiden Kinder aufrichtig zu lieben, in meine Praxis. Als Zeichen seiner Zuneigung beschenkte er sie reichlich, fuhr mit ihnen in den Luxusurlaub, und wenn er auf einer Geschäftsreise war, vergaß er nie, seine Briefe mit liebevollen Wendungen wie etwa "In Liebe Euer Hanspeter" zu beenden.

Dennoch konnte es Hanspeter nicht über das Herz bringen, seiner Frau und seinen Kindern zu sagen, dass er sie liebe. Im Laufe unserer Gespräche erkannte ich, dass er mit seinen Eltern ähnliche Probleme hatte, die Worte "Ich liebe Dich" auszusprechen. Sie blieben ihm im Hals stecken. Das Risiko erschien ihm zu groß, dass er seine Worte nicht bestätigt bekommen würde, also wagte er es nicht, sie zu sagen.

Nach einigen Sitzungen und Heilbehandlungen konnten die inneren Blockaden aufgelöst werden, das Selbstwertgefühl gesteigert und die Selbstliebe von Hanspeter fühlbar entwickelt werden. Nachdem Selbsthass, Minderwertigkeitsgefühle und innere Leere in Selbstliebe, Selbstachtung und Selbsterkenntnis transformiert worden sind, entwickelten sich positive, liebevolle und befreiende Gefühle aus seinem Inneren heraus.

Seine Selbstannahme und Selbstliebe wuchsen erstmalig in seinem Leben so weit, dass er seiner Frau, den Kindern und anderen Familienangehörigen "Ich liebe Dich" sagen konnte. Hanspeter lernte intensiv, seine Selbstliebe durch tägliche Übungen zur Steigerung der Selbstwertschätzung und Selbstachtung weiterzuentwickeln und sie seinem Bewusstsein zugänglich zu machen.

Neue Zeitschwingung

"Die Liebenden erfüllen und heilen
in ihrem Frieden die Erde neu.

So kann die schon längst geborene
neue Zeit und ihre Schwingungen
von den erwachten Seelen wieder
erkannt und entdeckt werden.

Die kristallinen Energie-
Strukturen der Neuen Erde
offenbaren sich den Meistermenschen
und ermöglichen den Aufstieg
der Menschen in die neuen Dimensionen."

DJW

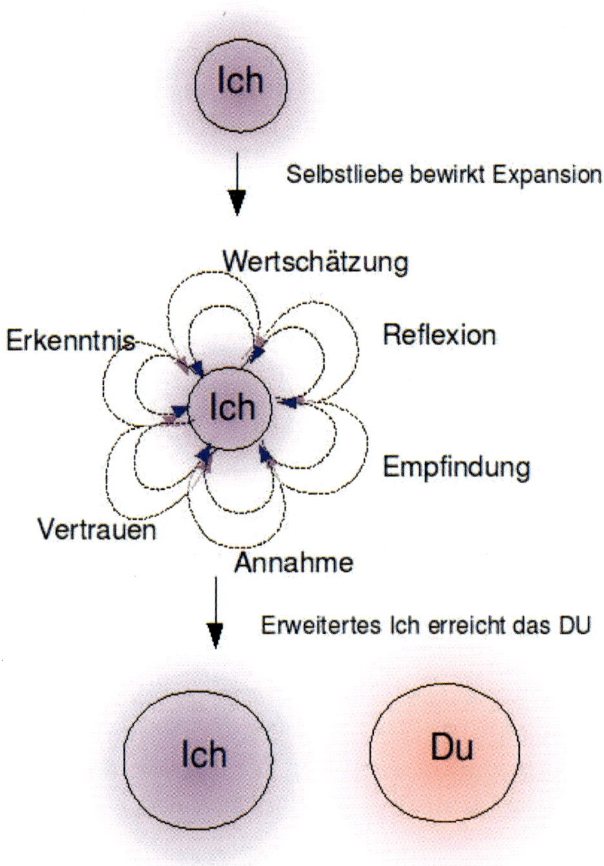
Ich
Selbstliebe bewirkt Expansion
Wertschätzung
Erkenntnis
Reflexion
Ich
Empfindung
Vertrauen
Annahme
Erweitertes Ich erreicht das DU
Ich
Du

Oft erscheinen uns die Einflüsse der Umwelt und aus der Kindheit ganz übermächtig. Die Entwicklung einer selbstbewussten Persönlichkeit wird in unserer Gesellschaft häufig nicht unterstützt, sondern sogar extrem erschwert. Kinder hören den Satz: "Du bist ein böser Junge/Mädchen." anstatt die Worte:"Du hast etwas Schlechtes getan."

"Wenn Du dich weiterhin so benimmst, dann mag ich dich als Mutter/Vater nicht mehr." anstatt:
"Dein Benehmen gefällt mir nicht."

Im Kindesalter wird dann der Schluss gezogen:"Meine Mutter/Vater liebt mich nicht." und so entwickelt sich ein Minderwertigkeitskomplex. Hanspeter hat nun seine blockierenden Gewohnheiten transformiert und führt seitdem eine erfüllte, freudevolle und liebevolle Ehe. Über seine eigene Selbstliebe hat er andere beglückend lieben gelernt und erhält Liebe von anderen zurück.

Beginnen auch Sie den schönsten, interessantesten, wertvollsten und liebevollsten Menschen, den es je gab und geben wird, aus Ihrem Herzen zu lieben, nämlich

SIE SELBST.

"Wer frei ist, ist nachsichtig und fließt.
Wer friedfertig ist, ist in Geduld.
Wer in Liebe ist, ist dankbar und demütig.
Wer in Wahrheit ist, ist weise und gelassen.
Wer in Einheit ist, ist authentisch."

DJW

Ein Training zur Selbstliebe

Selbstliebe beginnt im Herzen und findet ihren Ausdruck als Selbstwertgefühl und Selbstbejahung. Menschen, die es gelernt haben, sich selbst zu lieben, haben ganz selbstverständlich eine solch positive Einstellung zu sich selbst. Die meisten Menschen jedoch sind im Laufe ihres Lebens von Mustern und Lektionen geprägt, die ihr Selbstbild negativ beeinflusst haben. Die folgenden Anregungen können helfen, sich neu zu orientieren und Ihr Bewusstsein zu erweitern.

➔ Als Kind hatten Sie ein intuitives positives Selbstwertgefühl.

➔ Lernen Sie nun, Ihre Gedanken zu kontrollieren. Wenn negative Gedanken kommen, sprechen Sie sie nicht aus, geben sie diese nicht an andere weiter, denn damit geben sie Ihnen viel Energie, so dass sie sich weiter ausbreiten können.

➔ Vermeiden Sie jede Art des Verurteilens und Herabsetzens. Loben Sie sich stattdessen für gute Taten, gute Ideen und auch für einen guten Umgang mit sich selbst.

➔ Wenn alte Gewohnheiten Sie behindern, dann ändern Sie Ihr Verhalten und damit auch Ihre Situation. Sie haben immer die freie Wahlmöglichkeit und können schrittweise alles Negative transformieren.

➔ Wenn Sie Schmetterlinge im Bauch fühlen, dann wagen Sie den Tanz. Wenn Sie aufrichtige Liebe zu einem Menschen fühlen, dann drücken Sie diese Gefühle aus und sagen einfach: "Ich liebe Dich."

➔ Essen Sie gute und vollwertige Nahrung. Dieses ist die Basis für ein gutes, gesundes und heilvolles Leben.

- ➔ Bestellen Sie im Restaurant nur das, worauf Sie wirklich Hunger haben.
- ➔ Wenn Sie keinen Alkohol trinken und mit Ihren Freunden ausgehen, dann bleiben Sie in Selbstdisziplin und Selbstliebe und vergnügen sich mit Softdrinks.
- ➔ Gönnen Sie sich etwas Leckeres aus Ihrem Lieblingsladen und erfüllen Sie sich Ihren Lieblingswunsch.
- ➔ Verbannen Sie jede Art von Selbstverleumdung aus Ihrem Leben.

"Liebe ist
das Nahsehen
der Wirklichkeit im Licht,
die Ewigkeitsmelodie aller Rhythmen,
der Urklang aller
Klänge.

Ohne Liebe ist
das Sehen Blindsein im Dunkeln,
die Ewigkeitsmelodie endliches Geklimper und
der Urklang eine Schwingung
ohne Ton."

DJW

➔ Nehmen Sie sich jeden Tag eine persönliche Erholzeit für sich selbst, eine Zeit der Sammlung und des Kraft tankens.

Bitte nur ausruhen und abschalten
Keine Pläne schmieden
Keine Musik
Keine intensiven Gedanken, auch nicht meditieren
Kein TV, Buch, Handy, Computer, ...
einfach nur "sein"

➔ Betreiben Sie eine Aktivität, bei der Ihnen Freude und Spaß kommt. Wenn dazu eine Organisation erforderlich ist, dann treten Sie bei.

➔ Verlassen Sie bewusst die Welt von Neid, Eifersucht und Hass.

➔ Entwickeln Sie ein erfüllendes Körpergefühl und gehen Sie auch in sexueller Hinsicht liebevoll mit sich selbst um.

➔ Entdecken Sie Ihren eigenen Sinn und Ihren persönlichen Bezug zur eigenen Sinnlichkeit, erfahren Sie dabei Neues und erweitern Sie Ihre Praktiken.

➔ Leistung sollte nicht der einzige Wertmaßstab für ihre Persönlichkeit sein.

*"Erst wenn wir lieben,
werden wir leben.
Erst wenn wir Liebe in uns verwirklichen,
erwecken und dehnen wir
unsere Wirklichkeit aus."*

DJW

Die Liebe und die Angst

Alles, was nicht Liebe ist, ist Dunkelheit der Angst.

Alles, was nicht aus Liebe geschieht,
geschieht aus Angst.

Liebe wohnt in allem Lebendigen; in allen Dingen, verwirklicht sich die Liebe - in Menschen, in Geistwesen, in Tieren und in der Natur- in allen wahrnehmbaren Dimensionen.

Liebe ist in Gefühlen und Gedanken, in Worten wie in Taten Inhalt. Wie oben, so unten, wie im Himmel, so auf Erden.

Angst ist die Umkehr der Liebe, auch das Ergebnis einer Abkehr von ihr. Wenn wir uns von Angst besetzen lassen, dann wird unsere persönliche Liebe vernebelt. Wenn Angst unser Resonanzfeld besetzt, dann reagieren wir ängstlich und unsere Umwelt reagiert ebenso mit Angst. Wenn wir Angst haben, eine Prüfung nicht zu bestehen, dann wird dieses meistens in unserer Realität manifestiert. Wenn wir unsere innere Angst nach außen ausstrahlen, dann ist die Resonanzreaktion stets angstvoll.

Angst ist das Produkt menschlicher Erschaffung in der dritten Dimension. Entweder ersetzen wir die Angst sukzessive durch Liebe, oder die Angst besetzt und blockiert unseren Lebensfluss. Eine Besetzung führt dazu, dass sich der Lebensfluss nicht mehr aktivieren lässt. Blockaden sind Stauungen, die uns krank machen. Bei vielen Krankheiten und Krankheitssymptomen ist ihr Ursprung in der Angst bereits nachgewiesen, z.B. bei Angina Pektoris (Herzenge), Asthma, Blasenentzündungen, Kopf- und Rückenschmerzen, Magenkrämpfe.

Um einen bewussten Umgang mit dem Thema Angst zu erlernen, stellen Sie sich in einer Situation die Frage, ob Sie bei Ihrem Tun aus der Freiheit der Liebe oder aus der Beschränkung der eigenen Angst agieren. Hat Ihre Entscheidung einen positiven, allen dienenden Zweck oder einen negativen Selbstzweck? Die Orientierung in Richtung Liebe kann nur dann gelingen, wenn wir unsere Perspektive im Geschehen bewusst verändern, so dass die Ego-Aspekte, die die Ängste bedingen, durch Gedanken und Handlungen der Liebe aufgehoben werden können.

Liebe wird durch Licht getragen, Angst durch den Schatten der Dunkelheit. Liebe befreit, Angst beengt. Liebe durchdringt alles und jeden, die Dunkelheit der Angst kann das Licht dämpfen aber nicht löschen.

Meiner Ansicht nach ist aus unserer Trennung aus der Liebeseinheit unsere Angst erschaffen worden. Dort, wo ALL-Liebe und ALL-Einheit ist, existiert keine Angst. Diese tiefe Angst der Trennung bringt noch mehr Gefangensein und Selbstisolation mit sich, die nur durch die innere Einheit unseres Selbst in Liebe aufgelöst werden kann.

Bei allem, was wir aus Angst tun und denken, z.B. wenn wir an Hass, Aggression, Wut, Leid, Neid, Macht, Eifersucht und Zweifel festhalten, haben wir es mit unseren eigenen Mustern und Vorstellungen zu tun. Wir sollten alles loslassen, von innen her Selbstliebe entwickeln und so in Licht, Freude, Mitgefühl, Verantwortung, Glauben, Hoffnung, Frieden und Freiheit leben.

Wenn wir Liebe leben wollen, müssen wir uns von Angst befreien. Jeder, der uns Angst macht, ist selbst angstbesetzt und mit seinem Tun schadet er sich selbst und uns und vermehrt die Angstmenge in der Welt. Freiheit, Frieden, Harmonie und Heilsein werden erst dann in unserer Welt eine weitverbreitete Realität, wenn wir selbst zum Ausdruck der Liebe werden, wenn

Liebesbewusstsein unseren Alltag bestimmt.

Ein Beispiel:

Wenn eine Mutter ihr Kind nachts aus dem Haus entlässt, und solange das Kind in der Disko feiert, es in Meditation schützend in den Arm nimmt, um es herum eine Lichtschutzschild errichtet und es so segnend in göttliche Liebe einhüllt, dann kehrt ihr Kind wohlbehütet nach Hause zurück.

Das Kind hat unbewusst durch die Schutzmeditation seiner Mutter eine unsichtbare Liebeshülle getragen und war für Gewalt und Angst nicht greifbar. Sorge und Ängste wurden durch intensives Vertrauen in höhere geistige Kräfte und in die Liebe als Essenz des Schöpferwillens ersetzt. Gebete und Meditation können dabei eine große Hilfe sein, weil sie eine innere Neuorientierung unterstützen.

Alle Religionen verfügen über einen reichen Schatz an Erfahrungen mit spirituellen Ritualen über die Liebe in ihren Facetten. In vielen Lehren wird dieses Thema in perfekt inszenierten Texten behandelt, die vielfach in Ritualen gesprochen häufig keine wahre Wirkung zeigen. Es fehlt denjenigen, die solche Zeremonien durchführen, oftmals an innerer Einsicht und Sehnsucht die Liebe auf Erden zu leben und eine tiefe Verbindung auch gefühlsmäßig herzustellen.

Ein Beispiel aus meiner Heiltätigkeit:

Eine Mutter hatte seit dem Tod ihres Ehemanns vor mehreren Jahren an Angst und Depression gelitten. Das Leben um sie herum gestaltete sich sehr schwierig, da alle medizinischen und psychotherapeutischen Versuche, sie davon zu befreien, fehlschlugen.

Eines Tages kam ihr Sohn, der seine Mutter bei sich aufgenommen hatte, zu mir und erzählte von seiner schwierigen und aussichtslosen Lage. Nach der Anamnese bat ich ihn, seine Mutter nicht mehr als Kranke zu sehen, die von ihm gepflegt werden müsse, sondern sie als hilfsbedürftige Person mit Blockaden zu betrachten, die vor allem Mitgefühl und Verständnis benötigte. Diese Blockaden rührten daher, dass die Mutter aus Angst allen Halt zu verlieren, ihre Emotionen und Gefühle der Trauer nicht äußerte und damit in die Depression fiel. Diese blockierte zusätzlich ihre Energiebahnen. Ich riet dem Sohn, er sollte sich in wahrer Nächstenliebe üben und seine bisherige Vorstellung einer schweren Erkrankung über Bord werfen, um ihre Ängste und seine eigenen nicht länger zu nähren. Dann sollte er jeden Tag zweimal für seine Mutter meditieren, um diese neue Orientierung in alle inneren Schichten seines Selbst wirken zu lassen.

Damit war die Voraussetzung geschaffen, der Besetzung der Angst und der Blockade der Depression bei seiner Mutter bestens zu begegnen. Seine täglichen Liebesmeditationen brachten heilende, harmonische, befriedigende und beglückende Energieschwingungen ins Haus und zu seiner Mutter.

Durch diese Liebe gelangte er selbst zur Überzeugung, dass seine wahren und segnenden Übungen der Nächstenliebe die Energiebahnen wieder frei fließen ließen und die Angstbesetzungen erlöst würden.

Durch das Gefühl des Eins-Seins mit allen und der Einheit in Liebe, schaffte er die Voraussetzung zur Heilung seiner Mutter. Sechs Wochen lang hüllte er sie morgens und abends in Licht und Liebe, meditierte und betete für sie, bis sie schließlich von ihrer Depression und Angst befreit wurde. Die veränderte geistige Einstellung ihres Sohns, sein Seelenwunsch und seine tägliche bewusste Liebesmeditation lösten die Blockaden der Mutter auf und versetzten sie wieder in heilsame freie Energieschwingungen.

Diese Handlung der Nächstenliebe war vom Herzen aufrichtig und wahrhaftig motiviert, wodurch seine Liebesmeditationen ein neues Bewusstsein und eine veränderte Lebensschwingung für Mutter und Sohn möglich machten. Die Heilung wurde auf meine Anregung hin durch einen Perspektivwandel des Sohns erreicht. Die Hinwendung zur Liebe und die ausdauernde Meditation mit dieser neuer Ausrichtung bewirkten eine Änderung von der geistigen bis in die materielle Ebene.

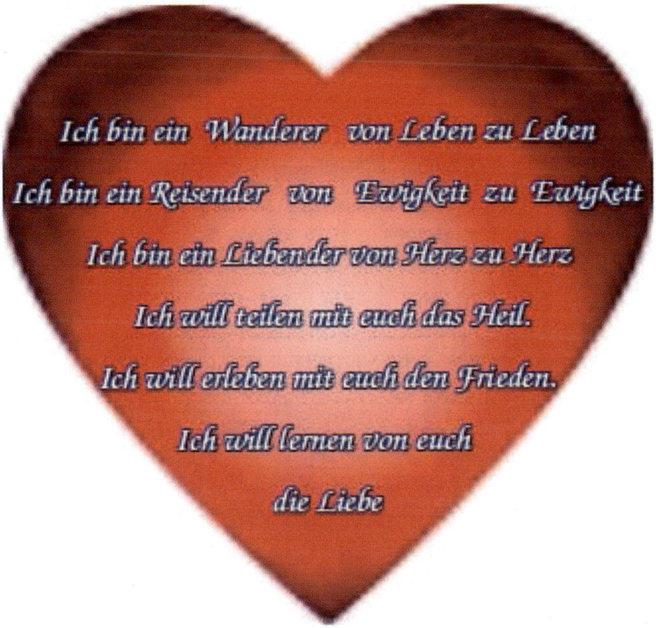

Konfliktlösung in Liebesbeziehungen

Es ist manchmal lustig oder zumindest verlockend, in einem Konfliktfall mit dem Partner so richtig Dampf abzulassen, auszurasten um negative und krankmachende Emotionen herauszulassen.

Es reinigt, löst alte Blockierungen und legt konditionierende Muster und Egoanteile offen, damit sollte es auch getan sein. Wenn eine Liebesbeziehung von längerer Dauer angestrebt wird, dann sollten dabei beide Partner grundsätzlich die folgenden Schritte beachten:

1. Schritt: Für Ruhe sorgen

Ein Streitgespräch sollten Sie niemals eskalieren lassen, sondern ihr Bemühen um gegenseitiges Verständnis zum Ausdruck bringen. Anstatt persönliche Verletzungen zu begehen, können die Gefühle offen, transparent, ja auch emotional dargelegt werden.

2. Schritt: Selbstdisziplin und Selbstreflexion üben

In einer Auseinandersetzung wissen und spüren Sie ganz genau, welche Bemerkungen den Partner unter rationalen und emotionalen Druck versetzen. Genau hier können Sie einsetzen, indem Sie sich zurücknehmen, den Standpunkt nachfühlen und reflektieren und dabei Selbstdisziplin üben. In einer solchen Situation erweisen Sie durch eigene Selbstzensur dem Partner gegenüber Respekt, der sowohl Ihrer eigenen Entwicklung als auch Ihrer Beziehung zugute kommt. Manchmal helfen einfache

Worte, die Atmosphäre zu entspannen. Ein Beispiel dazu:

Statt "Wenn Du mich jetzt nicht verstehst, dann hat es gar keinen Sinn mehr mit uns beiden!"
äußern Sie besser:
"Ich bitte Dich, über diese Dinge nachzudenken, damit du mich besser verstehen kannst"

Sicherlich haben Sie bei dieser Reaktion eine bessere Aussicht, Aufmerksamkeit und Verständnis beim Partner hervorzurufen, als mit Druck und Drohung wie im ersten Szenario. In jedem Falle sollte etwas zur Beruhigung der Situation getan werden, zunächst für sich selbst und gegebenenfalls auch für den Partner. Sie können es zum Beispiel mit

- Entspannungsübungen,
- Atemzentrierung,
- Musik hören oder
- Spazierengehen

probieren und dabei innerlich abschalten.

3. Schritt: Weicher und freundlicher neu beginnen

Sie beginnen nun weicher, leiser und freundlicher, das Gespräch wieder aufzunehmen, so dass daraus eine befruchtende, konstruktive Liebeskommunikation entstehen kann. Dadurch wird die Zusammengehörigkeit und Einheit der Partner gestärkt. Das folgende Beispiel gibt die möglichen Gedanken der Partner wieder und zeigt auch hier eine Lösung:

"Ich weiß ganz genau, wie bescheuert er/sie gleich reagieren wird. Das war damals schon genauso."

Zum besseren Verlauf hilft die folgende Anregung:

"Gerade weil ich weiß und fühle, wie der/die andere reagiert, bleibe ich gelassen, offen und positiv und keinesfalls verletzend, um eine wahre Begegnung in der Kommunikation erreichen zu können."

4. Schritt: Um Vergebung bitten

Ganz gleich, wer der Auslöser des Konflikts war, wichtig ist es, um Vergebung zu bitten, damit ein Neustart in der Kommunikation überhaupt möglich wird.

Wir können nichts ungeschehen machen, was wir uns an Verletzungen zugefügt haben, jedoch um Vergebung bitten und die volle Verantwortung für unser Handeln übernehmen. Dabei ist es unbedingt zu vermeiden, ein ABER oder irgendwelche anderen Bemerkungen anzuhängen. Nach einer Entschuldigung sollten beide Partner schweigen und dann alles ruhen lassen.

5. Schritt: Nachsicht üben

Wenn der Partner sich entschuldigt hat und die volle Verantwortung für sein Handeln übernommen hat, und es ist immer noch eine gewisse Spannung zwischen Ihnen spürbar, dann gehen Sie auf den anderen zu und lösen Sie die Situation durch eine liebevolle und versöhnende Geste auf.

Die Bereitschaft, auch in einem Konflikt die Einheit anzustreben und dem Partner Verständnis und Wertschätzung entgegenzubringen, führt zur Vertiefung der Beziehung und erleichtert zukünftige Auseinandersetzungen. Alle Liebesaspekte, insbesondere das Vertrauen, die Achtung und der Offenheit entwickeln sich weiter und die Ego-Aspekte nehmen dann ab.

Bitte um Vergebung

Wir haben uns verleiten lassen, von Quelle
verletzender Worte

Wir haben uns Wunden zugefügt, unsere Herzen
gebrochen und unsere weiten Seelen haben
sich zu Tränenseen verwandelt

Angst und Unsicherheit ergriffen Macht über unsere
einstige Festung der Liebe und Sorglosigkeit.

Verloren sind wir im tiefen Rausch des unergründlichen
Dunkels. Aus dem Gefilde des Kampfes
tragen wir tiefe Narben und unsere
sonnenhelle Welt hat sich in
ein nebliges Dickicht verwandelt.

Tausend Tode sind wir gestorben. Nun aber ist
es Zeit für das wirkliche Glücksland. Auf zum Licht
der Sonne und zur Stätte der Liebe,
dem Land des Wachsens und der Achtsamkeit,
wo einst unsere Heimat stand.

Darum bitte ich dich um Verzeihung,
bitte dich um Vergebung.

Die Bewusstseinslevel für die Liebe

Level 1 - das Schuldbewusstsein

In der Vermenschlichung des Liebesprinzips treten wegen unbewusster Verdrängung vergangener Taten die Schattenaspekte Schuld und Scham hervor. Sehr wichtig für ihre Überwindung und Lichttransformation ist die Bereitschaft, sich selbst und anderen die Unbewusstheit im Handeln und Entscheiden zu ***verzeihen***. Dadurch wird es möglich, in Selbstannahme und Klarheit zu gelangen und die Liebe für sich selbst auf die Mitmenschen auszudehnen. Gelingt es nicht, Vergebung zu leisten, sind Schuldzuweisungen, Verdrängung und die Stärkung des Egos die Folge.

Der Liebesimpuls aus dem wahren Selbst ist der Antrieb zu leben, die Liebesorientierung führt zum Aufstieg aus der Schuldfalle des Egos.

Unser Ego tabuisiert das Liebesthema besonders intensiv, denn die Liebe ist die stärkste Kraft des Seins und kann den Schatten gänzlich auflösen und damit das Ego transformieren.

Level 2 - das Angstbewusstsein

Angst vor dem Leben und vor der Liebe tritt auf, wenn der Glaube und das Vertrauen in den ewigen Lebensprozess fehlen. Die Versuchung, Garantien und feste Strukturen zu etablieren, wird aus dem allgemeinen Misstrauen motiviert. Die Illusion, alles steuern zu können. führt zum Anklammern an Materielles und Bewährtes, Ehrgeiz statt Hingabe und das Bedürfnis nach starren Denkmodellen und Regeln sind Ausdruck von Unsicherheit und Angst.

Vertrauen in die Gegenwart führt zur Freiheit, Liebe zu geben und zu empfangen und kann die Ängste auflösen. Das Ego aktiviert Ängste, um die Liebe zu blockieren, denn die Liebe überwindet als stärkste Kraft im Kosmos alle Egokräfte.

"Jeder Gedanke und jedes Gefühl,
das nicht aus Liebe motiviert ist,
lässt sich auf Angst
zurückführen."

DJW

Level 3 - das Machtbewusstsein

Aus Angst und Unsicherheit motiviert, versucht der Mensch, Macht über andere und über natürliche Prozesse zu gewinnen. Durch Anwendung unterschiedlicher Mittel der Manipulation und Kontrolle versucht der Mensch, seinen Willen den Mitmenschen aufzuzwingen.

Anstatt sich auf die Kräfte der Liebe einzulassen, werden die Mitmenschen bekämpft oder in ihrem Ausdruck unterdrückt. Die Liebe als Schöpfungsprinzip will die freie Entfaltung, Verbundenheit und Ausdehnung aller Wesenheiten. Daher ist Machtstreben unvereinbar mit den Schöpfungsprinzipien Liebe, Wahrheit, Freiheit, Frieden und Einheit.

Liebesbeziehungen können nicht zur Einheit wachsen, ein friedliches Miteinander von Menschen und Völkern bleibt eine Utopie, solange sich die Einzelnen aus Unbewusstheit gegenseitig abgrenzen und bekämpfen. Den Anderen als **gleichberechtigt** anzusehen und **Verantwortung** zu übernehmen befreit vom Zwang, andere zu beherrschen. und öffnet das Herz für liebevolle Begegnungen.

Level 4 - das Rationalbewusstsein

Ansprüche und Forderungen zeigen eine stark materiell betonte Einstellung und einen Mangel an Mitmenschlichkeit, Verständnis und Wertschätzung.

Der Wunsch nach einer Liebesbeziehung existiert, jedoch mit Bedingungen, die aus einem rationalen Kosten-Nutzen-Denken entstanden sind. Ein Einlassen und Vertrauen auf die Liebe und den Liebespartner zeigt sich in der Bereitschaft, alles mit dem Partner zu teilen und damit den Fluss der Energien und Liebeskräfte in Gang zu halten. Das Ego zeigt sich als Ratiokraft, die das Festhalten am Besitz zur Maxime erhebt.

Lernaufgabe ist die Bereitschaft zu ***teilen*** und ***Mitmenschlichkeit*** zu leben.

Level 5 - das Balancebewusstsein

Die bisher gelebte Egoorientierung wird in Frage gestellt, da sie den Menschen in seinem Streben, die ewig gültigen Prinzipien zu verwirklichen, behindert. Eine Öffnung für Hingabe und wahre Akzeptanz des anderen und die Bereitschaft, das Ego Schritt für Schritt zu transformieren wird hier als Option der freien ***Entscheidung*** erkannt. Es liegt an jedem Einzelnen, ob er die Chance zum Aufstieg nutzt.

Das Entdecken und Erkennen der Egoanteile leitet Schritte zur Transformation ein, wenn der Weg zum Lichtbewusstsein frei gewählt wird.

Level 6 - das Erwachte Bewusstsein

Das Ego wird nun Schritt für Schritt aufgelöst, so dass Wahrheit, Klarheit und Liebe als höchste Werte erkannt und zunehmend gelebt werden. Aus der trügerischen Überheblichkeit der Egoorientierung entsteht durch den Lichtprozess der Erkenntnis des wunderbaren Schöpfungsgeschehens die wahre *Demut* im Lichtbewusstsein.

Gegenwärtigkeit zu erleben und beharrliche *Geduld* für den lichtvollen Weg zu entwickeln sind nun die wichtigsten Aufgaben des menschlichen Daseins, denn durch das Einlassen auf diese Erfahrungen kann sich die universelle Liebe in der Dualität manifestieren. Die innige Verbundenheit mit anderen Geschöpfen drückt sich in der beginnenden Medialität aus, die ein Zeichen für die ALL-Verbundenheit darstellt. Die Liebe wird auch in ihren überpersönlichen Aspekten erfahrbar und bereichert das Erleben des Einzelnen.

Level 7 - das Spirituelle Bewusstsein

Eine klare Orientierung zur Liebe, Wahrhaftigkeit und Friedfertigkeit lässt in allen Handlungen die Egoaspekte gänzlich verblassen. Die Liebe wird gelebt in allen Ebenen, das heißt, individuell, global und universell (siehe dazu Seite 367).

Aus einem tiefen inneren Bedürfnis drückt sich die Kraft, die alles erschafft, in ihrer vielfältigen Kreativität aus, um ***Einheit***, Harmonie und das Erblühen des Anderen zu erschaffen. Humanität und zunehmende ***Geistorientierung*** wird aus einem inneren Bedürfnis so weit wie möglich gelebt.

Level 8 - das Erhöhte Bewusstsein

Liebe ist in allen Beziehungen tonangebend und wird überall im Alltag praktiziert. Der Mensch erfährt keinen dauerhaften Mangel, da alle Dualitätserfahrungen nicht mehr bestimmend sind. Höhere Dimensionen werden durch erhellende Erfahrungen wie sie sich in Medialität und *Multidimensionalität* zeigen, in größter Verbundenheit erlebt.

Klarheit, Frieden, Liebe und Wahrheit sind unmittelbar gegenwärtig, so dass sie den Menschen aufs Höchste erfüllen. Was als Weg in Dualität begonnen wurde, wird nun *vollendet* und letzte Zweifel und Unklarheiten ins Licht gebracht.

Das *Dienen* an anderen erfolgt immer mehr aus einem inneren Bedürfnis, die Liebe expandiert über die Mitmenschen hinaus auf die globale und kosmische Ebene und zeigt immer deutlicher ihre Universalität.

Level 9 - das Höchste Bewusstsein

Erleuchtung und Meisterschaft in der Liebe erhebt den Menschen zu einem *Lichtwesen*, das seine in ihm wohnende Schöpfungskraft ganz bewusst einbringen kann. Damit entrückt der Mensch den Beschränkungen der Dualität und lebt stets aus dem Schöpferbewusstsein.

Er ist ein Kanal für die universellen Liebeskräfte, die die Manifestationen hervorbringen und gibt mit tiefer Beglückung und Glückseligkeit die Erkenntnisse und Lichtimpulse an diejenigen weiter, die dafür empfänglich sind.

Der erleuchtete Geist nimmt von den galaktischen Ebenen und Dimensionen die Schwingungen wahr, erfährt sie allgegenwärtig und kann sie transformierend einsetzen.

Die Liebe kann in ihren Facetten unmittelbar gelebt werden, Einheitsbewusstsein zeigt sich als innige *Verbundenheit* und galaktische ***ALL-Einheitserfahrung***.

Level 10 - das Absolute Bewusstsein

Alle Facetten der All-Schöpfung sind vereint, daher ist dieser Zustand des Geistes gedanklich und gefühlsmäßig nicht fassbar oder beschreibbar. Jegliche weitere Entwicklung bedarf nicht der Materie oder der Dualität.

"Du wirst da sein,
wenn du fern bist.

Du wirst nah sein,
wenn du fern bist."

DJW

Die Tabelle der Bewusstseinslevel für die Liebe

Level	Entwicklungsstand	Situation, Lerninhalte, Erweiterung
1	Schuld-bewusstsein	Unbewusste Verdrängung vergangener Taten lässt im Menschen Schuld- und Schamgefühle entstehen. Der innere Fokus bezieht sich auf Vergangenes. Der Mensch hat sich in freier Wahl gegen das Gebot der Liebe entschieden und wehrt sich gegen Klärung und Transformation der inneren Unklarheit.Anstatt die Liebesaspekte im Alltag umzusetzen, werden Schuldzuweisungen, Verleugnungen und Zwänge aus dem Ego geäußert. Schuld und Scham können durch **Vergebung** der Fehler bei sich und anderen aufgehoben werden.
2	Angst-bewusstsein	Angst vor dem Leben und vor der Liebe beherrscht den Menschen auf diesem Level der Bewusstheit. Die Sorge um das Kommende zeigt sich in allen Entscheidungen, da das Vertrauen in den Lebensprozess fehlt. Außerdem ein starkes Sicherheitsbedürfnis, Streben nach allgegenwärtiger Kontrolle, Klammern an Materielles und Bewährtes, Ehrgeiz statt Hingabe und die Vorliebe für starre Denkmodelle und Regeln aus Unsicherheit und Angst. **Vertrauen** in die Gegenwart mit Freiheit, Liebe zu geben und zu empfangen, kann die Ängste auflösen.

Level	Entwick-lungsstand	Situation, Lerninhalte, Erweiterung
3	Macht-bewusstsein	Das Machtstreben über andere und über die Mitwelt führt zu Manipulation und Kontrolle. Sicherheit wird durch autoritäre Dominanz erworben. Andere werden in ihrem Wachstum und Selbstausdruck unterdrückt um eine mögliche Bedrohung des eigenen Egos zu verhindern. Machtkämpfe treten in allen Beziehungen mit der Mitwelt auf, insbesondere im mitmenschlichen Bereich, solange durch den Machtanspruch **Gleichberechtigung** und **Verantwortung** im Miteinander gegeben sind.
4	Rational-bewusstsein	Forderungen und Ansprüche statt Bitten an die Mitwelt zeigen das Ego in maximaler Ausdehnung. Liebesbeziehung werden mit Bedingungen verknüpft. Kosten-Nutzen-Erwägungen zeigen die Rationalität des Egos, verhindern jedoch das Vertrauen in die Liebe als tragende und schöpferische Kraft im universellen Geschehen. Die Bereitschaft, alles zu **teilen** in guten und in schlechten Zeiten, zeigt **Mitmenschlichkeit**, eine wichtige Voraussetzung für die geistige Orientierung.

Level	Entwick-lungsstand	Situation, Lerninhalte, Erweiterung
5	Balance-bewusstsein	Die bisher gelebte Ego-Orientierung wird in Frage gestellt, da sie als wenig beglückend erkannt wird. Nun öffnet sich der Mensch für Hingabe und wahre Akzeptanz des Anderen und zeigt die Bereitschaft, das Ego Schritt für Schritt zu transformieren. Das Entdecken und Erkennen der Egoanteile verbunden mit klaren **Entscheidungen** für die Transformation leiten die Schritte zur Geistorientierung ein.
6	Erwachtes Bewusstsein	Die schrittweise Auflösung der unbewussten Anteile erfolgt durch Lichttransformation des Egos. Das Ego wird entlarvt und mit Liebe, **Geduld** und tiefer **Demut** überwunden. Die Entscheidungen erfolgen aus dem wahren Selbst, das nun erkannt wird.
7	Spirituelles Bewusstsein	Die klare Orientierung zur Liebe, Wahrhaftigkeit und Friedfertigkeit lässt in allen Handlungen die Egoaspekte verblassen. Die Liebe wird gelebt in allen Beziehungen und **Einheit** im Inneren und Äußeren wird erschaffen. Aus einem tiefen inneren Bedürfnis drückt sich die Kraft, die alles manifestiert, in ihrer vielfältigen Kreativität aus, um Einheit, Harmonie und das Erblühen des Anderen zu erschaffen.

Level	Entwicklungsstand	Situation, Lerninhalte, Erweiterung
8	Erhöhtes Bewusstsein	Liebe ist in allen Beziehungen des Lebens tonangebend und wird im Alltag praktiziert. Alle Beziehungen sind mit *Medialität* und ALL-Gegenwärtigkeit bereichert und die Aspekte der Abgrenzung verlieren an Bedeutung. Der Weg zu Klarheit, Frieden, Liebe und **Einheit** wird **vollendet** in höchster Freiheit und Glückseligkeit.
9	Höchstes Bewusstsein, das Menschen erreichen können	Klarheit, Frieden, Wahrheit und Liebe füllen alles Denken und Handeln aus. Es wird stets aus dem Schöpferbewusstsein der Liebe gelebt und davon weitergegeben. **ALL-Einheitserfahrungen** der Liebe geschehen auf allen wahrnehmbaren Ebenen und Dimensionen und erfüllen das Dasein. Der erleuchtete Geist nimmt von galaktischen Ebenen und Dimensionen die Schwingungen wahr, erfährt sie allgegenwärtig und kann sie transformierend einsetzen.
10	Reines, absolutes Bewusstsein	Alle Facetten der All-Schöpfung sind vereint, daher gedanklich und gefühlsmäßig **nicht fassba**r oder beschreibbar. Jegliche weitere Entwicklung bedarf nicht der Materie oder der Dualität.

Liebes-Wesen

Liebes-Wesen ist die Energie und die Kraft, die in allem, was war, ist und sein wird, lebt. Dieses Liebes-Wesen ist vom Anbeginn der Zeit bis zum Ende der Zeitlosigkeit vollkommen. Nichts kann ohne das Liebes-Wesen existieren. Das Liebes-Wesen ist die Uressenz aller Lebendigkeit und allen Lebens.

Sein Erscheinen kann in einer Rose, in Wasser, in der Natur, in den Tieren und im Menschen geschehen. Unser Denken begrenzt unsere Vorstellung über diese Lebensessenz, nur unser Herz kann sie erfassen und sie innerlich umfangen. Selbst wenn die Rose, das Wasser, die Natur und die Menschen vergehen, das Liebeswesen bleibt beständig und unvergänglich existent.

Sofort nach dem Verfall einer Form nimmt das Liebes-Wesen eine andere Form an und drückt sich dadurch wieder lebendig aus. Wenn wir dieses erfasst haben, dann haben wir die äußere Form des Liebes-Wesens erkannt. Seine innere Form ist jedoch für das Auge unsichtbar, diese kann nur durch das Herz gespürt werden.

Es gibt Momente der Gnade im Leben eines Menschen, in denen sich die Möglichkeit offenbart, etwa durch eine Vision, eine Eingebung, ein Gebet oder eine Meditation oder eine Botschaft aus dem Licht für einen Augenblick lang in unendlicher Glückseligkeit das Liebes-Wesen innerlich zu erfahren. Dann erlebt der wahrlich erleuchtete Mensch das eigene Dasein als so intensiv, dass sich dieser Augenblick unendlich auszudehnen beginnt und auch in seiner Erinnerung als größerer Zeitraum wahrgenommen wird.

Menschen, die ihre Angst überwunden haben, geistige Orientierung leben, Spiritualität realisieren und Hingabe in ihrem Dasein erfahren, erleben häufiger die gnadenvollen Augenblicke vollkommener Herrlichkeit im Liebes-Wesen selbst.

Alle Schönheit, Vollkommenheit und der Zauber aller Erscheinungsformen kommt aus der ewigen Existenz der Liebeswesenheit. Die wahrhaftige Erkenntnis des Liebes-Wesens durch den Menschen lässt den Menschen über Tod und Leben erhaben sein.

Dieses Bewusstsein des Liebes-Wesens macht uns rein und unser Licht wird zum Licht in der Liebe. Das Liebes-Wesen wirkt in allem über Energie, Kraft, Licht und Herzimpulse beschützend, behütend, aufbauend, stärkend, berührend, bewegend und ewiglich erweiternd. Das Liebes-Wesen ist die Brücke von der Individualität zur Einheit, von der Endlichkeit zur Unendlichkeit, von der Trennung zur Verbundenheit, vom Augenblick zur Ewigkeit.

Von der eigenen Atmung zur ALL-Atmung, vom eigenen Rhythmus zum Rhythmus aller Bewegung im ALL. Es birgt alle Geheimnisse des Universums in einer nicht aussprechbaren Idee von unendlicher Tiefe und Wirklichkeit.

Wenn wir im Rhythmus der ALL-Einheit schwingen, verlieren die engen Maßstäbe des Egos ihre Bedeutung und wir erkennen, dass alle Blockaden gegen den Heilstrom nichts bewirken können als Verzögerungen und unnötiges Leiden. Dann öffnet sich der Geist für Sinn und Heilung und wir haben das wohltuende Gefühl, endlich angekommen zu sein.

"Jede Sekunde Leben ist ein Segen.
Jeder Augenblick Liebe höchste Gnade."

DJW

Affirmationen zum Thema Liebe

Liebe und Schöpferbewusstsein

Wisse, dass es keine größere Kraft gibt als die Liebe.

Erkenne, dass du das Licht in der Liebe bist.

Verstehe, dass alles durch die Kraft der Liebe gehalten wird.

Erlebe, dass alles Licht sich durch die Liebe expandiert.

Erfahre, dass alles wegen der Liebe existiert.

Erspüre, dass die Welt deiner Liebe bedarf.

Erinnere, dass du aus der All-Liebe herabgestiegen bist.

Dein Auftrag: Die Liebe

Verstehe den Auftrag der Liebe,
erkenne den Sinn der Liebe,
empfange die Liebe über die ALL-Liebe,
verbreite die innere Essenz der Liebe.

Erinnere die Botschaft der Liebe,
sehe mit den Augen der Liebe,
spüre mit dem Herzen der Liebe.

Gehe in das Haus der Liebe,
lebe in der Fülle der Liebe,
begegne der Liebe über die Liebe,
steige auf zur Liebe über deine Liebe.

Singe von der Liebe aus deiner Liebe,
spreche von der Liebe aus deiner Liebe.

Du Mitmensch

"Ich ehre dich,
du göttlicher Geist und göttliche Seele in mir,
ich ehre dich,
du Quelle der Wahrheit und Vollkommenheit in mir,
ich ehre dich,
du Liebe, Frieden und Wahrheit in mir,
ich ehre dich,
du Einheit, Freiheit und Mitherz in mir.

Ich verneige mich vor dir und deinen Taten,
ich verneige mich vor dir und deiner Schönheit,
ich verneige mich vor dir und vor deinem Herzenslicht,
ich verneige mich vor dir und deinem Mitgefühl."

DJW

Schritte gehen

Prolog: Meine Oma erzählte mir im Kindesalter, dass wir Erdenkinder all unsere Liebe mit in diese Ebene gebracht haben. Damals verstand ich den tieferen Sinn noch nicht. Jetzt aber weiß ich, dass wir die Liebe durch unsere Geburt in die Welt bringen.

Wenn wir in Liebe leben, dann
sind wir zur rechten Zeit am rechten Ort
und haben die richtigen Begegnungen
mit anderen Menschen.

Wenn wir auf die Liebe vertrauen und
gelassen unsere Aufgaben erfüllen, dann
verändert sich die Matrix unseres Bewusstseins
und wir können uns erweitern.

Lasst uns im *Vertrauen* sein und unsere Schritte gehen.

Wenn wir in Liebe leben, dann
haben wir kein Bedürfnis,
uns mit anderen zu vergleichen,
andere als Konkurrenz zu betrachten und
Ihnen Neid und Missgunst entgegen zu bringen.

Wir sind reif, um unsere individuellen Erfahrungen
zu sammeln, um das Leben auf unsere Weise zu erleben.

Lasst uns in *Reife* sein und diese Schritte gehen.

Wenn wir in Liebe leben, dann
haben wir alle Zeit für unser inneres Selbst.
Wir planen nicht die Zukunft der Zukunft, sondern
nehmen ein Bad in der Jetzt-Zeit.

Wir haben Freude am Augenblick und
spüren alles in Gegenwärtigkeit.

Lasst uns im *Jetzt* sein und zeitlos diese Schritte gehen.

Wenn wir in Liebe leben, dann
kommt der Augenblick der inneren
Anschauung und Selbsterkenntnis, der
uns zur Befreiung unseres Selbst führt.

So befreien wir uns von alten Mustern, von
negativen Situationen, schlechten Arbeitsverhältnissen,
Gefangenschaftsbeziehungen und Anhaftungen
an Dinge, die uns unfrei machen.

Diese Selbsterkenntnis führt uns zur Selbstliebe und
diese Selbstliebe führt uns zur
ALL-Erkenntnis.

Lasst uns in wahrer *Selbsterkenntnis*
diese Schritte gehen.

Wenn wir in Liebe leben, dann
erfahren wir einen inneren Impuls der Annäherung
zu den Dingen des Lebens.
In allen Situationen findet unser Empfinden
eine passende Antwort - einen Herzensimpuls.
Unser Herz wird zum Dirigenten unserer Lebenssymphonie.

So können wir am besten
die Symphonie unserer Herzempfindungen tönen lassen
und mit anderen gemeinsam
ein Orchester der Liebe aufbauen.

Lasst uns im *Herzen* sein und seine Schritte gehen.

Wenn wir in Liebe leben, dann
werden wir nicht in Vergangenem verweilen und
nicht in Zukunft sein wollen.
Vergangenheit war ein Traum,
Zukunft ist eine Illusion.

Der gegenwärtige Augenblick hat alles Leben,
Raum und Zeit in sich. Dadurch werden wir
Bewusstheit erlangen und
den tieferen Sinn des Lebens erfassen.

Lasst uns in wahrer *Bewusstheit* sein und
diese Schritte gehen.

Wenn wir in Liebe leben, dann
lassen wir uns nicht mehr von
einer Verstandesmaschinerie leiten oder von
seinem Denken verwirren, sondern vom Impuls
der inneren Stimme leiten.

Diese innere Verbindung führt uns zur Wohnstätte
unserer eigenen inneren Wahrheit, die alle Antworten auf
unsere Lebensfragen enthält.

Lasst uns in *Wahrheit* ihre Schritte gehen.

Lichtbewusstsein

Wenn wir in Liebe leben, dann
werden wir erkennen, verstehen,
empfinden und wahrnehmen, dass der Alltag
Auseinandersetzungen und Reibungen mit sich bringt.

Diese Lebensprozesse erweitern unser Bewusstsein
und lösen sich in Liebe auf.
Das ist Alltag im Leben, wunderbar in seinen Farben.

Lasst uns den *Alltag* leben und seine Schritte gehen.

Wenn wir in Liebe leben, dann
erlangen wir den Zustand der Friedfertigkeit.
Diese Ebene schafft die Grundlage des tiefsten Sehnens
des Menschen und ist ein fundamentaler
Bestandteil für menschliche Weiterentwicklung.

Frieden ist die Stätte, auf der die Liebe am besten
gedeihen kann.

Lasst uns in *Frieden* sein und seine Schritte gehen.

Wenn wir in Liebe leben, dann
verändern wir das Antlitz der Welt und
heben die Schwingung allen Lebens auf Erden.

Wir steigen in die höchsten Dimensionen auf, wo
ungeahnte Chancen und unglaubliche Möglichkeiten'
lebbar und erfahrbar werden:

Lasst uns in *Liebe* leben und ihre Schritte gehen.

Lichtvolle Gedanken - Mein licht- und liebevoller Tag

Jeder Tag ist ein neues Leben. Heute ist ein neuer Tag in meinem Leben angebrochen. Ein Tag mit purer Liebes-Essenz.

Es ist mein Tag, ein Tag, an dem ich etwas verändern kann. Ein neuer Tag mit unglaublicher Liebes-Fülle. Auch an diesem Tag scheint die Sonne über mir und in mir, wärmt mein inneres Sein und impulsiert meine Liebes-Essenz.

Ihre Lichtstrahlen bereichern mich, wecken meine Liebe zu mir, zur Natur, zum Schöpfer und geben mir so Kraft und Stabilität, meinen Lebensalltag gut zu erhellen.

Diese Liebe lässt mich fühlen, dass ich aus meinem Inneren heraus weiterkommen werde, meine Liebe ausdehnen werde, damit mehr Liebe in die Welt geboren wird.

Meine innere Essenz gibt mir grünes Licht, meine Liebe nach außen zu bringen und sie mit anderen zu teilen. Voller Freude spüre ich meine Liebe in mir emporsteigen, sich ausdehnen und wachsen. Was ich heute sage und tue wird stets im Einklang mit meiner persönlichen und überpersönlichen Liebesessenz sein.

Dieser Tag hält für mich genau die richtigen und wichtigen Augenblicke bereit, um meine innere Liebe zu fühlen und aus mir heraus mit anderen zu teilen.

Meine innere Einstellung zu meiner Liebe ist genauso wichtig wie meine äußere Handlung zu diesem Thema. Ich möchte mein Dasein in jedem Augenblick voller Liebe erleben. Ich wünsche mir, dass meine Liebe sich in diesem Leben innerlich so erfüllt, dass ich voller Freude mein Liebesbewusstsein erweitern kann. So kann ich meine Liebesfülle erhellen und meinem äußeren Alltag lebendig gestalten.

Ja, ich spüre und fühle mich.

Ja, ich liebe mich.

Ja, ich vertraue auf meine Liebe.

Ja, ich glaube an meine Liebe.

Ja, meine Liebe erfüllt mich innerlich und äußerlich.

Ja, meine Liebe macht mich täglich glücklich.

Ja, meine Liebe wächst aus mir mit jedem Atemzug.

Ja, meine Liebe ist wichtig und notwendig.

Ja, ich habe die richtigen Impulse für ein liebeerfülltes Leben.

Ja, ich sehe meine Zukunft in Liebe strahlen, da meine jetzige Liebe mich total erfüllt.

Ja, ich fühle mit jedem Tag, wie ich durch meine bewusste, lichtvolle, friedfertige Liebeshandlung innerlich wachse, an Glück und Weisheit gewinne.

Ja, ich spüre und fühle, dass sich der Geist meiner Liebe aus mir heraus ausdehnt und zum Wohle allen Lebens aktiv wird.

Ja, ich fühle, dass ich durch meine Liebe mich und alle anderen tief berühren kann und in ihr Leben erfüllendes Liebesglück einbringen kann.

Ja, aus meiner inneren Liebe, Herzlichkeit, Freundlichkeit, Verbundenheit und Weisheit wächst die Einheit mit den anderen Menschen.

Ja, gerade an diesem Tag lasse ich meine Mitmenschen meine Liebe erfahren und meine Liebe fühlen.

Ja, meine Liebe zu meinen Mitmenschen ist eine aktive Handlung. Ja, ich nehme Anteil an ihrem Leben, freue mich mit ihnen an ihren Erfolgen und ihrer Liebe.

Ja, ich weiß und fühle, dass ich für meine Liebe selbst verantwortlich bin und ich nehme die Herausforderung mit großer Hingabe und Freude an und bin mir dessen von Tag zu Tag mehr bewusst.

Ja, meine Liebe kann ich täglich durch mein gerechtes Handeln neu beleben und andere Menschen damit beschenken.

Ja, ich begegne meinen Mitmenschen täglich mit Freiheit, Respekt, Freude, Vertrauen, Aufmerksamkeit und mit all meiner Liebe und helfe ihnen, in Licht und Liebe zu leben wie es mir möglich ist.

Ja, ich habe in mir die Chance, die Liebe zu leben.

Ja, ich habe die Fähigkeit in mir, in Liebe zu sein.

Ja, ich bin beglückt, beides in mir zu spüren, zu fühlen und zu erleben.

Jeder Augenblick enthält Licht und jeder Moment ist voller Liebe. Ich handele so, dass ich auch künftig diese Momente der Glückseligkeit offen, freudig, begeisternd und beseelend erfahren kann.

Jeden Tag offenbare ich meinen Mitmenschen meine Liebe transparent, herzlich und bedingungslos. Anderen, die negativ über mich denken, verbleibe ich stets in Liebe und sende ihnen Licht, Liebe und Gebete.

Meine alten, behindernden Denkmuster löse ich auf, ich mache mich auf den Weg zur neuen Welt in neuer Liebe und eröffne neue Chancen und Möglichkeiten für neue Liebesanschauungen.

Ich bin bereit, für die neue Erde liebevoll Verantwortung zu übernehmen und ich übe mich in Geduld, wachse innerlich und vertraue darauf, dass die Schwingungen meiner Liebesenergie sich sehr gut entwickeln werden und ihren Beitrag zur neuen Welt leisten.

Meine Zukunftsvision für eine lichtvolle Welt wird Realität, da diese Liebesvision in mir Wirklichkeit ist.

In bewusster Gewissheit, größtem Vertrauen und freudevoller Sehnsucht fühle ich, dass meine künftige Welt dieses Licht und diese Liebe erleben wird. So schenke ich mein innerstes Vertrauen und all mein Bestreben für eine Zukunft in Licht und Liebe zum Wohle aller auf unserer Erde.

Ich fühle, spüre und visualisiere diese lichtvolle Vision, diese lichtvolle Ahnung voller Beharrlichkeit, Bewusstheit und Klarheit. Was auch heute geschehen mag, heute bin ich in Liebe.

Ich bin Liebe und das Licht in der Liebe.

Ich liebe dich aus meiner inneren Liebe heraus.

Ja, die Liebe ist die Essenz des Menschseins und Kraft aller Bestrebungen in uns, in der Natur, im Himmel und im Universum.

Heute werde ich wieder Liebe leben.

Heute schenke ich meine Liebe der Natur und den Tieren.

Heute verweile ich auch selbst in Liebe.

Heute zündet das Licht der Liebe mein Leben und ich schenke bedingungslos diese Liebe weiter.

Heute bin ich erfüllt und beglückt in wahrer Liebe.

Ich bin Du

*"Ich bin Du wenn Du schläfst,
Du bist Ich, wenn Du wachst.*

*Ich bin dein Tagesbeginn,
und Du meiner Nächste Ruh'.*

*Ich bin deine Chance,
und Du meine Möglichkeit.*

*Ich bin dein Traum,
und Du meine Vision.*

*Ich bin dein Frieden,
und Du meine Freiheit.*

*Ich bin deine Wahrheit,
und Du meine Einheit.*

*Ich bin dein Licht,
und Du meine Liebe.*

*Ich bin deine Individualität,
und Du meine Einzigartigkeit.*

*Ich bin deine Dankbarkeit,
und Du meine Verbundenheit.*

*Ich bin Du,
und Du bist Ich.*

*Ich bin deins,
und Du bist meins."*

DJW

Bewusste Partnerschaft und Sexualität

"In einer wahren Partnerschaft ist die geistige Einheit und Herzensverbundenheit stets der Antrieb"

DJW

Partnerschaft und Bewusstsein

Im Lebensprozess als Mensch strebt unsere Seele nach Vollendung und Einheit. Dieses ist im dualen Umfeld eine vielschichtige Herausforderung des menschlichen Geistes, denn er steuert den stetigen Prozess des Bewusstseinsaufstiegs durch seine Entscheidungen und Handlungsimpulse.

Das Bewusstsein selbst ist weder fassbar noch vollständig beschreibbar, da es nicht ein Element der dualen Existenzform ist, sondern eine Facette des ALL-Bewusstseins darstellt. Unter All-Bewusstsein verstehen wir den Ursprung aller Existenz, den Schöpfer aller Schöpfung. Der Einstieg in die materielle Welt der Formen und Begrenzungen, der sich in der Verkörperung als Mann oder Frau vollzieht, bedeutet eine Einschränkung der Ausdrucksmöglichkeiten. Das Dual-Bewusstsein ist daher im höchsten Maße bestrebt, seinen Ursprung und sein Ziel als reines Lichtbewusstsein in der ALL-umfassenden Einheit der höheren geistigen Welt wieder zu erreichen. Es geht daher vorübergehend in Hingabe den Weg durch die Unvollkommenheit der Dualität, um die Erfahrung der Einheit als seine Erweiterung zu erleben.

In der dualen Phase der Bewusstseinsentwicklung erfährt der Mensch sich von seiner Mitwelt abgetrennt, da er neben seinem Lichtbewusstsein von seinem Schattenbewusstsein, dem Ego, begleitet wird. Insbesondere werden die Unterschiede in Form, Geist und Prägung vom Egoanteil besonders deutlich wahrgenommen und betont. Das Streben nach Einheit und Verbundenheit bezeichnen wir als Liebe und diese Liebe ist so essentiell für jedes Bewusstsein, dass es sich dafür in Körper, Seele und Geist auf den Weg der weltlichen Erfahrung begibt, um diese Einheit durch sukzessive Erweiterung zu erreichen.

Dieses gelingt nur durch Transformation des Egos, das heißt für den Menschen den Weg zum höchsten Bewusstsein zu gehen und alles Unbewusste bewusst zu machen.

Die Liebe löst den Menschen aus seiner selbst empfundenen Isolierung von seiner Mitwelt, indem sie eine vertrauensvolle Nähe und direkte Verbindung zu einem anderen Menschen schafft. Das ist überwältigend und löst Glücksgefühle aus, weil sie eine Wirklichkeit der Verbundenheit zu allem erfahrbar macht und die enge Sichtweise der Dualität aufhebt.

Wir suchen also körperlich, seelisch und geistig eine Einheit mit dem Anderen. Der Mensch wird materiell erschaffen durch die Verschmelzung der beiden Pole Männlich und Weiblich, was seit Bestehen der höher entwickelten Lebensformen über eine geschlechtliche Vereinigung erfolgt. Die Sexualität ist Ausdruck der Liebe, deren Ziel Verbindung und Schöpfung ist. Sie ist ein uralter natürlicher Prozess, der Leben entstehen lässt und den erwachsenen Körper selbst lebendig erhält.

Betrachten wir die Liebe in ihren drei wesentlichen Facetten, so erkennen wir sie als Drei-Einheit (Trinität):

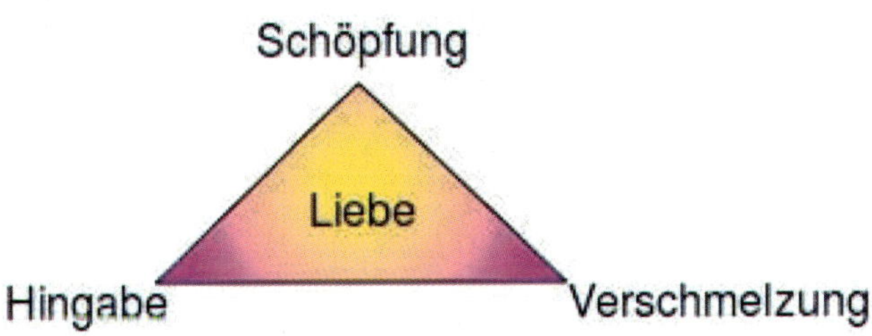

Trinität der Liebe nach David Wared

Als Trinität sind diese Aspekte so unmittelbar verbunden, dass sie nicht isoliert betrachtet werden können. Sie sind als Einheit aufzufassen und ergänzen sich für ein Verständnis des Ganzen.

Eine weitere Trinität zeigt sich in der menschliche Existenz als

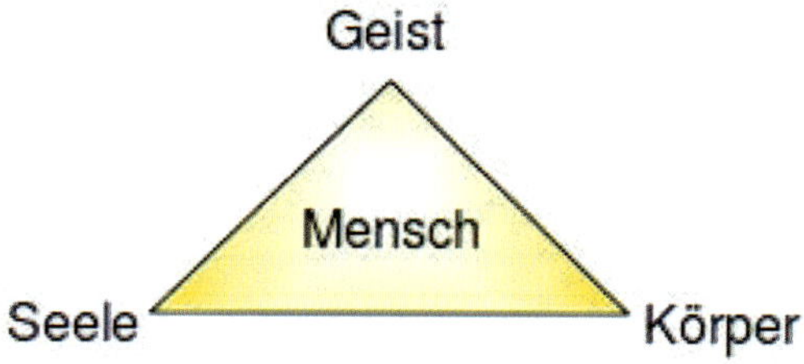

Trinität der menschlichen Verkörperung nach David Wared

Ein Mensch erlebt sich selbst nur dann als vollständig und erfüllt, wenn alle drei Aspekte seines Wesens in seine Lebenswelt einbezogen werden.

Ganzheitliche Heilung ist ein Prozess der Vollendung zum Lichtbewusstsein. Dieser setzt voraus, dass alle Aspekte der Liebe sowohl für sich selbst als auch für seine Beziehungen zu den Mitmenschen verwirklicht werden.

Das Bewusstsein sucht und versucht Liebe zu leben, um alle inneren Begrenzungen seines Schattens zu überwinden. Liebe beinhaltet Hingabe – körperlich, seelisch und geistig. Im persönlichen Bereich ist damit ein völliges Einlassen und Eingehen in die Erfahrungswelt des anderen gemeint, ohne Vorbehalte und absolut freiwillig. In Verbindung mit dem Partner lösen sich die gewohnten Grenzen auf und die Liebenden verschmelzen zu einer Einheit. Auch für eine Idee oder für die Schöpfungsessenz an sich können wir uns hingeben und daher in Liebe sein.

Die folgenden Kapitel behandeln die Liebesthemen in einer Partnerschaft.

Die Überwindung der Dualität bedeutet

- grenzenlose Hingabe
- seelische und geistige Verbindung mit allen Existenzen
- große schöpferische Kraft

In der folgenden Übersicht werden die Trinitäten zusammenhängend dargestellt:

Liebe	**Körper**	**Seele**	**Geist**
Hingabe	Sexualität	Humanität, Bereitschaft zum Mitgefühl	Berufung als Lebensaufgabe
Verschmelzung	Ei + Samenzelle	Verbundenheit, Dualseelenerfahrung	Verbindung mit ALL-Bewusstsein
Schöpfung	Neuer Mensch	Lebensgemeinschaft aus dem Inneren	Neue Dimensionen und Wirklichkeitsformen

Bewusstseinslevel in der Partnerschaft

Um etwas über unser Bewusstsein in seiner individuellen Beschaffenheit und seinen Level zu erfahren, brauchen wir in der Dualität die Spiegelung durch unsere Mitmenschen. Erst im Umgang mit Anderen und durch Reflexion der eigenen Gedanken und Gefühle, die unsere Beobachtung begleiten, erfahren wir, wer wir wirklich sind.

Insbesondere in intimen Beziehungen öffnen wir uns und werden damit auch sehr empfänglich für alle Einflüsse anderer. Wahre Intimität kann nur durch gegenseitiges Verständnis, Offenheit und Aufrichtigkeit beider Partner entstehen und wachsen, erfüllte Sexualität unterstreicht und vertieft die Nähe, die sich bereits in einem Prozess der Annäherung entwickelt hat. Hierbei spielt das Bewusstseinslevel der Partner eine entscheidende Rolle und je nach innerer Ausrichtung kann sexuelle Vereinigung mit Heil oder Unheil verbunden sein.

Sexualität kann das Potential der Partner steigern und die Fähigkeit zur Liebe und zum Verständnis füreinander enorm fördern. Dennoch ist bei fast allen Menschen dieses Thema mit Tabus und Ängsten besetzt und viele geraten sogar in einen inneren Konflikt zwischen dem Triebhaften und der gesellschaftlichen Konvention sowie Erinnerungen problembehafteter Partnerschaften beispielsweise in der eigenen Familie. Allgemein herrscht heutzutage recht viel Verwirrung, da das Thema Sexualität sowohl tabuisiert als auch übertrieben öffentlich dargestellt wird. Selten erhalten Menschen, insbesondere in der Pubertät, wegweisende und hilfreiche Orientierung für den Umgang mit dem eigenen Bedürfnis nach Liebe und Sexualität.

Häufig zeigen sich Auswirkungen eines Mangel- oder Egobewusstseins in sexuellen Gedanken, Umgangsformen und Handlungen. Fehlt es einem Menschen an geistiger Reife und Humanität, dann zeigen sich in seinem Denken und Fühlen machtorientierte oder egozentrierte Züge. Liebe und Sexualität werden hauptsächlich in ihrem Schattenaspekt erlebt und haben ihre lebensfördernde, erweiternde Kraft verloren.

Das Maß der Ego- und Geistorientierung eines menschlichen Bewusstseins habe ich in einer Skala mit 10 Leveln zusammengefasst. Dazu gibt es eine Tabelle, die die Beschreibungen kurz zusammenfasst.

Hier werden die Level beschrieben, um eine Orientierung zur Ausrichtung zu erleichtern.

Schuldbewusstsein (Level 1)

Der Mensch erkennt seine Wahlfreiheit im Sexualverhalten und gestaltet seine sexuellen Beziehungen durch bewusste Entscheidungen. Auf der Stufe des Unbewussten sind es biologisch angelegte Triebe, die das Individuum steuern. Der Antrieb des dualbewussten Menschen liegt darin, dass er seinen dualen Seelenpartner sucht, mit dem er die höchste Einheitserfahrung in der Dualität erleben kann.

Auf diesem Level ist die Hinwendung zum Partner mit Scham- und Schuldgefühlen verbunden, da Sexualität als schmutzig oder als höchst problembelastet angesehen wird. Möglicherweise sind traumatische Erfahrungen in der Vergangenheit der Grund, oftmals wird diese Einstellung aus dem Elternhaus übernommen.

Die wichtigste Aufgabe besteht im Verständnis für sich selbst und den Partner. Das **Verzeihen** der Fehler des Partners ermöglicht seine liebevolle Annahme. Im Vertrauen liegt der Schlüssel zu einem erfüllten Liebes- und Sexualleben.

Angstbewusstsein (Level 2)

Eine Partnerschaft und insbesondere eine sexuelle Beziehung kann nur dann beglückend sein, wenn sich die Partner öffnen und alles zwischen ihnen frei fließen kann. Vertrauen in sich selbst und in den Partner ist notwendig, um sich hingeben zu können. Die Angst zu versagen oder den Partner zu verlieren, kann alles Fließen zwischen den Partnern so stark blockieren, dass sie nicht mehr zusammenfinden. Innerer Rückzug und Entfremdung können daraus entstehen und den Wunsch oder Zwang entstehen lassen, den Partner zu kontrollieren. Wahre Hingabe und Vertrauen werden dadurch verhindert, da in der Enge der Angst keine Freiheit gelebt werden kann.

Wichtigstes Lernthema ist das **Vertrauen** in sich, in andere Menschen und auch in das Schöpfungsgeschehen. Nur daraus kann die Kraft zur Überwindung dieses Schattenaspekts gewonnen werden.

Machtbewusstsein (Level 3)

Im Machtbewusstsein dient eine sexuelle Begegnung nur dem Ausbau der eigenen Macht über den Partner. Sind beide Partner auf diesem Level, kann es sogar zu ständigen Machtkämpfen kommen, die in unterschiedlichster Art ausgefochten werden. Der sexuelle Akt dient dazu, die Vorstellung der Unterwerfung des Partners zu vollziehen.

Das lichtvolle Streben nach Einheit und Verschmelzung tritt in diesem Schattenaspekt als Unterdrückung und Manipulation in Erscheinung. Sexuell äußert sich Machtbetonung in Extremen, entweder als Übertreibung, was die Häufigkeit oder die Art der Ausführung betrifft. Manchmal verweigert sich ein Partner, um seine Macht zu demonstrieren. In machtorientierten Beziehungen wird auf die Wünsche und Bedürfnisse des Partners selten eingegangen und es besteht das Verlangen der *sofortigen* sexuellen Befriedigung durch den Partner.

Viele Darstellungen in Filmen zeigen diese Verbindung von Sex und Gewalt als Ausdruck extremer Egomanie. Da der Machtorientierung sich aus der Angst entwickelt, liegt auch ihr wichtigstes Lernthema im Vertrauen. Der Mensch erfährt darüber hinaus, dass jede Form der Macht mit dem entsprechenden Maß an **Verantwortung** verbunden ist. Statt Manipulation der Mitmenschen sollte er einen gleichberechtigten Umgang in höchster Selbstverantwortung lernen.

Rationalbewusstsein (Level 4)

Sexualität trägt hier selten zur geistigen Reife bei, da es aufgrund der Egobetonung schwierig ist, das eigene Ego loszulassen. Mangel und Angst verleiten dazu, nur dem Nutzen für sich selbst (ökonomisch oder emotional) eine Bedeutung zu geben. Die Partner sehen ihre Verbindung als Tauschgeschäft, aus dem man für sich das optimale herauszuholen versucht. Gemeinsame Ziele und deren Umsetzung dienen beiden stets zu ihrem eigenen Vorteil und ihrer Eigensicherung, ebenso erfolgt die gegenseitige Unterstützung häufig in Erwartung einer angemessenen Gegenleistung von Seiten des anderen.

Die Betonung auf den eigenen Vorteil macht aus der Partnerschaft ein verstandorientertes Kalkül, bei dem es nicht in erster Linie auf die Einheitserfahrung ankommt. Häufig sind die Partner auch im gegenseitigen Verständnis besitzergreifend, was sich als Eifersucht zeigt und zu einem manipulativen Verhalten führt. Anders als im Level 3 ist der rationalorientierte Mensch in der Lage, seine Strategie schnell zu ändern, wenn sie sich nicht für ihn „auszahlt“.

Der weitere Aufstieg wird erreicht, wenn es dem Menschen gelingt, mit dem Partner alles zu teilen und die Bedürfnisse des Partners zum eigenen Anliegen zu machen. **Mitgefühl** und Einfühlung in den anderen sind zu lernen, damit die Partnerschaft beiden dient und dazu beiträgt, das Ego in seinen Facetten (Level 1 bis 4) ins Licht zu transformieren.

Balancebewusstsein (Level 5)

Hier beginnt der Mensch, seine geistige Verbindung zum Partner und zu seinen Wurzeln im ALL-Bewusstsein wahrzunehmen. Er versucht nun, einen Ausgleich zwischen dem egobezogenen und dem allgemeinen Wohl zu erreichen. In einer Partnerschaft löst sich der Einzelne aus seiner isolierten Sicht und öffnet sich zunehmend für die Bedürfnisse seines Partners. Mit dem Aufstieg ins Balancebewusstsein beginnen beide Partner das Verbindende im Geiste ernst zu nehmen und erkennen in den gemeinsamen Aufgaben ihren irdischen Auftrag. Sie suchen Befriedigung im Verständnis und gegenseitiger Annahme aus dem Inneren und möchten auch als Paar etwas Positives in ihrem Umfeld erreichen. Es wechseln sich Situationen, in denen der Eigennutz und solche in denen das Allgemeinwohl überwiegt, ab.

Es ist ein Zustand des Übergangs, hier trifft der Mensch seine eigene Wahl der weiteren Orientierung. Um eine erfüllte Partnerschaft mit gegenseitigem Verständnis zu erleben, ist es für beide Partner wichtig, mindestens dieses Level erreicht zu haben. Erreicht einer der Partner aus dem Rationalbewusstsein aufsteigend das Balancebewusstsein und möchte sich nicht mehr zurück zur Egoorientierung entwickeln, ist der Aufstieg für den anderen notwendig, um die Partnerschaft in Balance zu halten. Häufig geraten Beziehungen in eine Krise, wenn einer der Partner nicht bereit ist, auf den anderen einzugehen und sich bewusstseinsmäßig zu erweitern.

Gegenseitige **Hingabe** und **Klarheit** bei den Entscheidungen ist wichtige Voraussetzung für die weitere Entwicklung. Beide Partner entscheiden sich entweder, den Weg zum Lichtbewusstsein fortzusetzen oder sich in den Leveln der Egoorientierung zu verwirklichen.

Erwachtes Bewusstsein (Level 6)

Bewusstes und freiwilliges Eingehen auf die Wünsche und Bedürfnisse des Partners aus einer Haltung der Achtung und Dankbarkeit heraus kennzeichnet das erwachte Bewusstsein. Partnerschaft wird als innere Erfüllung erlebt, Sexualität als Ausdruck tiefster Verbundenheit erfahren. Gegenseitige sexuelle Erfüllung wird als große Freude und Glück empfunden.

Da in diesem Level die **Transformation** der unbewussten Schattenanteile ins Licht vollzogen wird, können auch in Partnerschaften schwierige Prüfungen eintreten. Dieses tritt vor allem auf, wenn ein Partner aus einem der egoorientierten Level (1-4) beginnend sein Bewusstsein ins Licht transformiert, während der andere weiterhin auf seiner Stufe der Erkenntnis stehen bleibt. In jedem Fall erweitern sich beide Partner, denn in ihrer Wahlfreiheit entscheidet jeder von ihnen über seinen eigenen Weg und den weiteren Verlauf der Partnerschaft.

Es besteht die Möglichkeit, die Partnerschaft zunehmend geistorientiert zu erleben und damit vom Egoanteil vollständig zu erlösen.

"Liebe ohne Freiheit ist
wie die Sonne ohne Strahlen."
DJW

Spirituelles Bewusstsein (Level 7)

Partnerschaft und Sexualität sind beseelt von gegenseitiger Annahme und Verschmelzung. Hier herrscht nicht mehr das Bestreben nach Abgrenzung und Auseinandersetzung. Das Zusammensein erleben beide Partner als beglückend und in Harmonie auf allen Ebenen.

Geistige **mediale Verbindung** wird für die Partner erfahrbar und bereichert das gegenseitige Verständnis. Die Einheit im Fühlen, Denken und Handeln ist möglich, weil das Ego nicht bestimmend ist.

Erhöhtes Bewusstsein (Level 8)

Hier sind sich die Partner total bewusst, dass sie eins sind und gemeinsam als erweitertes Bewusstsein ihr Umfeld mit liebevollen Impulsen ständig erweitern. In Glückseligkeit erfüllen sie ihre Aufgaben, **dienen der Menschheit** und befruchten sich gegenseitig in allen Ebenen.

Partnerschaftliche Sexualität wird als eine unter vielen Möglichkeiten der gegenseitigen Verbindung und Hingabe erlebt. Beide Partner führen ein Leben, das von Gebeten und Meditation erfüllt ist. Der Bereich des Wirkens als Paar bezieht alle Aspekte des humanen Handelns ein.

Höchstes Bewusstsein (Level 9)

Die Partner erleben das Licht und die Erkenntnis des **Einssein**s so vollkommen, dass alle Merkmale der Dualität, wie die Gebundenheit an einen Körper und an die Sprache nicht mehr das Zusammensein bestimmen. Sie leben im vollkommenen Licht, harmonieren von ihren Schwingungen her ohne Zeit- oder

Energieverlust. Sie selbst stellen nichts mehr in Frage, sie leben in totaler Erfüllung in sich und im Partner. Sie erfüllen sich gegenseitig die Vision einer ALL-Einheit, wie die Schöpfung sie darstellt und in allen Bereichen der Dualität anstrebt.

Jedes Level der Bewusstseinsentwicklung baut auf den Leveln der bisherigen Entwicklung, die ein Mensch durchlaufen hat, auf. Jeder Augenblick unseres Lebens verändert das Bewusstsein, denn jeder trifft im dualen Umfeld Entscheidungen, die den weiteren Werdegang erweiternd fördern. Die Entscheidungen bauen im Umfeld Strukturen auf, die alle Informationsflüsse steuern. In einer Partnerschaft ist das Entscheiden und Handeln zweier Menschen besonders stark gegenseitig durchdrungen, die Auswirkungen der Entscheidungen zeigen sich mit erhöhter Deutlichkeit im gesamten Lebensumfeld der Partner.

Die Grundmotivation jeder Entscheidung ist entweder Liebe, als verbindende und fördernde Kraft, oder ihr Gegenpol, der als trennende und blockierende Kraft einen Abstieg des Bewusstseins bewirken kann. Wie alles in der Dualität tritt diese verneinende Kraft in zwei Ausprägungen in Erscheinung: als Hass (Kampf und Vernichtung) oder als Angst (Flucht und Vermeidung).

Die Liebe wird als oberstes ewig gültiges Prinzip der Schöpfung durch das Licht in die materielle Form gebracht. Ihr Gegenpol existiert nur in der Dualität, mit der wesentlichen Aufgabe, wie auch der Schatten, als Täuschung im Wesen der ALL-Schöpfung erkannt und überwunden zu werden.

Partnerschaft und Sexualität finden in der Dualität statt, so dass diese beiden elementaren Kräfte (Liebe vs. Angst/Hass) ständig präsent sind und je nach der inneren Ausrichtung der Partner zu unterschiedlichen Situationen hinführen.

Es trägt viel zum allgemeinen Verständnis und zur Weiterentwicklung im Geist der Liebe bei, wenn sich beide Partner ihrer Unvollkommenheit und der großen Chancen in einer Partnerschaft ganz bewusst werden. Dann erkennen sie auch, welche Verantwortung und Möglichkeiten sie besitzen und streben mehr Harmonie und Zuwendung ganz aus sich selbst heraus an.

"Aus der Liebe eurer Mütter,
aus der Weisheit eurer Väter.

Aus der Tugend eurer Brüder,
aus dem Beistand eurer Schwestern.

Aus der Kraft eurer Freunde,
aus der Bedingungslosigkeit eurer Liebe.

Aus dem Lachen eurer Kinder,
aus der Schönheit eurer Natur.

Baut in Euch Paläste
für heute und für später."

DJW

Tabelle der Bewusstseinslevel für Partnerschaft und Sexualität

Level	Entwicklungs-stand	Situation, Lerninhalte, Erweiterung
1	Schuld-bewusstsein	Partner fühlen unbewusste Schuld und Scham und können daher Sexualität nicht erfüllend erleben. In Vergangenheit Missbrauch des Vertrauens erlebt. Puritanische Einstellung, da Sexualität mit Unglück verbunden wird. Der Mensch fühlt sich als Opfer und hat noch kein Vertrauen in die Liebe entwickelt. Lernen von Selbstannahme und **Verzeihen**.
2	Angst bewusstsein	Angst, Fehler zu begehen oder dem Partner ausgeliefert zu sein, auch vor dem Alleinsein. Keine Öffnung und Hingabe möglich, da die Blockade jedes Gefühl unterdrückt. Zwang zur Kontrolle des anderen, Eifersucht, Unehrlichkeit. Transformation der Ängste wird durch **Vertrauen** in die gesamte Schöpfung ermöglicht.
3	Macht bewusstsein	Ausbau der eigenen Macht über den Partner. Machtkämpfe, Unterwerfung , Manipulation, Forderung *sofortiger* sexueller Befriedigung, Demütigung. Fehlende **Gleichberechtigung** Es geht um Kraft und Entwicklung der eigenen Stärke, denn Kraft schließt **Verantwortung** ein.

Level	Entwicklungs-stand	Situation, Lerninhalte, Erweiterung
4	Rational-bewusstsein	Angst vor Verlust des Partners.Eifersucht. Eigener Nutzen (ökonomisch und emotional) steht im Vordergrund. Partnerschaft und Sexualität als Tauschgeschäft. Entwicklung des Vertrauens und Glaubens ist hier die wichtigste Aufgabe. Einfühlsamkeit und **Mitgefühl** mit dem Partner einüben zur Ego-Überwindung.
5	Balance-bewusstsein	Übergang zur geistigen Orientierung. Öffnung für die Bedürfnisse des anderen aus dem Inneren. Die Partner suchen einen Ausgleich zwischen Eigeninteresse und den Wünschen des anderen. Gemeinsame Aufgaben, Interesse fürs Allgemeinwohl, gegenseitige Ermutigung, den geistigen Weg gemeinsam zu gehen verbinden die Partner. Wahlfreiheit zwischen Licht- und Egoaspekten gegeben, weil die Option des Egos bewusst erkannt wird. **Klare Entscheidung** zum Weg der Liebe führt zum Aufstieg.
6	Erwachtes Bewusstsein	Bewusstes und freiwilliges Eingehen auf die Wünsche und Bedürfnisse des Partners aus einer Haltung der Achtung und **Dankbarkeit** heraus. Das Geben und Erfahren von **Mitgefühl** wird als innere Erfüllung erlebt, Sexualität wird als Ausdruck tiefster Verbundenheit mit aller Existenz erfahren.

Level	Entwicklungs-stand	Situation, Lerninhalte, Erweiterung
7	Spirituelles Bewusstsein	Partnerschaft und Sexualität sind beseelt von gegenseitiger Annahme und **Verschmelzung**. Kein Bedürfnis nach Abgrenzung und Auseinandersetzung mit dem Partner. Zusammensein beglückend und in Harmonie auf allen Ebenen. Geistige **mediale Verbindung** ergänzt bisherige Kommunikation.
8	Erhöhtes Bewusstsein	Partner sind sich ihres **Einsseins** voll bewusst. In Glückseligkeit erfüllen sie ihre Aufgaben, dienen der Menschheit und befruchten sich gegenseitig geistig. Die Partner teilen die Erfahrungen der **Multidimensionalität**.
9	Höchstes Bewusstsein	Die Partner haben die Grenzen der Dualität überwunden und leben im vollkommenen Licht. Die Gebundenheit an den Körper ist aufgehoben. Ihre Schwingungen harmonieren als Einheit, sie erfüllen sich gegenseitig ihre Vision der ALL-Verbundenheit, Zeit und Raumüberwindung finden durch Verschmelzung auf allen multidimensionalen Ebenen statt. Letzte Schritte zur Vollendung der dualen Entwicklung werden vollzogen.
10	Reines, absolutes Bewusstsein	Alle Facetten der All-Schöpfung sind vereint, daher gedanklich und gefühlsmäßig nicht fassbar oder beschreibbar.

Licht- und Schattenaspekte in Partnerschaften

Licht- und Schattenaspekte der Partnerschaft können sehr unterschiedlich erscheinen, ihre Gegenüberstellung in der folgenden Tabelle lässt jedoch Gemeinsamkeiten leichter erkennen:

	Liebe	**Hass / Angst**
Bewusstsein	erweiternd	verengend
Liebe als	Hingabe	Selbstaufgabe
Innerer Zustand	Erfüllung	Besessenheit
Sexualität	Vereinigung	Vereinnahmung
Schaffen	Schöpfung	Manipulation
Partnerschaft	verbunden	kontrollierend
Kommunikation	wahr, ehrlich verständlich	(Ent-) Täuschung, Verwirrung
Zuwendung	Fürsorge, Interesse	Besitztum, Eifersucht
Anziehung	Sehnsucht	Sucht
Energie	offen, fließend	gierig, konsumierend

Bewusste und erfüllende Partnerschaft kann erreicht werden durch die innere Bereitschaft beider Partner, in ihrer Begegnung zu wachsen. Sie erfahren in sexueller Begegnung besonders intensiv, welchen Bewusstseinsstand sie erreicht haben und in welchen Bereichen noch Defizite sind. Der Partner dient als Spiegel und daher auch als Impulsgeber weiterer Entwicklungsschritte.

Geduld und Einfühlsamkeit in den anderen sind dabei zu üben, denn nur so kann wahre Hingabe erlebt werden.

Du Lichtmensch

"Du bist das lebendige Licht,
der Liebe verschenkt, ohne zu verlangen,
der geben kann, ohne empfangen zu wollen,
der lichtvoll stärkt, ohne zu manipulieren,
der Lichtfreude ausstrahlt, ohne Schatten zu werfen,
der Lichtliebe verbreitet, ohne daran zu zerbrechen.

Du Antlitz des Lichtfriedens,
du Lichteinheit,
du Ausdruck der Lichtfreiheit,
du Sprache der Lichtwahrheit,
du Flügel des ewigen Lichts,
du Lichtseele, ich liebe dich,
du Lichtmensch."

DJW

Die Verlaufsformen einer Partnerschaft

Partnerschaft und Sexualität dienen dem Menschen nicht nur seiner Arterhaltung, sondern erfüllen seinen inneren Antrieb, sein Bewusstsein aus seiner Enge zu lösen. Daher ist die Sexualität nicht auf die Lebensphase der körperlichen Fruchtbarkeit beschränkt, sondern sie ist essentiell für die gesamte Lebensspanne des erwachsenen Menschen.

Unter diesem Aspekt ist auch die gegenseitige Anziehung und damit die Partnerwahl von den Bedürfnissen beider Partner bestimmt. Um die eigenen Grenzen zu überwinden, ist gegenseitiges Erkennen und Verstehen wesentlich. Wir können nur das erkennen, was uns selbst vertraut ist, das heißt, eine möglichst enge Verbindung im Geist verbindet zwei Menschen und löst den Wunsch nach mehr Austausch der Gedanken und Energien aus.

Ist die geistige Harmonie gegeben, werden alle Unterschiede des Anderen als besonders interessant und reizvoll empfunden. Dafür gibt es auch auf der Bewusstseinsebene eine einleuchtende Erklärung. Jedes Bewusstsein hat das Bestreben, sich zu erweitern, daher suchen wir uns Lebensumstände, die das fördern. Entdecken wir zu einem Menschen eine große Übereinstimmung im Geiste, so identifizieren wir uns mit seinen Gedanken und Gefühlen. Lebt dieser Mensch unter Gegebenheiten, die sich von den eigenen im hohen Maße unterscheiden, so erweitert er auch das Bewusstsein des Partners, der etwas Wesentliches über sich selbst dabei erfährt.

Gehen zwei Menschen eine Partnerschaft ein, beginnt für sie ein gemeinsamer Lebensweg und damit auch eine gemeinsame Entwicklung ihres Bewusstseins. Die Bewusstseinslevel der Partner und deren Orientierung in Richtung Ego- oder Lichtbewusstsein haben auf den Verlauf und die Erfahrungen dieses Wegs entscheidenden Einfluss. Sind die Partner vom Ego dominiert, empfinden sie sich als Einzelkämpfer und suchen Trennung und Auseinandersetzung in ihren Beziehungen. Daher ist gemeinsame Harmonie nicht möglich. Umgekehrt können sich Partner auf einem höheren Level des Bewusstseins gegenseitig unterstützen und ihr Bewusstseinslevel noch wesentlich anheben.

Alle Partnerschaften beginnen mit einer Phase harmonischer Übereinstimmung, die meist als „Verliebtsein" erlebt wird. Für den weiteren Verlauf von sexuellen Beziehungen gibt es drei typischen Muster:

1) Die Partnerschaft im Einheitsbewusstsein

Hier herrscht Einigkeit und Einheit in Körper und Geist. Alle Lebensschritte werden in Hingabe und Harmonie erfahren.

Beide Partner gehen den direkten Weg zur Glückseligkeit. Sie kommunizieren oft auf rein geistigem Wege, da sie beide auf gleicher Wellenlänge empfinden. Höchster Respekt und gegenseitige Achtung lassen beide intensive Verschmelzung und Hingabe erfahren und ihr Bewusstsein erweitern.

2) Einigkeit in Dualität

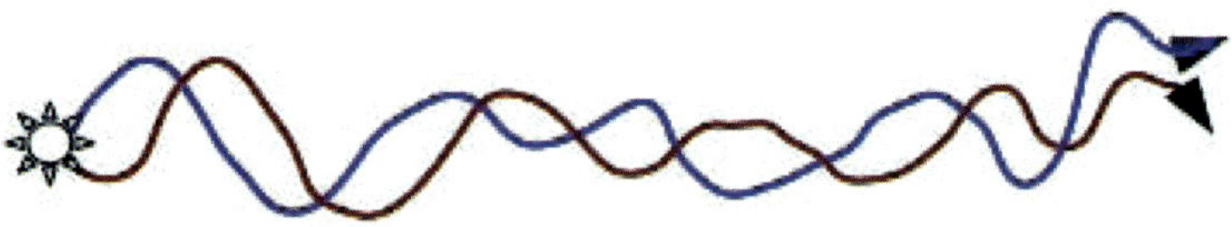

Hier steht die Partnerschaft unter dem Polaritätseinfluss, doch im Wesentlichen sind sich die Partner einig. Sie stellen ihre Einzelinteressen zugunsten einer erfüllten und liebevollen Partnerschaft zurück.

In einer erfüllten Partnerschaft gibt es immer wieder Punkte der Einigkeit und Harmonie, die sich mit Phasen einer Auseinanderentwicklung abwechseln.

Die Partner haben füreinander gegenseitigen Respekt, eine tiefe Verbindung und erleben Einigkeit in allen wichtigen Angelegenheiten.

"Frieden und Glück werden nur
dadurch erzeugt, dass wir die Einheit
mit anderen und das Eins-Sein
mit uns selbst ständig üben."

DJW

3) Disharmonische Entwicklung

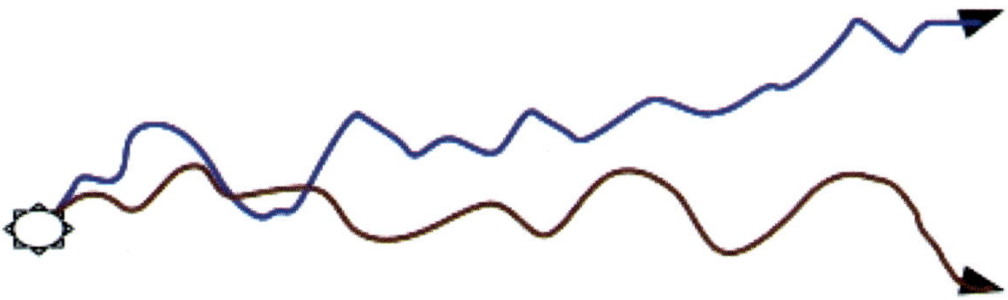

Eine zunehmende Auseinaderentwicklung kennzeichnet viele Beziehungen in den egoorientierten Bewusstseinsleveln. Einigkeit ist nur am Anfang, während des Verliebtseins, gegeben, eine Phase, die mit gegenseitigem Ausprobieren und Austesten verbracht wird. Jeder bleibt dabei im selbstsüchtigen Verhalten.

Selbst wenn es familiäre Nachkommen gibt, bleibt die Partnerschaft strittig und verfahren. Es gibt manchmal Annäherung in einigen Bereichen, jedoch überwiegt im allgemeinen das Bestreben, sich selbst durchzusetzen gegenüber der Gemeinsamkeit.

Aufgrund der Egozentrierung sind Respekt und Hingabe selten. Gelingt es den Partnern nicht, Harmonie in der Ausrichtung zu erreichen, entwickelt sich die Partnerschaft zu einem Nebeneinander ohne erfüllende Inhalte und Kommunikation. Im Laufe der Zeit fehlt es an tragender Gemeinsamkeit und die Beziehung verliert ihre Stabilität in schwierigen Situationen.

"Liebe ist der wahre Sinn für einander,
die zeitlose Offenbarung,
Herzenshingabe,

Andacht und Sehnsucht nach dem Geliebten
in Unsterblichkeit."
Djw

Situationen im Alltag einer Partnerschaft

Oder auch:

Entscheidung und Auswirkungen partnerschaftlicher Kommunikation

Es ist Freitagabend. Anna lebt seit 5 Jahren mit Jens zusammen in einer 3-Zimmerwohnung am Stadtrand einer Metropole. Jens hat einen anstrengenden Vertriebsjob, während Anna in einem Halbtagsjob als Bürokraft tätig ist. Sie haben eine 2-jährige Tochter, die bereits im Kinderzimmer schläft.

Anna wünscht sich für den heutigen Abend Zärtlichkeit und Sex von ihrem Mann, denn in letzter Zeit beherrschen Termine und unaufhörliches Beschäftigtsein ihren Alltag und sogar auch die Wochenenden. Gespräche und Berührungen erfolgen zumeist zeitgestrafft mit zerstreuten Blicken.

Anna hat heute Abend ein 3-Gänge-Menü seiner Lieblingsspeisen sorgsam zubereitet und den Tisch inmitten des Wohnzimmers platziert. Natürlich dürfen duftende Rosen und künstlerisch geformte und bemusterte Kerzen hier nicht fehlen. Betörender Duft nach Jasmin und Rose umschwelgen sowohl den Kerzenschimmer als auch Annas reizvollen blassen Nacken.

Endlich kommt Jens von seiner Arbeit durch die Haustür, sagt kurz „Hallo Schatz!“ zu Anna, wie jeden Abend. Während er die Hausschuhe hervorholt, erhascht er einen Blick ins schummrige Wohnzimmer und runzelt fragend die Stirn.

„Was ist hier denn los? Warum ist kein Licht an?“, fragt er ungeduldig seine Frau, die noch im Hausflur steht und verunsichert überlegt, wie sie ihm bloß ihre erotischen Wünsche zuflüstern könnte.

„Ich habe uns etwas gekocht, Schatz. Lass uns zusammen essen."

„Hugh" rutscht es aus ihm heraus, denn Jens war schon auf dem Weg zum PC, der sich im Erkerbereich des Wohnzimmers befindet.

Schließlich sitzen sie beide am Tisch und beginnen mit seinem Lieblingssalat – zubereitet mit Rucola und Scampi versteht sich.

Während sie romantische Musik auflegt und noch in die Küche huscht, um den Backofen auszuschalten, meint er rufend zu ihr:

„Diesen Salat machst Du ja dauernd auf die gleiche Art. Findest Du kein anderes Rezept? Neulich beim Italiener habe ich etwas Tolles bekommen. Die Italienerinnen, die können kochen!"

Hier ist es wichtig, einmal innezuhalten und sich vorzustellen, wie der Abend weiter verlaufen könnte. Es haben sich schon mehrere unheilvolle Ereignisse bei beiden Partnern abgespielt. Für den weiteren Verlauf ist es nun entscheidend, wie sich die beiden Partner verhalten, welche Ausrichtung sie wählen.

Es gibt im Wesentlichen drei Möglichkeiten:

- Anna ist total verärgert auf Jens, da er kein Verständnis für ihre erotischen Wünsche zeigt. Unheilvolle Gedanken und Gefühle vergiften ihre Stimmung für den Rest des Tages und freilich auch darüber hinaus.
- Jens fühlt sich nicht verstanden, dass er momentan auf die Wünsche seiner Partnerin nicht eingehen mag. Er geht an seinen Computer, um noch einige berufliche Aufgaben zu erledigen, denn der Termindruck ist erheblich. Er möchte in Ruhe gelassen wer-

den, diese Tätigkeit ist auch für die finanzielle Absicherung der Familie wichtig.

- Beide Partner nehmen eine verständnisvolle Haltung für den anderen ein und besprechen in Ruhe, was sie tun können. In einer Position der Erkenntnis finden sie bald eine gute Lösung ohne Stress. Unter Umständen verabreden sie sich für den nächsten Abend für ihre erotische Begegnung und verbringen die Zeit bis dahin mit freudigen phantasievollen Gedanken daran.

Die Verläufe bei a) und b) können leicht eskalieren, weil beide Partner in ihrer eigenen Position verharren und sie kommunizieren gar nicht oder in Form von Vorwürfen. Es kommt zu einer weiteren Anhäufung von Problemen und Blockaden und beide Partner finden keine Annäherung.

Hier zeigt sich ein negativer Verlauf, der in Folge die Partnerschaft erheblich belasten wird. In allen Abläufen findet sich dasselbe Muster, das sich als Kreis wie folgt darstellen lässt:

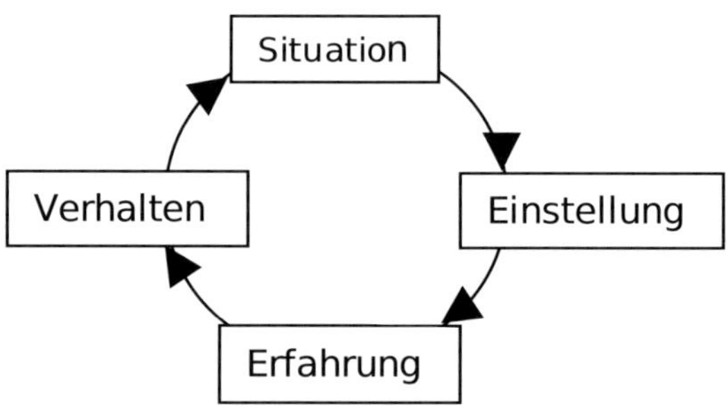

Dieser Zyklus kann sowohl positive als auch negative Abläufe beschreiben. Das Bewusstsein steuert unsere Wirklichkeit über die Energien, die die Geistimpulse ausstrahlen. Negative Vorstellungen und *Einstellungen* („Mein Partner versteht mich nie.") bringen das Umfeld in eine negative Schwingung, wodurch negative Ereignisse und *Erfahrungen* begünstigt werden. Dieses führt zu einem *Verhalten*, das ebenso negativ in seinen

Auswirkungen ist und als Ergebnis eine *Situation* erschafft, die noch tiefer in die Negativität führt.

Andererseits können beide Partner ihre Vorstellungen und Wünsche dem anderen mitteilen und dabei Verständnis füreinander erfahren, wie es in Möglichkeit c dargestellt wird. Beispielsweise könnte Anne ihren Mann auf ihre erotischen Wünsche einfühlsam ansprechen. Jens hat da die Wahl, ob er die Wünsche seiner Partnerin erfüllt. Geht Jens auf seine Partnerin ein, können beide trotz anfänglicher Schwierigkeiten einen wunderbaren Abend verbringen. Unter Umständen ist er zu dem Zeitpunkt nicht in Stimmung, auf sie in dieser Weise einzugehen. Gehen die Partner auf diesem positiven Weg des Vertrauens miteinander um, so fördert jede gemeinsame Erfahrung die Verbundenheit auch für die Zukunft. Daher werden sie beide bestärkt, in ähnlichen Situationen aufeinander zuzugehen.

Es ist der Weg der Erweiterung im Licht, der beide in ihrem Verständnis erweitert.

Wir können an dieser alltäglichen Geschichte einiges zur Dynamik von Situationen erkennen. Gehen beide Partner den heilvollen Weg der Liebe und des Lichts, haben sie alle Freiheit der Wahl für den Augenblick und darüber hinaus. Verharren beide oder einer im Egoverständnis, führt das zu großer Frustration und schwerer Belastung für die Beziehung insgesamt.

Es gibt nichts Wertvolleres im lebendigen Ablauf als der aktuelle Augenblick, denn nur der gegenwärtig erlebte Augenblick ist ganz real und enthält die Freiheit. Fühlen sich die Partner nicht frei in ihrer Beziehung, dann werden sie von ihrem Schattenbewusstsein gesteuert und bedürfen der inneren Transformation zum Licht, der Heilung.

Immer wenn in einem Augenblick Wut, Ärger oder andere Schattenanteile hervorkommen, dann gilt es, sofort eine Heilung zu starten, das heißt, die Transformationsschritte Wahrnehmen, Verstehen, Erkennen und Auflösen dieser negativen Antriebe anzustreben.

Ich und Du

"Ich bin das Licht dieser Welt,
du bist das Licht dieser Welt.

Ich bin die Wahrheit aller Zeit,
du bist die Wahrheit aller Zeit.

Ich bin die Liebe in Ewigkeit,
du bist die Liebe in Ewigkeit.

Ich bin das Bewusstsein in Unendlichkeit,
du bist das Bewusstsein in Vollkommenheit.

Ich bin das Licht dieser Welt,
du bist das Licht in der Liebe.

Ich bin der Fluss des ewigen Lebens,
du bist der Fluss des ewigen Lebens.

Ich bin der Rhythmus der Friedfertigkeit,
du bist der Rhythmus der Friedfertigkeit.

Ich bin der Impuls der Unendlichkeit,
du bist der Impuls der Unendlichkeit."

DJW

Lebensumstände in einer Partnerschaft

Lebensumstände der Vergangenheit und Gegenwart beeinflussen in einem gewissen Maße unsere eigenen Stimmungen und auch die unseres Partners. Dennoch ist jeder Mensch frei in seiner gegenwärtigen Entscheidung, ob er oder sie aus dem lichten Bewusstsein oder aus dem Schattenbewusstsein handelt. Grundsätzlich ist jeder Partner für seine Lebensumstände selbst verantwortlich.

Befreien Sie sich von der Vorstellung, dass irgendwelche äußeren Umstände für Ihren Bewusstseinszustand und damit für Ihr Lebensglück verantwortlich sind. Aus der Quelle des Verstands, der vom Ego geführt wird, werden die folgenden Begründungen häufig aufgeführt:

1. eine schlimme Kindheit
2. die ungerechte Behandlung in der Schule
3. die familiären Verhältnisse
4. die Situation am Arbeitsplatz
5. die politischen Veränderungen
6. die schwierige finanzielle Situation
7. die Mängel des Partners
8. die alten Anforderungen der Tradition
9. die eigene und fremde Konditionierung

Auch in einer Partnerschaft ernten Sie das, was Sie gesät haben. Wenn Sie bewusst in eine Partnerschaft hineingehen und sich Ihrer Eigenverantwortung im Leben voll bewusst sind, wird Sie diese Einstellung beglücken und in Krisen unterstützen.

Es ist wichtig, dass man alles, was man tut, als wertvoll betrachtet, denn die eigene Sichtweise wirkt sowohl nach innen als auch nach außen. Sowohl in der Fremdreflexion als auch in der Selbstreflexion operieren wir mit dualen Begriffen und Vorstellungen. Das Bewusstsein bewertet alles im Licht oder Schatten entsprechend der inneren Einstellung:

sinnvoll	vs.	sinnlos
wertvoll	vs.	wertlos
hell	vs.	dunkel
positiv	vs.	negativ

Die eigene Sicht und Entscheidung bestimmt das Dasein, die innere Entwicklung und auch unsere Partnerschaft.

"Wir bauen uns selbst den Berg des Unheils auf anstatt auf dem Berg des Heils zu verweilen."
DJW

Die Schattenmomente sollten uns nicht beherrschen, sie existieren nur als vorübergehende Verdeckung des Lichts in unserer Vorstellung. Der Schatten ist immer eine Täuschung oder ein Trugbild, kann jedoch als solches unsere Wahrnehmung und Entscheidungsbildung maßgeblich beeinflussen. Seine wichtigste Funktion im Schöpfungsprozess liegt darin, dass er erkannt und durchschaut wird und damit – im Licht der Erkenntnis und Transformation – aufgelöst wird.

Unsere Einstellung bringt die Schattenanteile hervor und entscheidet über ihre Existenz und Einfluss auf unser Leben. Durch einen Heilimpuls wird Licht und Erkenntnis in die Dunkelheit unseres Schattens gebracht und damit werden negative Impulssetzung aufgehoben.

Für jeden Menschen gilt daher der wichtige Satz:

„Mein Licht ist wichtig, egal wie dunkel es um mich herum ist."

Von meiner Handlung lebt die Partnerschaft und die Gesellschaft, daher ist es für alle entscheidend, inwieweit sich der eigene Schattenanteil durch innere Transformation in Licht aufgelöst hat. Da nur das Licht real ist, sind auch wir als Menschen nur insofern real wie wir (im) Licht sind.

Unseren Kern aus Licht, Liebe und Klarheit kann in unser Unterbewusstsein verdrängt werden, so dass wir seelische und körperliche Blockaden in uns manifestieren. Heilung bringt blockierte Energien wieder zum Fließen und verdrängtes Potential des Unterbewusstseins wieder in das Licht unseres Bewusstseins.

Dadurch lösen wir den Kreislauf des Unheils auf, der sich aus der dynamischen Struktur unseres Bewusstseins ergeben kann, und verwandeln ihn in einen Ablauf mit positiver und heilvoller Ausrichtung:

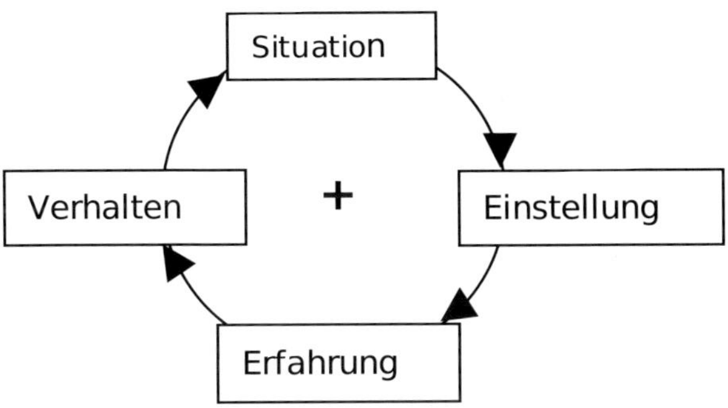

Es liegt in der Wahlfreiheit jedes Partners, welche Möglichkeiten, Chancen, Träume und Visionen umgesetzt werden. Partnerschaften können die Heilung und Chancen der Partner enorm fördern und sehr positive Entwicklungen, die mit geistigen und seelischen Fortschritt einhergehen, in Gang bringen.

Partnerschaft und Heilung

Liebe und Hass sind die Pole, die sich in der Kommunikation in einer Beziehung abwechselnd zeigen. Zur Veranschaulichung führe ich eine kleine Geschichte an,, die das Pendeln zwischen den Polen veranschaulicht:

Ein Vater besucht mit seiner 6-jährigen Tochter Sarah die Rheinkirmes in Düsseldorf. Zu Beginn sind beide sehr fröhlich und beglückt und können es kaum erwarten, gemeinsam Spaß zu haben.

Vorher schärfte der Vater seiner Tochter ein, immer bei ihm zu bleiben. So spazieren beide von Stand zu Stand, von Erlebnis zu Erlebnis und sind erfüllt von Freude und Genuss.

Plötzlich verschwindet Sarah in der Menge. Der Vater gerät in Sorge und schlimme Befürchtungen holen ihn ein. Nach 20-minütiger Suche, in denen er tiefste Ängste durchleidet, findet er seine Tochter seelenruhig verweilend vor einem Zauberer, der eine anwachsende Menschenmenge mit seinen flinken Gesten exzellent in den Bann zu ziehen vermag.

Die große Erleichterung des Vaters verwandelt sich nach einem kurzen Moment in Wut und Aggression. Total verärgert schimpft er laut und dann gibt er Sarah einen Klaps auf den Po.

Die glückselige Freude des Kindes verschwindet sofort und verwandelt sich blitzartig in Hass. Nun beginnt sie eine Szenerie mit Tränen und Brüllen. Nachdem sie sich beruhigt hat, kauft der Vater eine Zuckerwatte. Missmut und Hass weichen von beiden, Leichtigkeit und Vertrauen kehren zurück.

Das kleine Mädchen will aber noch ein Crêpe mit Nutella spendiert bekommen. Der Vater meint jedoch, dass die Mutter zu

Hause gekocht habe und sie sich nicht auf dem Jahrmarkt satt essen solle. Wieder bricht Aggression und Wut aus Sarah hervor und beide streiten sich heftig.

Nach einer weiteren Episode gegensätzlicher Emotionen und Stimmungen gelangen beide wieder zum Auto. Sarah wird auf dem Weg zum Auto sehr müde, so nimmt der Vater sie auf den Arm und sie schläft friedlich ein, als wäre nichts gewesen. Im Auto wird sie sanft auf ihren Sitz platziert und angeschnallt. Beide versöhnen sich durch einen Kuss.......

Der Alltag von Paaren verläuft meistens nach diesem Muster, in dem sich Phasen von Annäherung, Verschmelzung und Abgrenzung ständig abwechseln. Die verwendeten Ausdrucksformen in Worten und Verhalten variieren, jedoch treten immer wieder die Erscheinungen von Liebe und Hass im Wechsel auf. Häufig lassen sich Friede und Streit sowie Freude und Trauer beobachten.

Die Partnerschaft der reinen Liebe gibt es nur selten. Partnerschaften in Polaritäten dagegen zeugen vom polaren Bewusstseinszustand eines oder beider Partner. Hier kommt es zu regelmäßigen Auseinandersetzungen. Wir können die gleiche Person himmelhoch lieben und bald darauf tiefgründig hassen.

Ein solcher Zustand führt im Extremfall zu Persönlichkeitsstörungen, ist kraftraubend und auseinander dividierend.

Was ist also zu tun, wenn sich ein extrem polares Verhaltensmuster in einer Partnerschaft etabliert hat? Wichtigstes Ziel ist dann, *gemeinsam* einen gesunden Ausgleich der Gegensätze anzustreben und ein gegenseitiges Verständnis wieder aufzubauen, denn nur wenn das gelingt, ist eine glückliche und harmonische Partnerschaft möglich. In Anlehnung an das Atommodell in der Physik können wir uns jeden der Partner als ein positives Proton vorstellen, um das sich ein gegensätzlich geladenes Elektron kreisförmig bewegt.

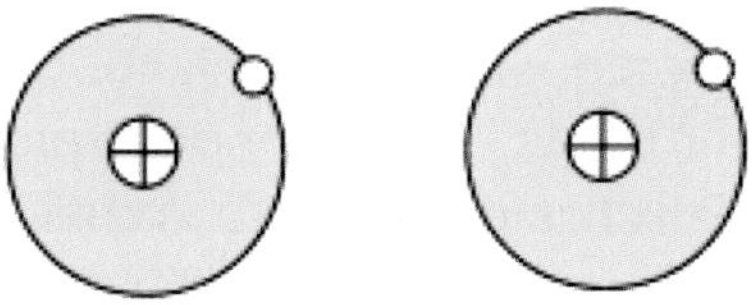

Jeder einzelne Mensch tritt mit positiven und negativen Merkmalen in Erscheinung. Das eigene Bewusstsein und sein Schatten bilden eine Einheit in jedem menschlichen Wesen.

Finden sich zwei Menschen zu einer Partnerschaft zusammen, kommt es zu einer Verschmelzung gemeinsamer Bewusstseinsbereiche, die in der Gesamtheit das Verbindende ausmachen.

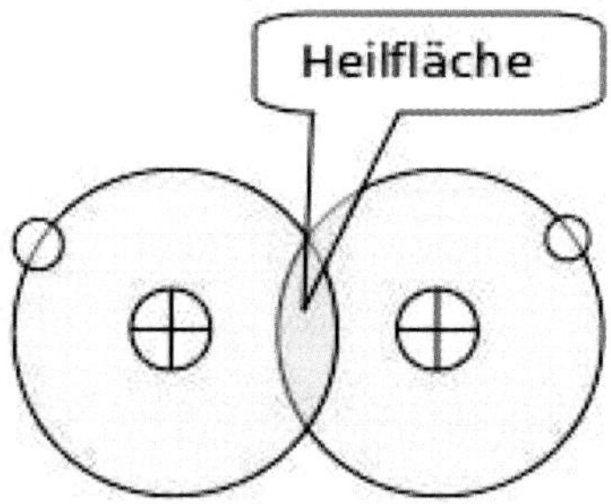

Der gemeinsame Bereich beinhaltet die Verschmelzungspunke und je ausgedehnter dieser Bereich ist, umso stabiler und erfüllter ist die Partnerschaft. Eine Ausdehnung der Gemeinsamkeiten ist daher wichtig und beglückend für die Partner, da sie auch zur Erweiterung beider Beteiligten führt.

Die Überlappung der beiden Bewusstseinssphären ist der Bereich der Heilfläche oder auch Balancefläche. Genau dort setzt meine Heilphilosophie für Partnerschaften ein. Bei jeder Heilung werden die polaren Gegensätze in einem Prozess der Erkenntnis und des Verständnis in eine Balance gebracht, denn in diesem Ausgleich liegt ihr Sinn und ihre Heilkraft.

Aus der Mitte beider Pole werden die Blockaden, die ihren Ursprung im Schattenaspekt des Bewusstseins haben, in liebevolle und kraftvolle Schwingungen umgesetzt.

„Heilung ist der Weg
vom Einen zum
Ganzen."

DJW

Wie bei der Erweiterung individuellen Bewusstseins ist es in Partnerschaften notwendig, die Ursachen für eine Verengung und Blockierung des Heilvorgangs genau zu erkennen. Die Ursache aller Schattenaspekte bei Individuen und Partnerschaften liegt in einer Geisteshaltung, in der das Lichtbewusstsein durch das Ego verdunkelt und vernebelt worden ist. In Partnerschaften zeigt sich das in

- Blockierung des Ausdrucks bei sich selbst oder beim Partner,
- mangelnder Selbstverantwortung und
- im fehlenden Bestreben, geistig zu wachsen.

Das menschliche Bewusstsein erlebt diesen Mangel besonders intensiv in einer Partnerschaft. Es zeigen sich dabei unterschiedliche individualisierte Aspekte des inneren Schattens:

1. Verdrängung
2. Übertragung
3. Unkenntnis und Unvermögen, den Partner zu verstehen
4. Mangel an geistiger Übereinstimmung
5. Durchsetzung des eigenen Egos auf Kosten der Partnerschaft

1. Verdrängung

Verdrängung liegt vor, wenn bestimmte Situationen nicht sogleich vom menschlichen Bewusstsein bewältigt werden können. Damit wird der nicht bewusste Anteil unseres Bewusstseins erhöht und kann seine eigentlichen Aufgaben, wie etwa die Steuerung unserer körperlichen Prozesse, nicht mehr optimal erfüllen.

Die schematische Darstellung eines Eisbergs, der oberhalb des Wasserspiegels nur zu etwa 10-15% sichtbar ist, gibt in etwa das Verhältnis des Informationsumfangs zwischen dem unbewussten und dem bewussten Bereich unseres Bewusstseins wieder.

2. Übertragung

Das ist eine weitere Form unbewusster innerer Verarbeitung. Eindrücke aus der Vergangenheit werden unbewusst in die Gegenwart übertragen. Ein Beispiel dafür ist die häufig beobachtete unbewusste Ablehnung von bisher unbekannten Personen, die solchen ähnlich sehen, mit denen jemand in der Kindheit schlechte Erfahrungen gemacht hat. Umgekehrt empfinden wir in der Gegenwart Sympathie für jemand, der uns an eine Person erinnert, die wir in der Vergangenheit mochten.

3. Unvermögen, den Partner zu verstehen

Unverständnis für die Persönlichkeit des Partners kann dazu führen, dass beide Partner große Kommunikationsprobleme bekommen. Sie können dabei in ihren Visionen und Zielen übereinstimmen, finden jedoch aufgrund erheblicher Unterschiede ihrer kulturellen oder intellektuellen Vorbildung nur wenig Verständnis füreinander.

4. Mangel an geistiger Übereinstimmung

Geistige Übereinstimmung liegt in dem Maße vor, wie die Geisteshaltungen der Partner, das heißt deren Ziele, Glauben und Werte geteilt werden. Die Ausrichtung des Bewusstseins in Richtung Geist- oder Egozentrierung (Bewusstseinslevel) sollte bei den Partnern harmonieren.

5. Durchsetzung des eigenen Egos

Eine Partnerschaft, bei der einer der Partner seine egoorientierten Ziele mit Hilfe des Partners erreichen will, ist nicht von Liebe und gegenseitigem Respekt getragen, sondern aus dem Ego angetrieben. Sie ist ein Zweckbündnis auf Zeit, das nur solange währt, wie es dem egoorientierten Partner nützt. Anstelle eines Zusammenwachsens in Einheit, tritt hier ein einseitiges oder gegenseitiges Abhängigkeitsverhältnis auf, das den ewiggültigen Gesetzen der Liebe widerspricht. Beispiele solcher Verbindungen sind Koabhängigkeiten bei Suchtkranken, finanziell oder familiär motivierte „Vernunftsehen“ oder auch Beziehungen, die aus einem Geltungs- oder Sicherheitsbedürfnis eingegangen werden. Hier liegt ein Missbrauch der Partnerschaft zur Fetstigung des eigenen Egos vor, welcher die wahre Einheit der Partner unmöglich macht, solange der Egoanteil dominiert.

Die Heilung von Partnerschaften hat zum Ziel, das Trennende und Polare einer Beziehung durch einen mehrstufigen Prozess in eine Balance zu bringen und aus dem Schatten des Bewusstseins der Partner ins Licht zu bringen. Wie beim individuellen Heilzyklus auf Seite 205 beschrieben, verläuft die Heilung immer in den gleichen aufeinander aufbauenden Schritten ab wie folgt:

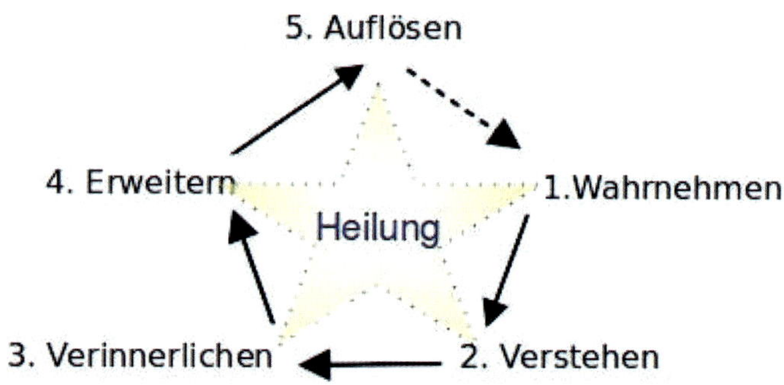

Die fünf Schritte im Heilzyklus nach David Wared

Wenden wir diese Abfolge auf die fünf Schattenaspekte an, so erhalten wir eine übersichtliche Darstellung für den Heilprozess von Partnerschaften, die sich wie folgt zusammensetzt::

Ursache	Heilaktion	Auswirkung
Verdrängung	Verstehen und auflösen	Durch den Heilprozess kommen unbewältigte Eindrücke aus der Vergangenheit aus dem Schatten ins Licht des Bewusstsein und wirken nicht länger als negative Emotionen
Übertragung	Erinnern und auflösen	Der Partner wird nicht mehr als Bild früherer Bezugspersonen verzerrt wahrgenommen und verstanden, sondern ohne Vorurteile angenommen.
Unverständnis aus Unvermögen	Unkenntnis überwinden durch Bereitschaft / Öffnung	Verständnis für die Geisteshaltung des anderen verbessert die Kommunikation
Geistes-ungleichheit	suchen / entwickeln von Gemeinsamkeiten	Gemeinsamkeiten können die Basis für die Erweiterung und einen Neuanfang beider Partner sein.
Egoantrieb	Projektionen und Verwirrung des Egos auflösen	Mehr Harmonie, Gleichklang, Frieden in sich selbst und in der Partnerschaft

Negative Emotionen wie Hass, Aggression und Wut kommen aus dem Unbewussten in bestimmten Situationen an die Oberfläche. Heilung bedeutet, die verdrängten Inhalte ins Licht zu bringen, ohne dass sie auf den Partner oder auf menschliche Beziehungen im Allgemeinen zerstörerisch wirken.

Hier setzt meine Heilweise an: Durch Einfühlen in die Partner werden die Muster aus der Vergangenheit verstanden und in ihren Auswirkungen erkannt. Nun können

- Heilübungen
- Heilmeditation
- Heilenergieübertragung
- Heilmantren
- Heilbewusstsein

die Blockaden im Unbewussten lösen, so dass der Mensch in eine heilsame Balance gerät. Je ausgeglichener ein Mensch ist, umso beglückender und liebevoller gestaltet sich auch seine Partnerschaft, denn das Verständnis und Eingehen auf die Bedürfnisse des Partners ist dann viel einfacher.

Erfüllte Partnerschaft ist möglich, wenn jeder Partner aus seiner inneren Fülle, aus der Klarheit seines Bewusstseins und aus der Entwirrung seines Egos heraus

Offenheit, Herzlichkeit, Verständnis, vertrauensvolle Begegnung, grundloses Glücklichsein und gegenwärtige Freude

aus sich selbst und somit auch nach außen zum Partner/in transportiert.

In einer solchen Begegnung wird erfüllende Partnerschaft und heilende Sexualität entstehen können und beide Partnerseelen ihre Erdenrealität beglückend, heilsam und bereichernd begleiten.

Wir sollten aus unserer Herzensfülle, aus dem inneren Reichtum und der eigenen ALL-Akzeptanz und –Verbundenheit schöpfen und diese Fülle mit dem dem Partner teilen. Unser Handeln sollte frei von Anspruchsdenken, Egomaximen und Eigennutz motiviert sein.

Meine Handlung und Haltung dem Partner gegenüber sollte paarbezogen, einheitsorientiert und frei von negativen Denkmustern sein. Heilung ist stets in einer ausbalancierten Partnerschaft möglich und Heilsein aus der Verschmelzung beider Pole eines Gegensatzes.

Angst in und um eine Partnerschaft ist ein schlechter Ratgeber, da eine angstbesetzte Partnerschaft nicht wachsen und sich nicht erweitern kann.

Wir sollten aus der inneren Fülle und Weisheit agieren, dann lassen sich Konflikte in Licht und Liebe immer lösen.

Wahre Reinigung

*"Alles, was der absoluten Liebe
im Weg steht, sollte wahrgenommen,
offen eingestanden, besprochen und
bereinigt werden.*

*So werden ungeklärte Gefühle aus dem Unbewussten
ins Bewusstsein gerufen, erkannt
und in die Vergangenheit
abgegeben."*

DJW

Anregungen für eine erfüllte Partnerschaft

Bevor Sie eine Partnerschaft eingehen, prüfen Sie, ob Sie und Ihr Partner

- geistig
- gefühlsmäßig
- gedanklich

zueinander passen.

Gibt es in Ihrer Partnerschaft mehr

- Übereinstimmungen
- Überzeugungen
- gemeinsame Ziele

oder überwiegen die Unterschiede?

Wenn Sie in einer Partnerschaft leben, finden Sie miteinander gemeinsame Interessen und Projekte.

Entwickeln Sie Ihre Partnerschaft gemeinsam. Es darf nicht sein, dass einer sich geistig weiterentwickelt und der andere stehen bleibt.

Bedenken und erspüren Sie bitte, dass eine Partnerschaft kein Kampf oder Geschäft um Gewinnen und Verlieren ist, sondern ein heiliger Akt von zwei Menschen mit gleichen Interessen, Werten und Zielen.

Erleben Sie Ihre Freude gemeinsam und nehmen Sie Anteil am Leid und Schmerz des Partners.

Besprechen und diskutieren Sie alles offen mit Ihrem Partner. Wahre Partnerschaft beinhaltet für beide Partner, sich völlig zu öffnen und total zu vertrauen.

Bei Wut, Aggression und Verletzungen dem Partner gegenüber nehmen Sie sich stets Zeit, um die Blockaden zu lösen, bevor Probleme zu Bergen anwachsen.

Eine Partnerschaft kann nur dann dauerhaft anhalten, wenn sich beide Partner nach Konflikten vergeben und wieder versöhnen.

Regelmäßige Sexualität in einer Partnerschaft ist befreiend, entspannend, erhellend und festigend für eine erfüllte Beziehung.

Bei Konflikten ändern Sie die Situation oder Ihre Einstellung dazu, am besten beides. Vermeiden Sie Kritik gegenüber ihrem Partner, sondern äußern Sie Ihre Gedanken stets vertrauensvoll als eigenes Anliegen.

Treffen Sie klare Abmachungen in allen Angelegenheiten.

Erwarten Sie nicht alles wie selbstverständlich, sondern äußern Sie Ihrem Partner Ihre tiefen Wünsche.

Gegenseitiges Vertrauen, Achtung und Respekt sind die Voraussetzungen für eine heilvolle Partnerschaft.

Besprechen Sie Ihre Probleme zuerst mit dem Partner, bevor andere Personen aus dem Verwandten- oder Freundeskreis davon erfahren.

Fördern Sie stets die Talente Ihres Partners und Ihrer Kinder – ohne jede Gegenleistung.

Haben Sie Umgang mit Freunden, die ähnliche Ideale besitzen und in Ihrer geistigen Entwicklung Ihnen entsprechen.

Jede Partnerschaft ist ein gleichberechtigtes Bündnis zwischen zwei reifen und erwachsenen Menschen.

Die Glückseligkeit in einer Partnerschaft kann nur durch *gemeinsames* Streben in Einsicht und Harmonie erreicht werden.

Für eine erfüllte Partnerschaft orientieren Sie sich an den sieben **E**'s, die ich Ihnen nun vorstellen möchte:

Entdecken Sie Ihre Gemeinsamkeiten und fördern Sie sich gegenseitig.

Evolutionieren Sie Ihr Dasein.

Erleben Sie den tieferen Sinn Ihres Lebens.

Erfahren Sie die Liebe durch sich und Ihren Partner.

Erfüllen Sie sich gegenseitig.

Entwickeln Sie sich gemeinsam geistig weiter.

Erlösen Sie sich von alten einengenden Mustern.

Wege zu einer glücklichen Liebesbeziehung

Eine erfüllte und intakte Liebesbeziehung hat in allen Bereichen und Ebenen der Partnerschaft die folgenden Aspekte zum Inhalt:

1. Gemeinsame Verbindlichkeiten
2. Gemeinsame Verantwortung
3. Gemeinsame Unternehmungen und Rituale
4. Gemeinsame Kommunikation
5. Gemeinsame Hingabe

zu 1.: Verbindlichkeiten gegenüber sich selbst, dem Partner, den Familien und der Gesellschaft werden in einer Liebesbeziehung gemeinsam freiwillig zum allgemeinen Wohl übernommen.

zu 2.: Verantwortung anderen gegenüber wird in einer Liebesbeziehung von beiden Partnern gleichwertig getragen und nach außen einstimmig präsentiert.

zu 3.: Gemeinsame Unternehmungen und Rituale sind für beide Partner elementar und notwendig, um eine glückliche, stärkende, stabile und impulsgebende Liebesbeziehung in mehreren Schritten zu erreichen.

Für beide Liebenden sind Rituale praktische Übungen zum Aufbau von mehr gemeinsamer Intimität. Beispiele dafür können sein:

- ➔ Kinobesuche
- ➔ Kulturelles wie Konzert, Oper, Kunstausstellungen
- ➔ Geburtstage, Familienfeste,

- ➔ Restaurantbesuche,
- ➔ Shoppen, Reisen, Kochen, Basteln und Werken,
- ➔ Verabschiedungsrituale, Einschlafrituale

zu 4.: Um eine glückliche Partnerschaft zu erschaffen, sollten sich die Partner positiv, verbindend und stärkend miteinander durch offene Kommunikation verbinden. Dadurch lösen Sie kritisches, negatives und Ego-anhaftendes Verhalten auf direktem Wege auf und fördern das gegenseitige Vertrauen.

zu 5.: Durch mehr tägliche Hingabe dem Partner gegenüber ermöglichen Sie Stabilität, Sensibilität und tiefere Emotionalität füreinander. Diese bilden die Basis für eine anhaltende und erfüllende Liebesbeziehung.

Jede Liebesbeziehung bedarf der ständigen Entwicklung zur Vervollkommnung beider Partner. Da beide einen Ego-Anteil leben, ist es wichtig, sich immer wieder auf das lichtvolle Bewusstsein auszurichten und dessen Aufstieg in Gemeinschaft mit dem Partner umzusetzen. Dann erleben die Partner wahre Erfüllung, Befreiung von Zwängen aller Art und Einheit auf allen Ebenen.

"Liebe zu Menschen bedeutet nicht,
das zu tun, was dem Gegenüber gefällt,
sondern das, was ihm im größeren Maße nützlich ist,
zu seinem Aufstieg und
zum Wohle aller."

DJW

Sexualität und spirituelle Entwicklung

Für eine gesunde geistige und seelische Entwicklung ist es wichtig und notwendig, auch auf die Befriedigung der körperlichen Bedürfnisse zu achten. Sexualität ist ein Grundbedürfnis jedes gesunden Erwachsenen, ähnlich wie frische Luft, gutes Essen, friedvolle Umgebung, entspannter Schlaf sowie regelmäßige Darm- und Blasenentleerung.

Die Sexualität in Verantwortung dem Partner gegenüber dient dem Leben und der Liebe. Als schöpferischer Akt, der uns in aller Gegensätzlichkeit seelisch Innigkeit und Glück erleben lässt und geistig aufs höchste inspirieren kann, dient die Sexualität dem Bewusstsein durch Erweiterung der Anschauung und des gegenseitigen Verständnisses. Daraus entstehen neue Ideen, Anschauungen, Einsichten und Heilprozesse.

Die spirituellen Schulen vertreten über die Notwendigkeit und Heilsamkeit sexueller Aktivitäten sehr unterschiedliche Standpunkte, wobei aus der langen Heiltradition meiner Familie die Wichtigkeit erfüllter Sexualität für Körper, Geist und Seele betont wird. Nach meinem Verständnis sind körperliche Hingabe beider Geschlechter und ihre Harmonie im Geiste die wichtigsten Voraussetzungen um Sexualität als Heiligen Akt im Vereinigungsprozess zweier Seelen zu vollziehen.

Es ist empfehlenswert, hier auf künstliche Hilfsmittel zu verzichten und einander auf natürlichem Wege zu berühren und zu befruchten. Den Partner mit allen Sinnen zu entdecken und spüren, lässt die Vertrautheit miteinander wachsen und beide Partner können aktiv die Vereinigung gestalten.

Sexuelle Aktivitäten, die überwiegend aus dem Ego motiviert sind, schaden der Seele und können großes Unheil anrichten.

Im Heilungsprozess der Vervollkommnung sind die Überwindung des Egos und die Verbindung mit dem höchsten Bewusstsein die wichtigsten Ziele. Eine erfüllte Sexualität ist erst möglich, wenn die Partner sich erkannt haben, geistig kongenial sind und sich einander wahrhaftig hingeben können.

Sexualität entfaltet dann ihr unendliches Potential, die Partner zu befreien, Blockierungen aufzuheben und alle Tore zum höchsten Bewusstsein zu öffnen. Ekstase und Glückseligkeit lösen das alltägliche Empfinden für einen Moment ab und schaffen eine Klarheit in der Wahrnehmung, die sich auf alle Bereiche des Bewusstseins und alles Erschaffene erstreckt.

Die Partner nehmen diese Glücksmomente in ihren Alltag und werden von der Vision der ALL-Verbundenheit immer wieder motiviert. Diese Einheitserfahrung stärkt sowohl ihre Verbundenheit zueinander als auch ihre Persönlichkeit im Allgemeinen. Die Einheit allen Seins ist das höchste im Empfinden und Erleben eines Menschen. In der Sexualität wird diese Erfahrung im Ansatz möglich und der Weg zur Erweiterung über die engen individuellen Grenzen hinaus begonnen. Daher ist Sexualität in erfüllender Form bereichernd und fördert Humanität und Heilung im höchsten Maße.

Radar des Herzens

"Die Schwingung des Herzens reicht weiter,
als jedes Radar, Sonar oder Funkwellen
Geräte."

DJW

Ist Enthaltsamkeit für das geistige Wachstum förderlich?

Sinn und Gestaltung aller menschlichen Aktivitäten sind von seiner geistigen Einstellung gegeben. Es ist das Denken, das Fühlen und Spüren aus dem Herzen, das unsere Handlungen und Lebensprozesse bestimmt. Daher ist es wichtig, die eigenen Gedanken in Reinheit und Harmonie zu bringen und zu halten. Unsere Ausrichtung im Geiste ist bei sexuellen Begegnungen das Entscheidende. Sexualität an sich hat nichts Unreines oder Schlechtes, jedoch sind hier Klarheit und Reinheit der Gedanken als wahre Keuschheit anzustreben.

Es hat keinen Wert im Sinne der geistorientierten Entwicklung, Sexualität zu verbieten oder sogar zu tabuisieren. Ebenso wirkt jeder Druck vom Partner, sexuell aktiv zu sein, trennend auf die Beziehung. Ein gesunder Geist möchte sich auch in einem gesunden Körper, der ohne Blockaden seine Energien frei fließen lässt, ausdrücken. Unsere sexuellen Bedürfnisse haben schöpferisches Potential, sie können als Ausdruck und Sehnsucht nach Liebe den Menschen beglücken und erweitern. Der friedliche, behutsame und einfühlsame Umgang mit diesen Bedürfnissen gegenüber sich selbst und seinem Partner ist notwendige Voraussetzung für eine segensreiche sexuelle Begegnung und Erweiterung.

Unser Leben in der Dualität ist ein Geschenk und eine Gabe, die aus der Liebe unseres Schöpfers entstanden ist. Geistige Entwicklung bedeutet daher, dieses Geschenk mit aller Hingabe anzunehmen, alle Begrenzungen unseres Verstandes aufzulösen und auch im körperlichen Aspekt die innere Einheit zu erfahren. Nur dann kann sich die Liebe im Menschen der universalen Kraft der ALL-Liebe öffnen und die gesamte Schöpfung bereichern.

In diesem Sinne ist Reinheit und Keuschheit zu verstehen. Das innere Wachstum wird durch Überwindung von Angst, Begrenzung und Egozentriertheit erreicht und dabei ist die Liebe (in allen Aspekten) der Schlüssel zur Vervollkommnung. Auch in partneschaftlicher Sexualität können wir uns geistig rein, klar und wachsend ausdrücken. Die Art des menschlichen Ausdrucks mit dem Partner oder der Partnerin in körperlicher, friedlicher und sinnlicher Weise ist in dieser Form nur in der dualen Ebene des Seins möglich. Denn in allen anderen Ebenen sind wir körperlos.

Zärtlichkeit

"Zärtlichkeit ist die Vorspeise der Seele.

Die Liebe ist ihr Hauptgericht.

Das Glück ist ihr Dessert."

DJW

Lichtvolle Gedanken-
Meine Partnerschaft heute

Heute ist ein neuer Tag in meiner Partnerschaft angebrochen. Es ist mein Tag, ein Tag an dem ich etwas verändern kann. Ein neuer Anfang in meiner Partnerschaft zum Partner. An diesem Tag geht die Sonne wieder auf, ich spüre ihre wärmenden Strahlen und fühle, dass dieser Tag mir neue Kräfte zur Verfügung stellt.

Ich will weiterkommen, den Partner an meiner Seite spürend den Weg des Lebens gehen. Was ich heute tue ist wichtig, wie ich den Tag mit meinen Partner erlebe, ist von größter Bedeutung. Denn gerade dieser Tag enthält Augenblicke von höchsten Glück für uns bereit. Meine innere Einstellung zu diesem Tag ist genau so wichtig wie meine äußere Handlung zu diesem Menschen.

Ich will in meinem Dasein, in jedem Augenblick mit meinem Partner wachsen, unser Bewusstsein erweitern und unser Glück lebendig gestalten.

„Ich glaube an das Gute."

„Ich glaube an mich."

„Ich glaube an meinen Partner."

„Ich glaube an unsere Verbindung."

„Ich glaube an unser gemeinsames Glück."

„Ich glaube an eine erfüllte Zukunft."

„Ich glaube ans höchste Bewusstsein.

Ich spüre mit jedem Tag, dass ich durch mein bewusstes, klares und friedfertiges Handeln innerlich wachse, meinen Geist ausdehne, mein Bewusstsein erweitere und unser gemeinsames Glück beseele. Meine Herzlichkeit, Verbundenheit, Freundschaft und Liebe lasse ich gerade an diesem Tag meinen Partner spüren.

Ich weiß, dass ich für mein Lebensglück selbst verantwortlich bin und ich trage diese Verantwortung voller Freude zum Wohle aller in mir. Ich begegne meinem Partner jeden Tag mit Glück, Offenheit und Freude und lege meine ganze Seele in jedes Lächeln zum Partner. Unsere offene und erfüllende Sexualität bereichert uns mit jedem Mal. Ich bin fähig, eine lebendige und glückbeseelte Partnerschaft zu diesem wunderbaren Menschen zu leben.

Die gemeinsamen Augenblicke der Erotik, diese Momente des Glücks teile ich mit großer Freude mit dem Partner. Ich freue mich über die Erfolge, die wir bereits erreicht haben und tue alles dafür, dass unsere Partnerschaft auch künftig transparent, offen, freudig und glücklich bleibt.

Ich vergebe mir und meinem Partner alle Verfehlungen und Verwirrungen, die wir gegenseitig erfahren haben und lasse das Vergangene los. Ich öffne mich für eine neue und freie Zukunft, und danke meinem Partner für die Chance, liebevolles Verständnis und Geduld weiter entwickeln zu können.

Unsere gemeinsame Zukunft ist eine Kette, die wir heute schmieden. In bewusster Gewissheit und größtem Vertrauen fühle ich, dass unsere Zukunft voller Freude, Fülle, Reichtum und Glück sein wird. Ich lege all mein unendliches Vertrauen und tiefes Gefühl aus dem Herzen in die Vision unserer Partnerschaft. So will ich den Partner annehmen – bedingungslos. Ich will ihn erkennen, wie ich mich erkannt habe. Ich will ihn begleiten aus dem Herzen. Ich will ihn unendlich lieben und mich für jeden gemeinsamen Augenblick freuen. Ich will für all das beharrlich, bewusst klar und positiv sein.

Was auf uns auch zukommen mag, heute ist mein glücklichster Tag, heute bin ich in freudiger Beziehung mit meinem Partner. Heute beginnt der erste Tag von meiner tiefen, freien und beglückenden Partnerschaft.

Ja, mein Schatz, ich begehre Dich, ich vertraue Dir, ich bin sehr glücklich mit Dir. Ich danke Dir, ich liebe Dich.

"Bevor wir geboren wurden,
wurden wir geformt.

Bevor wir uns den Namen sagten,
hatten wir uns gekannt.

Bevor wir uns berührten,
waren wir für einander
bestimmt."

DJW

Out of Space

"Ich habe keinen Mond und
besitze keine Sterne mehr.

Ich habe keine Sonne und
keine Reichtümer mehr.

Doch einst besaß ich Sonne,
Mond, Sterne und Kometen.

Denn nun sind die Felder des Besitzes
OUT OF SPACE.
Meine Schwingungsbahnen sind von nun an
das seinende Reich der Liebe."

DJW

Reichtum und Fülle

In jedem von uns ist eine innere Sehnsucht und ein tiefes Bedürfnis vorhanden, Reichtum und Fülle individuell zu erleben. Dieses Bedürfnis ist in unserem Bewusstsein angelegt, um sich im Laufe des Lebens zu entwickeln und zu erweitern. Das Ziel aller Erweiterungsprozesse liegt in der Verschmelzung mit dem ALL-umfassenden Bewusstsein der Schöpfung. Diese höhere Bewusstseinsquelle unseres Ursprungs hat in jedem Geschöpf die Saat als Voraussetzung, Möglichkeit und Quelle gesetzt, so dass alles in unserem Inneren angelegt ist.

Wie ist nun diese Saat beschaffen? Worin liegt ihre besondere Botschaft und Information für den Menschen in seinem Lebenszusammenhang?

Wichtig ist, dass wir die Form von äußerem Reichtum und innerer Fülle in uns verwirklichen, um sie dann auch in unserer Mitwelt zum Erblühen zu bringen. Dazu ist es unbedingt notwendig, ein tiefes Vertrauen in den Schöpfungsprozess aufzubauen und eine liebende Einstellung zu unserer materiellen Welt anzunehmen. Dieses Urvertrauen ist die Basis einer Verbindung, die permanent existiert, jedoch im menschlichen Alltagsbewusstsein nicht immer präsent ist. Es gibt Umstände, die einen Menschen auf Abwege bringen können, so dass er sich irrtümlich mit seinem Schattenbewusstsein identifiziert.

Aus dem Urvertrauen sollten wir die vorhandenen Quellen für Reichtum und Fülle in uns entdecken und verwirklichen und dann transformieren, so dass sich unser eigener Schattenanteil zum Licht transformiert.

Als Beispiel stellen wir uns einen Bauern vor, der die Saat für seine Früchte zuerst in die Erde bringt. Im Verborgenen sprießen zunächst die Wurzeln und nach einiger Zeit, die in der Saat festgelegt ist, beginnt die Pflanze ans Licht zu kommen und ihre äußere Gestalt etwa als Apfelbaum anzunehmen. Bei günstigen Bedingungen und zu der vorgesehenen Zeit trägt dieser Baum viele wohlschmeckende Früchte. Einen Teil davon erntet der Bauer und isst sie dann selbst oder schenkt sie oder verkauft sie an andere weiter. Einen weiteren Teil sät er wieder aus und gibt es an den Boden zurück.

Der Bauer symbolisiert hier die immanente kosmische Quelle , die in jedem menschlichen Bewusstsein (Erde) diese Saat (als inneres Bedürfnis) setzt. Nun beginnt die Zeit der Pflege und Hoffnung (Annehmen), in der Gewissheit, dass die Saat im Verborgenen einen Wachstumsprozess in Gang setzt. Der Bauer stellt sich bereits vor, wie der ausgewachsene Baum aussehen wird (Visualisieren) und welch herrliche Früchte er hervorbringen wird. Bis zu dem Moment, an dem der Spross zu sehen ist, passiert alles im Inneren und erfordert Vertrauen in diesen ewigen Prozess der Schöpfung. Dieses Vertrauen ist die Voraussetzung für eine Manifestation im Außen, bei der zu passender Zeit reife Früchte geerntet werden.

Der Weg von der Uridee über die Saat zur Ernte steht für den Schöpfungsakt aller Existenzen. Es gibt aus der menschlichen Erfahrungswelt beliebig viele Beispiele für diesen Ablauf, etwa die Materialisierung eines Hauses oder die Geburt eines Kindes. Sehen wir die Zeugung als Beginn eines menschlichen Lebens, so wächst dieses Wesen neun Monate im Mutterleib und die Eltern vertrauen darauf, dass sich ihr Kind gesund entwickelt. Sie können es spüren, aber noch nicht sehen, jedoch machen sie sich schon ein inneres Bild über ihr Kind. Mit der Geburt manifestiert sich dieser neue Mensch im Außen, und die weitere Entwicklung entsprechend den Anlagen und Lebensbedingungen nimmt ihren Lauf.

Unsere Güter sowohl in materieller als auch immaterieller Form sind das Ergebnis solch eines Prozesses, der stets im Inneren beginnt und danach sich im Außen manifestiert. Das geschieht in einer festgelegten Reihenfolge von einzelnen Schritten der Reifung, die der Mensch durch seine bewussten Entscheidungen unterstützen kann. Fragen, die mit den Themen Reichtum und Fülle zusammenhängen, betreffen den Menschen in seinen innersten Schichten des Bewusstseins. Niemand kann diesen Entscheidungen ausweichen, denn sie betreffen das menschliche Leben im Kern.

Einige Menschen suchen den inneren Weg der Fülle, die Anderen setzen ihren Fokus auf den Pfad des Reichtums im Außen. Reichtum und Fülle sind in ihrer inneren und äußeren Form wichtig und notwendig.

Reichtum in äußerer Form wird durch das Geldsystem versinnbildlicht. Reichtum in innerer Form wird durch das spirituelle Wachstum, nämlich die innere Fülle, gelebt. Beide Formen des Wachstums bedürfen Ressourcen, um ihre Sehnsüchte zu erfüllen. Die äußere Form bedarf Ressourcen von Mutter Erde, die andere wird von geistigen inneren Schätzen gespeist.

Genau hier teilt sich das System, die Einen setzen den Schwerpunkt ihrer Bemühungen auf den Weg der inneren Verwirklichung, die Anderen auf den Weg des äußeren Reichtums.

Der eigene Wille und die freie Wahl eröffnet für jeden die Türen zu erfolgreich gewonnenem Reichtum und erfüllende Erfahrungen im Inneren. Eine klare Ausrichtung auf die individuellen Ziele kann Kräfte freisetzen, die auch unter schwierigen Umständen Erfolg und Glück möglich machen. Der innere Antrieb folgt unseren verinnerlichten Wünschen, die sich mit Hilfe weiterer Kraftquellen wie Vertrauen, Dankbarkeit und

Liebe zu unserem Ziel auch im Außen zeigen.

Betrachtet man diese beiden Wege etwas genauer, so ergeben sich für den Weg des materiellen Reichtums sowohl die innere Ausrichtung zum Ego als auch vielfältige Möglichkeiten, die natürlichen Ressourcen dieser Welt für sich und andere zu nutzen.

Der egozentrierte Ansatz erfolgt aus einer Angstposition, die zum Besitzstreben und Anhäufen führt. Jeglicher zusätzlich erworbene Besitz weckt das Streben nach mehr Besitz und führt damit zu Gier und Eigenbefriedigung aus Habsucht. Bei dieser inneren Ausrichtung wird der Schattenaspekt unseres Bewusstseins, nämlich das Ego, immer dominanter und damit der Mensch immer weniger innerlich erfüllt. Es liegt an der Unersättlichkeit und dem permanenten Streben nach mehr, das seine Unvollkommenheit aufzuheben trachtet. Friede, Ruhe und innere Kraft kommen nur aus dem lichten Bewusstsein, niemals aus dem Schatten. Folglich bekämpft das Ego alle Bestrebungen des wahren Bewusstseins es klar wahrzunehmen und veranlasst den Menschen stattdessen, andere Menschen oder äußere Gegebenheiten zu bekämpfen.

Eine innere Ausrichtung zum materiellen Reichtum ist nicht unbedingt egogesteuert, sondern erfolgt in manchen Fällen aus lichtem Bewusstsein.

Der Gewinn aus der eigenen Arbeit kann beispielsweise dem Wohle aller dienen und Segensreiches bewirken. Das Erwirtschaften von Geld ist unter diesen Voraussetzungen eine Möglichkeit, sich am Leben zu erfreuen und sich positiv in das Weltgeschehen einzubringen. Das folgende Schema stellt die Entscheidungsmöglichkeiten, Reichtum und Fülle zu leben, zusammen:

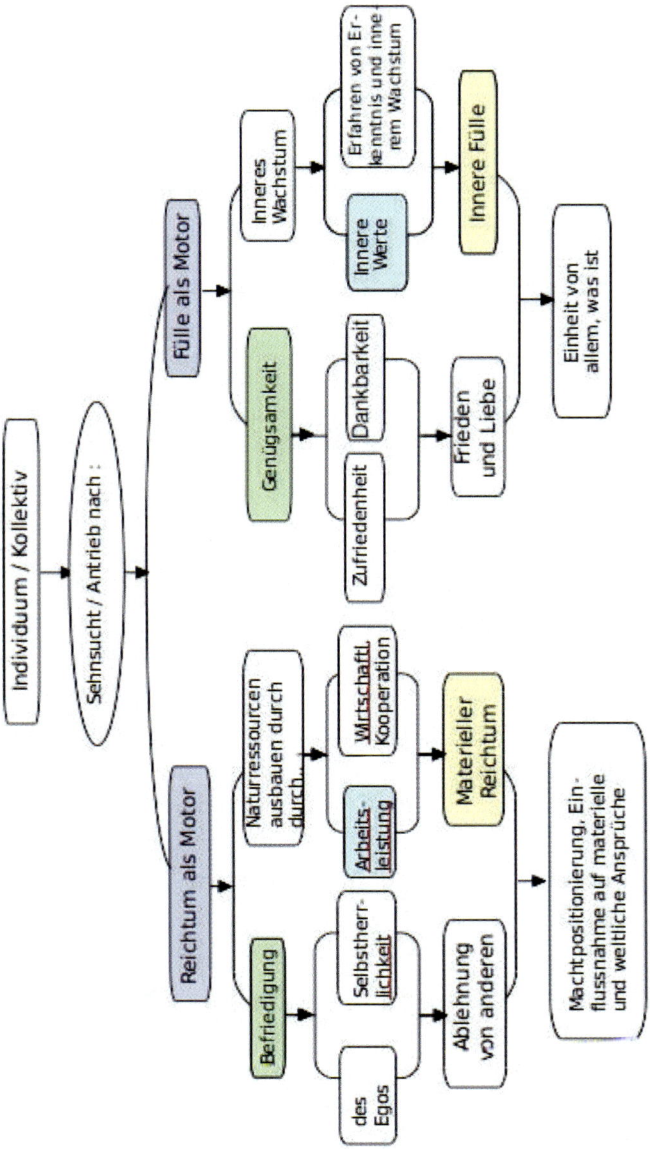
Individuum / Kollektiv
Sehnsucht / Antrieb nach :
Fülle als Motor
Genügsamkeit
Inneres Wachstum
Zufriedenheit
Dankbarkeit
Innere Werte
Erfahren von Er-kenntnis und inne-rem Wachstum
Frieden und Liebe
Innere Fülle
Einheit von allem, was ist
Reichtum als Motor
Befriedigung
Naturressourcen ausbauen durch durch...
des Egos
Selbstherr-lichkeit
Arbeits-leistung
Wirtschaftl. Kooperation
Ablehnung von anderen
Materieller Reichtum
Machtpositionierung, Ein-flussnahme auf materielle und weltliche Ansprüche

In menschlichen Gesellschaften sind die Einfluss- und Gestaltungsmöglichkeiten größtenteils vom Umfang des materiellen Besitzes abhängig, so symbolisiert das Geld auch Unabhängigkeit und sogar relative Freiheit von den Einschränkungen durch den Gelderwerb.

Bei aller Notwendigkeit, in bestimmten Lebenssituationen materielle Werte zu erwirtschaften, ist es wichtig, darauf zu achten, die innere Erfüllung zu leben und sich selbst über seine wahren inneren Ziele bewusst zu werden. Andernfalls führt Geldbesitz zu einer weiteren Form der Abhängigkeit und Zwängen. Reichtum und Fülle im Licht können nur durch Vertrauen in sich selbst und in die allgemeine Schöpfung erreicht werden. Mut, Vertrauen und Dankbarkeit sind vonnöten, um die Fülle dieser wundervoll erschaffenen Welt zu erkennen und für sich nutzbar zu machen.

Unser menschliches Bewusstsein ist bestrebt sich zu vervollkommnen und an Erkenntnissen zu wachsen. Da die materiellen Güter nur endlichen Bestand haben, können sie die inneren Sehnsüchte nicht dauerhaft erfüllen. Sie ermöglichen uns , dass wir lernen, uns auf das wesentliche zu fokussieren und unsere Verbindung zum ewig gültigen ALL-Bewusstsein wieder zu erlangen. Dieser Prozess gibt dem menschlichen Dasein seine Bedeutung im ewigen Schöpfungsgeschehen und lässt den Menschen wichtige Lernschritte vollziehen.

"Der Austausch ohne Bedingung ist
Geist – Göttlich.

Der Austausch der Materie bedarf
der Bedingung."

DJW

Die Rolle des Geldes in der Menschheitsgeschichte

Unser alltägliches Leben und Erleben dreht sich in allen menschlichen Gesellschaften ganz wesentlich um das Thema GELD. Geld ist eine Erfindung des Menschen zu Beginn der Entwicklung zivilisierter Gemeinschaften.

Geld als praktisches Tauschmittel

Am Anfang seiner Entwicklung lebte der Mensch nahezu ausschließlich im Nomadentum. Er transportierte nur das Nötigste an Vorräten auf seinen Wanderungen. Erst durch den Ackerbau konnte der Mensch einen Überschuss an Nahrungsmitteln und anderer Güter produzieren. Diese Güter mussten zu denjenigen gebracht werden, die sie gerade benötigten und etwas Passendes zum Tausch anbieten konnten. Der Tauschhandel war zur Zeit menschlicher Besiedlung bereits gängige Praxis, doch mit wachsendem Handelsumfang und zunehmender Spezialisierung der Tätigkeiten stellte sich heraus, dass die Organisation des Tauschens viel Zeit kostete und keinen Gewinn brachte.

Bestimmte Waren gewannen als universelle Tauschmittel eine besondere Bedeutung, weil sie sich als praktisch erwiesen. Es waren allgemein begehrte und leicht transportierbare Güter, die nur begrenzt zur Verfügung standen und sich durch Haltbarkeit und Robustheit auszeichneten.

Dazu zählten beispielsweise Salz, Muscheln, Elfenbein, haltbar gemachte Kräuter und Früchte (Arznei, Gewürz, Rauschmittel), Metalle und Edelsteine, Schmuck und Kunstwerke aller Art, magische Amulette, Öle, kurz alles Kostbare und Edle, das schwierig zu beschaffen war.

Die Verwendung von Salz zur Entlohnung geleisteter Arbeit und als allgemein anerkanntes Tauschmittel war schon in den Anfängen menschlicher Zivilisationen weit verbreitet. Das Wort „**Sold**at“ beispielsweise stammt aus der Römerzeit, als es üblich war, die Krieger mit Salzrationen zu bezahlen.

Die ersten Geldmünzen aus unterschiedlichen Metallen waren schon im Altertum in Europa verbreitet. Es wurde mit deren Hilfe über Ländergrenzen hinaus Handel betrieben.

Geld als Absicherung der Zukunft

In den sesshaften Gemeinschaften entwickelte sich das Geld zum Besitzgut ersten Ranges, da es sich besonders gut aufbewahren und anhäufen ließ.

Es zeigte sich bereits sehr früh, dass Geld nicht allein dem Austausch von Gütern diente, sondern sich als Mittel zur Festigung von Macht und Einfluss eignete. Daher wurde es zu einem begehrten Gut, für viele sogar zum wichtigsten Ding dieser Welt.

Soweit Geld lediglich als Tauschmittel diente, konnte es den Handel und die Kommunikation unterstützen und war als neutral im Wertesystem einer Gemeinschaft einzustufen. Da jedoch das Bewusstsein vieler Menschen von Ängsten und Machtstreben beherrscht wurde und wird, ist die innere Ausrichtung oftmals nicht von Mitmenschlichkeit und der Bereitschaft, materiellen Besitz zu teilen, geleitet, sondern eher vom Antrieb, sich materiell von anderen zu unterscheiden und sich selbst abzusichern.

Der Mensch hatte von Anbeginn seiner Entwicklung Angst um seine Zukunft, die ihm auch diese von anderen suggeriert wurde. Daher diente Geld seinem Bestreben, Besitz anzuhäufen, um sich soweit möglich zu schützen. Durch diese allgemein verbreitete Wertorientierung entwickelte sich das Geld zu einem Statussymbol innerhalb der Gesellschaft, und diese Bedeutung hat es auch heutzutage in zunehmenden Maße.

Geld als Produktionsmittel

Die Menschen setzten großen Erfindungsgeist ein, um ihre Geldmenge durch Multiplikatoren ohne reellen Arbeitseinsatz zu erhöhen. Die gesamte Geldmenge lässt sich bis zu einer bestimmten Grenze erhöhen, ohne den Gegenwert an Waren daran anzupassen. Diese Eigendynamik der Zahlungssysteme brachte die ersten Inflationen.

Mit Aufkommen des Handels begann der Mensch auch Dinge zu seinem Besitz zu erklären, die ihm bei genauer Betrachtung nicht gehörten, wie beispielsweise den Grund und Boden dieser Welt. Wie alle Ressourcen „gehört" das Land zunächst allen Lebewesen, denn es ist ihnen von Mutter Erde treuhänderisch anvertraut worden. Heutzutage akzeptieren alle politischen und gesellschaftlichen Systeme das Bewerten dieser allgemeinen Güter mit Geldsummen und lassen daher zu, dass einzelne Personen oder Gruppen über sie exklusiv verfügen und durch Verpachtung daran Geld verdienen können.

Eine weitere Möglichkeit, mit minimaler Arbeitsleistung sein Geldvermögen zu erhöhen, besteht seit der Erfindung der Zinsen im Verleihen von Geld, das gerade nicht benötigt wird. Geld selbst ist ein abstraktes Gut und hier eröffnen sich Wege, Besitz zu erwerben, ohne selbst etwas zu erarbeiten, das heißt, die Ressourcen der Natur für sich und andere nutzbar zu machen. Man lässt das *Geld* für sich „arbeiten". Voraussetzung dafür ist, dass es Menschen gibt, die die reelle Arbeit erledigen und dafür nicht im vollen Maße entlohnt werden, denn die Zinsen schöpfen einen Teil des Gewinns ab. Hierin liegen die Wurzeln ungerechter ökonomischer Strukturen und weit verbreiteter Armut begründet.

Geld dient seit frühesten Zeiten für Einzelpersonen und für Gesellschaften der Verfolgung politischer Ziele. In der Neuzeit begann die Ausstellung von Papiergeld, das die metallenen Münzen teilweise ersetzte. Beim Papiergeld handelt es sich um „Schein"-werte, genau genommen um Vertragspapiere, deren Wert von der Werteorientierung des Ausstellers abhängt und daher starken Schwankungen unterworfen ist. Aufgrund dieser Erfahrungen wurden wichtige Aufgaben der Geldmengensteuerung an zumeist staatliche Institutionen, den Notenbanken, delegiert. Die staatlich beaufsichtigte Zentralbanken hatten anfangs eine Mindestreserve an Gold („Deckung") für die Geldmenge im Umlauf gelagert. Heutzutage haben die meisten Staaten unabhängige Notenbanken, die einen erheblichen Einfluss auf die Wirtschaftskraft im nationalen und, durch die intensive Verflechtung aller Gesellschaften, auch internationalen Bereich ausüben.

Geld als Steuerungsinstrument der Wirtschaft

Seit der Industialisierung hat das Geld eine zunehmend wichtigere Rolle im weltweiten Wirtschaftsgeschehen eingenommen und beherrscht heutzutage Wirtschaft und Politik. Diese Abhängigkeit wird als *Monetarismus* bezeichnet.

Auch zwischenmenschliche Werte und Beziehungen werden vom Geld geprägt. Besonders deutlich erkennbar ist dieses in der Auflösung der Großfamilien als Einheiten der gegenseitigen Unterstützung und Versorgung und in dem Einsatz bezahlter Fachkräfte in der Betreuung der älteren Generation. Inzwischen hat man erkannt, wie wenig hilfreich und effizient dieses System ist und wie inhuman es sich für viele Menschen auswirkt. Die Monetarisierung durch Versicherungen erschafft eine große

Anzahl von armen Menschen und wenige sehr reiche, die davon durch Zinszahlungen besonders profitieren.

Die sehr reichen Unternehmen sehen sich in vielen Fällen nicht an gesellschaftliche und soziale Werte gebunden, sondern nur an ihre Gewinnphilosophie. Alle Banken verleihen ihr Geld besonders bereitwillig an den Staat als Institution, denn dieser zahlt sicher das Geld mit allen Zinsen zurück. Solange das Wirtschaftssystem funktioniert, gilt diese Regel und erklärt auch einleuchtend, weshalb der Staat trotz extremer Verschuldung weiterhin Kredite erhält.

Geld ist ein sehr nützliches und wichtiges Mittel für Geschäfte, aber als Selbstzweck hat es keinen Sinn. Problematisch ist vor allem das gehortete Geld, dessen Mengenanteil gegenüber dem des fließenden Geldes durch Vererbung und Verzinsung stetig zunimmt.

"Ja, die Kultur bringt
unserer Gesellschaft
nicht viel
Geld.

Was aber
ist unsere Gesellschaft
ohne Kultur?"

DJW

Ist Geld neutral?

Geld ist eine künstliche Form, einen Energieaustausch vorzunehmen. Das Geldsystem ist erschaffen worden, um Möglichkeiten des Handels von Waren und Dienstleistungen zu fördern und besser organisieren zu können.

Ein Beispiel:
Eine liebevolle Nachbarin bringt mir stets selbstgebackenes Brot und Blumen aus ihrem Garten, die ich mit großer Freude entgegennehme und genieße. Ich stelle ihr meine Heilkraft, meine spirituelle Begleitung und Lebensberatung zur Verfügung. So teilen wir uns die Fülle und Energie und bereichern uns gegenseitig.

So können weitere Beispiele für fruchtbares Teilen und Austauschen fortgesetzt werden.

Wenn wir in Spiritualität leben, können wir mit unseren Mitmenschen bequem Energien und nützliche Güter teilen und tauschen, so dass alle davon profitieren. Diese gegenseitige Kooperation bringt allen Menschen natürliche Fülle, erhebt den Bewusstseinslevel und die energetische Schwingung unabhängig davon, ob dabei Geld zum Einsatz kommt. Geld an sich ist ein Speichermedium von Energie, auf das sich die Menschen seit Jahrtausenden immer wieder geeinigt haben. Wenn wir uns heutzutage anders einigen können, brauchen wir auch kein Geldsystem, welcher Art auch immer.

Das Geld macht den Energieaustausch möglich, bleibt aber faktisch neutral. Wenn ich beispielsweise von meinem Obsthändler 2 Kg Bananen für 3 € kaufe, dann erhalte ich für meine eingebrachte Energie einen Gegenwert in Form von Bananen. Der Preis von 3 € für 2 kg hat der Mensch geschaffen. Er ist das

Resultat einer Vielzahl wirtschaftlicher Größen, die den Rahmen des gesamten Handelsprozesses für diese Bananen festlegen. Das Geld bleibt als Energiezahlungsmittel stets neutral.

Wir sollten uns bewusst sein, dass bei jeder Preisgestaltung eine Vielzahl von Einflüssen wirkt, unter anderem die Kosten auf Seiten der Anbieter, wie Entlohnung der Erntearbeiter und Händler am Produktionsort, die Kosten für Transport, Zölle, Steuern und indirekt auch die Lebensbedingungen aller beteiligten Menschen. Der Aufwand für Zinsen, Werbung und Mieten macht einen erheblichen Anteil aus.

Jeder Käufer hierzulande beeinflusst durch seine Kaufentscheidungen den Geldfluss und trägt damit Verantwortung für die Lebensbedingungen in seiner Mitwelt. Bewusste Lebensgestaltung schließt die Akzeptanz bestimmter Preise mit ein, sofern Wahlmöglichkeiten bestehen. Bestimmte Produkte, die in Herstellung und Vertrieb mit hoher Belastung für Menschen und Umwelt verbunden sind, sollten nicht gekauft werden, denn dadurch werden inhumane Strukturen gestützt.

Die eigene Schwingung als Ausdruck unseres Bewusstseinsstands und der interne und nach außen gerichtete Energiefluss werden blockiert. Im Einklang mit Allen und Allem Sein ist das höchste Bestreben aus dem Inneren gegeben, im Sinne des Allgemeinwohls zu handeln. Dabei ist der Umgang mit Geld von großer Bedeutung und ein wichtiger Spiegel für die eigene Bewusstseinsentwicklung.

"Was du liebst, kannst du loslassen,
es vergeht nicht.
Was du besitzt, hältst du fest und
dennoch vergeht es."
DJW

Geld als Energie

Alle Geldsysteme funktionieren nur im dualen Kreislauf von Geben und Nehmen, Angebot und Nachfrage, Gewinn und Verlust. Geld kann nur dann positiv wirken, wenn es ständig fließt, dann unterstützt es Verbundenheit und fördert Kommunikation, andernfalls spiegelt es Ängste und damit Gier und Geiz wider und verstärkt die Gegensätze des Wohlstands innerhalb von Gesellschaften.

Mit dem Erschaffen des Geldes hat die Menschheit eine Vielfalt an Ursachen und Möglichkeiten in die Welt gesetzt und ist jetzt für alle Auswirkungen verantwortlich. Geld ist eine Energie, mit deren Beschaffenheit bewusst umgegangen werden sollte, da sie sonst eine zerstörerische Wirkung entfalten kann.

An dieser Stelle sei hier eine Parallele zu einer anderen Energie gezeigt, der ***Elektrizität***. Beide Energieformen können nur dann ihre Wirkung entfalten, wenn sie *fließen*. Bei elektrischem Strom muss immer sichergestellt werden, dass die Wege des Flusses nicht blockiert werden, ansonsten baut sich nur eine Spannung auf, die in kurzer Zeit zum Energieverlust oder sogar zur Zerstörung führt.

Heutzutage bestreitet kein Mensch mehr, dass bei der Nutzung des Stroms mit sorgfältiger Umsicht und Vorsicht umgegangen werden muss. Diese segensreiche Energie erfordert die strikte Beachtung wichtiger Regeln, um schwere Unfälle zu verhindern.

Obwohl die Geldenergie schon über einen wesentlich längeren Zeitraum von der Menschheit genutzt wird und daher ein umfangreicher Erfahrungsschatz damit verbunden ist, werden heutzutage elementare Einsichten nicht beachtet. Notwendige Änderungen der Regeln zur Steuerung des Geldflusses werden erst dann umgesetzt, wenn bereits die Grundfesten bestehender Gesellschaftssysteme akut gefährdet sind. An umfassenden Analysen, Theorien und Ideen für den geordneten Ablauf von Geldgeschäften fehlt es im Allgemeinen nicht, allerdings an der Möglichkeit, sie im Rahmen bestehender Machtstrukturen durchzusetzen.

Das Ego treibt den Menschen zu Höchstleistungen, wenn es um den Gewinn an eigenen Gütern geht. Dabei kennt es kein Maß, keine sinnvolle Begrenzung. In allen Bereichen der materiell erschaffenen Welt ist Maßhalten ein notwendiges Prinzip, um die Systeme in Balance zu halten. Jede Disbalance aktiviert Kräfte zum Ausgleich, damit sie sich nicht selbst zerstören.

Für egobetonte Individuen stellt Geld das oberste Ziel allen Daseins dar, und sie versuchen damit, Macht und Prestige innerhalb von Gesellschaften auszubauen. Diese materiell ausgerichteten Menschen bewerten sich selbst und ihre Mitmenschen hauptsächlich anhand des Besitzstands. Eine Neuorientierung zu den ewigen Werten kann die Rolle des Geldes in den Gesellschaften maßgeblich verändern und die Fixierung auf rein materielle Werte schrittweise aufheben.

Das zerstörerische Potential des Geldes auf Gemeinschaften wird durch freies und von Liebe motiviertes Teilen aufgehoben und jeder hat im Rahmen seiner Wahlfreiheit die Chance, viel Gutes und Erfüllendes zu tun. Nächstenliebe schließt den bewussten und lichtvollen Umgang mit dem Geld ein und beginnt bei einer mitmenschlichen Ausrichtung der eigenen Einstellung zum Thema Geld.

Der wahre Weg zu Reichtum, Fülle und Erfolg

Bewusstseinsprozesse der Gegenwart und Vergangenheit haben Ihre aktuelle Lebenssituation hervorgebracht. Der Weg zu Erfolg, Reichtum und Fülle geht stets aus der inneren Quelle hervor. Ihre Selbstannahme und Ihr Selbstvertrauen sind dafür der Schlüssel. Erfolg in diesen Bereichen erfordert wirkungsvolle Kommunikation nach innen und nach außen.

Die Ideen zu Reichtum und Fülle erfassen und berühren die Menschen seit jeher, vor allem, wenn sie dem Wohle aller dienen. Es ist die tiefste Sehnsucht aller erwachten Menschen, starre Muster und altes hinderndes Verständnis zu überwinden. So können Schwierigkeiten und Blockaden zielgerichtet und mutig aufgelöst werden.

Sie können all das erwerben und all die innere Fülle für das erschaffen, was Sie sich visualisieren und aus dem Impuls des Herzens annehmen. Ihr Geist ist Ihr Reich der Durchführung, welcher den Raum schafft, um Ihre Visionen und Träume zu realisieren. Alles Gute, was Sie sich vom Herzen wünschen und aus Ihren Gedanken bewusst wählen, wird zu Ihrer Daseinswirklichkeit.

Reichtum und Fülle sind in Ihrem Inneren angelegt. Alle Bedürfnisse und Sehnsüchte stammen aus der Erkenntnis Ihrer eigenen Quelle.

Wenn Sie erfassen und erkennen, dass alle Dinge in Ihrem Inneren vorhanden sind, dann besitzen Sie das Geheimnis und die Möglichkeit, Reichtum und Fülle im Hier und Jetzt zu manifestieren.

Die Kraftquellen im Inneren

Zunächst werden einige wichtige Voraussetzungen beschrieben, und die Fähigkeiten aufgelistet, die in Ihrem Leben Reichtum und Fülle hervorbringen können. Im Anschluss werden die Schritte zu deren Materialisierung im einzelnen beschrieben, wobei die inneren Prozesse und Wahlmöglichkeiten aufgezeigt werden.

Um Reichtum und Fülle zu verwirklichen, ist es notwendig, Klarheit über die wahren inneren Ziele und Antriebe für sich zu schaffen. Erst dann können die Energien und Methoden für die Schritte entwickelt und aktiviert werden. Die innere Ausrichtung und Entscheidungsfindung stehen am Anfang der Bewusstseinserweiterung und führen zur individuellen Lebensgestaltung. Die Fragen

- Wer bin ich?
- Welches Ziel möchte ich leben?
- Welcher Weg bringt mich zu meinem Ziel?
- Bin ich bereit, für meinen Weg die volle Verantwortung zu übernehmen?

sind elementar und von jedem einzelnen zu ergründen.

Wählt der Mensch den Weg der inneren Fülle, eröffnen sich für ihn zwei Möglichkeiten, innere Fülle zu erlangen. Er kann sich künftig vor allem auf sein inneres Wachsen ausrichten oder sich schwerpunktmäßig durch den Wunsch leiten lassen, zum Wohle aller durch eigene Genügsamkeit beizutragen. Dann ist dieser Mensch selbst eine Lichtquelle und führt durch sein Vorbild und Wirken die anderen Seelen auf ihren wahren Weg zu Frieden und Liebe. Beide Wege der Fülle führen zum Einheitsbewusstsein, das heißt, zu der Erfahrung inniger Verbundenheit mit allen Geschöpfen der Welt.

Der eigene Wille und die freie Wahl öffnen uns Türen zu erfolgreichem Reichtum oder wahrer innerer Fülle. Dabei ist der Antrieb das Entscheidende, die Frage, ob unser Streben aus dem Ego entspringt. Egobetontes eigensüchtiges Gewinnstreben motiviert sich aus Angst und dem Willen nach Abgrenzung zu anderen.

Wahre Liebe zum Ziel dagegen zeigt sich darin, dass sich die inneren Wünsche aus dem Herzen in Vertrauen, Dankbarkeit und Mut widerspiegeln. Nur wer sein Ziel kennt, findet auch den Weg dorthin und diese Kenntnis macht uns frei, so dass wir die volle Verantwortung für alle Ziele und eingeschlagenen Wege übernehmen können. Erst dann sind wir erfüllt und haben die volle Bewusstheit erreicht.

Um das Mögliche zu erreichen, müssen wir manchmal das Unmögliche glauben. Jeder Mensch hat innere Quellen, aus denen unsere Lebensenergie gespeist wird. In allen Lebensbereichen und Formen gesellschaftlichen Lebens sind diese Quellen allgegenwärtig erfahrbar. Ihr Ausdruck ist vom Lichtgrad, das heißt dem Bewusstseinslevel abhängig, doch sie sind der Schlüssel für die Entwicklung und Erweiterung menschlichen Bewusstseins. Die neun Kraftquellen sind:

- Die *Liebe* als schöpferische Ursprungskraft aller weiteren Energiequellen.
- Die *Hoffnung* als Überwindung aller Hemmnisse beim Neuanfang
- Der unerschütterliche *Glaube* an eine höhere Macht
- *Vertrauen* in sich selbst und in den Schöpfungsprozess

- Der *Gedanke* für die Entscheidungsbildung
- Die *Vision* aus dem Herzen als Impulsquelle
- Die *Klarheit* für das Erkennen der Chancen
- Die *Dankbarkeit* für Vergangenes, Aktuelles und Zukünftiges
- Das *Unterbewusstsein* zur Steuerung der Lebensfunktionen und als Informationsspeicher

Kraftquellen stellen die Rohenergie zur Verfügung um etwas in unserem Leben zu bewegen, zu transformieren und erfolgreich umzusetzen. Analog zu einer Wasser- oder Ölquelle werden wir durch eine Kraftquelle mit ihrer Kraft versorgt, um unsere Aufgaben, die aus dem Bewusstsein entstammen, in materielle Realität zu bringen. Außerdem helfen sie uns, negative Energie, die aus negativen Quellen den Schattenaspekt repräsentiert, ins Licht zu transformieren.

Vertrauen beispielsweise überwindet *Angst und Sorge*.

Liebe überwindet *Hass*.

Glaube überwindet *Zweifel*.

Hoffnung überwindet *Resignation*.

Gedankenkraft überwindet *Automatismen* im Denken, Fühlen und Handeln (Manipulation)

Vision überwindet *Routine und Stillstand*.

Klarheit überwindet *Nebel*. Liefert Licht für den Moment einer Entscheidung.

Dankbarkeit überwindet *Selbstherrlichkeit* und die Grenzen zur höheren Wahrnehmung und Empfindung

Das *Unterbewusstsein* überwindet die aktuelle Bewusstseinsstufe und die Tendenz zur *Trägheit*

Eine besonders herausragende Rolle unter den Kraftquellen spielt hier die *Liebe*, die alle Kraftquellen hervorbringt, sie ist die Quelle, also der Ursprung allen Seins. Sie repräsentiert den Sinn und das übergeordnete Ziel der Kraftquellen. Sie ermöglichen das Leben, und die Transformation unseres Bewusstseins zur Erweiterung des allgemeinen Verständnisses für das Leben, für unsere Schöpfung und für die universelle Schöpfungsquelle. In ihrem Dienst stehen die weiteren Quellen, die alle unterschiedliche Aspekte der Liebeskraft darstellen.

Die Kraftquellen liefern die Energie, den Bewusstseinsaufstieg zu erreichen. Sie sind universell, das heißt, für jeden Lebensbereich identisch und essentiell. Ihre Umsetzung erfordert die Bereitschaft, lebendig und erweiternd zu denken und zu handeln.

Sie umfasst die vier Stufen:

- Die inneren Quellen entdecken
- Die inneren Quellen aktivieren
- Einen Handlungsprozess daraus entstehen lassen
- Sich innerlich weiterentwickeln (Transformation)

Leben entsteht und gestaltet sich aus den Kraftquellen. Die Intensität und Qualität ihres Wirkens hängt wesentlich vom Bewusstseinslevel des betroffenen Menschen ab. Es gilt, je höher das Bewusstsein bereits entwickelt ist umso klarer treten die Kraftquellen in Erscheinung. Umgekehrt lässt sich feststellen, dass in einem noch wenig entwickelten Bewusstsein auch alle Kraftquellen vernebelt sind, so dass der Ausdruck der Kraftquellen als Indikator für das Maß der Erkenntnis, des Verständnisses und der eigenen Frequenz der Ausstrahlung gilt.

Der Liebesaspekt beispielsweise hat auf dem Level des Schuldbewusstseins keine Klarheit, da der Mensch nur seine eigene Schuld auf andere projizieren kann. Es bedarf vieler Erfahrungen und Entwicklungsschritte, die aus den Kraftquellen ihre Energie erhalten, um auf einem hohen Niveau die Liebe als heilend, klar und für andere erweiternd weitergeben zu können.

Alle Negativität, wie Angst und Pessimismus, vernebelt die Kraftquellen, so dass der Mensch häufig an Energiemangel leidet und nicht glücklich sein kann. Es ist absolut notwendig, auch in solchen Mangelsituationen die eigenen Kraftquellen zu aktivieren und sie dann nach und nach durch Transformation zu stärken. Reichtum und Fülle geben in diesem Prozess wichtige Informationen über den Stand der Entwicklung.

Die neun Kraftquellen spielen eine Schlüsselrolle bei der Untersuchung zu Ursache und Wirkung für die Lebensprinzipien Reichtum und Fülle. Daher wird im folgenden noch mehrfach darauf eingegangen.

Unser *Glaube* schafft eine innere Verbindung zwischen dem Endlichen der Dualität und dem Unendlichen der ALL-Einheit unserer Schöpfung. Vertrauen in diese Schöpfung ist grundlegend für die Erlangung von Reichtum und Fülle.

Die *Gedankenkraft* unseres bewussten Verstands ebnet durch Intelligenz, Vernunft und Logik den Weg zur Materialisierung von Reichtum und Fülle. Diese Gedankenkraft erfordert *Klarheit* in der Definition der Ziele und gezielte innere Wünsche, so dass daraus die Entscheidungen für deren Umsetzung abgeleitet werden können. Das Herz, der Sitz unserer Gefühle, liefert die Impulse für die Entscheidungen. Dieser innere Antrieb, Reichtum und Fülle zu erschaffen und alle Kräfte zusammenwirken zu lassen, so dass dem Leben gedient wird, ist als *Liebe* die Urform aller Kräfte. Durch das Zusammenwirken dieser Kräfte finden wir unseren eigenen Kurs für die Erreichung der Ziele.

Der Grad innerer Wachsamkeit und Ihre entschlossene Bereitschaft, das gewünschte Erleben von Reichtum und Fülle täglich umzusetzen (*Klarheit*), bestimmen das Ausmaß und die Art und Weise Ihres Lebensglücks. Jeder Augenblick, jede Stunde, jeder Tag bringen neue Möglichkeiten und Chancen, die inneren Kraftquellen zu aktivieren und damit den Wunsch aus den *Gedanken* und die Sehnsucht aus dem *Herzen* zu verwirklichen. Wer sich ernsthaft, intensiv und diszipliniert mit diesen neun Kraftquellen auf allen Ebenen beschäftigt, erfährt in seinem Leben Reichtum, Segen und Fülle.

Tabelle über die Rolle der Kraftquellen:

Kraftquelle	**Reichtum**	**Fülle**
Liebe	Geben / empfangen	Vergeben / erfüllen
Hoffnung	Hoffen auf Lohn und Ernte	Offenbarung des Sinns von Ereignissen
Glaube	Höhere Macht sorgt für Gerechtigkeit auf lange Sicht der Zeiträume	Intrinsischer Wunsch nach positivem Wachstum / Veränderung
Vertrauen	Beteiligte des Wirtschaftsgeschehens handeln vernünftig aus Selbstvertrauen	Alles geschieht zum Besten für alle, aber auch aus innerer Eigenverantwortung heraus
Gedanke	Reich denken, Reichsein als Ziel	Bereichert sein im Denken und Fühlen
Vision	Siehe das Beispiel: „Traumhaus“ (siehe S.535)	Siehe Kapitel „Mein erfüllter Tag“ (siehe S.565)
Klarheit	Klare materielle Ziele haben und Ausrichtung darauf	Klare Vorstellungen und Erkenntnisse über geistige Ausdehnung
Dankbarkeit	Alle Güter als Geschenk würdigen	Die Wunder der Existenz als Gnade in sich bewusst werden lassen
Unterbewusstsein	Ahnungsvolles Erspüren der Chancen und Möglichkeiten	Antrieb zum inneren Wachstum, zur Reife und Ausdehnung folgend

In jedem Lebens- und Transformationsschritt bedürfen wir der Kraftquellen, die uns jederzeit zur Verfügung stehen. Auch bei der Realisierung von Reichtum und Fülle sind sie essentiell. Klare Entscheidungen aus dem Verstand und wahre Impulse aus dem Herzen erfüllen unsere Sehnsucht nach Reichtum und Fülle. Das ***Unterbewusstsein*** dient dabei als Motor und Quelle physischer Energie. Außerdem speichert es die Daten über alle Denk- und Fühlmuster seit frühester Geburt und stellt diese gespeicherten Informationen bei Bedarf zur Verfügung. Als „Motor" bei der Realisierung ist es neutral, das heißt, es arbeitet deduktiv den eigenen Speicher ab und trifft keine Auswahl über den Wert dieser Inhalte.

Der *Glaube*, dass aus der Perspektive der universellen Quelle aller Schöpfung alles zu unserem Wohle geschieht, weckt in uns eine höhere Kraft, so dass wir uns selbst *vertrauen* und auch anderen Menschen Vertrauen entgegenbringen können. Durch die Kraftquelle Vertrauen können wir durch unseren äußeren Reichtum in einen Zustand innerer Fülle gelangen und damit Glück und Sinn erfahren. Wenn wir anderen vertrauen, ist es ein Risiko, doch diese Saat bringt große Früchte, falls alle Kraftquellen einschließlich einer *dankbaren* und *liebevollen* inneren Einstellung verfügbar gemacht werden. Es lohnt sich also, dieses einzugehen und in liebevoller Ausrichtung alle neun Kraftquellen zu nutzen.

Sind Sie allerdings aufgrund schlechter Erfahrungen misstrauisch, dann vergiften diese Erinnerungen Ihre eigene Einstellung derart, dass eine gute Beziehung zu Ihnen selbst und zu Ihren Mitmenschen nicht gegeben ist. Daher kann die Saat von Reichtum und Fülle nicht aus Ihnen wachsen. Wenn Sie kein Vertrauen zum inneren Reichtum und innerer Fülle in sich tragen, dann ist es zunächst erforderlich, in Ihnen neue Kraftquellen zu entwickeln. Andernfalls können Sie zu keiner Zeit großen Reichtum und wahre Fülle erleben und ausbauen.

Grundlegend ist hierbei das *Vertrauen* in die Prozesse, die als Ergebnis Reichtum und Fülle hervorbringen. Ihr Urvertrauen ist Ihnen angeboren, doch häufig erfahren die Menschen durch traumatische Ereignisse in ihrer Vergangenheit einen Mangel an Urvertrauen, so dass sie bei Belastungen leicht ihre Fähigkeiten anzweifeln. Sie haben jedoch immer die Möglichkeit, in Selbstverantwortung jeden Mangelzustand durch spirituelle Übungen und Anleitungen zu überwinden und damit ihr Bewusstsein und ihre Situation zu transformieren.

Durch gezielte Übungen der *Gedanken*, die kraftvolle innere Bilder (*Visionen*) erschaffen können und durch vielfältiges *Danken* an die höhere Kraft lassen sich alle Blockaden dauerhaft lösen. Um diese Kräfte segensreich wirken zu lassen, ist es unbedingt erforderlich, die eigenen Impulse aus dem Herzen gut zu kennen, die aus *Liebe* motiviert sein sollten. Die Anwendung von Techniken zur Materialisierung kann auch aus dem Ego impulsiert sein und bringt dann keine wahre innere Erfüllung hervor.

Sich für die positiven Erfahrungen aus der Liebe zu öffnen, ist der erste Schritt für ein erfolgreiches und erfülltes Leben. Niemand kann Sie von Reichtum und Fülle abhalten außer Sie sich selbst.

„Aus dem Augenblick
der Bewusstheit entsteht
genau die Kraftschwingung,
derer Sie für Ihr Handeln bedürfen.“

DJW

Beruf und Berufung

*"Erst wenn der Mensch für sich herausfindet,
was er aus dem Herzen am liebsten tut,
dann wird Glückseligkeit sein Zuhause und
Freiheit sein Flieger für den Flug
zur Ewigkeit."*

DJW

Alles Leben ist Entwicklung auf eine höhere Form des Daseins und der Erkenntnis zu. Aus dieser Ursehnsucht nach Einheit mit unserem Ursprung ist dem Menschen auch sein Ziel vorgegeben, jedoch der Weg dorthin kann nur ganz individuell aus dem eigenem Wesenskern entdeckt werden. Die Erfüllung dieser Ursehnsucht entscheidet über das Maß innerer Fülle, dass wir im eigenen Leben erfahren und damit über unser Lebensglück.

Daher bildet die Klarheit in der Zielfindung eine grundlegende Kraftquelle für unsere Lebensgestaltung.

- Gestalten Sie Ihre Zukunft JETZT.
- Finden Sie Ihre Lebensaufgabe HEUTE.
- Fragen Sie sich selbst, ob Sie Ihre wahre Lebensaufgabe bereits gefunden haben?
- Dienen Sie sich, das heißt Ihren eigenen inneren Zielen oder werden Sie von Außen dirigiert?

Grundsätzlich gibt einen Unterschied zwischen Beruf und Berufung. Wir können Berufe „wählen“ oder einen passenden Beruf für uns „finden“. Sehr viele Berufe sind möglich zum Ausüben und um davon zu leben. Aber wenn es darum geht die Berufung zu verinnerlichen, ist es keine Zielfindung. Berufung können wir nicht finden, sondern Berufung entwickelt sich stets aus dem Inneren im Zuge des geistigen Fortschritts und der Seelenentwicklung. Berufung offenbart sich, manchmal durch Träume, besondere zufällige Ereignisse, sogar Unfälle oder spontane Eingebungen geben uns den Impuls, einer Berufung nachzugehen.

Da sich Berufung aus dem Inneren entwickelt, ist es wichtig, dass sich jeder Mensch damit intensiv auseinandersetzt. Berufung entwickelt sich aus dem höheren Selbst un d zeigt sich in der Wirklichkeit. Der Beruf ist das Ergebnis eines Zielfindungsprozesses.

Wenn Sie selbstbestimmend dienen und Ihre Lebensaufgabe gefunden haben, dann können Sie täglich Reichtum und Fülle fabrizieren. Sie erledigen Ihre Arbeit mit Kompetenz, Klarheit und Liebe. Sie lieben, was Sie alltäglich tun, leben den Impuls aus Ihrer inneren Quelle heraus und strahlen eine unglaublich faszinierende Herzensqualität aus. Die Mitmenschen freuen sich mit Ihnen, weil alle Ihre intensive Hingabe spüren, die sie als Wohltat und Bereicherung wahrnehmen. So erschaffen Sie in bester Qualität die höchste Form der Fülle, erfahren täglich wahrhaftige Liebe und erleben lebendige Glückseligkeit. Sie bereichern die Welt mit Ihren Gaben und werden vielfach bewundert.

"Das Licht der Kerzen
bringt Helligkeit.

Das Licht der Herzen
bringt Heiligkeit."

DJW

Wenn Sie Ihre Lebensaufgabe noch nicht gefunden haben, dann fragen Sie sich bitte, was dazu noch notwendig ist.

Meine Anregungen dazu möchte ich Ihnen als Fragen mitgeben:

- Wonach sehnen Sie sich aus dem Herzen? Was stellt Ihre Berufung dar?
- Welchen Sinn wollen Sie für sich und andere erfüllen?
- Von welcher Arbeits- und Lebensweise träumen Sie? In welcher Gegend möchten Sie diese verwirklichen?
- Wollen Sie Angestellter sein oder selbständig arbeiten?
- Wollen Sie hauptsächlich mit Menschen, Tieren, im Naturbereich oder mit Dingen Ihrer Lebensaufgabe nachgehen?
- Wollen Sie im Team oder lieber alleine tätig sein?
- Beraten Sie gerne Menschen persönlich oder bearbeiten Sie lieber Fälle und Projekte nach Aktenlage?
- Möchten Sie lieber auf körperlicher, seelischer oder geistiger Ebene aktiv tätig sein?
- Heilen, helfen oder pflegen Sie gerne?
- Können Sie gut organisieren, verbinden oder vernetzen?
- Möchten Sie Ihr Hobby (z.B. Tanzen, Schreiben, Basteln, Kindererziehen oder Computerhandling) zum Beruf machen?
- Bauen, kochen, gestalten oder Schauspielern Sie gerne?
- Welche Führungs- und Verantwortungsebene wollen Sie innehaben?
- Welches Jahreseinkommen wünschen Sie?

Die Beantwortung dieser Fragen dient Ihrer eigenen Orientierung und kann erste Anhaltspunkte für Ihre Zieldefinition liefern.

Meine Empfehlung an Sie:
Bitte fangen Sie jetzt an, sich Gedanken zu machen, was Sie morgen erleben wollen und beginnen Sie heute Ihren Lebensweg zu planen. Manche meinen, sie machen jetzt einen Job, um später ihren Traumjob ausüben zu können. Mit dieser Einstellung haben sie wiederholt Chancen und Möglichkeiten ungenutzt verstreichen lassen, um Ihre Bestimmung zu leben. Es heißt: „Der Zug des Lebens hält nicht an – allerhöchstens einmal."

- Lassen Sie Ihre Träume niemals einschränken.
- Meditieren Sie täglich über Ihre inneren Ziele.
- Visualisieren Sie stets Ihre Herzensbedürfnisse.
- Arbeiten Sie bewusst und gezielt auf Ihre Lebensaufgabe hin.
- Helfen Sie sich und anderen, ihre Lebensaufgabe zu finden.
- Lassen Sie sich nicht entmutigen, falls sich der Erfolg nicht direkt einstellt.
- Sie haben bisher Ihr Potential kaum ausgeschöpft und Ihre wahren Möglichkeiten noch nicht gelebt, daher können Sie noch viel bewegen.
- Sie sind geboren, Ihre Lebensaufgabe zu leben.
- Sie sind der- oder diejenige, auf den/die Sie schon immer gewartet haben.
- Sie sind das Licht der Liebe im Hier und Jetzt.

Klarheit

Was ist denn Ihr Sinn des Lebens? Sind Sie sich wirklich darüber im klaren?

Mögliche Antworten:

- Mein Leben hat den Sinn, den ich mir wähle.
- Mein Leben hat den Sinn, zu mir zu finden.
- Mein Leben hat den Sinn, das LEBEN zu erfahren.
- Mein Leben hat den Sinn, meine Berufung zu finden

Viele von uns sind sich darüber noch nicht bewusst. Es herrscht Unbewusstheit, Widersprüchlichkeit und Unklarheit in uns. So ein Leben ohne Sinn ist leer, und diese Leere wird uns von außen widergespiegelt.

Wichtig ist, klar heraus zu finden, wer ich bin, was ich bin und welcher tiefere Sinn die Aufgabe meines Lebens beschreibt.

Ich entscheide mich, was meiner inneren Erfüllung entspricht.

Welche Visionen und Ziele will ich wirklich in diesem Leben erreichen?

Was ist für mein Leben am allerwichtigsten?

Diese Antworten sind tief in uns schon deutlich vorhanden. Der Weg dorthin ist jedoch nicht über den Verstand zu erreichen, sondern nur aus dem Herzen heraus.

Klarheit-Übung

Klären Sie für sich, ob Sie ein Leben voller innerer Freude, Leichtigkeit, Mitgefühl, Hingabe, Vertrauen, Mut und Liebe führen möchten. Lassen Sie sich auf diese inneren Werte ein und gehen Sie diesen Impulsen nach.

Jeden Abend ziehen Sie das Resumé des Tages.

Wie viele freudige, liebevolle und herzerfrischende Momente haben Sie erlebt? Werden Sie sich klar und bewusst, was Sie erfahren und erleben wollen.

Schreiben Sie z. B. 30 Tage lang nach dem Aufstehen, Ihre in sich entdeckten Impulse darüber auf, was Sie in diesem Leben erreichen wollen, welche Ziele und Träume für Sie am wichtigsten sind.

Erst nach den 30 Tagen schauen Sie sich die niedergeschriebenen Impulse an und formulieren Sie davon eine Zusammenfassung.

Das Ergebnis wird Sie verblüffen, denn dann wird Ihnen klar sein, was zurzeit das allerwichtigste Ziel Ihres Lebens ist.

Die Zusammenfassung der 30 Tage-Übung wird an einer gut sichtbaren Stelle platziert, wo Sie sich täglich daran erinnern und auf Ihr Ziel hin ausrichten können.

Je klarer Sie am Ende der 30 Tage sind, desto bewusster und entschiedener werden Sie Ihre Ziele und Wünsche erfüllen können.

Reichtum, Fülle, Frieden und Liebe sind in greifbarer Nähe. Die Schritte zur Transformation im Bewusstsein werden bei dieser Übung in der bereits bekannten Reihenfolge ausgeführt:

Dankbarkeit

"Wir werden nie wissen, wie viel Gutes ein einfaches Dankeschön vollbringen kann."

DJW

Herzensdankbarkeit ist die erste und wichtigste Voraussetzung, damit im Leben alles besser verläuft. Sie öffnet das Herz und die Sinne für alles positive und heilsame im Umfeld und gibt jedem eine unerschöpfliche Kraft für die weiteren Schritte.

Aus Dankbarkeit erwächst Liebe und Kreativität, da sie uns mit dem ALL-Bewusstsein auf ganz einfache Weise verbindet und innere Blockaden löst.

Bitte entsinnen Sie sich, dass Ihr Reichtum, Besitz und Einkommen nicht allein das Ergebnis Ihrer Arbeitskraft und Tüchtigkeit sind, sondern wie alles Existierende in der ALL-Schöpfung ihren Ursprung haben.

- Sind Sie sich bewusst, dass Sie jeden Tag vom höchsten Bewusstsein in Ihrem Dasein reich beschenkt werden?
- Oder konzentrieren Sie Ihr Denken auf das, was Sie gerade nicht haben?
- Oder vergleichen Sie sich sogar mit anderen?

Bitte machen Sie sich klar, dass Sie hier in einer Gesellschaft der Fülle und des Wohlstands leben.

Jeden Tag bekommen Sie von morgens bis abends Geschenke:

- Sie schlafen abends in einem Land von Freiheit und Frieden ein.
- Sie erwachen in einen wundervollen Tag hinein
- Sie steigen aus einem wohlig warmen Bett
- Sie genießen die warme Dusche
- Sie haben einen tollen Körper, mit dem Sie gehen, laufen und tanzen
- Sie haben Menschen um sich, die Sie sehr lieben
- Sie haben Tiere, die Ihnen Freude schenken
- Sie können sich und andere fühlen, berühren, empfinden und anlächeln
- Sie leben in einer natürlichen Umgebung, die begeistert, mit Musik, die beseelt, mit Büchern, die erweitern
- Sie sehen Filme, die tief bewegen
- Sie bilden sich in Wissensfeldern weiter
- Sie können aus einer unglaublichen Nahrungsvielfalt wählen
- Sie atmen frei
- Sie sind frei
- Sie empfangen das Leben
- Sie haben die Wahl
- Sie sind so reich
- Sie sind in Fülle.

Würdigen Sie diese täglichen Geschenke und Wunder des Lebens und schöpfen daraus Kraft für Ihr eigenes tägliches TUN. Es fällt leicht, wenn man sich dafür öffnet und die vielen kleinen Gegebenheiten des Lebens genießen lernt. Lichte und liebevolle Gedanken be-**reich-**ern Sie und er**füll**en Sie in Ihrer Sehnsucht nach Verbundenheit mit der allgemeinen und ewigen Quelle allen Seins.

Dankbarkeit hat eine bestimmte und besondere Schwingungsfrequenz, die unsere Aura als eine bestimmte Energie ausstrahlt.

Diese Dankbarkeit zu fühlen, zu empfinden und auszustrahlen, macht Sie reich und verhilft Ihnen zur wahren Fülle. Dadurch ziehen Sie all die Dinge von Reichtum und Fülle an, mit denen Sie in Resonanz sind.

Leben Sie Dankbarkeit aus Ihrer Matrix heraus, aus Ihrer inneren Einheit, aus Ihrer unendlichen Quelle des Reichtums und der inneren Fülle.

Durch stetiges und tägliches Danken erlangen Sie ein erweitertes Bewusstsein von Reichtum und Fülle.

All Ihre inneren Visionen beginnen sich nach Außen zu manifestieren.

Ihre Träume werden Wirklichkeit und Ihre Sehnsüchte Realität.

Gebrauch von Affirmationen im Alltag

Ich danke Ihnen, dass Sie sich mit den Inhalten dieses Buchs beschäftigen und dass Sie sich entschieden haben, das Buch zu lesen.

- Danken Sie zu Beginn des Tages, dass Sie leben.
- Danken Sie jeden Morgen, dass Sie gesund sind.
- Danken Sie für die Freiheit, in der Sie leben.
- Machen Sie das Beste aus Ihrem Tag für sich und für alle.
- Teilen Sie Ihren Dank mit allen und allem um Sie herum.
- Danken Sie am Mittag für den Morgen und den Rest des Tages.
- Danken Sie für die Wahrheit, die Sie für sich und alle anderen erfahren.
- Danken Sie am Abend für den Tag und für alle Erfahrungen und Erlebnisse.
- Danken Sie vor dem Schlafengehen für mindestens drei Dinge, die an diesem Tag geschehen sind.
- Danken Sie für drei Dinge, die Sie noch materiell und geistig erreichen wollen.

Lass uns danken

„Danke für ALLES
im alten und neuen Lebensjahr.

Danke, dass es dich gibt, du Wunder dieser Welt
und Lichtsegen in meinem Leben.

Lass uns aus der Liebesquelle sprechen
und Freudenfeuer spüren.
Lass uns den Himmel in uns entdecken
und die Erde paradiesisch bewohnen.

Lass uns den Frieden besingen
und die Wahrheit erfahren.
Lass uns die Geheimnisse des Geistes erahnen
und die der Seele erleben.

Lass uns Glückseligkeit teilen
und die innerste Weisheit rückerinnern.

Lass uns Demut verwirklichen
und das Bewusstsein anheben.

Lass uns Einheit beleben
und Verbundenheit mit allen im Jetzt preisen.
Lass uns achtsam sein
und Nächstenliebe teilen.“

DJW

Wer verschenkt wird beschenkt

Jeden Tag können wir freudig andere Menschen beschenken. Wenn Sie freudig geben, werden Sie reich empfangen. Ihre innere Fülle befähigt Sie, täglich andere zu bereichern.

Nur diese innere Fülle kann Sie reich machen. Wenn die Welt Sie reich beschenken soll, dann beschenken erst Sie die Welt im Außen aus Ihrer Fülle heraus.

Wenn Sie also etwas haben wollen, sollten Sie vorher etwas von sich geben:

1. Ihre Dankbarkeit,
2. Ihr Vertrauen,
3. Ihren Optimismus,
4. Ihre Arbeitskraft,
5. Ihr Geld,
6. Ihre Fülle,
7. Ihr Lächeln,
8. Ihre Liebe,
9. Ihre Aufmerksamkeit,
10. Ihr Wissen,
11. Ihr Heil,
12. Ihre Ideen,
13. Ihre Hoffnung,
14. Ihre Kraft,
15. Ihren Glauben,
16. Ihren Frieden,
17. Ihre Weisheit,
18. Ihren Respekt,
19. Ihre Achtung,
20. Ihr Mitgefühl,

dann können die Freuden zurückkommen. Die wirkliche Tatkraft eines jeden Menschen existiert somit in seinem Willen, seinem Bewusstsein und seinem Unterbewusstsein. Ihre Besitzwünsche sollten sich auf jeden Fall mit Ihren Geschenken die Waage halten, denn wenn Sie nur haben wollen, dann entsteht nur

Ego, Neid, Geiz, Habgier, Krieg und Hass.

Wer etwas erhalten will, sollte zunächst etwas abgeben. Geben in diesem Sinne ist angewandte Liebe gegenüber der Familie, den Freunden, Kollegen, Nachbarn und fremden Menschen. Jede friedfertige Gemeinschaft kann nur durch das Teilen bestehen, indem jedes Gemeinschaftsmitglied die Attribute seiner Nächstenliebe wie z.B.

Fürsorge, Wohltätigkeit, Hilfsbereitschaft und Zeit verschenkt.

Erst wenn wir ein Lächeln verschenken, können wir ein Lächeln empfangen. Öffnen Sie sich anderen, damit andere ihre Angst überwinden und sich dann Ihnen öffnen können. Jeden Tag atmen wir zum Beispiel 5000-6000 mal Sauerstoff ein und geben genau so oft Kohlendioxid ab. Vor jedem Einatmen, muss ausgeatmet werden. Ein Neugeborenes atmet zuerst aus, um dann den ersten Einatmungszug zu erleben. Wenn Sie Sauerstoff wollen, geben Sie zuerst Ihre eingeatmete Luft frei. Wenn Sie die Luft anhalten, werden Sie keine Luft mehr erhalten und ersticken.

Das widerfährt dem Geizigen, nur die Angst, sein Besitz zu verlieren, schnürt ihm die Kehle zu. Energie jedoch muss ständig fließen. Viele Krankheitssymptome können als Sinnbilder unbewusster Existenzängste gedeutet werden. Das Kernproblem liegt dabei immer in der irrtümlichen Gleichsetzung der materiellen Geldsituation mit der geistigen Einbindung der eigenen Existenz im geistigen Sinne.

Stellen Sie sich bitte das Unterbewusstsein als eine tiefe Wasserquelle vor. Sie können daraus soviel Wasser schöpfen, wie Sie wollen. Wenn Sie einen Eimer Wasser wollen, erhalten Sie auch einen Eimer Wasser, und sofort wird das entnommene Wasser von der Quelle wieder gefüllt. Entnehmen Sie einen Lastwagen voll mit Wasser, erhalten Sie auch diese Menge. Wichtig ist jedoch, zuvor einen Brunnen zu bauen und die Wasserquelle zu aktivieren. Dann lässt sich daraus Wasser entnehmen, verschenken und selbst nutzen.

Achten Sie bitte stets darauf, beim Schenken niemanden bewusst zu verletzen oder zu täuschen, sondern handeln Sie so, dass durch Ihr Tun andere in ihrer Not erleichtert werden. Alles was Sie geben, verschenken Sie mit Freude, ohne irgendwelche Erwartungshaltung.

Ebenso sollte das Geschenk keine schlechte Botschaft enthalten. Empfinden Sie beim Geben, Schenken und Spenden selbst eine innere große Freude, als ob Sie selbst dieses Geschenk empfangen würden. Geben im positiven Sinne heißt also mit Offenheit, Vertrauen, Liebe und Weisheit zu verschenken. So fließt alles, wie es seit dem Urbeginn aller Zeit und Materie vorgesehen ist, und erfüllt die Seelen aller Beteiligten.

"Du besitzt mehr,
wenn du anderen gibst.

Du findest mehr Tiefe,
wenn du andere erweiterst.

Du erreichst mehr,
wenn du andere bereicherst."

DJW

Geld will geliebt werden

Fragt Sie jemand: „Lieben Sie Geld?“

Dann lautet die Antwort:

„Ja, ich liebe es, Geld zu erhalten und ich liebe es, Geld auszugeben und ich liebe es, Geld zu verschenken.“

Oftmals wird jedoch eine positive Einstellung zum Geld durch blockierende Glaubenssätze oder programmierte Muster verhindert. Beispiele dazu sind etwa:

- Geld bringt Kriege
- Geld ist Macht
- Geld macht nicht glücklich
- Geld ist schmutzig
- Geld stinkt (nicht)
- Geld verdirbt den Charakter

Manchmal kommen auch positive Glaubenssätze wie:

- Geld macht Spaß
- Geld ist ein praktisches Tauschmittel
- Geld verhilft mir, die eigenen Wünsche zu erfüllen
- Geld kann zu einem höheren Ziel beitragen
- Geld kann dem Wohle aller dienen
- Geld ist Energie

Meine Ideen, Einstellungen und Verantwortung erschaffen die Basis meiner Geldrealität. Das Geld selbst ist völlig neutral und wird in seinem Energiefluss von unserem Bewusstsein gelenkt. Es ist notwendig für unsere sozio-kulturelle Gesellschaft. Natürlich gibt es andere Formen und Wege des Austausches außerhalb unseres Geldsystems. Geld kann das eigene Potential leichter zum Ergebnis führen. Das Leben will in Reichtum und Fülle wachsen.

Geld verdienen für sich und andere und es im besten und ganzheitlichen Sinne auszugeben, ist produktiv, wenn wir mit dessen Hilfe mehr für die Gesellschaft und Menschheit vollbringen können. Es gibt genug Nahrung für alle Erdenbewohner, und niemand muss am Hunger sterben. Mit Hilfe des Geldes können viele Menschen, die über reichliche Güter verfügen, auf einfachen Wegen etwas Lichtvolles im Sinne der Einheit vollbringen, indem sie etwas von ihrem Überfluss abgeben. Dann ist Geld ein gutes Werkzeug zum Bauen einer neuen und besseren Weltvision.

Armut und Mangel sind das Ergebnis falscher Programmierung des Bewusstseins, daher lässt sich dieser Zustand durch positive Bewusstseinsprogrammierung in das Licht von Reichtum und Fülle überführen. Häufig ist ein Mangelzustand das Ergebnis einer Familiendisposition.

Es ist notwendig, zuerst einen Brunnen zu bauen, bevor man Wasser schöpfen kann. Gehen Sie daher zuerst aus dem Mangel und bauen Sie einen geistigen Brunnen als Quelle, dann schöpfen Sie daraus. Dieses kann mit Hilfe spiritueller Begleitung immer gut gelingen.

Die folgenden Affirmationen können hier weiterhelfen:

- Ich liebe Reichtum und Fülle, und alles was ich liebe, kommt leicht und frei zu mir.
- Ich lebe Reichtum und Fülle aus dem Herzen heraus und genieße diesen Überfluss.
- Ich schaffe Reichtum und Fülle in mir und ziehe es auch außerhalb von mir an.
- Es ist stets Reichtum und Fülle im Überfluss vorhanden.
- Ich liebe es, Reichtum und Fülle mit anderen zu teilen.
- Ich liebe es, in Reichtum und Fülle zu sein.
- Ich liebe es, durch meinen Reichtum und meine Fülle zur positiven Wandlung in meinem Umfeld beizutragen.

*"Wenn die Herzen einmal berührt worden sind,
wenn das Licht einmal die Seele erleuchtet hat,
wenn ein vollkommenes Bewusstsein seinen
eigenen Weg vollendet hat,*

*dann haben diese Seelen stets die Möglichkeit
und ewig die Chance,
im Lichtbewusstsein weilen
zu können."*

DJW

Fähigkeiten und Schritte zum Erfolg

Reichtum, Fülle und Erfolg haben ihren Ursprung in unserem Bewusstsein und sind damit über die Aktivierung der Kraftquellen für jeden erreichbar. Ihre Umsetzung ins Materielle ist das Ergebnis eines Zusammenspiels ganz normaler Alltagsfähigkeiten. Dabei bringen viele kleine Schritte der Transformation den Erfolg. Alle negativen Glaubenssätze wie etwa: "Ich schaffe es nicht." oder „Ich kann es nicht." sind dabei unbedingt zu vermeiden.

Die Kraftquellen stehen universell zur Verfügung. Sie lauten wie folgt:: Liebe, Hoffnung, Glauben, Vertrauen, Gedanke, Vision, Klarheit, Dankbarkeit, Unterbewusstsein. Bitte vergegenwärtigen Sie sich diese Quellen wie auf Seite Fehler: Referenz nicht gefunden beschrieben.

Entgegen sehr verbreiteter Annahmen spielt die eigene *Genialität* eine eher untergeordnete Rolle im Prozess der Überwindung von Mangelsituationen. Von größerer Bedeutung sind:

- ➔ Ausdauerndes Bemühen (*Transpiration*)
- ➔ Die Bereitschaft, *Verantwortung* zu übernehmen
- ➔ *Kommunikationsfähigkeit*
- ➔ Flexibilität in Gedanken und Praxis (*Improvisation*)
- ➔ Offenheit für Eingebungen aus höherer geistiger Quelle (*Inspiration*)
- ➔ Bereitschaft zur Überwindung von Mangeldenken (*Transformation)*

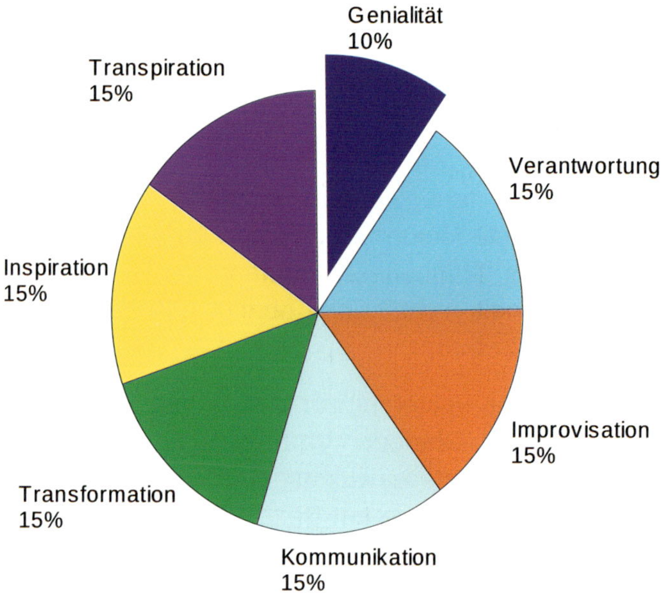

Fähigkeiten zur Schaffung von Reichtum und Fülle nach David Wared

Es ist also jeder in der Lage Reichtum und Fülle zu schaffen, falls der Wille so ausgeprägt ist, dass die Hindernisse aus der Vergangenheit etwa mit Hilfe spiritueller Begleitung überwunden werden können.Im Prozess der Bewusstseinserweiterung spielt die Einstellung zum Reichtum eine wesentliche Rolle. Die Ausrichtung auf den rein materiellen Aspekt verlagert sich während der Transformation zum Lichtbewusstsein zunehmend in den geistigen Bereich. Für die meisten Menschen ist es nicht der passende Weg, in die Askese zu gehen und allen materiellen Reichtum abzulehnen. Um sich zu erweitern, sollte man die Antwort aus der eigenen Mitte herausfinden und sich dann danach ausrichten.

Beantworten Sie daher folgende Frage für sich:

Welche höhere Qualität und tieferen Sinn erhoffen Sie sich durch den Erhalt von materiellen Reichtum und innerer Fülle?

Eigener Reichtum ermöglicht vielleicht:

Den Besitz begehrter Güter wie etwa ein Auto oder ein Haus, Weltreisen, Spenden, finanziell anderen helfen, Forschungen unterstützen, Sicherheit, Wohlstand, soziale Einbindung, Teilhabe am kulturellen Leben, eine optimale gesunde Lebensführung und anderes.

Innere Fülle beinhaltet Freude, Frieden, Freiheit, Kreativität, Glück, Mitgefühl, Anteilnahme, Dankbarkeit, dem Gemeinwohl dienen, Weisheit und Spiritualität.

Viele Menschen glauben, durch mehr Geld mehr Qualität leben zu können. Sie glauben, Reichtum wird Ihnen mehr Lebendigkeit, Leichtigkeit, Frieden, Mitgefühl, Weisheit und innere Freude einerseits, und Sicherheit, Macht und Möglichkeiten auf der anderen Seite bringen. Dann, erst dann, können sie endlich entspannen, sorglos sein, nicht mehr das tun, was sie momentan tun müssen.

In Wirklichkeit ist genau das nicht der Fall. Reichtum alleine bringt nicht den gewünschten Frieden und die erhoffte innere Freude. Für manche Ideen und Projekte ist materieller Reichtum allenfalls eine *notwendige* Voraussetzung, jedoch erweist er sich als nicht *hinreichend* für ein erfülltes Dasein, denn Erfüllung kann nur aus der geistigen inneren Fülle gespeist werden.

Wenn wir die höhere Qualität von Reichtum und Fülle erreichen wollen, dann sollten wir die inneren Voraussetzungen zuerst erfüllen, damit der äußere Rahmen ausgefüllt werden kann.

Reichtum und Fülle sollten sich aus einem inneren Raum in uns ausdehnen. Das ist das Geheimnis, um äußeren Reichtum anzuziehen und innere Fülle zu leben.

Wir ziehen Reichtum und Fülle an, wenn wir die folgenden Schritte für unser Bewusstsein vollziehen und leben:

1. Reichtum und Fülle als ***Energien*** betrachten
2. Einen ***inneren Raum*** für Reichtum und Fülle schaffen
3. ***Visualisieren***, wie Reichtum und Fülle zum Wohle aller eingesetzt wird
4. Beides mit besten Absichten ***verinnerlichen*** und verwirklichen
5. ***Dankbarkeit*** üben und im ***Vertrauen*** sein
6. Sich keinen engen ***Zeitraum*** setzen
7. Chancen und Möglichkeiten uneigennützig ***wahrnehmen***
8. Fangen Sie heute an, innerlich ***erfüllt*** zu ***sein*** und äußerlich ***reich*** zu ***denken***
9. ***Leben*** Sie anderen Reichtum und Fülle vor anstatt Mangel und Angst.
10. Jetzt können Sie an festen Wünschen und Visionen ***arbeiten*** und ***meditieren***.

Bitte beantworten Sie folgende Fragen für sich:

- Möchten Sie Geld haben, um sicher zu sein?
- Möchten Sie Geld haben, um Macht auszuüben?

Viele Menschen, die Reichtümer und Geld besitzen, fühlen sich trotzdem nicht sicherer. Viel mehr noch: sehr viel Reichtum könnte die Unsicherheit noch verstärken, da sich dann zusätzlich noch Verlustangst entwickeln kann.

Wenn Sie wirklich der Sicherheit bedürfen, dann sollten Sie in sich Mut entwickeln, ihr Selbstvertrauen stärken und anderen Menschen mehr vertrauen. Unsere Bedürfnisse können als innerer Antrieb für die Entwicklung der eigenen Kraftquellen angesehen werden. Dadurch erweitert sich unser Bewusstsein und wahre Erfüllung unseres inneren Strebens nach Vervollkommnung kann erfahren werden.

Wenn Sie wirklich Macht haben wollen, dann sollten Sie umdenken, denn wahre Größe erreicht man nur durch Kraft.

Macht zerbricht
Kraft biegt sich

Macht bringt Kontrolle
Kraft bringt Stärke

Macht dient einzelnen und kleinen Gruppen
Kraft dient Ihnen und allen anderen

Ein Traumhauswunsch als Beispiel dazu:

Wünschen Sie sich ein Haus?

Welche Voraussetzungen benötigen Sie?

Worin liegen die höhere Qualität und der tiefere Sinn Ihres Wunsches?

Haben Sie den Wunsch nach mehr Platz für sich selbst und Ihre Freunde?

Oder nach mehr Ruhe, Natur, Sonne, Privatsphäre?

Dann malen Sie Ihren Wunsch auf Papier und sehen sich das fertige Bild an. Dann bitten Sie um Ihr Wunschhaus, um mehr Platz für sich, für Freunde und Familie, in einer ruhigen, naturbelassenen Lage mit viel Sonne und großem Garten. Anschließend malen Sie Ihr Traumhaus auf einen großen Block und füllen Sie die Räume mit entsprechenden Funktionen und Anwendungsmöglichkeiten. Diese Eigenschaften bilden die höheren Qualitäten Ihres Hauses und den tieferen inneren Sinn Ihres Bewusstseins.

Fortan beschäftigen Sie sich täglich bewusst mit diesen Qualitäten, nach denen Sie sich sehnen. Verinnerlichen Sie Ihr Traumhaus so inwendig und intensiv, indem Sie mehrmals täglich Ihre Affirmationen sprechen und äußerlich, indem Sie das mit vielen schönen Farben gemalte Haus an Ihrer Wohnzimmerwand mehrmals täglich anschauen.

Ihre tägliche vertrauensvolle, mutige und freudige innere Anschauung und äußere Visualisierung erschafft den Raum in Ihrem Bewusstsein und Ihr Unterbewusstsein lässt die äußeren Möglichkeiten Realität werden.Wir sind auf dieser Welt, um mit anderen zu teilen und darin unseren Lebenssinn zu erfahren. In diesem Sinne geben uns Reichtum und Fülle viele Möglichkeiten, unser Bewusstsein zum Licht zu führen und dabei das Leben in Freude und Fülle zu erfahren.

"Nicht der Wind, sondern
die Segel bestimmen den Kurs
auf ein Ziel.
Wenn der Wind der Veränderung
weht, dann bauen die Einen stabile Mauern,
und die Anderen setzen Segel
für den ewigen Wind."

DJW

Der Weg aus dem Mangel

Viele Menschen erleben die Geldenergie aus der Mangelperspektive, denn sie haben meist aufgrund negativer Erfahrungen eine innere Ablehnung und Hemmung gegenüber dem Thema Geld. Um diesen Mangelzustand aufzulösen, ist es zunächst notwendig, ganz besonders intensiv die Kraftquellen in sich zu aktivieren, um die Energie für die weiteren Schritte aufzubauen.

Sie benötigen dann ein zusätzliches Quantum Reichtum-und-Fülle-Energie, um Ihr Bewusstsein aus dem *Mangelzustand* in den *Normalzustand* energetisch zu heben und dann weiter in einen *erhöhten Zustand*, in dem sich Reichtum und Fülle beginnen zu materialisieren. Hier ist besondere Geduld und Beharrlichkeit vonnöten, aber diese Mühe lohnt sich besonders, denn sie ermöglicht in der Tat, jede Form des Mangels zu überwinden.

- Reichtum und Fülle können nur dann realisiert werden, wenn ich selbst aus meinem inneren Antrieb heraus *vertraue*.
- Es ist notwendig, Reichtum und Fülle in meinem Inneren zu *visualisieren*, damit die Reichtum-und-Fülle-Energien erschaffen werden und dann in Taten umgesetzt werden können.
- Reichtum und Fülle sollten sich *im Geist ausdehnen* und so das allgemeine Verständnis bereichern. Dabei ist die Einengung auf den rein materiellen Aspekt kein Weg zu wahrem Reichtum.
- Es ist wichtig zu geben, um zu empfangen. Dieses *Geben* sollte ohne Erwartung auf Gegenleistung oder irgendwelchen wirtschaftlichen Bedingungen erfolgen.

Die innere Erfüllung, die dieses Geben auslöst, erweitert das Bewusstsein derart, dass es für die Fülle des Lebens in jeder Hinsicht offen sein kann.

- *Dankbarkeit* für das erworbene und erschaffte Gut und für das Kommende öffnet die Tore für alles Positive in unserem Geist. Dadurch können Blockaden entfernt werden und die erfüllende Erfahrung des Teilens erlebt werden.

- Eine positive und *liebende Einstellung* zum Geld lässt die Ängste um die eigene Existenz leichter überwinden. Das Geld kann dann frei von Anbetung seine Energie im positiven Sinne entfalten zum Wohle aller.

Reichtum und Fülle, die Sie innerlich verwirklicht haben und durch tägliches Visualisieren wieder und wieder erfahren, manifestiert sich aus Ihnen heraus als äußerer Reichtum und innerer Fülle. Nichts und niemand kann Ihnen wahren Reichtum und innere Fülle geben, ehe Sie nicht Ihre inneren Quellen aktiviert haben. Die Verwandlung und Veränderung Ihres Denkens werden die Umstände ermöglichen, Reichtum und Fülle zu leben.

Alles, was Sie gerne sich ersehnen,

Alles, was Sie sich vom Herzen wünschen,

Alles, was Sie gerne gedanklich wollen,

wird in Ihrem Bewusstsein manifestiert. Hierzu benötigen Sie Werte wie Geduld, Hoffnung und Urvertrauen zu sich selbst und Ihre inneren Quellen zur Visualisierung und Materialisierung.

Hilfreiche Affirmationen dazu sind:

- Ich sehe deutlich den Reichtum meines Lebens.
- Ich spüre sehr stark die Fülle meines Lebens.
- Mein Leben ist frei, froh, stark, reich und voller Fülle.
- Mein Leben ist voller Reichtum, Fülle, Freude und mit Liebe erfüllt.

"Willst du wahren Reichtum,
so beginne deine innere Reise.

Willst du die Bergesspitze erklimmen,
so beginne erst von unten.

Willst du die weite Ferne erreichen,
so beginne mit dem ersten Schritt."

DJW

Wenn der Erfolg von Reichtum und Fülle ausbleibt

Wenn der Erfolg von Reichtum und Fülle ausbleibt, dann bitte nicht in Zweifel und Resignation zurückfallen, denn dann verlieren Sie die zuvor aufgebaute Kraft und geraten sogar in eine negative Opferhaltung, in der Sie andere Menschen dafür verantwortlich machen.

Wenn Sie alles nötige und bestmögliche getan haben, und Reichtum und Fülle stellen sich noch nicht ein, dann sprechen Sie bitte täglich die folgenden Affirmationen:

- Ich habe mein Bestes gegeben.
- Ich habe mich redlich bemüht.
- Nur Gutes wird aus meiner Saat keimen.
- Mit jedem Sonnenaufgang werde ich weiser, reicher und erfüllter in meinem Leben.
- Mein gutes Werk kann nicht genommen werden.
- Auf unerwarteten Wegen können und werden Reichtum und Fülle zu mir gelangen.
- Ich bin offen für die Fülle und das Reichsein.
- Mein Erfolg wird sich einstellen, denn ich bin für Frieden, Gesundheit und Fülle geschaffen.
- Ich erfahre jetzt Reichtum im zunehmenden Maße.
- Ich spüre Fülle aus mir emporsteigen.
- Dafür danke ich dem Leben aus freudigem Herzen, aus glücklicher Seele und ruhendem Geist.

- Reichtum und Fülle werden täglich in der Welt vermehrt und verteilt.
- Meine Wünsche und Visionen geschehen in wahrer Fülle.
- Jeden Tag und in jeder Erfahrung regnet unvorstellbare Fülle und großer Reichtum auf mich.
- Ich übe mich in Geduld, bis meine Herzenswünsche in Erfüllung gehen.

Wenn es im Außen nicht so läuft, wie Sie es aus Ihrer Überzeugung erwarten, dann bleiben Sie trotz des Mangels weiterhin bei der inneren Vision und bei der Wirklichkeit Ihres inneren Bildes. Leben und visualisieren Sie diesen Prozess solange, bis die äußeren Ziele und Ihre innere Vision erreicht sind.

Selbst wenn Reichtum und Fülle eintreten, bleiben Sie weiterhin bei der regelmäßigen Visualisierung zur Vermehrung des äußeren Reichtums und der Ausdehnung der inneren Fülle.

Nur wenn wir innere Bilder erschaffen, können wir Materielles im Außen verwirklichen. Nur wenn wir die zuvor aufgebaute positive Energie halten, bleibt auch der Zustand von Reichtum und Fülle bestehen und bringt dauerhaft Früchte.

Nicht auf Reichtum und Fülle passiv warten

Reichtum und Fülle wollen verursacht werden, wollen aus unserer tiefen Quelle hervorsprudeln. Nutzen Sie die Zeit, um diese innere Entwicklung einzuleiten, nehmen Sie die Chance beim Schopfe, um die Ausdehnung aus Ihnen heraus geschehen zu lassen. Ihr Bewusstsein hat alle Voraussetzungen, um mit voller Kraft voraus auf den Hafen von Reichtum und Fülle zu steuern.

Ihr Unterbewusstsein hat alle Möglichkeiten bereits gespeichert, damit Sie den Olympberg von Reichtum und Fülle besteigen können.

Glauben Sie nicht, dass Reichtum und innere Fülle vieler unergründlicher Geheimnisse bedürfen. Alles was Sie dazu benötigen an Chancen, Möglichkeiten und Voraussetzungen ist bereits in Ihnen. Leben Sie diese innere Wirklichkeit in Ihrem Alltag. Dies geschieht durch Ihr persönliches Öffnen und Ihre Bereitwilligkeit zur Einsicht.

Nur so entwickelt sich die Chance auf äußeren Reichtum und Möglichkeiten innerer Fülle aus ihrer unerschöpflichen inneren Quelle, nach dem Prinzip

Wie innen so auch außen
Wie oben so auch unten.

Richten Sie Ihr ganzes Wünschen und Wollen auf die Vollendung Ihrer Ziele. Gehen Sie achtsam und aufmerksam Ihren inneren Wünschen nach und erleben sie diese in Ihnen visualisierend als verwirklicht.

Wenn Ihre Wünsche nach Reichtum und Fülle in Ihnen bejaht werden, dann beginnt die Phase der Vollendung nach außen. Durch Ihr klares, eindeutiges, vollständiges und tägliches Visualisieren und durch Ihr inneres Überzeugtsein fängt Ihr Ziel an, sich formend zu materialisieren. Ihre Vision verdichtet sich in Ihrem Unterbewusstsein und Ihre Träume werden zur äußeren Wirklichkeit.

"Wer eine Welle ins Wasser gesetzt
hat, beeinflusst das Meer.
Wer sein Leben bestimmt, befreit
sich immer mehr."

DJW

Methoden zur Erlangung von Reichtum und Fülle

Es ist ein großer Vorteil, dass es mehrere Methoden gibt, die vorhandene Reichtum-und-Fülle-Energie zu aktivieren und dadurch eine Verbesserung des allgemeinen Zustands zu erreichen. Die folgende Liste stellt sie zusammen:

- ***Wünsche***
- ***Vorstellungen***
- ***Träume***
- ***Ideen***
- ***Eingebungen***
- ***Affirmationen***
- ***Visualisierungen***
- ***Mantren***
- ***Gebete***
- ***Handlungen***

Alle Methoden setzen voraus, dass genügend Energie vorhanden ist, andernfalls ist zunächst der Mangelzustand aufzuheben, bevor diese Methoden die Herbeiführung von Reichtum und Fülle bewirken. Große Achtsamkeit ist daher oberste Maxime, damit sich nicht negatives Gedankengut in den Prozess einschleichen kann.

"Was du nicht besitzt, kann noch kommen.
Was du nicht in dir hast, kann nicht entstehen."

DJW

Die ersten fünf der obigen Methoden bringen etwas aus dem Unterbewusstsein in das bewusste Denken und Fühlen. ***Wünsche*** kommen aus den tiefsten inneren Schichten, aus dem Herzen.

Vorstellungen sind Bilder und Begriffe, die wir mit einer Idee verbinden. Sie stammen aus den gespeicherten Inhalten des Unterbewusstseins.

Träume sind innere Erlebnisse zur Klärung und Verarbeitung unterbewusster Antriebe. Sie können auch bewusst beeinflusst werden und haben ein großes Heilpotential.

Ideen sind gedankliche Inhalte, die aus dem Unterbewussten entspringen und in irgendeiner Form kreativ zur Lösung einer Situation beitragen.

Eingebungen sind Ideen, die aus einer höheren Quelle den menschlichen Geist inspirieren. Sie können sich als Träume, spontane Ideen oder im Rahmen von Gebeten dem menschlichen Geist offenbaren.

Affirmationen sind Aussagen, die positive und bejahende Botschaften an das Unterbewusstsein darstellen. Dadurch werden Blockaden im Transformationsprozess mit bewussten und klaren Sätzen ins Licht gebracht und dann aufgelöst.

Visualisierungen sind ebenso Botschaften, jedoch als bildliche Vorstellungen, die an das Unterbewusstsein gerichtet sind.

"Wer weit kommen will,
geht vor - sichtig.
Wer ans Ziel kommen will,
benötigt
Weit – sichtigkeit!"

DJW

Mantren sind energetisch aufgeladene kurze Botschaften, die ähnlich wie Affirmationen eine positive Aussage beinhalten. Im allgemeinen haben sie inhaltlich keinen direkten Bezug zum aktuellen Transformationsthema, sondern verbinden durch sehr häufiges Wiederholen das menschliche Bewusstsein und Unterbewusstsein mit der universellen schöpferischen Quelle, dem ALL-Bewusstsein.

Gebete aus dem Herzen können eine große Hilfe sein, um mit dem Schöpfer bewusst eine Verbindung einzugehen. Es existieren dafür unterschiedliche Rituale, je nach Bewusstseinslevel kann die Intensität dieser Kommunikation sehr unterschiedlich sein.

Handlungen bringen die Energien in eine materielle Form und sind daher immer erforderlich. Jede Handlung erfordert einen ausreichend starken Impuls, der durch Aktivierung der Kraftquellen gesetzt werden kann.

Der Einsatz von Methoden setzt also voraus, dass die Richtung und Energiemenge bereits im Inneren gegeben sind, um den Prozess in Gang zu setzen. Dann können diese Methoden den inneren Schatz heben und die Manifestation im Äußeren herbeiführen.

"Wenn du teilst und gibst,
dann gebe um des Teilens- und Gebenswillen,

nicht aus einer Absicht heraus
oder um jemandem einen Gefallen zu tun;
denn dann wäre
der Kreislauf unterbrochen."

DJW

Wünsche und Träume – wie entsteht ein Wunschtraum?

Der Weg der materiellen Manifestation eines Wunsches oder einer Idee erfolgt zuerst im Inneren des Wunschträgers und erst mit einer zeitlichen Verzögerung im Außen und damit auch für andere erfahrbar. Gelingt es, einen Wunsch nicht nur zu denken, sondern auch nachts zu träumen, dann haben wir eine kraftvolle Methode zur Verfügung, um Gedanken wirksam innerlich zu manifestieren.

Wie träume ich im Schlaf von Reichtum und Fülle? Kurz vor dem Schlafengehen stelle ich mir meinen Herzenswunsch vor oder betrachte eingehend ein Bild, das diesen darstellt.

Bei diesem Wunsch eignet sich beispielsweise ein Geldschein besonders gut dafür. Ich betrachte mir z.B. einen 100€-Schein eingehend und sage mir bewusst **10 mal** auf:

„Du 100€-Schein, erscheine mir im Traum."

Nach dieser Visualisierung wird sofort das Licht ausgeschaltet und keine weiteren Handlungen verzögern das Einschlafen.

Ich führe seit Jahrzehnten diese besondere Art der Manifestation mit meinen Patienten durch. Bei manchen dauert es ein paar Tage, bis sie diesen Geldschein in ihrem Traum gesehen haben. Manche brauchen ein paar Wochen, aber bei jedem zeigt sich ihr Wunsch spätestens nach 90 Tagen.

Sie erreichen mit dieser Methode zwei positive Effekte:

1. Sie verhindern Unruhe und Albträume während der Nacht.
2. Ihr Wunsch wird über das Unterbewusstsein innerlich manifestiert und expandiert dann aus dem Inneren in die materielle Realität.

Auch in Mangelsituationen unterschiedlicher Art kann diese Methode der Traumbildung den Bewusstseinsaufstieg besonders gut unterstützen. Da sie das Fokussieren und Visualisieren auf das Thema Geld beinhaltet, lässt sich damit diese Art des Mangels ganz gezielt angehen und dennoch alle Aspekte der Fülle wie etwa das Vertrauen unterstützen und erweitern. Daher wirkt dieses Vorgehen befreiend und erweiternd und unterscheidet sich damit von den meisten der viel gepriesenen mentalen Techniken der Gelderschaffung.

Wir laden diesen Wunsch in unserem Inneren mit Energie auf, wenn wir Gedanken und Gefühle bewusst dorthin lenken. Unsere Vorstellungen formen die Wirklichkeit, sowohl bewusste als auch unbewusste. Derjenige, der nur Bewusstes in sich trägt, kann daher alles bewusst erschaffen.

Diese Beispiele von bewusster Traumbildung können auf beliebige Themenbereiche ausgedehnt werden.

Da die Visualisierung ein Prozess ist, der Energie benötigt, ist für die erfolgreiche Anwendung dieser Methode das eigene Energielevel von großer Bedeutung. Bei hoher Energiemenge wird recht wenig Zeit benötigt, bis sich eine Vision materialisiert hat. Bei Energiemangel ist Geduld notwendig und zusätzliche heilende Impulsgebung zur Steigerung der eigenen Energie hilfreich.

Geld und Humanität

Die Frage, ob es möglich sei, ein Geldsystem zu erschaffen, das im Geiste der Humanität seine Aufgaben erfüllt, beschäftigt die Menschheit schon seit Jahrhunderten. Immer wieder wird die Erfahrung gemacht, dass solche Systeme nur eine begrenzte Zeit funktionieren, da sie lediglich bei äußeren Wachstumsbedingungen ihre Aufgaben erfüllen können. Naturgemäß wechseln sich Phasen des Wachstums mit solchen des Rückgangs ab, da in dualen Systemen immer beide Tendenzen wirken.

Wirtschafts- und Geldsysteme gehören zur materiellen Ebene und unterliegen daher den Gesetzmäßigkeiten des Wandels und der Periodizität. Alle materiellen Wachstumsprozesse sind von begrenzter Dauer, so dass deren Wandlung unvermeidbar ist. Erfahrungsgemäß steht am Ende einer materiellen Wachstumsperiode entweder die Einführung eines neuen Geldsystems, das im Allgemeinen mit erheblichen Werteverlusten verbunden ist oder auch ein Krieg, der ebenfalls materielle Werte vernichtet.

Im geistigen und kosmischen Bereich gelten dagegen die Gesetze des ewigen Wachstums. Inneres Wachstum kann unbegrenzt positiv fortschreiten und die erworbenen Erkenntnisse bilden den ewig existierenden geistigen Besitz einer jeden Seele, der ihr durch nichts mehr genommen werden kann. Die Evolution des Bewusstseins verläuft als ewiger Prozess sowohl bei den Individuen, in globaler Hinsicht und auch universell. Unser Universum weitet sich ständig aus, da auch die Erfahrungsmenge des Kosmos stetig zunimmt.

Wirtschaftliche Begrenzungen des Wachstums sind ein Beispiel für die Begrenztheit der materiellen Manifestation. Auch diese

Begrenzungen sind erweiterbar, wenn wir aus dem unbegrenzten Raum unsere unendliches geistiges Potential in die endliche Materie bringen und dadurch die endliche Materie erweitern. So lässt sich die endliche Materie erweitern und auch auf materiellem Gebiet ist unendliches Wachstum möglich.

Die materiellen Grenzen sind sogar im physikalischen Bereich erweiterbar. Geistige Impulse aus dem allgemeinen Informationsfeld des Äthers ermöglichen die Überwindung der Lichtgeschwindigkeit um das Vielfache. Die Entdeckung und Nutzung der potentiell vorhandenen Allgegenwärtigkeit im Informationsfeld kann die Lebensumstände wesentlich erweitern und die gesamte Menschheit in eine höhere Ebene bringen. Unser Bewusstsein bestimmt und begrenzt die Möglichkeiten, die sich aus dem geistigen Raum der Menschheit offenbaren.

Ein mehrstufiger Entscheidungsprozess bestimmt darüber, welche Impulse empfangen werden können und ins Erfahrbare umgesetzt werden.

Aus der gleichen Menge Materie lässt sich durch geistige Eingebung ein qualitativer Fortschritt erreichen. Wenn wir einen wahren und umfassenden Fortschritt ermöglichen und sowohl individuell als auch global das Bewusstsein erweitern, dann sind Wachstumsprozesse ohne Begrenzung und ohne Zerstörung der Lebensgrundlagen möglich, denn dann harmoniert das Wirtschaftssystem mit den universell gültigen Gesetzen des kosmischen Geschehens.

Wirtschaftskrisen sind ein Indikator für Zeiten des Umbruchs und sozialer Neuorientierung in der Polarität des dualen Daseins. Für das menschliche Bewusstsein treten dann Fragen nach Alternativen in Lebensführung und eigener Werteorientierung besonders in den Vordergrund.

Die Suche nach dem inneren Reichtum setzt eine Bereitschaft zur Fülle als Qualität inneren Erlebens in Gang. Menschen, die sich im Bewusstsein erweitern wollen, beginnen wahren Reichtum von der fiktiven Wertzuweisung des Geldes zu unterscheiden und suchen Möglichkeiten, ihre Mitmenschlichkeit mit Hilfe der Energie Geld in sinnvolle Taten umzusetzen.

Humanität im Finanzbereich beinhaltet vor allem die Frage, wie mit den Schulden und Schuldnern umgegangen werden sollte und außerdem die Bereitschaft, den eigenen Besitz mit anderen zu teilen. Jeder einzelne Mensch und jedes Gesellschaftssystem wird daran gemessen, inwieweit es diese Werte in sich integriert und im Alltag umsetzt.

Ganz gleich, ob wir mit einem Geldsystem leben oder mit einem anderen Zahlungssystem vorlieb nehmen, eines sollte definitiv klargestellt sein: Kein Mensch auf dieser Welt darf am Hunger sterben. Dieser ethische Basisaspekt der Humanität sollte nach meinem Verständnis von allen Menschen, Organisationen und Regierungen unserer Welt als oberstes Prinzip angenommen werden. Wir alle sind verantwortlich, wenn irgendwo auf unserem wundervollen Planeten ein Mensch verhungert. Es werden Projekte und Stiftungen gegründet, die sich weltweit finanziell engagieren, damit niemand mehr an Hunger sterben wird.

Geld mit anderen zu teilen, die es für ein menschenwürdiges Dasein benötigen, heißt für mich, Mitmenschlichkeit zu leben und bringt mir wahre Erfüllung. Ich wende etwa 10-15% meines Einkommens für die Unterstützung drogenabhängiger Kinder auf, finanziere ihre medizinische Behandlung und ermögliche ihnen mit diesen Spenden, an PC- und Fremdsprachkursen teilzunehmen. Desweiteren werden Kunstprojekte von mir gesponsert.

Im vollen Vertrauen darauf, dass für alle genug Geld und Ressourcen vorhanden sind, gebe ich mich täglich meiner wunderbaren Tätigkeit für alle Heilbedürftigen hin, in vollkommener Fülle aus Liebe für meine Mitmenschen.

Geteiltes Geld bringt viel Segen, da es im Fluss gehalten wird und vielen Menschen positive Energie wie Hoffnung, Freude und Lebendigkeit bringt. Das erlebt jeder Mensch als wahre Erfüllung, und immer mehr Menschen sehnen sich nach materiellem Reichtum, um selbst auch etwas an andere abgeben zu können. Das Annehmen und Weitergeben der Gaben ohne Angst vor eigenem Verlust erweitert unser Bewusstsein und bringt Frieden in alle Gemeinschaften.

Humanität lässt sich nicht durch Regeln und Verordnungen durchsetzen, wenn die innere Bereitschaft der Beteiligten durch Ängste blockiert ist. Ängste aller Art lassen sich nur durch die Kraft der Liebe lösen, indem wir uns täglich in Liebe üben und einbringen. Wenn wir uns um eine liebevolle Einstellung gegenüber den Mitmenschen bemühen, gelingt es nach und nach, die Geschenke der Natur und der Mitmenschen offen und freudig annehmen zu können. Damit erhöhen wir unsere Kraft, die innere Fülle, und können auch in Krisensituationen unsere Energie halten.

Die Einheit im Lichtbewusstsein wird erfahrbar und die Grenzen der Polarität erweitern sich. Auf diesem Wege erreicht die Menschheit die höheren Ebenen und den qualitativen Fortschritt, den sie ersehnt. Eine Gesellschaft im Lichtbewusstsein ist im höchsten Maße human ausgerichtet und lässt alle Menschen in Erfüllung leben. Ein humanes Wirtschafts- und Gesellschaftssystem ist dann Realität, wenn es gelungen ist, die individuelle Angst der Mitglieder ins Licht zu transformieren und dann Mitmenschlichkeit, Kreativität und höchstes Einheitsbewusstsein mit der Natur für alle gelebt werden. Heilung, Transformation und Bewusstseinserweiterung sind daher Voraussetzung für Humanität in Gesellschaften.

Das Geheimnis eines Rosenerfolgs

Eines Tages entschloss sich ein Mensch, erfolgreich mit sich und seiner Rosenvision zu werden. Er begegnete auf seinem Weg einem spirituellen Heiler und fragte ihn, wie er die Vision seines Rosenreichtums umsetzen könnte.

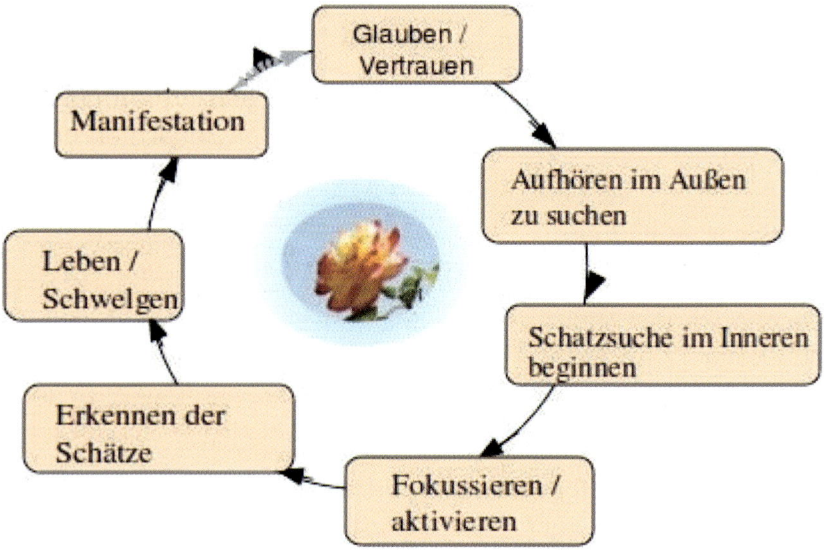

Der Heiler antwortete ihm:

Wenn Sie **glauben und vertrauen**, dass aus Ihrem Wissen, Ihrem Gefühl, Ihrem Bewusstsein und Ihrem Unterbewusstsein ein Garten voller Rosenblumen entstehen kann, dann haben Sie die *Voraussetzungen* geschaffen, ein Blumenzüchter zu werden.

Wenn Sie **aufhören** zu denken, Ihr Reichtum und Ihre Fülle außerhalb oder sogar getrennt von Ihnen zu suchen, dann haben Sie den *Nährboden* für Ihre Rosen geschaffen.

Wenn Sie **beginnen**, zu denken und zu fühlen, dass alle Reichtümer und alle Fülle in Ihrem Unterbewusstsein verfügbar sind und durch Ihr Handeln aus dem Speicher freigegeben werden, dann haben Sie die *Saat* Ihrer Rosen im Garten gesetzt.

Wenn Sie nun Ihren **Fokus** und Ihre äußere Konzentration darauf richten, den Prozess des Säens zu verinnerlichen und Ihre Rosensaat gut düngen und bewässern, dann sprießen die ersten *Rosensträucher* aus der Erde Ihres Gartens.

Wenn Sie **erkennen**, dass alle Reichtümer Ihres Lebens bereits in Ihrem Bewusstsein vorhanden sind und darauf warten, von Ihnen aktiviert und genutzt zu werden, dann sehen Sie die Blumen Ihres Schaffens in schönster Pracht viele *Knospen* setzen.

Wenn Sie dieses Gefühl von Reichtum und Fülle in sich erleben und genießen, sich daran täglich erfreuen und in allen Lebensbereichen manifestieren, dabei in der Gewissheit **schwelgen**, dass Ihre Rosen ihre volle *Blütenpracht* und ihr Parfum im Garten verstreuen, dann erleben Sie Ihren Garten als Paradies. Sogar die Bienen und die Nachbarn können an dieser Schönheit und diesem Duft teilhaben.

Die Fülle der Rosen und ihr betörender Duft werden sich ausdehnen und gut vermarkten lassen und damit für den besten Parfums als Basissubstanz dienen. Außerdem wird die Blütenpracht zum Verweilen im Garten einladen und auch Schnittblumen können aus dem Garten zum Kauf angeboten werden oder einfach als Geschenk viele Menschen erfreuen.

Wenn sich das Ergebnis in vielfältiger Form **manifestiert** hat, dann sehen, spüren und fühlen Sie Ihre große *Schaffens-*

kraft, Ihre geniale Kreativität und Ihre innere tiefe Vision als Realität vor sich verwirklicht.

Die Verwirklichung dieser Aspekte hat den suchenden Visionär zu einem Rosenzüchter gemacht, der erfolgreich und im Inneren höchst erfüllt seine Ideen in sein Leben gebracht hat. Dieses ist allen Menschen möglich.

"Dein innerer Wille
kann nicht besiegt werden.

Dein innerer Frieden
kann nicht gestört werden.

Dein inneres Glück
kann nicht verwandelt werden.

Dein innerer Zauber
kann nicht entzaubert werden."

DJW

Meditation zu Armut und zu Reichtum

Es werden hier zwei geführte Meditationen beschrieben, die Sie in einer Gruppe durchführen können, oder Sie sprechen den vorliegenden Text auf ein Band, das Sie in entspannter Atmosphäre abspielen lassen. So erhalten Sie einen Eindruck über die Gefühlsinhalte der Gegensätze ARM und REICH. Diese beiden Zustände entsprechen auch körperlich höchst unterschiedlichen Empfindungen.

Für die erste Meditation setzen Sie sich mit geschlossenen Augen bequem hin und hören den folgenden Text zum Thema Armut und Kälte:

„Stellen Sie sich vor, es ist Winter, Sie sind in einer Holzhütte ohne Heizung in ärmlichen Verhältnissen im Gebirge. Das Feuer wird immer kleiner und dadurch wird es auch immer kälter. Sie haben sich schon alles verfügbare angezogen, dennoch fühlen Sie sich fröstelnd – Sie spüren, wie es ist, in Armut und Kälte zu sein.

Und in Ihrem Inneren spüren Sie, Ihr Bewusstsein ist arm und kann sich Wohlergehen und Wohlstand gar nicht richtig vorstellen.

Es ist Ihnen kalt und Sie spüren innere und äußere Kälte und Vereinsamung. Sie empfinden sich als armselig und einsam, ein Gefühl von Kälte, Energiemangel, Getrenntsein und Armut überkommt Sie. Armut und Kälte machen Ihnen sehr zu schaffen."

Spüren Sie noch für etwa 5 Minuten nach, was Sie empfinden, eventuell auch mit leiser Musik.

Wie ist es Ihnen ergangen?

Falls Sie mit mehreren Personen meditiert haben, können Sie ein Gespräch in der Runde beginnen und die Antworten der Einzelnen sammeln.

Höchstwahrscheinlich hat ein Großteil der Teilnehmer wirklich gefroren.

Fazit: Wer im Mangel denkt, fühlt, visualisiert, der kann nur in dieser Art die Welt erleben und kann daher gar nicht in Reichtum und Fülle kommen.

Aus diesem Mangelbewusstsein kann nur Armutsenergie entstehen. Dieser Zustand von Armut und Kälte macht auch Angst. Sinngemäß fragen manche sich dann: Haben wir genug Holz / Geld / Nahrung etc. um den Winter zu überstehen?

Wenn es nicht gelingt, das Bewusstsein zu transformieren, dann bleibt der Mensch arm. Er muss sich dann mit einer Situation zufrieden geben, die es ihm, selbst wenn er nicht in absoluter Armut lebt, kaum ermöglicht, seinen Reichtum zu genießen und Erfüllung in seinem Inneren zu erfahren.

Solche Menschen leben immer im Mangel an Freude, Genuss und Glück, egal wie die äußeren Umstände beschaffen sind.

Im Anschluss an die Erfahrung der Disharmonie des Mangels kann die folgende Reichtum-und-Fülle-Übung durchgeführt werden:

„Stellen Sie sich vor, Sie leben in einer wunderschönen Stadt, in einem tollen Haus in grüner Umgebung mit einem herrlichen Garten. Sie haben eine wundervolle Arbeit, und eine liebevolle Familie unterstützt Sie in allen Situationen. Fülle, Freude und Reichtum herrschen in Ihrem Leben die meiste Zeit. Sie fühlen sich warmherzig, harmonisch und glücklich.

Über Ihnen scheint jeden Tag die Sonne.

Sie wärmt Ihr Herz und sie wärmt Ihren Körper.

Sie lässt auch die Pflanzen im Garten gedeihen und in jeder Situation erfahren Sie Wärme und Wohlgefühl.

Sie fühlen sich geborgen, warmherzig, offen und reich. Sie erleben ein Gefühl von Fülle und erfahren einen Energieschub, der Ihnen Kraft gibt, Sie wärmt und die Energie zur Verfügung stellt, alles zu schaffen.

Welche Schicksalsschläge Sie erfahren mögen, stets wird Fülle und Reichtum und Positivität Ihre Antwort auf das Leben sein.“

Auch die folgende Affirmation kann jeder Mensch, der sich im Mangel erlebt, in sich aufnehmen:

„Wenn ich in meinem inneren Sein Reichtum und Fülle visualisiere, glaube, vertraue und bejahe,
dann wird früher oder später durch den positiven, intuitiven Gedanken Reichtum und Fülle Realität werden.“

Diese Realität kann sich beispielsweise durch kluge Ideen, lukrative Geschäfte, durch Geschenke anderer oder auch durch Eigenarbeit materialisieren.

Umgekehrt gilt, dass jemand, der arm denkt, pessimistisch fühlt und lebt, nicht die Voraussetzungen erfüllt, um Reichtum und Fülle zu erleben. Er ist dann kalt, kleinlich, geizig, pessimistisch und negativ.

Wenn derjenige im Inneren so ist, dann kann er im Außen nicht anders sein. Das innere Bild dieses Menschen kann gar nicht zu etwas anderem führen als zu Mangelerfahrungen.

"Euer Denken bestimmt die Realität,
Euer Fühlen zeigt Eure aktuelle Wirklichkeit auf."

DJW

Empfinden Sie äußeren oder inneren Mangel, dann liegt ein Mangel in Ihrer inneren Einstellung vor. Durch Programmierung des Mangels zeigen sich häufig defizitäres Denken, körperliches Kälteempfinden und hoffnungsloses ausgeprägtes Angstempfinden und Misstrauen.

Durch Heilung des Mangelzustands können diese negativen Inhalte transformiert werden, so dass im Inneren durch Reich denken, Reich fühlen, Vertrauen, Hoffen und Glauben der Weg zu Reichtum und Fülle nicht länger verbaut ist.

Der Weg des Heils und damit der Transformation erfolgt durch sukzessive Erweiterung der Erkenntnisfähigkeit, die sich von der Eigenerkenntnis zur universellen Erkenntnis entwickelt.

Erweiterung beinhaltet, den relativ engen Rahmen der bisherigen Betrachtung, Ansichten und Muster zu sprengen. Erweiterungsprozesse laufen auf drei Ebenen ab, die aufeinander aufbauen.

Involution

Prozesse in sich selbst erweitern

Revolution

Verhältnis zwischen inneren und äußeren Umständen erweitern

Evolution

Allgemeine Erweiterung zum Einheitsbewusstsein

Der Weg zur Eigenerkenntnis, Wir-Erkenntnis und universalen Erkenntnis führt über das Erkennen der Polarität, der Dualität und der Einheit.

Involution: Wenn ich in mir selbst Polarität und Dualität auflöse, dann ist Universalität erfahrbar. Daher ist es notwendig, eine eigene stimmige Sicht über alle wichtigen Themen zu finden.

Revolution: Die Eigenerkenntnis bezieht die Gemeinschaft mit ein (Partnerschaft, Familie, Gesellschaft, Heimat)

Evolution: Auf der Ebene der universellen Erkenntnis erfahren wir uns als Weltgemeinschaft oder als galaktische Gemeinschaft.

Wie komme ich zu Reichtum und Fülle?

Hören Sie auf, arm zu denken,
Angst zu fühlen, in Mangel zu sein
und anderen nachzueifern.

Nur bewusste Prozesse bringen uns weiter, das heißt:
Bewusstwerden befreit.

Und auch:
Anhaftungen an Dingen und Konzepten begrenzen die
eigenen Möglichkeiten.

Bewusstseinslevel für Reichtum und Fülle

In der folgenden Tabelle fasse ich die Bewusstseinslevel der dualen Phase für das Thema Reichtum und Fülle zusammen. Diese Tabelle ergänzt die allgemeine Bewusstseinsskala auf Seite 73. Nehmen Sie bitte beide Tabellen zur Hand, und versuchen Sie eine ehrliche Selbsteinschätzung. Sie können auch noch weitere Themenbereiche, wie beispielsweise die Liebe, mit einbeziehen. Besonders wichtig sind dabei die Hinweise zur Erweiterung zu beachten, um einen zügigen Aufstieg zu erfahren.

Falls Sie bei Ihrer Selbsteinschätzung noch unsicher sind, fragen Sie Ihren Partner oder andere Menschen Ihres Vertrauens, oder beginnen Sie mit Ihrer systematischen Arbeit einfach ein Level unterhalb des Werts, der Ihnen passend erscheint. Wichtiger als eine exakte Analyse ist es, überhaupt die nächsten Entwicklungsschritte zum Lichtbewusstsein mit einer positiven Einstellung zu vollziehen.

Mit aufsteigendem Bewusstseinslevel spielen materielle Gegebenheiten eine abnehmende Rolle für das menschliche Dasein im Fühlen, Denken und Handeln. Das Sein gewinnt gegenüber dem Haben immer mehr an Bedeutung.

Am Anfang seiner Bewusstwerdung erlebt sich der Mensch im Kampf um materielle Güter, die er für sein Überleben benötigt. Mit zunehmender Bewusstseinsentwicklung experimentiert er mit seinen Möglichkeiten und sucht Antworten auf seine Fragen nach dem Ziel und dem Sinn seiner Existenz. Dann erlebt er Situationen, die ihn für die geistige Dimension des Lichtbewusstseins zunehmend öffnen und sein Ego in eine leichtere offenere Form überführen, die dann als höchstes Bewusstsein in Auflösung übergeht.

In einer liebevollen Haltung, alles Materielle anzunehmen und gleichzeitig auch loszulassen, zeigen sich die geistorientierten Bewusstseinslevel. Wichtig ist hierbei zu erkennen, dass nicht die Ablehnung des Geldes zum höchsten Bewusstsein führt, sondern die Klarheit und liebevolle bedingungslose Annahme aller materiellen Manifestationen. Das bedeutet vor allem, die Bereitschaft zum Teilen zu entwickeln, denn Teilen ist Ausdruck der ewig gültigen Schöpfungsprinzipien der Liebe und Einheit.

Der tägliche Umgang mit Geld offenbart das Maß der Bewusstheit und die Reinheit des eigenen Lichts. Ein bewusst entscheidender Mensch im Lichtbewusstsein kann gar nicht anders, als sich stets an die ewig gültigen Werte Liebe, Wahrheit, Freiheit, Frieden und Einheit zu binden.

"Selbst im Zustand äußerster Widrigkeit
kann reinste Spiritualität
erlebt werden,da diese nicht
von äußeren Bedingungen
abhängig ist."

DJW

Tabelle der Bewusstseinslevel für Reichtum und Fülle

Level	Entwicklungs-stand	Situation, Lerninhalte, Erweiterung
1	Schuld-bewusstsein	Bewusste Entscheidung über Erwerb und Konsum. Der Mensch fühlt sich schuldig und macht Schulden. Unklares Gefühl zu versagen bei finanziellem Mangel, Selbstwertgefühl herabgesetzt. Verdrängung der Situation. Will eigene Schwäche verbergen. Treffen Sie in **Klarheit** und **Hoffnung** Ihre **Entscheidungen,** meiden Sie Schulden. Suchen Sie Beratung und Hilfe bei finanziellen Fragen.
2	Angst bewusstsein	Existenzangst Angst vor Fülle und finanziellen Ruin, Sorge um das Kommende, starker Antrieb für Vorsorge. Strebermentalität. Klammern an Besitz. Wenig Vertrauen in geistige Führung. Verlust des Eigentums stellt den Sinn der eigenen Existenz und das Recht, weiterhin zu leben, in Frage. Die Kraftquellen **Vertrauen** und **Glaube** sind besonders zu fördern
3	Macht bewusstsein	Materieller Besitz ist Mittel der Manipulation der Mitmenschen. Strafend, fordernd, Schuld zuweisend aus Mangel an Verantwortlichkeit. Erfahrungen der Ohnmacht. Lernen Sie **Vertrauen** und Verantwortung statt Kontrolle, und lösen Sie die Fixierung auf Materielles auf.

Level	Entwicklungs-stand	Situation, Lerninhalte, Erweiterung
4	Rational-bewusstsein	Fordernd zu den Mitmenschen. Gier und Geiz, da das Ego nur sich selbst stärken und erweitern will. Auf Kosten anderer seine geldwerten Vorteile erschaffen. Lernaufgabe ist die Egotransformierung, das heißt,etwas vom Eigentum mit den Mitmenschen **teilen**, nicht nur aus Zwang oder Notwendigkeit, sondern aus **Mitgefühl** und Verantwortung für alle.
5	Balance-bewusstsein	Geld und innere Fülle werden bei Entscheidungen beide berücksichtigt. Bereitschaft zu teilen und abzugeben auch ohne äußeren Zwang. Bewusstes Kaufverhalten, Auswirkungen werden wahrgenommen, Eigeninteresse und Allgemeinwohl für sich abwägen. **Eigenes Maß** und eigene Balance für sich herausfinden.
6	Erwachtes Bewusstsein	Materieller Reichtum wird als Energie und Erweiterung der Wachstumschancen für sich erkannt. Geld als Mittel, Gutes zu bewirken, als Quelle ständiger **Dankbarkeit.** Erkennen der Vergänglichkeit materieller Werte führt zur Geistorientierung.
7	Spirituelles Bewusstsein	Materieller Reichtum befindet sich in Transformation. Geld verliert seine beherrschende Rolle, inneres Bedürfnis, allen Besitz zu teilen. **Vision** einer tiefen **Verbundenheit** mit allem Sein.

Level	Entwicklungs-stand	Situation, Lerninhalte, Erweiterung
8	Erhöhtes Bewusstsein	Volles Vertrauen in die geistige Einbindung und Fügungen führt zu höchster Erfüllung, alles zu teilen und weiterzugeben. Die Verbundenheit mit allen Seinsformen schließt auch das Geld als Energie mit ein. Bewusster Umgang zum allgemeinen Wohle und die Bereitschaft, es bei Bedarf loszulassen, eröffnen einen humanitären Zugang zum Geld. Es werden finanzielle Projekte und Stiftungen gegründet, die sich weltweit **engagieren**, um Not zu verhindern und alle Mitmenschen am Reichtum der Welt zu beteiligen.
9	Höchstes Bewusstsein, das Menschen erreichen können	Alles Materielle wird als relativ und ohne wahre Existenz erkannt und dennoch mit ganzer und liebender Offenheit angenommen. Durch Auflösung aller Grenzen entsteht Klarheit über die Rolle aller relativen Seinsformen. Kein Mangel erfahrbar, da durch höchste geistige Präsenz die Materie an Bedeutung verliert. und die Materialisierung möglich wird. Dualität als Erfahrung verblasst und wird durch **Einheitserfahrung** abgelöst. Keine Tauschgeschäfte notwendig, da materielle Bedürfnisse überwunden sind.
10	Reines, absolutes Bewusstsein	Alle Facetten der All-Schöpfung sind vereint, gedanklich und gefühlsmäßig nicht fassbar oder beschreibbar.

Lichtvolle Gedanken - Mein reicher und erfüllter Tag

Heute ist ein neuer Tag in meinem Leben angebrochen. Ein Tag voller Reichtum und Fülle. Es ist mein Tag, ein Tag an dem ich etwas verändern kann. Ein neuer Tag mit äußerem Reichtum und innerer Fülle. Auch an diesem Tag geht wieder die Sonne auf, wärmt mein inneres Sein und meine äußere Hülle.

Ihre Lichtstrahlen bereichern mich, dieser Sonnentag gibt mir neue Kraft und innere Stabilität. Er schenkt mir tiefes Vertrauen und freudevolle Leichtigkeit. Ich fühle aus dem Inneren heraus, dass ich weiterkomme, ich spüre, dass meine innere Fülle wächst. Mein inneres Sein gibt mir grünes Licht, meine wahre Fülle nach außen zu bringen und sie mit anderen zu teilen.

Ich spüre meinen inneren Reichtum aus mir emporsteigen, sich ausdehnen und wachsen. Was ich heute sage und tue, wird stets im Einklang sein mit der inneren Fülle und meinem äußeren Reichtum. Es ist von großer Bedeutung, wie ich Reichtum sehe, wie ich ihn in mir erzeuge und dann materialisiere. Dieser Tag hält genau die richtigen Augenblicke voller Reichtum und Fülle für mich bereit.

Meine innere Einstellung zu diesem Tag ist genauso wichtig wie meine äußeren Handlungen zu diesem Thema. Ich möchte mein Dasein in jedem Augenblick in Reichtum und Fülle erleben. Ich wünsche, mein Leben in jedem Moment innerlich zu erfüllen und mit großer Freude will ich mein Bewusstsein durch Reichtum erweitern und mein Gefühl durch Fülle lebendig gestalten.

Ich vertraue auf meine innere Führung.

Ich glaube an wahren Reichtum und Fülle.

Ich bin reich und innerlich erfüllt.

Ich teile gerne meinen Reichtum mit anderen.

Ich unterstütze gerne mit meiner inneren Fülle die anderen im Mangel.

Ich spüre, wie Reichtum aus mir hervorkommt.

Ich habe die richtigen Ideen für ein reiches und erfülltes Leben.

Ich sehe meine erfüllte Zukunft jetzt klar vor mir.

Ich arbeite schon positiv im Geiste mit dem Geld, das noch zu mir kommen wird, und setze es für erfüllende Projekte ein.

Reichtum und Fülle sind wichtig und notwendig.

Ich fühle mit jedem neuen Tag, wie ich durch mein bewusstes, klares und friedfertiges Handeln innerlich an Fülle und Weisheit gewinne.

Ich spüre, dass sich mein Geist durch Fülle und Reichtum ausdehnt und zum Wohle aller aktiv wird.

Ich weiß, dass ich durch Reichtum und Fülle andere Menschen beglücken kann.

Meine Herzlichkeit, Freundlichkeit, Liebe und Verbundenheit mit anderen Menschen wächst durch mein Reichtum und meine innere Fülle.

Gerade an diesem Tag lasse ich meine Liebe und Fülle andere Menschen fühlen.

Ich nehme Anteil an ihrem Leben und freue mich mit ihnen für ihre Erfolge und Gewinne.

Ich weiß, dass ich für meinen Reichtum selbst verantwortlich bin und mit großer Freude nehme ich die Verantwortung an und bin mir dessen von Tag zu Tag mehr bewusst.

Ich begegne meinen Mitmenschen jeden Tag mit Offenheit, Respekt, Freude, Vertrauen und Liebe und helfe ihnen, so reich zu werden, wie ich bin, so erfüllt zu leben, wie ich lebe.

Ich habe die Chance, reich zu werden. Ich habe die Fähigkeit, erfüllt zu leben. Ich bin beglückt, beides in mir zu spüren, zu fühlen und zu erleben.

Jeder Augenblick enthält Fülle und jeder Moment ist voller Reichtum. Ich tue alles dafür, dass ich diese Glücksmomente auch künftig offen, freudig, liebend und beseelend erfahren kann.

Ich kann mit Reichtum gut umgehen, ich kann meine Fülle gerne transparent zeigen.

Ich erlasse denen, die mir etwas schuldig sind und nicht zurückzahlen können, voller Freude und ohne Erwartung die Schulden.

Mein vergangenes Denken über Reichtum und Fülle werfe ich über Bord, ich öffne mich für die neue Welt der Zukunft.

Ich bin bereit, für die Freiheit in Reichtum und Fülle zu leben und Verantwortung zu übernehmen. Ich übe mich in Geduld beim inneren Wachstum und ich vertraue darauf, dass sich meine Chancen sehr gut entwickeln werden.

Die Zukunftsvisionen meines Reichtums und meiner inneren Fülle sind Realität - die Realitäten, die ich heute in Gedanken visualisiere und im Herzen verwirkliche.

In bewusster Gewissheit und größtem Vertrauen fühle ich, dass meine Zukunft in Reichtum und Fülle erblühen wird. Ich lege mein tiefstes Gefühl und mein innerstes Vertrauen für eine Zukunft in Fülle und Reichtum, die ich zum Wohle aller einsetzen werde.

Ich freue mich jetzt schon auf diese erfüllenden Momente großen Reichtums.

Ich visualisiere diese Momente jeden Tag in meinem Leben voller Beharrlichkeit, Bewusstheit und Klarheit.

Was auch heute geschehen mag, heute bin ich reich und lebe aus der inneren Fülle heraus.

Ja, Reichtum und Fülle sind gut und notwendig. Es gibt noch sehr viel Gutes zu tun.

Heute fange ich an, in Reichtum und Fülle zu leben. Heute verschenke ich Reichtum und Fülle wie eine Rose, die ihre Schönheit und ihren Duft verströmt, ohne dafür etwas zu erwarten oder wie die Sonne, die für jeden von uns scheint, ohne eine Gegenleistung zu erwarten.

Das Leben ist voller Reichtum und Fülle, ich bin innerlich reich und erfüllt und meine Zukunft wird ein Leben in Reichtum und Fülle sein.

Zusammenfassung

Bewusstsein ist Alles, alles Existierende, alles Vorstellbare, alles jemals Erschaffene und alles Denken und Fühlen des Menschen. Wenn es ALLES beinhaltet, so auch den Sinn, das Ziel und die Sehnsucht nach seiner Selbst-Erkenntnis und Erfahrung, die alles Seiende ausmacht.

Es gibt eine Vielzahl von Überlegungen und systematische Beschreibungen in alter und neuerer Zeit darüber, was der Begriff „Bewusstsein“ beinhaltet und welche Fakten und Hypothesen dem Menschen bei seiner Sinnfindung wirklich weiterhelfen. Das vorliegenden Werk ist ein Versuch, meine philosophischen Auffassung über dieses höchst komplexe Thema, das mir durch wunderbare Einsichten in die Geheimnisse des Lebens offenbart wurde, auf wenigen Seiten verständlich darzustellen.

Die tiefsten und universellen menschlichen Sehnsüchte nach Liebe, Freiheit, Frieden, Wahrheit und Einswerden mit der Quelle seines Ursprungs sind in allem Erschaffenen präsent und sind ewig gültige Werte aus der Urschöpfungsquelle. Das heißt, sie sind keine menschlichen Erfindungen und auch nicht zeitabhängigen Denkrichtungen zuzuordnen. Sie stammen direkt aus der Uressenzquelle als Ursprung allen Seins und diese Quelle an sich ist reinstes und ewiges Bewusstsein. Jeder Erschaffung, sei sie materiell, energetisch oder geistig manifestiert, geht ein Impuls voraus, der alle Information über ihre Beschaffenheit und Entwicklung bereits enthält.

Bewusstsein erschafft weiteres Bewusstsein, um sich zu erweitern und sich selbst zu spiegeln. Alle Materie, alle Gesetze des Geistes und der materiellen Ebenen sowie alle Gedanken, Prozesse und Erfahrungen sind Manifestationen von Bewusstsein und damit der einen Urquelle, des ALL-Bewusstseins, entsprungen. Das ALL-Bewusstsein selbst strebt nach Ausdehnung und Erfahrung der Einswerdung durch die Liebe.

In der Welt der Materie offenbart sich das ALL-Bewusstsein in den allgegenwärtigen Prinzipien von Licht, Liebe und Leben (3L-Prinzip). Das Licht ist die höchste Energieform und Manifestation des Bewusstseins im materiellen Bereich. Es steht für die Ausdehnung und Erweiterung, die alles Sein bestimmt. Die Liebe steht für den Ausdruck der Essenz allen Seins. Selbstausdruck ist das Ziel aller Schöpfung und daher ist die Schöpfung an sich die reinste Liebe. Und das Lebensprinzip bedeutet, Erkenntnis und Erfahrung über sich selbst zu erwerben, und damit der Essenz zum Ausdruck zu verhelfen.

Der Mensch besitzt als einziges Lebewesen auf unserer Erde die Fähigkeit, sich selbst zu erkennen und bewusste Entscheidungen über seinen Lebensweg zu treffen. Als Evolutionsforscher für das Bewusstsein habe ich die Umstände und Bedingungen, unter welchen der Mensch seine Wahl trifft, genau untersucht.

In freier Wahl offenbart sich sein aktueller Bewusstseinsstand durch die Übereinstimmung seiner Entscheidung mit den ewig gültigen Werten der Schöpfungsessenz. In deren Sinne sind Mitmenschlichkeit und Mitgefühl aus der Liebe selbstverständlich zu erfüllen und der oberste Maßstab des eigenen Handelns.

In der Dualität begegnen uns alle Werte und Phänomene immer als zwei polare Ausprägungen. Der Wert Freiheit in seiner Verneinung bedeutet Zwang, und Zwang ist ein Schattenaspekt des Daseins, den das menschliche Bewusstsein im Rahmen seiner Wahlfreiheit zuvor erschaffen hat.

Der Mensch hat die Wahl, welche Wirklichkeit sich in seinem Leben manifestiert und begreift mit zunehmender Erfahrung, dass mehr Bewusstheit und Humanität ihm wahre Erfüllung bringt. Dem Menschen steht es frei, einen Weg des lichten und wahren Bewusstseins zu gehen und damit in die Einheit der Schöpfung, aus der er abstammt, zu gelangen oder auch seinem Schatten, der diesen Aufstieg in die höheren Ebenen des Seins verhindert, nachzugeben.

Licht- und Schattenbewusstsein sind stets dual präsent, solange er in in der körperlichen Existenzform wirkt. Mit dem physischen Tod geht der Mensch in eine rein geistige Form über, die auch frei von seinem Ego ist. In freier Wahl trifft er in der geistigen Existenzebene die Entscheidung für eine irdische Wiedergeburt, falls noch wichtige Erkenntnisse im dualen Umfeld für die Vollendung seines Weges zu erfahren sind. In der Phase der dualen Entwicklung bedarf das Lichtbewusstsein der Auseinandersetzung mit dem eigenen Schatten, dem Ego, das als Täuschung durch zunehmende Bewusstheit überwunden wird.

Unser wahres Selbst ist nicht das, was die meisten dafür halten, und diese Täuschung lässt sich durch Lichttransformation des eigenen Bewusstseins überwinden. Es ist die in unserer Essenz angelegte Wirklichkeit des Lichtbewusstseins, die nach ihrem Ausdruck (Liebe) im Lebensprozess strebt und das Leben hervorbringt. Der Mensch ist vollkommen in seinen Anlagen und Potential, er braucht sie nur zu entdecken und sie ins Licht zu holen, um seinen Weg der Erkenntnis auf Erden zu vollenden.

Heutzutage erlebt die Menschheit erstmalig die Chance, auch auf dem Wege der exakten Wissenschaften die Einheit und ALL-Verbundenheit nachzuweisen, und völlig neue Wege der Kommunikation und Selbsterkenntnis erschließen sich für alle, die sich dafür öffnen. In der Physik und Kosmologie erweitern sich die bisherigen kausalen Anschauungsmodelle um die Aspekte der Allgegenwärtigkeit und Multidimensionalität. Wenn die Menschheit diese Erkenntnisse für sich nutzt und diese Einsichten auch im praktischen Leben umsetzt, ist der Weg für eine neue Erde im Lichtbewusstsein gangbar und erfahrbar. Dann wird die Vision des Lichtbewusstseins Realität, sowohl für den Einzelnen, für die Menschheit und die gesamten ALL-Schöpfung.

Wir brauchen keine Dogmen mehr, sondern Erkenntnis und innere Bereitschaft für die Entdeckung der fünften Dimension, die die Allgegenwärtigkeit bewusst werden lässt. Manipulation, Zweifel und Getrenntsein lösen sich im Licht auf, und Sie erfahren auf einfachen und direktem Wege, wie auch Sie zum freien und glückseligen Menschen werden können. Alles ist bereits in Ihnen angelegt und ersehnt sich die Verwirklichung im materiellen Umfeld.

Sie erfahren, wo Sie sich auf dem Weg zum Lichtbewusstsein momentan befinden und welche Schritte Sie ohne Umwege zum Licht führen können. Anhand einer übersichtlichen Tabelle der Bewusstseinslevel finden auch Sie ihren eigenen Weg und bekommen einen Einblick, worauf es im Leben wesentlich ankommt. Das folgende Schema trägt die wichtigsten Aspekte über die Entwicklung des Bewusstseins auf menschlicher Stufe zusammen. Sie können darin ablesen, wie mit aufsteigendem Bewusstseinslevel sowohl der Umfang an Wissen und Erfahrungen zunimmt, als auch die Qualität dieser Erfahrungsinhalte sich veredelt, das heißt, ihr relativer Lichtanteil zunimmt.

Am Anfang der Entwicklung befindet sich der Mensch im Schuldbewusstsein (Level 1) und ist sich noch weitgehend unbewusst über die wahren Zusammenhänge der Schöpfung.

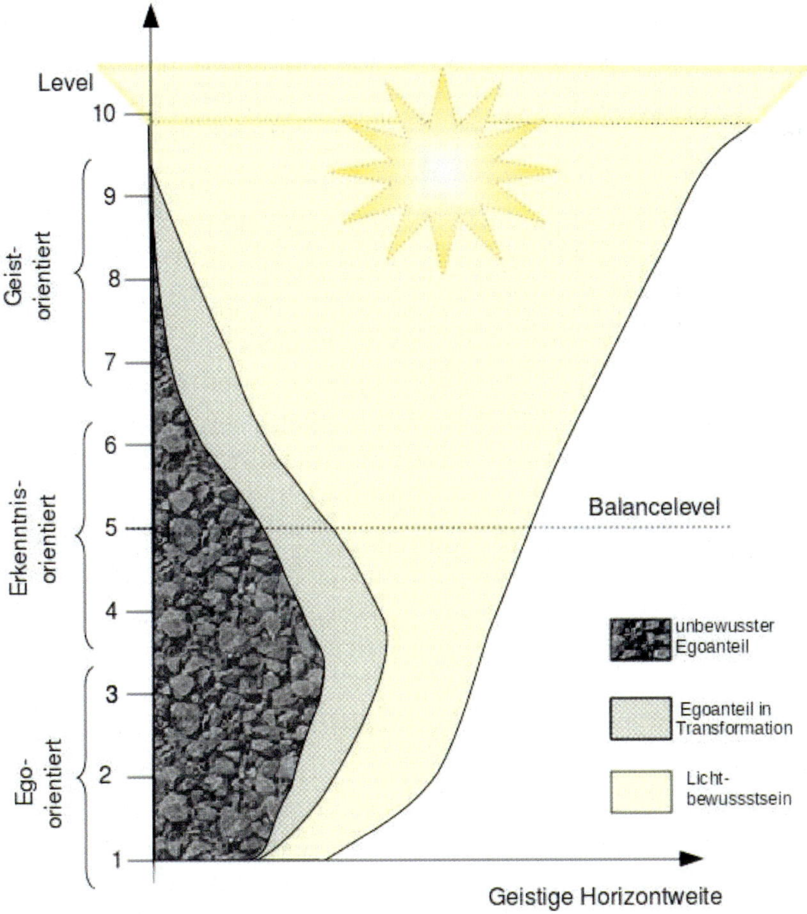

Das menschliche Bewusstsein in seinen Anteilen nach
David Wared

In diesem Stadium der Bewusstheit erfolgt ein Großteil seines inneren Erlebens und Entscheidens aus dem Schatten des Unbewussten. Da die Umstände im Außen die innere Situation widerspigelt, erleben Menschen im Schuldbewusstsein oftmals belastende Umstände, in denen sie sich als Opfer erfahren.

Ziemlich schnell wächst der Erfahrungsschatz in den egoorientierten Leveln 1 bis 3, doch der Anteil des lichten Bewusstseins nimmt nur relativ wenig zu. Ein Teil des Schattens befindet sich bereits in einem Lichtwerdungsprozess, das heißt, dieser Anteil wird allmählich als nicht heilvoll erkannt und in den Schritten der Heilung ins Licht transformiert.

Die Level 4 bis 6 sind erkenntnisorientiert, das heißt, nun wird der Schatten größtenteils ins lichte Bewusstsein überführt. Die allgemeine Fähigkeit zur Selbsterkenntnis nimmt deutlich zu und beim Erreichen von Level 5 sind Ego- und Lichtbewusstsein gleichmäßig gewichtet, daher habe ich für dieses Stadium die Bezeichnung „Balancebewusstsein" gewählt. Die Lichttransformation der Reste des Egos erfolgt in den geistorientierten Leveln 7 bis 10, nach deren Durchschreitung das menschliche Bewusstsein aus der Dualität ins reine Lichtbewusstsein übergeht und seinen weiteren Weg in den höheren Dimensionen fortsetzen kann.

Der bewusste Weg zum Licht ist der einzige, wirklich befreiende Weg, der die Ursehnsucht nach Einheit auf allen Ebenen des Seins zu erfüllen vermag. Wenn Sie anhand von Offenbarungen aus der höchsten Quelle des Wissens in die Geheimnisse des Bewusstseins eingeweiht worden sind, können Sie unter allen irdischen Umständen im Lichtbewusstsein leben und die Beschränkungen des Materiellen vollständig überwinden. Es ist allen Menschen möglich, dieses zu erfahren, unabhängig von ihrer Herkunft oder den bisherigen Verlauf ihrer Entwicklung.

Nur die Gegenwart ist wirklich und setzt die Saat für Ihre zukünftigen Lebensbedingungen. Wenn Sie den Sinn zeitlicher Abläufe, insbesondere den von Geburt und Tod des irdischen Lebens, umfassend verstehen, werden Sie befreit und dankbar die Chancen Ihres Lebens erkennen und sich freudevoll weiterentwickeln.

Sie können aus den vielen Anregungen zur Bewusstseinserweiterung, die in diesem Buch enthalten sind, je nach persönlichen Vorlieben, eine Auswahl für sich treffen. Ihr Bewusstsein expandiert bei der Lektüre dieses Werks und eröffnet Ihnen neue Horizonte für Ihre spirituelle Entwicklung. Die neue Zeit ist schon gegenwärtig, und in ihr erfüllt das Lichtbewusstsein die Menschheit. In Klarheit und umfassender Liebe befreit sich in der neuen Epoche die Menschheit von den dunklen und unerlösten Aspekten der Vergangenheit, so dass Frieden und Humanität das irdische Leben bestimmen.

In allen Menschen ist die Saat gesetzt, das Lichtbewusstsein zu erreichen, es obliegt dem Einzelnen, was er damit macht, wie er mit dem Potential seiner Liebe, seines materiellen Besitzes und seiner Intelligenz umgeht. Lernt der Mensch, die wesentlichen Aspekte von den unwichtigen zu unterscheiden, dann kann die Lichttransformation tatsächlich in recht kurzer Zeit vollzogen werden. Es gibt da keine Begrenzung, es sei denn, der Mensch setzt sie sich selbst. Jeder Augenblick ist eine Ewigkeit in den höheren Dimensionen das Seins. Haben wir Menschen die Dualität, die sich auf drei Dimensionen beschränkt, überwunden, sind wir auch von der Zeit und der Kausalität befreit. Im Hier und Jetzt sind wir als Menschen frei, zu bestimmen, wer wir sind und was wir erleben.

Jedes Bewusstsein, das seine Erweiterung anstrebt, hat die Möglichkeit und wird von der Sehnsucht geleitet, in der aktuellen Inkarnation seinen dualen Weg zu vollenden.

Wir entscheiden als Menschen, welches Maß an Mitmenschlichkeit und Mitgefühl wir bereit sind zu leben. Im Alltag erleben wir Widerstände, Herausforderungen, Provokationen, Täuschungen und Enttäuschungen. Gelingt es dann, im Frieden zu verweilen und aus der eigenen Essenz zu agieren, dann leben wir wahrhaftig und authentisch und geraten nicht aus der inneren Balance. Dann hat das Ego keine Möglichkeit, uns in die dunklen Strudel der Selbsttäuschung hineinzuziehen, sondern wird selbst ins Licht überführt.

Alle Hindernisse dienen dem Lernenden auf seinem Weg der Bewusstheit als Hinweis unerlöster Persönlichkeitsanteile. Sie führen zum Sinn der Sinne, sie erschaffen den Blick der Blicke, sie spielen die Melodie der Melodien, sie lassen den Ton der Töne erklingen, sie bringen die verbale und nonverbale Kommunikation über viele Dimensionen im Alltag in Gang.

Es waren die Gespräche, Seminare und Meditationen mit Ihnen allen, die mir Anlass gegeben haben, dieses Werk für Sie arbeitsfertig zur Verfügung zu stellen.

Ich hoffe, Ihnen mit diesem Buch soweit gedient zu haben, dass Sie ein Stück weit in Ihrem Herzen berührt, in Ihrer Seele befriedet, in Ihrem Geist angeregt werden, damit Sie in Ihrem Umfeld, in Ihrem erweiterten Kreis und gegebenenfalls auch im globalen Wirkungskreis Ihr Bewusstsein zum Ausdruck bringen, andere Seelen zu berühren und in ihrem Bewusstsein zu tangieren.

*„Alle Lichter im Kosmos können meine Sehnsucht
nach dem wahren Licht
nicht stillen.“*

DJW

Über den Autor

Es ist nicht einfach, ein so komplexes und vielfältiges Gebiet, wie es das Bewusstsein in seiner unermesslichen Tiefe ist, in klarer und erhellender Form nahezubringen. Dieses ist dem spirituellen Heiler, Forscher und begnadeten Lehrer David Jawed Wared in vollkommener Weise gelungen.

Eingebungen und höchste eigene Erkenntnisse begleiten den Autor dieses einzigartigen Werks von Beginn seines Lebens an.

Seine Mutter brachte ihn als zwölftes Kind in der Heiligen Nacht auf den Höhen des Hindukusch auf die Welt. Sie entstammt aus einer Familie mit jahrhundertealter Heiltradition und gab dieses Heilerbe an ihren Sohn David weiter. Sie vermittelte ihren Kindern Mitmenschlichkeit und ein umfassendes Heilverständnis, das sie von ihrer Mutter auf ihrem Weg mitbekommen hatte. Seine Großmutter praktizierte über sechs Dekaden als spirituelle Lehrerin und Heilerin und erkannte bei ihrem Enkel bereits im Kleinkindalter die besondere Berufung und Befähigung zum Heiler. In den ersten neun Lebensjahren hat sie ihn täglich einfühlsam in die Heilkunst eingewiesen. Bereits als Kleinkind praktizierte David Wared gemeinsam mit seiner Großmutter geistiges Heilen bei einer Vielzahl von Patienten.

Sein Vater war im diplomatischen Staatsdienst tätig. Sein Sohn wurde durch seinen fein entwickelten Sinn für Kunst und Literatur angeregt, die Kulturen vieler Länder eingehend kennenzulernen und befasste sich bereits im Jugendalter mit Weisheitslehren aus aller Welt, wie etwa dem Sanskrit. Das Studium der Lehren aus buddhistischer, jüdischer, islamischer und christlicher Tradition ermöglichte David Wared ein tieferes Verständnis der gemeinsamen Wurzeln dieser Weisheiten. Dazu haben auch die anregenden Gespräche mit seinem Großvater beigetragen, der als Philosoph im Dienste eines Königshauses großes Ansehen genoss. Sein ältester Bruder und eine seiner Schwestern spielten ebenfalls eine besondere Rolle in der Ausbildung eines umfassenden humanitären Verständnisses. Eingehendes Reflektieren und Studieren im Jugendalter diente als wichtige Quelle für eigene Weisheiten, die der Künstler, Poet und Denker David Wared in späteren Jahren zum Ausdruck brachte. Durch das tiefgehende Verständnis metaphysischer Zusammenhänge konnten ihn Eingebungen aus der höheren Lichtwelt erreichen und in vielfältiger Form mitgeteilt werden.

Es waren Eingebungen und Fügungen, die den jugendlichen Heiler nach Deutschland führten, wo er nach dem Abitur ein Studium der Soziologie und Politikwissenschaften absolvierte. Auch während des Studiums war das Heilen und Lehren sein besonderes Anliegen und er vollendete seine eigene Ausbildung als Hospitant bei den geistig ausgerichteten Heilern Amin Schah und Sofi Tachalov. In diesen Jahren begann David Wared seine lichtvollen Botschaften der Heilung und Hoffnung in Bildern und Gedichten auszudrücken. Dabei fand er beachtliche Resonanz in Fachkreisen und es wurde ihm aufgrund der von ihm hervorgebrachten „Metaphysischen Kunst“ Stipendiaten in den USA, Indien und Italien gewährt.

Auch die Poesie begleitete seinen Weg in allen Situationen und seine Werke haben bereits die Herzen vieler Mitmenschen erreicht.

Denn er möchte die Menschen an die Ufer der Hoffnung bringen, sie zu den Gefilden der Liebe begleiten, damit sie es schaffen, die lebendige Essenz des Lebens in sich aufzunehmen.

Der Mensch in seiner Situation in der Natur, im Kosmos und in der Gesellschaft ist stets der Maßstab allen Handelns für David

Wared.

In allem Wirken und Schaffen auf Erden geht es ihm darum, das ewig Gültige der Schöpfung zu leben, auf vielen Wegen auszudrücken und weiterzugeben. Weltweit zählen mehrere hundert Schüler und Meisterschüler zu denjenigen, die das Lichtbewusstsein entwickeln, praktizieren und weitervermitteln. David Wared gibt regelmäßig Seminare zur Ausbildung des Lichtbewusstseins für seine Schüler und für alle Interessierten.

Einer seiner Schüler sagte es einmal in einem Satz: „David hat uns etwas geschenkt, das uns keiner wegnehmen kann!“

Als Heilpraktiker möchte David Wared den Hilfesuchenden die vollkommene Form des Heilens und des Friedens erfahren lassen und lebt in seinem Alltag diese Prinzipien im höchsten Maße. Heilung nach seinem Verständnis bedeutet, die Verletzungen und Defizite beim Kranken auszugleichen und das eigene Licht expandieren zu lassen. Das heißt, die Menschen für neue Möglichkeiten und Chancen zu öffnen, so dass sie sich zur Heilung führen lassen. Dann ist völlige Freiheit und Selbstbestimmung möglich und es erfüllt sich die Sehnsucht, im äußeren und inneren Frieden zu leben.

Menschen aus allen Schichten kommen in seine Praxis in der Düsseldorfer Innenstadt. Er berät und begleitet sie erfolgreich spirituell mit Hingabe und mit dem Ziel, geistvoll und bewusstseinserweiternd zu wirken. Seminare und Heilmeditationsabende ergänzen seinen erfüllenden Dienst an den Ratsuchenden. Die Beratung von Unternehmen und Unternehmern im Rahmen eines spirituell ausgerichteten Coachings bildet für David Wared einen weiteren Schwerpunkt seiner vielseitigen Praxistätigkeit.

Das mit großer Sorgfalt aufgebaute System der Bewusstseinslevel ist das Ergebnis über dreißigjähriger Heilpraxis und Erforschung des menschlichen Bewusstseins. Der Erforscher der spirituellen Evolution des Menschen beabsichtigt mit diesem Tabellenwerk das Erwecken des Geistes, das Zünden des Lichts der Erkenntnis und das Erinnern an die Liebe als immerwährende Schöpfungskraft für uns ewig existierende Lichtwesen.

Die Menschen bleiben dann nicht länger in alten Bahnen und Verstrickungen und das Neue, kreativ in höchster Bewusstheit und Freiheit Erschaffene, geht in sie ein und sie entdecken voller Staunen das Wunder in sich selbst und in den Anderen. Dann sind Trennung und Beengung überwunden und der Mensch wird zu dem Licht seiner wahren Existenz, das seine ewige Existenz ausmacht.

Als Lichtmanifestierer verbalisiert David Wared erstmalig das erforschte und aus lichter Quelle empfangene Wissen, um es allen zugänglich zu machen aus dem einzig wahren Motiv: Die universelle Liebe in die Welt zu bringen und die Wahrheit über das menschlich Mögliche mit allen zu teilen, um gemeinsam mehr Menschen dienen zu können, in Einheit über alle Grenzen hinaus.

Der Vision, in einer friedlichen Welt, in der jeder Mensch im Einklang mit den Werten der Schöpfung lebt, hat in David Wared die Idee eines Lichtzentrums gezündet. Es wird eine Stätte sein, wo das Lichtbewusstsein in allen zehn Leveln in alltäglicher spiritueller Praxis erfahren und weitergegeben wird und in der Kinder, Erwachsene und Senioren als Einheit im schöpferisch-kreativen Sinne zusammenwirken. Eine Kunst- und Heilstätte, in der gedient, geforscht, getanzt, gekocht und gelacht wird, in der die Schönheit der Natur gemeinsam erfahren und meditativ erschlossen wird. Die Teilnehmer identifizieren sich über die Selbstverantwortung, Liebe und Selbsterweiterung und erleben ihren Alltag als Mitschöpfer der gesamten Lebenswirklichkeit.

Die Vision einer Neuen Erde ist bereits bei vielen Menschen als Saat gegenwärtig und nimmt in ihrem Bewusstsein Gestalt an. Sie in die Welt zu bringen, ist der Traum der Menschheit seit Urzeiten und David Wareds Eingebungen bereiten den Weg zu seiner irdischen Manifestation.

Dieses sind ein paar Facetten des brillanten Geistes David Wareds, der bereits in jungen Jahren mit Fug und Recht die Meisterschaft des lichten Bewusstseins lebt. Wer ihm oder seinen Werken begegnet, wird seine Präsenz und durchweg positive Herzausstrahlung schnell spüren und intuitiv erahnen, welche reichhaltige Tiefe sich im menschlichen Bewusstsein offenbart. David Wared ist ein Lehrer des Lebens und Wegbereiter des Lichts, der die Menschen in tiefster Seele berührt und sie an seiner Liebe für alles wunderbar Erschaffene selbstverständlich teilhaben lässt. Dann ist Frieden ein Geschenk der Leichtigkeit - Das ist die wahre Essenz des Lebens.

"Wir alle sind Mitglieder einer
einzigen Universumsfamilie.

Wir alle sind die Botschafter einer
einzigen Botschaft.

Wir alle sind die Zeugen
eines einzigen Zeugnisses."

DJW

In tiefer Versenkung und Meditation

Die beiden folgenden Bilder zeigen mich in tiefer innerer Versenkung, in Hingabe und vollkommenen Frieden. Sie können sie als Kraftquellen für Ihre alltägliche Meditation anwenden.

Die Bilder sind Symbol von Demut und Dankbarkeit an den universellen Geist der ALL-Schöpfung, die sich in Gebet und Kontemplation ausdrücken.

Auf der Suche nach dem inneren Funken,
zur Belebung des eigenen Geistes,
zur Befriedung der eigenen Seele,
in Balance und Hingabe im eigenen Körper.

Mein ganzes Bestreben, mein ganzes Sein widme ich der Aufgabe, den Menschen und dem Ganzen als Heiler, Lehrer und spiritueller Entdecker tagtäglich zu dienen.

Werden auch Sie selbst zur Quelle der Erkenntnis aus Ihrer Mitte heraus, entdecken und ehren Sie die Herrlichkeit der Schöpfung durch das universelle Licht Ihres Bewusstseins.

Stichwortverzeichnis

3L

A

B

D

E

M

N

P

R

S

T

U

Windtraum

"Einst träumte ich,
ich sei der Wind.
Ein Wind, der durch Zeit und Raum
fliegend wehte und sich wunschlos
auf allen Ebenen und auf allen Dimensionen
bewegte.

Plötzlich erwachte ich und merkte,
dass ich David war....

Nun weiß ich nicht, ob ich
vom Wind träumte oder ein Windtraum war.
oder bin ich ein Mensch, der vom Winde träumte?"

DJW

Danksagung

Herzlicher Dank und besondere Verbundenheit gilt folgenden licht- und liebevollen Menschen, ohne deren Liebe, Mitgefühl und Unterstützung ich mein Werk nicht so wundervoll hätte niederschreiben können.

Ich habe sehr viel von euch lernen dürfen.

Ich liebe euch unendlich.

Euer David

Graf Herrmann Hatzfeldt, Gräfin Angelika Dönhoff, Prof. Sofi Tachalov, Pastor Jürgen Fliege, Walter Ohler, Elfriede Beetz-Schmitt, Claudia Heilig, Philipp Rothschild, Phillipp Rosenkranz, Lord William Dougan, Monika Bühler, Uda Wiesner, Willy Kolb, Peter Killeit, General a. D. Schwede, Andrea Müller, Vlad Asvian, Walter Ringshauser, Michael Klose, Dr. Sigard Rude-Rütten, Petra Dörner, Stefanie Müller, Prof. Silverstein, Jutta Kallendruch, Dr. Kerstin Martin-Rumler, Phillip, Friedrich und Julinka Dönhoff, Dr. Ingeborg Löwenstein, Dr. Monika Schmidt, Dr. Vanessa Kayling, Prof. Goldman, Monika Lichtenberg, Manuela Weber, Petra von Königslöw, Ferenc Hosszu, Prof. Joachim Gauchel, Claudia Riechenberg, Prof. Elia Rubin, Dr. Sascha Heinemann, Dr. Thomas Vaut, Hildegard Kammen, Horst Obelode, Ellen Hüdephol, Astrid Braun, Anja Joch, Andromis Herbert, Jürgen Blank, Knut Jung, Anke Conrad, Axel Gasse, Eli Yasmin, Anke von Czernowkiy, Dr. Christopf Berghoff, Dr. Besel, Maren Gerstenkorn, Gilles Yvonne, Rainer Gohlke, Dr. Ulrike Grimberg, Dr. Astrid Blank, Dr. Karlheinz Adler, Jerome, Dr. Heinz Albert Friehe, Astrid

Wering, Mona Bühler, Petra Hänsel, Christiane Henkel, Dr. Martin Greenfield, Sabine Krupp, Dorothee Knoblauch, Helga Schmitz, Prof. Salomon Vogel, Marlis Scholer, Marija Louven, Annelie Goldberg, Kurt Boguth, Morana Paproth, Anna Maria Sundera, Dr. Lampson-Lempken, Ruth Bosch, Dr. Steve Lipton, Dr. William Roberts, Prof. Paul Smith, Prof. Vladimir Tyminskiy, Vera Minke, Julia Goldman, Dr. Louis Peters, Doris Spiegelburg, Manuela Hilberts, Dr. Kutte, Marina Buir, Ines Roloff, Michaela Surek, Birgit Beivers, Anja Mastronikolas, Nino-Klaus Rusche, Christos Drossinakis, Hubert von Westernhagen, Prof. Yamamoto, Frauke Meinen, Alexander Beets, Dr. Peter Krug, Sabrina Giebler, Stella Altenbach, Sibel Koygit, Hans Traxel, Gerold Becker, Mariane Rosen, Inge Ustrowsky, Ingrig Beckert, Katja Gervers, Anita Schmidt, Prof. Yori Tomotashi, Prof. Goos, Dr. Martin Wilson, Dr. Karin Steeger, Cornelia Piper, Birgit Günther, Marlis Heinemann, Dr. Sabine Hillmann, Rafaela Goldmann, Prof. Anne Kayling, Dr. Katharina Springer, Helga Ehrenfried, Carola Saad, Eleonora Gottfried-Massa, Prof. Lersch, Luise Weber, Helga Schmidt, Marija Rouven, Dr. Sabine Hillmann, Margret Lauf, Prof. Schröder, Steffen Mayer, Familie Buir, Ines und Frank Roloff, Joy Sophia Neie

und meine weisen Schüler, meine lichtvolle Familie und all jene, die ich hier nicht erwähnt habe.

Ihr seid meine Erfüllung und besondere Ehre.

Euer David Jawed Wared

Naturheilpraxis
David Jawed Wared

Graf-Adolf-Str. 80
40210 Düsseldorf

Tel. 0211 - 8302110
Fax. 0211 - 3558366

www.heilpraktiker-wared.de
www.wared.us

E-Mail: info@heilpraktiker-wared.de

"Siehe mit deinen Augen das Unsichtbare,
taste mit deinen Händen das Untastbare,
höre mit deinen Ohren das Unhörbare,
spüre mit deinem Herzen das Unspürbare,
denke mit deinen Gedanken das Undenkbare,

willkommen in der Wirklichkeit."

DJW